戦後アメリカ
通貨金融政策の形成
ニューディールから「アコード」へ

Isao Suto
須藤 功 —— 著

Shaping of the Post-War Federal Reserve Policy: From the New Deal to the Accord

名古屋大学出版会

はしがき

　20世紀末から十数年にわたって長期の不況に直面したわが国では，それが経済構造や産業構造の改革を実現する不可避的過程であるとの認識がある一方で，戦後初めて直面したデフレーションという経済的苦境の克服が最優先されるべきとの主張がそれと対峙してきた。このような対立が深まるなかで，巨額の財政赤字の制約を抱えるとはいえ，金融政策の重要性がこれほど強調されたことはなかったように思われる。世界大恐慌以来，資本主義諸国の多くは金本位制の足枷から解き放たれて，管理通貨制のもとに財政政策と金融政策とを調和的に執り行うことで経済循環をコントロールできるとみてきた。しかしながら，近年の不況期にわれわれが垣間見た金融当局間の政策上の不調和や対立は本来，ケインズ政策の導入に始まる本質的課題であった。さらに銀行システムの創案以来，州政府や連邦政府の監督諸機関が分権的に銀行規制を担う仕組みを意図的に維持してきたアメリカでは，連邦準備制度が金融政策を集権的に行使しようとするときに，こうした問題がより先鋭かつ錯綜した状況を生み出すことになった。

　本書は，こうした問題意識のもとにニューディール期の金融制度改革から第2次世界大戦後に至る時期の金融政策の形成過程に焦点をあて，連邦準備制度，財務省，州銀行監督官など諸金融当局による規制や政策調整の実態を歴史的に考察し，連邦準備制度を軸とする戦後通貨金融政策構想の形成とその帰結を跡づけたものである。通貨金融政策の調整はむしろ，管理通貨制の誕生にともなってより深刻な問題をはらむものとなったが，しかし，政策の担い手たる通貨金融当局の存在それ自体が当該国民国家に固有の歴史的経路を付与してきた。このような視座から，本書はアメリカの国家形成期まで遡って通貨金融政策を概観しつつ，主として1935年銀行法以降の銀行規制や通貨金融当局間の政策調整におけるアメリカ的な特質を明らかにしようとした。その際，内外において研究蓄積の不十分な連邦準備制度による戦後政策構想に即して解明した点に本書の最大の特徴がある。

以下，本書の課題と構成を示しておこう。まず序章「大恐慌から戦後通貨金融改革構想へ」では，本書の課題に関する内外研究史を詳細に整理・検討することを通して，本書の課題をより明確に提示しようとした。その上で第1章「銀行規制の歴史的展開——大恐慌と金融制度改革」は大恐慌と金融制度改革との関連に焦点をあてつつ，アメリカの金融規制がいつ，どのようにして始まったのか，金融規制に関するアメリカ的な特徴の解明を試みた。それは一方で，大恐慌期に導入された金融規制を，1980年代以降の金融の自由化とグローバル化との関連から歴史的に位置づけようとしたものでもある。

　アメリカにおける通貨金融規制史を概観した後，本書はニューディール銀行制度改革から戦後の通貨金融政策構想の策定とその形成過程に焦点をあてる。第2章「ニューディール金融政策とマネタリズム——ミーンズ，カリー，ホワイト」では，連邦準備制度理事会議長エクルズの金融アドバイザーであったラクリン・カリー，モーゲンソー財務長官のアドバイザーのホワイト，さらに農務長官ウォーレスの金融担当顧問ミーンズらの金融政策構想に焦点をあて，いずれもシカゴ学派のマネタリズムの影響を強く受けていた点に着目する。大恐慌以降の連邦準備政策を具体的・実証的に検討するなかで，1935年銀行制度改革におけるカリーの役割，何よりも金融政策の課題が「100％準備」や「全銀行統合」という改革構想として出現する過程を跡づける。

　ニューディール銀行制度改革の後，連邦準備制度理事会は通貨金融政策において抱える諸問題を包括的に調査し，法体系を整備するよう連邦議会に要請した。この要請は1940年，社会保障分野の指導的ニューディーラーの1人であった連邦上院銀行通貨委員会委員長ロバート・ワグナーの指導のもと「全国銀行通貨政策」調査として実現する。しかし，アメリカが第2次世界大戦への関与を深めるなか，連邦政府や州政府の通貨金融部局に留まらず，アメリカ銀行協会などの主要民間団体をも対象とした膨大なアンケート調査を完了する直前で，この事業は頓挫してしまった。とはいえ，この調査は第2次大戦後の連邦準備政策の形成過程を解明するには看過することのできない問題の真相を内包しており，しかもアンケート調査の回答書はこれまで研究者の手に触れられずに文書館等に埋もれていた。本書は戦後連邦準備政策の形成を解き明かす鍵となるとみて，これら史料の掘り起こしと分析に多くの紙幅と労力を割いてい

る。

　第3章「金融制度改革と連邦準備政策の限界——ワグナー委員会『全国銀行通貨政策』調査」は，この「全国銀行通貨政策」調査の顛末，ならびに連邦準備制度の信用政策の展開に焦点をあてる。1935年銀行法により，連邦準備制度理事会の権限は強化されたが，これによって通貨信用管理の責任者として自覚を高めた理事会は，州法銀行や個人銀行を含めた銀行の設立，検査，そして規制の各機能の「統合・整理」に乗り出した。しかし，こうした「銀行統合」論は二元銀行制度の否定に繋がりかねず，財務省・通貨監督官や州法銀行関係者との激しい論争を呼び起こしたのである。旧来より「スペンダーズ」とみなされてきた理事会議長エクルズは，1937年の不況以降，連邦準備政策の重点を反インフレ的方向へと転換したが，それは銀行規制・監督体制の全面的な再編と不可分に結合していた。こうして開始されたワグナー委員会による「全国銀行通貨政策」アンケート調査の分析を通して本書は，連邦準備制度と財務省という銀行・通貨管理当局の二元性として出現した問題が，管理通貨制度の発展過程で出現した「インフレーションの管理」，「価格メカニズムの歴史的役割の復活」といった戦後の連邦準備政策の独立性に関わる問題に連結することを明らかにしようとした。

　第4章「銀行監督・検査体制と二元銀行制度——ワグナー委員会アンケート調査の分析」，第5章「戦時期における連邦準備制度理事会の改革構想——ワグナー委員会調査から立法化プログラムへ」は，ワグナー委員会アンケート調査に対する連邦・州政府の銀行規制監督機関や各種銀行家団体による回答文書の細部に立ち入って検討を加える。まず第4章では，公的監督の背景をなす銀行の「公共的性格」が大恐慌後にどのように認識されていたかを明らかにした上で，銀行の監督・検査体制の抱える問題点を析出する。その際，アメリカ銀行史を貫く固有の「二元銀行制度」に対する各利害関係者のスタンス，その背後で展開していた支店銀行・グループ銀行の実態，そして政策当局者の認識に着目する。続く第5章では，財務省の通貨政策，財政政策と連邦準備制度の金融政策の相克に直面した連邦準備制度理事会が，ワグナー委員会調査の回答文書に加えて，同委員会に先行する形で独自の「立法化プログラム」の作成に着手したが，その経緯と内容を検討する。その際，回答書に表れた国際金融政策

に対する連邦準備制度理事会の基本姿勢にも注目することで，連邦準備制度の戦後構想の全体像に迫ろうとした。

旧 IMF 体制の崩壊と金融グローバリゼーションの展開は，一方では資本の自由な移動に対する国際的金融規制機関の役割を，他方ではアメリカの通貨金融政策が他国経済に及ぼす影響力の大きさを再認識させた。アメリカ国内では金融規制監督機関の主導権争いを展開しつつも，対外通貨金融政策の調整問題は既に戦時期から意識されていた。第 6 章「戦後対外通貨金融政策と国際通貨金融問題国家諮問会議——ヨーロッパ決済同盟の創設」は，こうした IMF や世界銀行を軸とするアメリカの戦後世界経済再建の構想とその実行過程を，通貨金融当局間の政策調整の場として新たに創設された国際通貨金融問題国家諮問会議（NAC）に関する史料の分析からたどろうとしたものである。対外援助の決定，IMF の為替平価の決定，そして何よりもヨーロッパ決済同盟（EPU）創設はアメリカの戦後構想とどのように関わっていたのか。IMF の目的を否定しかねない EPU というリージョナルな事実上のサブ・システムは，財務省や国務省，さらに連邦準備制度理事会などの代表者による政策調整の場，国際金融と国内金融の結節点でどのような議論を経て出現するのか，これら諸問題にアプローチした。

1951 年 3 月 4 日，第 2 次世界大戦以降に連邦準備制度が強要されてきた国債価格支持政策から解放される「合意」，すなわち「アコード」が財務省と連邦準備制度との間に成立した。第 7 章「『アコード』の成立と金融システムの再編——連邦準備政策の独自性をめぐって」は，従来は戦時金融政策からの転換点として位置づけられることの多い「アコード」が，実は戦争開始以前から連邦準備制度理事会が信用政策の独自性を認識し模索してきた帰結であったことを示そうとしたものである。大恐慌期に成立する金融規制体系においても，管理通貨制度の一方の執行責任主体と位置づけられたにもかかわらず，実は連邦準備制度の金融政策に重大な制約が課せられ続けたが，ようやくアコードによって解放される見通しを得たのであった。

しかしながら，こうして獲得した市場機構の守護神としての地位もまた，自由貿易体制の構築を目的として展開した対外援助政策の成果と綻びの両面から，連邦準備政策は再び重大な試練に直面することになる。1960 年代後半か

ら進展するインフレーションの昂進は，1970年代から1980年代にかけて，相次ぐ新金融商品の開発と各種金融機関の競争激化を導いた。終章「金融グローバル化と銀行構造の変化」では，本書の以上の分析に基づいて，金融革新が一方では金利規制の撤廃などの自由化を，他方では貯蓄金融機関の壊滅的状況と商業銀行の危機とを誘発しつつ金融のグローバリゼーションを推し進めた時代を展望する。金融の自由化とグローバル化は1930年代の大恐慌期に形成された連邦政府の金融規制に大変革を促したのみならず，建国以来の「コミュニティ銀行」の伝統を喪失させかねない金融構造の変革を促した。そこで本書は，アメリカにおける金融の自由化・グローバル化が地域社会に与えた影響と金融政策の再編に着目し，アメリカ社会の特質の一端を金融政策史研究から描きだそうとした。

　現在，アメリカはサブプライム（低所得者向け住宅）・ローン問題に端を発した金融市場の混乱に直面し，1980年代末のS&L危機を上回る規模の負債処理が必要と見られている。連邦準備制度による素早い資金供給の拡大が行われる一方で，財務省が主導する共同救済基金構想を経て，返済金利の固定から変動への移行を凍結するプログラムの発表が行われるに至った。金融自由化以降の弛まぬ金融革新やIT革命によって金融リスクのグローバルな分散化に成功し，その結果，皮肉にも誰がどの程度の潜在的リスクを抱えているのかすら分からないという「21世紀型」金融危機を現出した。こうした金融危機の解決策を示すことは本書の課題ではないが，アメリカの金融当局による一連の措置が金融政策の歴史的経験を踏まえたものであることは間違いない。そうした歴史的経験を掘り起こすことは本書の重要な課題のひとつである。

目　　次

　　はしがき　i

序　章　大恐慌から戦後通貨金融改革構想へ……………………………1
　　Ⅰ．大恐慌と再建金本位制の崩壊　2
　　Ⅱ．国際金本位制の崩壊と金融制度改革　6
　　Ⅲ．ロンドン通貨経済会議の破綻と三国通貨協定　10
　　Ⅳ．ロンドン通貨経済会議後の為替管理──戦後への連続と断絶　20
　　Ⅴ．大恐慌後の通貨金融政策に関する研究動向　26

第1章　銀行規制の歴史的展開……………………………………43
　　　　　──大恐慌と金融制度改革──
　　はじめに　43
　　Ⅰ．金融規制の始まり　44
　　Ⅱ．金融規制の政府間分業の開始　51
　　Ⅲ．大恐慌と金融規制の新たな展開　58
　　おわりに──第2次世界大戦後の金融自由化と金融規制　70

第2章　ニューディール金融政策とマネタリズム……………83
　　　　　──ミーンズ，カリー，ホワイト──
　　はじめに　83
　　Ⅰ．大恐慌期の金融制度改革構想──シカゴ・プラン　85
　　Ⅱ．1935年銀行法とカリーの役割　94
　　Ⅲ．1937年不況と連邦準備政策の課題　102
　　Ⅳ．ワグナー委員会アンケート調査と「100％準備」案　112
　　おわりに──モンペルラン協会の通貨改革プラン　116

第3章　金融制度改革と連邦準備政策の限界 …………………… 129
──ワグナー委員会「全国銀行通貨政策」調査──

はじめに　129
Ⅰ．ニューディール銀行制度改革後の信用政策　131
Ⅱ．ワグナー委員会「全国銀行通貨政策」調査　138
Ⅲ．ワグナー委員会調査の挫折　143
おわりに　148

第4章　銀行監督・検査体制と二元銀行制度 …………………… 153
──ワグナー委員会アンケート調査の分析──

はじめに　153
Ⅰ．銀行の公共性　155
Ⅱ．銀行の監督・検査体制　166
Ⅲ．巨大銀行持株会社の支店網と金融監督機関　175
おわりに　183

第5章　戦時期における連邦準備制度理事会の改革構想 ………… 191
──ワグナー委員会調査から立法化プログラムへ──

はじめに　191
Ⅰ．連邦準備制度理事会の回答書と法改正案の作成　192
Ⅱ．国内金融政策に関する「立法化プログラム」　194
Ⅲ．連邦準備制度理事会の国際通貨政策構想　204
おわりに　211

第6章　戦後対外通貨金融政策と国際通貨金融問題国家諮問会議 ……… 215
──ヨーロッパ決済同盟の創設──

はじめに　215
Ⅰ．国際通貨金融問題国家諮問会議の創設と連邦準備制度　216
Ⅱ．ヨーロッパ援助とNACの政策調整　223
Ⅲ．ヨーロッパ間貿易決済機構の模索　232
Ⅳ．ヨーロッパ決済同盟の創設とNACの政策調整　244
おわりに　255

第7章 「アコード」の成立と金融システムの再編 ……………267
　　　　──連邦準備政策の独立性をめぐって──

　はじめに　267
　Ⅰ．国債固定金利構造の形成から戦後構想へ　270
　Ⅱ．アコードの成立──国債固定金利構造の解除　276
　Ⅲ．アコード後の連邦準備政策──「特別小委員会」報告　281
　おわりに　287

終　章　金融グローバル化と銀行構造の変化……………………297

　はじめに　297
　Ⅰ．金融の自由化とグローバル化　299
　Ⅱ．銀行構造の変化　303
　Ⅲ．地域社会と銀行の公共性──コミュニティ銀行のゆくえ　310
　おわりに　313

　参考文献　317
　あとがき　333
　図表一覧　337
　人名索引　339
　事項索引　343

序　章　大恐慌から戦後通貨金融改革構想へ

　1929年10月，アメリカに発生した大恐慌は瞬く間に世界に波及し，1930年代の世界大恐慌へと帰結した。1931年5月のオーストリア最大の銀行クレディート・アンシュタルト（Credit-Anstalt）の支払停止を経て，7月にドイツ，9月にはイギリスが金本位を離脱，再建金本位制は事実上，崩壊した（**表序-1**参照）。しかしなお，その後も国際機関や国際会議による世界不況や金融恐慌を克服するための精力的な試みが続けられた。

　国際連盟（以下，連盟とも表記）は，1933年ロンドンで開催された通貨経済会議を「協調主義的国際流通経済への努力の最後の道標となるかもしれな

表序-1　再建金本位制の崩壊

年	金本位離脱国
1929	カナダ，アルゼンチン，ブラジル，パラグアイ，ウルグアイ
1930	オーストラリア，ニュージーランド，ベネズエラ
1931	**イギリス**，**ドイツ**，インド，オーストリア，イギリス領東アフリカ，セイロン，アイルランド，ポルトガル，スイス，デンマーク，フィンランド，ノルウェー，スウェーデン，ブルガリア，チェコスロヴァキア，エストニア，ハンガリー，ラトビア，エジプト，イラク，パレスチナ，**日本**，マラヤ，メキシコ，サルバドル，ボリビア，チリ
1932	ギリシア，ユーゴスラヴィア，ルーマニア，シャム（タイ），コスタリカ，ニカラグア，コロンビア，エクアドル，ペルー
1933	**アメリカ***，南アフリカ，フィリピン*，グァテマラ，ハイチ，ホンジュラス
1934	イタリア
1935	ベルギー，ダンツィッヒ，リトアニア
1936	**フランス**，オランダ，スイス，ポーランド，シリア，オランダ領東インド

注）　＊印は金本位制に再び復帰したことを示す。なお，主要国を太字で強調した。
出典）　Lawrence Officer, "Gold Standard," 2001. EH.Net Encyclopedia, edited by Robert Whaples. ⟨http://eh.net/encyclopedia/article/officer.gold.standard⟩; Barry J. Eichengreen, *Golden Fetters : The Gold Standard and the Great Depression, 1919-1939,* New York : Oxford University Press, 1992, Table 7.1, pp. 188-191 ; Brown [1970], Vol. II, pp. 1074-75.

い」[1]と見ていたが，会議が決裂した後1936年には，米英仏による三国通貨協定が締結され，「貨幣的国際主義」に復帰する第一歩として期待された。しかし，この期待は実現しなかった。三国通貨協定は旧来，第2次世界大戦後の国際通貨体制（IMF体制）の出発点となったと評価されてきたが，今日では否定的な見解も多い。とりわけ，ブレトン・ウッズ体制の基本的要素——調整可能な為替相場，国際資本移動の規制，国際収支決済の支援——は相互に調和を欠き，このシステムが長期間存続したことは驚異的でさえあったとも言われる。こうした批判のいずれも，今日のグローバル化や規制緩和の世界的潮流を受けてあらわれた評価である。

とはいえ，戦後の国際通貨制度の構築や内外金融市場の組織化は，政策担当者らが1930年代の大恐慌期に直面した歴史的経験に裏づけられていたこともまた事実であった。戦後，銀行に対する金利規制や投資規制など，各国政府の金融制度や金融市場への介入の影響力は格段に大きくなった。また戦前の国際連盟経済金融機構や国際決済銀行（BIS）などの国際協調活動は，国際通貨基金（IMF）・世界銀行（IBRD）の新設によって強化された。これらはいずれも世界大恐慌克服の苦闘から帰結したものであった。

本章では，再建金本位制の崩壊から通貨ブロックの形成に至る1930年代に焦点を絞り，国際社会が逢着した国際通貨金融問題と政策当事者たちの格闘の過程に着目する。その際，主要国間，国際諸機関の活動，国際経済会議などとの関係に焦点をあてながら，1930年代から戦後にかけてあらわれたアメリカに固有の課題と政策的対応を描き出してみる。以下，アメリカからヨーロッパへの金融危機の波及と再建金本位制の崩壊，主要国と国際機関の国際通貨体制再建に向けての格闘を，時間を追いながら見ていくことにする。

I. 大恐慌と再建金本位制の崩壊

1）ヨーロッパの金融危機

1929年夏，国際連盟金融委員会は「金の購買力の変動およびそれが諸国民の経済生活に及ぼす影響」を究明するため，「金代表団（Gold Delegation）」

(「金委員会」）を結成した。金委員会は1930年に第1回中間報告，翌年には第2回中間報告を公表して，国際間の短資移動，とりわけ金移動を各国の恣意的な政策手段から解放して経済原則に基づく自由な移動を確保すること，そのために国内金貨流通の廃止や金準備の引き下げを，さらに不必要な金移動や在外資産の金兌換を回避して中央銀行に預託すること，公開市場操作などにより金融市場における中央銀行の地位を強化することなどを勧告した[2]。

　金委員会はその最終報告書を1932年に公表するが（後述），その前年9月にはイギリスが金本位制を離脱し，ドイツや日本など多くの諸国が追随した。フランス・フランの交換性回復によって，国際金本位制の再建が実現して3年あまり経過したところであった。

　発端はニューヨーク金融市場の逼迫で，まず1931年1月にボリビアなどラテン・アメリカ諸国のデフォルトを導いた。それはさらに英米の国際融資の縮小をもたらし，中欧諸国の金融危機へと波及した。ドイツやオーストリアやハンガリーは国際収支を著しく悪化させつつ，なお対外債務利払いの継続を必要とした。これら諸国の金本位維持に疑念が発生して外国預金の流出が始まり，金本位離脱につながる金融危機の触媒となった。直接の契機はオーストリア最大の銀行クレディート・アンシュタルトの巨額の損失（払込資本金1.25億シリングに対して1.4億シリング）で，その事実が5月に公表されて，内外の大量の預金引出しと資本逃避を引き起こした[3]。

　オーストリアの金融危機はドイツを含め中欧諸国全体に急速に広がった。賠償金と戦時債務の支払を一時猶予するフーバー・モラトリアムが1931年6月に発表されたが，ドイツの金融危機を食い止めることはできなかった。7月のダナート銀行（Danat: Darmstädter-und-Nationalbank）の支払停止を契機に，銀行取付けは全国に拡大した。ライヒスバンクの準備率は急減して，7月初めには法定準備率の40%を下回った。いくつかの外国中央銀行による支援も効果はなかった。ドイツ政府は7月14-15日に銀行休業を命じて，金本位制を停止した。その後，8月5日に銀行業務は再開されたが，ドイツ資本の逃避や対外債務返済を制限する為替管理を導入せざるをえなかった[4]。

2）イギリスの金本位離脱

　流動性の危機はイギリスに波及した。ポンド・スターリングに対する売り圧力は，イギリス諸銀行の約 7,000 万ポンドに上る対独融資が据置協定によって凍結されて加速した[5]。しかし，国際収支，とりわけ経常収支および資本収支の極度の悪化がおそらくは金本位制の維持を不可能にした根本的原因であった。ポンドの信認問題が表面化したときには，アメリカやフランスからの支援を受けても，もはやスターリング資産の清算や国外流出に抵抗できなくなっていたのである。1931 年 7 月 13 日のマクミラン委員会による対外ポンド残高（約 20 億ドル）の発表は，新聞がその数値を公表しなかったことから，その直接の影響は否定されるものの，イギリスの財政赤字の増大に言及した 7 月末のメイ委員会報告は外国為替市場に悲観的衝撃を与えた[6]。9 月 16 日の海軍の暴動報道を契機に，イングランド銀行の金準備維持への不安は資本逃避を拡大させ，9 月 21 日，ついにイギリスは金本位制を停止した。

　イギリスの金本位制停止は，金融当局が断固たる決意で平価維持に当たったならば回避できたと見られる。しかし，生産の低下と失業の増大を強要する金利の引き上げを拒絶し，金本位制を放棄する政治的な決断が行われた[7]。イングランド銀行総裁ノーマン（Montagu Norman）ら「当局一般の狙いは，自分たちは行動の張本人ではなく，状況の犠牲者だと見せることだった」[8]。

　国際収支の著しい悪化に伴うポンドの外為相場下落（金流出）圧力に対して緊縮的政策（金利引き上げ，投資・雇用・所得の圧縮）によって応ずることができなくなったとき，金本位制は停止された。イギリス財政収支は 1929-1930 年度には赤字に転落し，失業保険などの歳出削減を主張する内外のデフレ論者は「古典的政治闘争」の場を用意した[9]。海外借款への依存を増して金本位制を維持するのか，海外借款の獲得のため財政赤字を大幅に削減するのかという問題に直面して，イギリスは金本位制の停止を選択した。したがって，緊縮的政策が可能であれば，金本位制維持にとって金準備量や金準備率は本質的問題ではなかった[10]。とはいえ，国際収支の動向に外為相場が反応し，また金裁定取引による金移動を想定する金本位制のメカニズムにとって，金兌換を前提とする金準備量や金準備率は政策運営の重要な指標であった。

　国際収支の悪化に伴う緊縮政策の発動を回避しようとする多くの金本位諸国

にとって，再建金本位制下のイギリスなどが行った金市場や外国為替市場への介入（金価格操作や為替操作）とともに，国際金融協力は重要であった。金流出国は常に金融引き締め政策を要請されるが，金流入国は金融緩和を強制されないという金融政策の自由度に関する「金の足枷」があるとすればなおさらであった[11]。国際金融協力の多くには，英米仏などの主要国に加えて国際連盟や国際決済銀行（BIS）などの国際機関が関与した。1931年5月，連盟金融委員会はBISに付託してオーストリア国立銀行への借款を取り決め，BISと11ヶ国の中央銀行等が総額1億シリング（1,400万ドル，3ヶ月）を提供した[12]。しかし，この取り決めに3週間という長い期間を要した上に，クレディート・アンシュタルトの短期対外債務1億ドルに比してあまりに少額であった[13]。その後，6月16日に1,400万ドルの追加融資が行われ，翌17日にはイングランド銀行によるオーストリア政府への2,100万ドルの融資が発表されることで，オーストリア政府の破綻は回避されたが，他国への波及を回避することはできなかった[14]。

BISや主要中央銀行間の金融協力は，目的を達成するには小規模すぎたし，時機を失していた。しかも，中央銀行間協力の定期的協議の適正な場であるべきBISに参加したアメリカの金融機関は連邦準備銀行の代理ではなかった。BIS資本金の56％はドイツを含む主要6ヶ国の中央銀行とアメリカの民間銀行グループ（J. P. Morgan & Co., First National Bank of New York, First National Bank of Chicago）に配分された。連銀が公式に参加しなかった理由は，アメリカ政府がドイツの賠償金徴収に関与しないという方針を採っていたこと，連銀の割引政策および信用政策の決定がヨーロッパの影響を受けると批判されたことにあった。

1933年5月以降，ドイツの賠償金問題が相対的に重要でなくなってからも，なおアメリカ国内ではニューヨーク連邦準備銀行のBIS参加をめぐって議論が続いた。しかし，1934年トーマス修正条項に基づく銀通貨の無制限鋳造の権限や，1934年金本位準備法（第10条）に基づく為替安定基金による金・外国為替等の売買操作などの国際通貨問題は専ら財務省の管轄するところとなり，ニューヨーク連銀がこれらの売買操作を代理しつつも，連邦準備制度が独自に政策決定することは事実上，不可能となった。また1935年銀行法の制定

は連邦準備制度理事会の権限を強化し，ニューヨーク連銀の立場にも影響を及ぼして，この問題を複雑にした。同年10月，ニューヨーク連銀総裁ハリソン（George L. Harrison）がBIS理事のポストに食指を動かした。このとき，連邦準備制度と財務省との協議で財務次官クーリッジ（T. Jefferson Coolidge）は，「議会による立法処置までは不要であるが，ハリソンの行使する権限に関しては留保が必要である」として消極的ながら反対の意向を示した。連邦準備制度理事会側は「銀行法制定の経緯は，ニューヨーク〔連銀〕はいかなる権限も持たないことを示している」と理解し，とりわけミラー（Adolph C. Miller）理事は明確に，「ニューヨーク連邦準備銀行総裁を〔BIS〕理事として承認することは最も愚かなことである」と強く反対した[15]。

1931年の中央ヨーロッパ危機に際してニューヨーク連銀はBIS保証債券の購入に1,000万ドルをBISに預金したが，1932年1月にはマイヤー（Eugene Myer）理事から口座閉鎖の圧力がかかった[16]。BISの仲介は金融支援のための中央銀行間協議を迅速化する効果はあったが，アメリカ連邦準備制度の十分な支援を欠いたことは，通貨安定に向けた行動を単独で行使する場合，金本位制は克服しがたい障害となったのである[17]。

II. 国際金本位制の崩壊と金融制度改革

1）スターリング・ブロックの形成と為替平衡勘定

1932年6月に公表された国際連盟金委員会『最終報告書』は，国際金融危機に直面してなお国際金本位制の有効性を指摘した。早期の金本位復帰を主張するフランスなどの金ブロック諸国（＝多数派）に対して，イギリスは金本位制の「管理」を強調した。すなわち，「通貨政策が通貨供給を管理できると考えるならば，物価安定を維持することは可能」であり，「その目標に向かって通貨政策を導くことは望ましい」ことである。イギリスは，多数派が信用膨張から生ずる有害な結果を重視するあまり，その膨張を制御する貨幣的威力を軽視していると非難し，「今日，世界が第一に必要とするのは，主要金本位国による協同的な信用膨張政策である」[18]と強調した。

しかし，国際協調はいっそう困難な様相を呈した。金本位制離脱後，ポンド為替はドルに対して30％を超えて急落した。しかし，その後は為替情勢が反転してインドからの大量の金流入やフラン売りが増加し，公定歩合引き下げは逆に外貨流入の大波を引き起こした[19]。イギリスは為替管理を導入して貿易や旅行目的などを除く居住者の為替取引を制限したが，金委員会の最終報告書の主張とは違って，「協同的な信用膨張政策」どころか，財政均衡とポンド相場の低位安定化（低為替政策）に努力を傾けた。

イギリスの低為替政策は1932年歳入法に基づき創設された為替平衡勘定（EEA）に依拠した[20]。EEAの管理主体は大蔵省であったが，実際の業務はイングランド銀行が代理を務めた。大蔵省証券発行などによる1.7億ポンドを資金源として，スターリング為替の過度の変動を抑制することを目的としたものである。例えば，外国資本が過度に流入した場合にEEAは，ポンド資金で当該外国為替を買うことでポンド相場の上昇を抑制し，他方で，大蔵省証券（TB）の公開市場売り操作を行うことでポンド資金を吸収（市中銀行のイングランド銀行預け金は減少）した。

EEAによる為替操作を通じてイギリスは，国際的影響を遮断しながら国内経済の復興を図ろうとした。しかし，景気対策としての低金利政策を維持しながら，なおも財政均衡と国際収支の，したがってポンド為替の安定化を追求した[21]。一見してアンビヴァレントな政策の背景には，イギリスの経常収支赤字構造をスターリング・ブロック[22]の維持・強化を通じて支えようとの意図が働いていた。イギリスに続いて金本位を離脱した多くの諸国は，自国通貨をポンドに釘付けし，また外貨準備をポンド資産で保有した。1932年7月のオタワ会議に結集したイギリス帝国諸国の特恵関税体制は，その中核に位置した。これら広範な地域がスターリング・ブロックを形成し，何よりもこれらブロック諸国がブロック外で獲得した外貨をロンドンでポンド残高として維持するよう誘導することによって，イギリスの経常収支赤字はファイナンスされたのである。そのためイギリスは，ポンドの外貨（金本位国通貨）との交換性とその安定性を維持するとともに，スターリング・ブロック諸国に対しては輸出市場と金融・決済サーヴィスを提供せねばならなかった。金本位離脱後もイギリスが財政の均衡と為替の安定化を重視する政策を実施したのは，こうした事情を抱

えていたからであった[23]。

2）アメリカの金融恐慌

　イギリスに続いて多数の国が金本位制を停止し，またドイツや東南ヨーロッパ，南米諸国は厳格な為替管理を実施した。金本位を離脱した諸国の通貨は旧平価に対して大幅に下落し，アメリカが金本位を停止する直前の1933年3月末にはイギリスが32%，日本が57%，主要10ヶ国で平均38.6%の為替切り下げとなっていた（**表序-2** 参照）。

　大量の短期外国資本に依存していたドイツの場合，国内資本の逃避や対外債務の返済を抑制するため，数次の緊急令によって為替管理を導入した。金・外貨保有の減少から1933年には資本取引規制に及び，さらに1934年からは外貨割当など貿易統制の手段に依拠した[24]。日本も為替相場の暴落後に外国為替管理法を施行したが（1933年5月），厳格な為替管理を実施したドイツとは違って，当初1932年11月までは実質的に為替市場による相場形成にまかせた。この「為替放任」政策によって大幅な為替低落を実現し，「通貨供給の増大」を結合させた。しかも，為替相場の低位安定による輸出促進効果を享受したこと

表序-2　主要国の為替切り下げ幅（1929年金平価との比較）

国	1933年3月末（%）	1934年3月末（%）
アルゼンチン	−40	−64
日　本	−57	−64
ブラジル	−40	−57
オーストラリア	−44	−50
ニュージーランド	−44	−50
デンマーク	−43	−49
ノルウェー	−36	−43
スウェーデン	−34	−42
カナダ		−41
アメリカ		−40
イギリス	−32	−38
チェコスロヴァキア	−16	−17
平　均	−38.6	−46.25

出典：Barry J. Eichengreen, *Golden Fetters : The Gold Standard and the Great Depression, 1919-1939*, New York : Oxford University Press, 1992, Fig. 11.1, 12.1, pp. 321, 351.

から，外為管理法が意図した徹底的な国家管理は，金・外貨が枯渇する 1937 年以降にずれ込んだ[25]。

イギリスなどの金本位離脱はアメリカの金本位制維持への疑念を喚起し，諸外国のドル残高の取り崩しと金移動を誘発した。さらに，諸国の通貨切り下げや高率保護関税の導入はアメリカの農業地域に打撃を与え，夥しい数の小規模・単店舗銀行からなる脆弱な銀行構造に襲いかかった。銀行倒産の第 1 波が 1930 年 10 月，南部と中西部の地方銀行を襲った。その間，連邦準備銀行が最後の貸し手（LLR）機能を果たすこともないまま，1931 年 3 月には銀行倒産の第 2 波が押し寄せて，その波はさらにヨーロッパへと向かった。そして第 3 の波が 1933 年から始まった。1930-32 年に既に約 5,000 行（預金額で 30 億ドル）が倒産し，1933 年には新たに 4,000 行（預金額で 35 億ドル）が窓口を閉鎖した。ローズヴェルト（Franklin D. Roosevelt）大統領が執務を開始する前に，銀行システムは既に崩壊していた。

ローズヴェルトが大統領に就任した 3 月 4 日までには 48 の州が銀行休日を宣言し，ニューヨーク証券取引所を含む全国の取引所も閉鎖された。同 6 日には，ローズヴェルトは大統領布告によって敵対通商法を発動し，金の取引を禁止することで 12 の連邦準備銀行を含む全国の銀行を閉鎖した[26]。議会は 9 日に特別会期を召集し，即座に緊急銀行法を通過させた。同法は，既に実施されていた大統領布告を法的に追認したもので，①大統領が金や外国為替を含む全取引を規制する権限をもつこと，②金の退蔵と輸出を禁止すること，③財務省の審査と認可による銀行業務の再開，④財務長官による金貨および金証券の回収権限，⑤国債および商業手形を担保とする緊急通貨（連邦準備銀行券）の発行など，あくまでも緊急措置であった。この緊急銀行法に基づき，翌日には大統領行政命令を発して財務長官に国法銀行の再開権限を与え，また財務長官の許可のない金輸出を禁止した。その後銀行恐慌は沈静化し，銀行サーヴィスは平静を取り戻した。

III. ロンドン通貨経済会議の破綻と三国通貨協定

1) アメリカの金本位離脱とロンドン通貨経済会議

　フーバー（Herbert Hoover）大統領は1932年5月，マクドナルド（J. Ramsay MacDonald）英首相との会談で世界経済と金融に関する国際会議の開催を提唱した。また翌月に公表された国際連盟「金委員会」の最終報告書も国際金本位制の再建のための国際協調を訴え，これらの努力は翌年のロンドン通貨経済会議へと結実した。ローザンヌ会議（1932年6-7月）の決議を受け，連盟理事会はイギリスのサイモン外相を委員長とする組織委員会を理事会に置き，さらに専門家準備委員会を設けて「注釈付議題草案」の作成を命じた。

　専門家準備委員会の最終報告書（＝注釈付議題草案）は1933年1月に提出されたが，それは主要国間の利害衝突のなかで作成された妥協の産物であった。金本位制を永久的に放棄し，かわって管理紙幣制度あるいは管理通貨制度を導入すべきであると主張するイギリスに対して，通貨混乱や経済的退行を回避するには現状では国際金本位制が不可欠であると見るアメリカ，フランス，イタリア，オランダなどの主張が優位に立っていた。しかし，アメリカ側が戦債処理の解決および関税引き下げへの歩み寄りを示したことによって，ロンドン国際会議の注釈付議題草案が合意をみた。

　議題草案は，以下の条件とプロセスを想定した。すなわち，第1に「普遍的に受容されうる他の国際的通貨制度が欠如しているなかでは，世界会議は自由な金本位制の再建を成功」[27]させる以外にないとして，国際金本位制への復帰に合意した。第2に，国際金本位制への復帰の条件とプロセスに関する基本的な前提条件で一般的合意をみた。国内的条件としては財政を均衡させ，紙幣供給量のインフレ的増大を回避して国内均衡を達成すること，国際的な行動としては「未解決の重要な政治問題」（戦債・賠償）の解決，自由な商品・サーヴィス貿易の回復，外国為替取引と資本移動の自由の回復などであった。また国際金本位制復帰へのプロセスとして，金本位国には公開市場操作による低金利政策の遂行を，金本位離脱国には輸出競争手段としての通貨切り下げの回避と投機に起因する為替変動の緩和を，そして為替管理国には外国貿易制限の廃

止または緩和と為替管理の漸次的緩和を勧告した。そして第3に,「金委員会」の最終報告書をほぼ踏襲して中央銀行間協調の必要性を訴え,為替安定=通貨安定のプロセスを示した。自由な国際金本位制再建のキー・ポジションに位置するイギリスは,EEAを通して外国為替市場に介入し,他方,金本位国は低金利政策の実施によって「金を自由に流出させ」,これによって外国為替の安定化を図ろうとしていた[28]。

議題草案が合意された後,ロンドン会議に向けての政府間の事前交渉が始まった。なかでもアメリカ大統領ローズヴェルトと主要国首脳との間で,1933年4月末–6月初旬に行われたワシントン予備交渉は会議の成否を握るものであった。ところが,英首相マクドナルドと元仏首相エリオ(Édouard Elliott)がワシントンへの船上にあった4月20日,ついにアメリカも金本位を離脱した。大統領行政命令によって,外国勘定での金のイヤマークと金・金塊・金証券の輸出を禁止したのである(ただし,財務長官は条件付で金輸出の許可書を発行できた)。さらに1933年5月,アメリカは農業救済法案に対する修正(トーマス修正条項)を成立させ,新たな金政策を打ち出した。すなわち,①連邦準備制度に対して30億ドルまで政府証券の買い操作を促し,拒否された場合には同額のグリーンバックス(合衆国紙幣)を発行すること,②ドルの金含有量の引き下げ,③2億ドルを限度とする銀貨の鋳造や複本位制採用の権限など,多様な方法でインフレーションを促す権限を大統領に与えた[29]。こうしたインフレとドルの金価値の引き下げの可能性は,ロンドン会議との関係で,明らかに大統領に交渉力を与えることを意図したものであった。

アメリカの金本位離脱と通貨政策の急旋回によって,ワシントン予備交渉は当初の方向から反れて物価問題がすべてを支配した。金本位離脱後のアメリカはイギリスとともに国内政策重視の立場を急速に強めた。イギリスでは,4–5月の予算編成をめぐる論争のなかで,国内経済回復の手段として財政政策を重視するケインズ(John M. Keynes)らのグループが重要性を増していたが,結果的には敗れた。しかし,アメリカではローズヴェルトとモーリー(Raymond C. Moley)ら側近によって,国内回復優先政策には既に一定の合意があり[30],したがって問題は,ロンドン会議の作業が主に世界経済の回復プログラムに関する国際的合意の達成にあるのか,あるいは各国の経済プログラムの調整計画

を策定するのかが焦点となった。

ワシントン予備交渉では，ニューヨークの銀行家でローズヴェルトの金融アドバイザー，ウォーバーグ（James P. Warburg）らが作成した通貨安定計画案をめぐって，英仏との3国間交渉が行われた。これはアメリカ・ドルを15-25％切り下げた後に3国の通貨を安定させ，当該国の通貨安定基金によって管理しようとするものであった。しかし，イギリス側が切り下げ幅の大きさに反対したことやフランスがフラン切り下げの可能性を示唆したことで失敗し[31]，通貨安定問題はロンドン会議に持ち越されることになった。英米政府にとって為替レート政策は既に「国内問題」となっていたのである[32]。

ロンドン通貨経済会議の開催時点（1933年6月12日）で，主要な国際経済問題は通商政策，戦債，通貨の3つであった。通商政策は関税休戦協定が会議前に成立して，ロンドン会議でも議論は進展した。戦債処理と通貨・外国為替安定の問題はともに，後日の協議として議題から外された。一方，国際通貨再建に関する協議の前提として，「会議開催中に国内通貨政策の突然の変更のないことを保証する」通貨休戦の試みが，ロンドン会議開催の前後で行われていた。

英米仏によるこの非公式の，会議の外側での通貨休戦交渉によって，6月半ばまでに，各国の通貨財政当局者の間でほぼ合意が形成された。すなわち，①外国為替投機の影響を最小限に抑えるための3ヶ国中央銀行間の技術的協力，②ドルとポンドのフランに対する安定，③その変動範囲，に関する合意であった。中央銀行間協力の具体的な方法として，アメリカは3国による共同安定基金の創設を，フランスは各国の個別安定基金による方法を主張した。しかし，重要な争点は3国通貨の安定点と変動幅にあり，後者に関してフランスが金現送点の範囲内（＝1％以下）を示したのに対して，アメリカとイギリスは5％前後を主張したことにあった。より根本的な対立点は，イギリスとフランスがアメリカ側に反インフレ政策の実施を迫ったことにある。というのは，インフレ政策は安定基金の機能を阻害して為替相場に圧力を加えるからで，まさにこのことが一定期間（3ヶ月間）とはいえ，ローズヴェルトには決定的な足枷となり，通貨休戦交渉は頓挫してしまった。6月22日に会議に提出されたアメリカの公式声明によれば，「物価上昇の努力が可能な最大の貢献であり，この努

力に干渉したり暴力的な物価下落の原因となるいかなるものも,会議にとっては一時的安定のための即時の合意を欠くよりもっと有害」であると述べた[33]。

しかし,他の複雑な問題に関して会議で実質的な討議を進めるためには,どうしても通貨問題での妥協を必要とした。また,通貨休戦の失敗が金本位諸国通貨に動揺を与えて金流出を引き起こしたため,通貨安定の妥協点を模索せねばならなかった[34]。そこで再び,全6項目からなる共同宣言案が作成された。すなわち,国際通貨の安定をすみやかに実現し,金本位復帰の時期と平価は各国の裁量とすること,金本位離脱国は為替投機の抑制に着手し,他の諸国政府はこれに協力すること,中央銀行は相互に為替投機の抑制と全体的な国際金本位制の再建に協力することなどであった。

この草案は6月30日に大統領に示されたが,断固たる拒絶にあった。7月3日にロンドン会議に届けられたローズヴェルトのメッセージは,為替安定化の試みを「世界的な悲劇に至る破局」とみなし,また「国際銀行家の古い崇拝物」と辛辣に非難した[35]。この「爆弾」宣言はロンドン会議の性格それ自体を変えてしまった。会議の外側で行われた最大の議題が決裂したことによって,外国為替の事実上の安定が「決定的に重要な問題」であった金本位諸国は,会議の即時休会を主張するとともに,同じ日に通貨安定と金本位に対する忠誠(金ブロックの結成)を再確認した。会議の唯一の成果は,銀生産国(合衆国,メキシコ,カナダなど5ヶ国)とその大量保有国(インド・中国・スペイン)との間で銀価格の変動を抑制するために,一定量の銀売買に関する決議が採択されたことであった[36]。

2) アメリカの金本位復帰

ロンドン通貨経済会議の決裂は,先述した「スターリング・ブロック」に加えて,フランス,オランダ,ベルギー,イタリア,スイス,ポーランドなどからなる「金ブロック」諸国を出現させた。他方,会議後のドル為替の上昇と物価下落に対して,アメリカは1933年9月,復興金融公社(RFC)による国内新産金買上げ政策によって金価格を引き上げ(1オンス20.67ドルから29.82ドルへ),さらに10月には公開市場での新産金の購入計画を実施した。しかし,金購入政策に起因した為替変動は国内の国際貿易・金融関係者の批判を招い

た。さらに，ローズヴェルトは翌 1934 年 1 月，議会に対して金価格の引き上げとその固定化（＝金本位制復帰），およびこの評価益による為替安定基金の創設を議会に要求し，金準備法を成立させた（1 月 30 日）。

　1934 年金準備法は，①連邦準備制度が保有するすべての金を政府に移管すること，②すべての金貨を流通から回収すること，③財務長官の許可なく，金の獲得・輸送・溶解・輸出入・国内外勘定での保有またはイヤマークを禁止すること，④ドル為替の安定のため 20 億ドルの為替安定基金を設置すること，⑤金ドルの量目を現行の 60％以内とすること，⑥財務長官は公益に有利となる価格で金を購入し，平価維持のために金を売却することを規定した[37]。そして同日，大統領布告により，金ドルの量目を 15 と 5/21 グレイン（1 オンス 35 ドル）とし，平価を 40.9％切り下げた。これにより財務長官は，ニューヨーク連銀を通じて 1 オンス 35 ドルから鋳造料・手数料 0.25％を差し引いた価格ですべての金を購入し，他方で為替相場が金輸出点に達するときにはいつでも，1 オンス 35 ドルに手数料 0.25％を加えた価格で，固定価格で金売買を行っている中央銀行に対して売却できることになった[38]。また財務省は，為替安定基金によるドルの為替価値の統制権を獲得して対外通貨政策の当事者となり，直接的に金移動を規制するのみならず，国内物価の安定化のため，外国為替市場への介入（緊急時には，直接的な為替管理を含む）や公開市場操作を通じて国際的資本移動を統制する機関として位置づけられた[39]。第 2 章で詳述するように，こうしてアメリカに「管理通貨制」が登場し，ローズヴェルト政権はドル為替の安定と，通貨安定のための国際協調の前提条件を用意した。

　アメリカ議会はロンドン通貨経済会議の銀協定に批准するとともに，1934 年 6 月に「銀購入法」を成立させた。同法は銀が金・銀ストックの 25％を構成するまで，財務省は 1 オンス 50 セント以下で銀を購入することになった。銀購入法の国内的影響はほとんどなかったが，国際的には銀価格の高騰（1933 年 1 月の 1 オンス 24.5 セントから 1935 年 4 月には 81 セントの最高値を付けた）は中国の銀本位制離脱（1935 年 12 月）を誘発することになった[40]。

　こうして対外的には金本位制に復帰したが，アメリカの貿易や資本輸出入はむしろ閉塞感を強めた。ヨーロッパやラテン・アメリカ諸国はデフォルトに陥って，為替管理を導入した。一方で，イギリスは特恵関税協定を――資本輸

出や決済サーヴィスも——デフォルト処理のために活用した。すなわち，スターリング・ブロック地域に自国の商品市場と資本市場をむしろ積極的に開放したのである。ドイツは双務支払協定を拡大し，フランスは金本位を離脱した諸国に対して，通貨の減価相当分の関税率引き上げや輸入割当を実施した[41]。しかし，アメリカは新規の外国証券発行が事実上停止した状況で，むしろ対外証券投資の回収に努めた。アメリカ政府は外債のデフォルトを民間の問題として介入せず，なかでも国務省は互恵通商協定法（1934年）を債務処理問題に結びつけて解決を図ることに反対し，1934年設立のワシントン輸出入銀行の融資活動も1938年まではごく小規模に留めた[42]。

3) 金ブロックの崩壊と三国通貨協定

　アメリカの大幅なドル切り下げとその固定化策は，金ブロック諸国に決定的な影響を及ぼした。この間，ポンドは相対的に安定して，EEAの金・外貨保有高は自然に増加し，EEAは「どうすれば他の諸通貨をめぐる困難を緩和させ，国際通貨情勢を改善させることができるかを考えるというぜいたくな余裕すら持つことができた」[43]。しかし，アメリカの金政策の直撃を受けた金ブロック諸国は，貿易の均衡と金準備維持のためにデフレ政策をとらざるをえず，最終的にその政策は行き詰まった。

　この間1935年4-5月にかけて，ホワイト（Harry D. White：財務省調査統計課長補佐）はロンドンに外遊し，総勢34人にのぼる各界の国際通貨金融関係者と面談した。あくまでもヨーロッパの為替状況の調査であり交渉の意図はないとしながらも，イギリス大蔵省高官や駐英フランス財務官モニック（Emmanuel Monick）とフラン切り下げに関する議論をするなど，3ヶ国の通貨安定に向けて精力的に活動した[44]。ロンドンでの面談でホワイトは，企業家のほとんどが為替変動（輸出業者はポンドで取引）にも金本位制復帰にも関心をもっていないことに驚きを隠せなかった。ホワイトの報告書によれば，反対にグレゴリー（Theodor Gregory）やロビンズ（Lionel Robbins）などのロンドン・スクール・オブ・エコノミックス（LSE）の経済学者らは早急に（4.80ドル前後で）金本位に復帰しないと，不況の発生，「スターリング・ブロック」の崩壊，破滅的な通貨切り下げ競争の継続に繋がるとの危機感をもっていた。ただし，

今のところイギリス政府が金本位復帰を検討するとは考えられず，アメリカ側の提示する条件次第では次善の策として「事実上の安定化」を受け入れる可能性はあった[45]。他方で，ケインズは事実上の安定化が望ましいとはいえ，スターリング為替レートを下げない限りイギリス政府は受け入れないだろうとみていた。そして，現在は政府に関与していないと前置きした上で，この困難な途を切り拓く方途はアメリカとの非公式協議と，「両国議会に巻き込まれずに英，仏，米財務〔大蔵〕省の協力」を実現することにあると述べた[46]。

ケインズの予想どおり大蔵省高官ら（ホプキンズ［Richard Hopkins］，フィリップス［Henry Phillips］）は，通貨安定は目標だが「均衡への根本的な経済的障害が取り除かれない限り〔安定は〕達成できない」との公式的見解を表明しただけであった。しかし，政府主席経済顧問リース＝ロス（Frederick Lieth-Ross）はドルがスターリングに対して過小評価されているとの感想を漏らした[47]。他方，これとは逆に，非正統的な見解を示したのが大蔵省のエコノミスト，ホートレー（Ralph G. Hawtrey）で，イギリスは物価が上昇するまでは意味のある回復を実現することはなく，イギリスや他の主要国が通貨を金に対して切り下げない限り（1ポンド＝約5.0ドル→3.0-3.50ドル）物価は上昇しないと見ていた。ホワイトはホートレーの大蔵省に対する影響力を重視し，次のように述べている。すなわち「大蔵省高官らが今のところ金本位制に復帰しようとしないのは，ホートレー氏が正しいのではないかとうすうす感じており，他の確かな手段が上手くいくまでは，繁栄を獲得する手段の扉を閉めたくないと考えている」からではないかと推測した[48]。

金ブロック諸国で発生した通貨・政治危機は，ニューヨークへの資本逃避に帰結した。ベルギーは平価を切り下げ（1935年4月），イタリアは既に為替管理を導入していた（1934年5月）。フランスでも，1936年5月にインフレ政策を掲げたブルム（Léon Blum）の人民戦線が政権を握ると，フランは激しい投機圧力を受けて危機的状態に陥った。フランスは，週40時間労働制や賃金引き上げなど，アメリカが平価切り下げ後に全国復興法（NIRA）体制下で導入した労働政策を平価切り下げ前に導入し，アメリカが自国への投資を誘導したのに対してフランスは「フランス人に外国へ投資をさせる結果を招いた」（**表序-3**参照)[49]。ロンドン会議後も英仏の中央銀行間協力は継続していたが，つ

表序-3 ヨーロッパ諸国のアメリカ投資（1934年，1938年）

(100万㌦)

	イギリス	フランス	オランダ	スイス	その他欧州
直接投資	678	24	224	91	68
普通株	233	81	133	101	47
優先株	135	18	20	25	36
債券	87	50	207	63	40
その他	164	53	129	68	44
長期投資計 (1934.12.31)	1,297	226	713	348	235
国内証券購入（ネット） (1934.12.31-1938.10.28)	450	70	210	290	30
短期銀行資金残高 (1938.10.28)	334	188	79	216	280
イヤマークされた金 (1938.10.19)	15	101	92	160	85

出典) "Some First Thoughts on the Problem of Repatriating French Funds," October 28, 1938, Records of Department of the Treasury, Assistant Secretary, John W. Hanes, RG 56, Box 174.

いにフランスはアメリカに接近せざるをえなくなった。ブルムは既に6月からフランの切り下げに動き出していたが，その後のアメリカおよびイギリスとの交渉を経て，9月25日，フランの切り下げとドルとポンドに対する安定が共同声明として発表された[50]。

1936年9月の三国共同声明に基づいて，為替相場の調整とその方法に関する交渉が続けられた。英仏間の交渉は比較的順調に進展したが，金本位を離脱している英仏とのドルの金交換問題は難航した。ようやく10月13日，アメリカ側の妥協によって三国通貨協定は各国の声明の形で公表された。この協定は「国際為替制度における最大限可能な均衡」の維持を目的とし，以下の合意をみた。すなわち，①フランを25.0-34.3％切り下げること，②これに起因する外国為替市場の混乱を回避するため為替安定資金を利用すること，③「割当および為替管理制度を廃止の方向で漸次的に緩和するための行動を遅滞なくとる」こと，④「不合理な為替競争から利益をえようとしたり，またより安定した経済関係を回復する努力を阻止しようとしたりする」行為を抑止することである。さらに，「3ヶ国政府がお互いに他国が買い入れた自国通貨を金と交換する」取決めがなされた後，3国の中央銀行は24時間前の通告をもって相互の

債務を金で決済することになった[51]。

　三国通貨協定によってポンドを金に固定することなく,「24時間ベース」ではあるがアメリカに対して,金本位停止国のイギリスは（フランスも）保有するドルの金交換を求めることができた。イギリスは,この協定でフランやドルの為替市場に介入することが可能になった。確かにこの協定は拘束力をもたない紳士協定で,実質的というよりも「象徴的」であったが[52],当時のアメリカ経済,世界経済に与えたインパクトはきわめて大きかった[53]。アメリカの有力銀行家は「全国外国貿易会議」で通貨安定の実現を賞賛し,その恒久化へ向けてアメリカの輸入貿易の推進と国際決済銀行への公的な参加による国際通貨協調の必要性を訴えた[54]。またハンセン（Alvin H. Hansen）は同じ会議で,三国通貨協定による「国際的に管理された為替安定」を「賢明な選択」であると評価した[55]。その後,11月にはベルギー,オランダ,スイスの3ヶ国が,共同政策の決定権をもたずに,三国通貨協定への参加を表明し,ベルギーを除く5ヶ国はそれぞれ安定基金を創設して,為替の安定を維持することになった。

　三国通貨協定は経済指標に好ましい影響を与え,ヨーロッパの投資家たちは退蔵金や引き出したドル残高をアメリカ証券に投資した。1936年秋,大量の退避金がヨーロッパに流入したが,それは一時的で,連邦準備制度に加盟する商業銀行は法定必要額を50％も上回る超過（過剰）準備を蓄積した。連邦準備制度は数度にわたって必要準備率を引き上げたが,なおインフレ懸念は残った。為替安定基金はイギリスのEEAと違って金購入資金をもたなかったため,1936年12月,財務省は金の不胎化政策を開始した。その方法は,財務省が輸入金・新産金を購入して国庫の不活動金勘定にしまい込むとともに,代金は連邦準備銀行の財務省勘定から支払われる。従来は金証券の発行によって連邦準備銀行の財務省勘定を補塡したが,不胎化政策は追加的な公債発行資金で補充することで商業銀行の準備金の増大を回避しようとした[56]。財務省は1937年9月に不胎化政策を終了するまで,金の不活動勘定を13億ドルほど増加させたが,この間の銀行準備の増加は1.8億ドルに留まった[57]（各国の不胎化政策については表序-4を参照）。

　過剰な金流入に伴う財政負担やインフレ懸念から1937年4月には,アメリカが金価格を引き下げるのではないかとの憶測を呼び,ロンドン金市場はパ

ニック(金恐慌)に陥った。この金流入は,イギリスEEAの市場介入などによって6月末までには終息した[58]。ところが,1937年秋には一転して,アメリカで景気後退が始まった。財務省は金不胎化政策で凍結された3億ドルの金を放出したが,十分な効果はなかった。この1937年不況は連邦準備制度による急激な必要準備率の引き上げが原因との非難があがった。しか

表序-4 金の不胎化政策[1]

	1880-1913年	1922-1936年
イギリス	48%	33%
アメリカ	—	25%
フランス	26%	33%
ド イ ツ	31%	29%

注1) 不胎化政策の結果,各期間における中央銀行の対外資産(金・銀・外国為替)と国内資産(割引・貸付・証券)が同方向に変化した割合(%)は低下した。
出典) Lawrence Officer, "Gold Standard," 2001. EH. Net Encyclopedia, edited by Robert Whaples. <http://eh.net/encyclopedia/article/officer.gold.standard>.

し,退役軍人のボーナス支給削減と社会保障税の徴収開始による財政支出の急減もまた重要な原因のひとつと認識された。そこで,連邦準備制度理事会議長エクルズらはこれを機にモーゲンソー財務長官らの保守派を抑え,1938年度予算で積極的な財政政策に転換するようローズヴェルトを説得した。この結果,4月14日に発表されたローズヴェルトの新景気回復計画は,連銀加盟銀行必要準備率の引き下げで7.5億ドルの追加的超過準備の創出,金不胎化政策の放棄で13.9億ドルの金放出,財政支出の拡大が30億ドルと大規模なものとなった[59]。

アメリカの景気後退は,金価格引き下げの懸念(いわゆる「ドル恐慌」)を生み出した。ドル恐慌は比較的軽微で,金不胎化計画を終わらせることで容易に終息したが,1937年10月から翌年2月にかけてホット・マネーが大規模に移動した(前掲表序-3参照)。三国通貨協定以前のアメリカの為替安定基金の活動は,フランや金ブロック諸国の通貨を支持する目的で,外国の金と交換に安定した相場でドルを供給する程度に限定されていた。しかし,この時は三国協定参加各国と協力して,「不当な下落からドルを守るために出動」した。為替安定基金はフランスとイギリスへの金輸出,基金が外国で保有するイヤマーク金の放出,合衆国内の外国のイヤマーク勘定への金の移転によって操作を行った[60]。

それにもかかわらず,三国通貨協定の成立は世界貿易の縮小を回避し,為替管理の撤廃を導くには遅すぎた。ブロック経済化はむしろ強化され,貿易制限

や為替規制の拡大に反比例して民間資本市場は消滅に向かった。なかでもイギリスは，1938年末には先物為替市場を閉鎖し，翌年4月には既発行外国証券の購入を禁止した。1939年初頭，金を通じたスターリング投機を抑制するために通貨当局は，ロンドン市場の銀行や金取引業者に金の先物取引および金に対する前貸しの自制を求め，さらにパリ，ブリュッセル，チューリッヒ，アムステルダムの当局にも金ルートによるスターリング投機の制限に協力を求めた。同様の要請はアメリカ財務省を通じてニューヨーク連邦準備銀行にもあり，1月9日ハリソン総裁はニューヨークの主要10銀行の頭取らを招いてイギリス当局の要請を伝えた[61]。同8月，英仏などヨーロッパ諸国は外国為替規制を課し，9月になると為替は戦争を目的として管理・統制された[62]。しかし，これに代わって，イギリスの輸出信用保険庁やアメリカの輸出入銀行など，外国貿易を政策的に拡大しようと公的金融機関が相次いで創設されるようになった。アメリカ財務省が1939年3月，ブラジルの通貨安定を目的に5,000万ドルの貸付を行ったように，戦後の国際通貨体制を展望する営みも，徐々に現れ始めていたのである。

IV. ロンドン通貨経済会議後の為替管理——戦後への連続と断絶

1）管理通貨制と金・為替管理

　世界大恐慌は20世紀最大の経済的事件のひとつであり，それは再建金本位制の終わりを告げるものであったと同時に，第2次世界大戦後のいわば20世紀国際金融の枠組みを組成する出発点をなした。したがって，戦後の国際通貨・金融システムを歴史的に展望しようとする場合，世界経済と国内経済との多様な金融的接合のありようと，それに規定された国内金融の多様性に着目することが肝要となる。以下，ここでは戦後体制への連続と断絶の視点から，ロンドン通貨経済会議崩壊以降の為替管理問題の展開をたどることにする。

　前者の視点は，金本位制から離脱した国民通貨を各国がどのように位置づけるかであり，具体的には金および外国為替をいかに管理するかという管理通貨制の導入に関わる問題である。これまでもっぱら理論的関心が先行した結果，

1930年代は金本位制から管理通貨制への移行過程として描き出された。こうした視角は確かに，ケインズ経済学が各国の経済政策に与えた影響力の大きさからしてきわめて重要であった。しかし，各国経済は資本主義世界経済が到達した世界大恐慌段階に共通の諸問題を抱える一方で，それぞれが世界経済とリンクする仕方は多様であり，したがってその結節点をなす金・外貨管理のあり方もそれに応じて異なったはずである。

　後者の視点は，各国固有の管理通貨制に規定された国内金融，とりわけその組織化の態様を解明しようとするものである。伊藤正直によれば[63]，「管理通貨制とは，直接には中央銀行の通貨供給を金準備による束縛から解き放ち，価格標準の固定性を喪失させること，そしてそれによって中央銀行の通貨供給を独立的に拡大しうること」にその本質がある。したがって，世界大恐慌に直面して各国通貨当局が「金の足枷」（アイケングリーン）から解き放たれて，有効需要創出によって経済復興を図るために共通した財政金融政策を実施するにしても，そこには各国が歴史的に創りあげた固有の通貨・信用機構と，したがってまた固有の金融規制に直面するはずである。

　既述のように，各国はそれぞれに固有の事情を背景にもちながら金本位を離脱し，その後の金・短期資本移動を規制する為替管理のあり方も多様であった[64]。第1のグループは為替市場のメカニズムを利用しながら，為替安定基金等を通じて為替相場に影響力を行使できたイギリスやアメリカである。一定の貿易規制を導入しながらも，金本位制を維持して為替管理を行わなかった金ブロック諸国は第2のグループを形成した。なお，金本位を停止して三国通貨協定を締結して以降は，フランスも為替安定基金を設置して，いわゆる「自由為替圏」の創出・拡大に組み込まれたという点で，第1グループに分類することもできる。

　他方で，為替市場の機能を介さずに厳格な為替管理，貿易統制へと進んだドイツや日本は第3のグループに分類される。両国とも閉鎖的で双務的なブロック経済（マルク・ブロック，円ブロック）を形成するのであるが，スターリング・ブロックのような国際収支不均衡の調整機能を有していなかった点が，両者を分ける根拠となる。とはいえ，日本の場合，金本位停止後しばらく為替を放任した上で安定化させた点で第1グループとの類似性も指摘される。ただ金

本位停止を契機に，ドイツを除いて多くの国が為替の低位安定化政策を追求したことも事実である。ドイツの場合，賠償や戦債などの巨額の対外債務が存在したこと，ハイパー・インフレーションの鮮明な記憶が金平価の維持を優先させた[65]。

　こうして再建金本位制の崩壊以降，各国は多様な次元で金と外貨を，したがってまた為替を管理した。最後に，大幅に平価を切り下げまた金地金本位制に転換したとはいえ，金本位に復帰して平価を再び固定したのはアメリカのみであった点に着目せねばならない。「為替切り下げ競争」のなかで，豊富な金・外貨を背景にしてアメリカはいわば力ずくで「金の貨幣的性格」をコントロールしようと試みた。しかし，そうした試みはいくつかの限界に直面するとともに，新たな構想の源泉ともなった。次に，国際連盟の活動に焦点をあてながら，三国通貨協定成立以降の為替管理問題を検討し，戦後への展望を試みることにする。

2 ）清算協定

　ロンドン通貨経済会議が崩壊した後，（為替）清算協定を締結する国が急増した。「清算協定に関する調査」は，1934 年 9 月の国際連盟総会第 2 委員会[66]でフランス代表が提案したものであり，理事会が経済金融機構に対して「相殺および清算協定の原因，範囲，方法，および結果」に関する調査を求めたことに由来した[67]。調査委員会は，清算協定を締結した 25ヶ国に回状と質問書を送り，アルゼンチン，ブラジル，ドイツ，トルコを除く諸国から回答を受け取った。このなかでイギリス政府はいかなる清算協定も締結していないと回答したが[68]，フランスは 1932 年以降，貿易相手国の 6 分の 1 以上に当たる 12ヶ国と協定を締結し，「フランスの輸出業者は 15 億フランを超える債務」を決済できたと述べた[69]。

　1935 年 4 月に提出された調査報告書によれば，清算協定締結の原因は外国為替規制にあり，為替規制国と非規制国との間だけでなく，為替規制国の間でも締結された。世界不況の影響から貿易収支が悪化して外貨・金準備の危機に陥った諸国は，対外債務支払の確保の必要から，無理な公定為替相場の維持，長期・短期資本輸出の制限，輸入制限などを行うために為替規制を導入した。

これら為替規制国は，輸入超過を対外債務支払いにともなう貨幣移動の範囲内に抑制しようとして，一方的措置をとるか，清算協定を締結した。他方，為替規制諸国に商品・資本輸出で債権をもつ国は，為替規制国からの元利や輸出代金の受取りが困難になり，それら債権の回収のために為替規制国と清算協定（＝支払協定）を締結した。例えば1934年11月の英独協定では，ドイツの対英輸出額の45％のうちの10％を凍結商業債務の支払いにあて，ドーズ案およびヤング案の利払いの実行を約束した。ドイツは為替管理国の南東ヨーロッパ諸国との協定では，ドイツ清算金庫などの公的金融機関内の勘定記入による方法なども用いた[70]。

　清算協定の背後には為替管理があり，さらに為替管理の撤廃のためには国際通貨の安定が不可欠である。調査報告書によれば，委員会は「外国為替取引や支払決済に関する国際協定に起因する撹乱的行為に対する最も効果的な安全弁として，また自由貿易が正常に機能するための本質的な条件として国際通貨体制の再建」を評価した。アメリカも清算協定による差別的な為替割当を問題視していた。しかし，自国の輸出競争力が維持されていることや輸出入のバランスが回復してきたことによって，アメリカは清算協定が「国際貿易の恒久的特徴となる可能性はきわめて小さい」と見ていたのであった[71]。

　フランスとイタリアは1934年9月の連盟総会第2委員会の討議のなかで，「双務的清算協定の多角的協定への転換の可能性」に言及し，通貨安定が実現しない限りはその可能性はなく，それが実現したときには「清算協定を維持する理由はなくなるであろう」と主張した。イギリス代表はロンドン通貨経済会議が直面して失敗した問題に取り組むにはまだ機が熟しておらず，調査は限定的な側面にすべきとするフランスの主張に賛成したのである。したがってヨーロッパの認識では，通貨・為替安定問題と清算協定を切り離せない以上，清算協定を多角化することは当初から不可能であった。

3）為替管理体制の「定着」

　三国通貨協定（1936年10月）は「現在の割当および為替管理制度を廃止の方向で漸次的に緩和するための行動を遅滞なくとる」ことで合意した。しかし，ノルウェーなど一部諸国は，即座に厳格な為替管理を廃止することは困難

であり，当面は対外債務の処理を確実にすること，移行期に為替相場を支えることの重要性を訴えていた。そのため，三国通貨協定によって提起された「割当および為替管理の漸次的廃止」をめぐる議論は翌年まで持ち越されてしまった。

この間国際連盟の外側で，ドイツを含めたヨーロッパ主要国とアメリカとの間で交渉が持たれる一方，英仏両国は中立政策に転換したベルギーの首相ヴァン・ゼーラント (Paul van Zeeland) に対して，三国通貨協定を機能させるために国際貿易の障害を除去する方策の研究を依頼した[72]。この研究の進展によって，連盟経済委員会（リース＝ロス委員長）は1937年9月,「割当制度と為替管理」の廃止計画を実施すべきであるとの見解を発表した。しかし，第2委員会での激しい意見対立から，為替管理の廃止のための調査を開始するのが精一杯であった。

国際連盟の経済委員会と金融委員会の合同小委員会は，既に完成していた『ヴァン・ゼーラント報告』を土台に，1938年7月，為替管理に関する調査報告書を提出した。この合同小委員会にアメリカ代表は参加しなかった。それはアメリカが，主要通貨の安定と互恵通商協定による自由貿易政策の展開がこれらの問題を解決すると見ていたからであった。ヴァン・ゼーラントはドイツやイタリアなどが国際連盟を脱退した後の大国主導の国際協力の場として，国際決済銀行の役割を重視した[73]。すなわち，「新しくより拡大した三国通貨協定」に基づき「調整委員会 (coordinating committee)」を設置する。調整委員会の勧告に従い，① 例えばイギリスからアメリカへの金流出に直面した場合,「国際決済機関 (international clearing house) はアメリカの為替安定基金のスターリング残高から資金を購入し，これに対してイギリスは為替リスクをカヴァーするために25％の金準備を取り置く」こと；②「世界の利益共有のため，植民地企業に資本を供給する」こと；③「金の代わりに軍資金として戦略軍事物資を蓄積する多様な国々の活動」を調整することが期待された。しかし，モーゲンソー財務長官宛のホワイトのメモが示すように，「このプログラムは見え透いた偽装計画で，現状では合衆国が，全部ではないにしても，途上国への金融支援のほとんどを提供することになる。合衆国は他国諸通貨の防衛，原料備蓄の蓄積，難民支援，そして軍縮を条件に，侵略国を含む他諸国と利益を共有す

る植民地企業の振興に対して，資金の提供を要求される」と，財務省は強く反発した[74]。

しかし，アメリカは財務省や国務省で具体的解決法を模索していた。たとえば，為替安定基金は既に1936年1月から中南米や中国に対する2国間安定化協定に基づき，信用供与を開始していた（**表序-5**参照）[75]。他方，外国貿易担当の大統領特別顧問ピーク（George N. Peek）は，為替管理の問題を解決するには一般的貿易協定による以外にはないとしながらも，当面の具体的な解決方法として，通貨安定基金を為替管理国の為替取扱機関として機能させる構想を公表するとともに，いわゆる「第2輸出入銀行」を民間銀行が関与しえない為替管理国への中・長期信用を供与する公的金融機関として利用しようとした[76]。しかし，清算協定や為替割当制度の活用は国務省の多角的自由貿易体制の構想から排除され，十分な金融的支援も欠いたことから，こうした構想の着

表序-5 アメリカ為替安定基金の貸借対照表（1936-1939年）

	年月日	1936年6月30日		1938年12月31日		1939年6月30日		1939年12月31日	
		($1,000)	(%)	($1,000)	(%)	($1,000)	(%)	($1,000)	(%)
資産	金（未使用資本）	1,800,000	89.6	1,800,000	89.4	1,800,000	89.3	1,800,000	89.1
	金（特別勘定）[1]	43,701	2.2	80,411	4.0	84,635	4.2	156,277	7.7
	現金・当座預金[2]	102,421	5.1	79,237	3.9	106,169	5.3	31,546	1.6
	外国銀行預け金[3]	48,588	2.4	48,657	2.4	19,157	1.0	19,162	0.9
	投資[4]	15,108	0.8	5,027	0.2	5,027	0.2	12,288	0.6
	その他	60	0.0	62	0.0	44	0.0	35	0.0
合計（資産・負債）		2,009,878	100	2,013,394	100	2,015,032	100	2,019,308	100
負債・資本	資本勘定	2,000,000	99.5	2,000,000	99.3	2,000,000	99.3	2,000,000	99.0
	支払勘定	3	0.0	949	0.0			1,621	0.1
	純収益	9,875	0.5	12,445	0.6	15,032	0.7	17,687	0.9

注1）合衆国貨幣検質所，ニューヨーク連邦準備銀行，イングランド銀行（1939年以降なし）に保管。
　2）ニューヨーク連邦準備銀行，財務省出納局長および支払担当官。
　3）中国中央銀行（Central Bank of China）への預金で，ほぼ同額の金を担保とする。
　4）財務省証券，国債。
出典）Arthur W. Crawford, *Monetary Management under the New Deal: The Evolution of a Managed Currency System—Its Problems and Results*, New York: Da Capo Press, 1972, 1st 1940, pp. 295-297.

手は戦後へと持ち越されることになった[77]。

　調査委員会は，為替管理がその国の金融的・経済的困難に対する「最善の防御」として導入されたものであり，経済的諸困難が最も根本的なものであるから，一般的経済情勢が回復するならば為替管理の必要性はすぐになくなると結論した。しかし，もはや為替管理の原因を通貨・為替安定の欠如にあるとした1935年の「清算協定に関する調査」の結論からは離れ，政治経済情勢の悪化に原因を求めざるをえなくなっていた。国際政治情勢の悪化，第1次産品価格の下落や国際収支の悪化で為替管理の緩和すら不可能となっていたのである。

　連盟の調査報告書では為替管理の廃止を意図する国を対象にして，自由市場レートに近似的な為替レートの利用を推奨するなどの緩和手段が示された。しかし，多くの国で為替管理はいまや積極的な通商政策の手段として，さらには世界価格と国内価格との間に障壁を設けることを目的として利用されるに至った。こうして1930年代末以降，為替管理はいわば「経済システムの組織化」と密接にリンクしていたのであり，アメリカやイギリスを軸とする戦後国際通貨金融システムの再建構想もまた，こうして「定着」した各国固有の為替管理機構をいかに打破，または活用するかという難問に直面することになる。

V. 大恐慌後の通貨金融政策に関する研究動向

1）外国為替政策

　今日的な理論的正しさから見て，1930年代の通貨金融システムに関する認識や政策がいかに誤っていようとも，そうした認識や政策を土台にして戦後の国際通貨金融システムが構想された歴史的事実を消し去ることはできない。他方でまた，戦後ブレトン・ウッズ体制のもとで世界経済の統合化が進展して自らの崩壊を用意し，金や固定為替相場制についての固定観念が取り払われることになり，金融史家たちは従来見落としてきた多様な選択肢の存在を同じ歴史過程のなかで発見するようになった。そこには，現代的問題関心から同じ歴史的事実がまったく異なる立場から解釈される可能性を受け止めてそれを再構成することが，金融史研究の重要な役割であるとの認識があるように思われる。

以下では，1930年代の国際通貨金融問題と国内問題との接点に焦点をあてながら，いくつかの研究課題とその成果を検討する。第1は，1930年代の国際金融史における最大の事件となった国際金本位制の崩壊であり，したがってまた旧通貨システムの再建や新たなシステムの模索が最重要課題として登場したことである。世界大恐慌の重要な原因とみなされた国際金本位制が廃棄され，大規模スペンディング政策による有効需要創出を通じて景気拡大と完全雇用を図るため，金との結びつきを断つ管理通貨制度を導入し定着を図ったプロセスに研究史上，焦点があてられてきた。近年とくに，金本位制離脱後の外国為替市場や為替管理の実態の解明が一次史料の発掘と並行しつつ進展している。

金本位離脱後各国は，拡張的な財政金融政策によるインフレ昂進や為替相場の不安定を回避しようと，為替安定資金を利用した市場介入や為替取引規制（為替管理）に乗り出し，また外貨不足に直面して為替清算協定の締結とその多角化による「封鎖的・閉鎖的な通貨ブロック」を発展させた。こうした通貨ブロックの形成はドイツのマルク・ブロックを典型とするが，同様に円ブロックやスターリング・ブロックも形成された[78]。従来スターリング・ブロックの場合も，為替管理に基づく閉鎖的な「英連邦内の通貨ブロック」として描かれてきた。しかし，米倉や金井などの実証的研究が示すように[79]，1930年代のイギリスは外国為替市場の機能を利用しながら低為替政策を追求した。貿易・金融サーヴィスや低為替ポンドを自由にブロック地域に提供することで，イギリスはその経常収支赤字をスターリング・ブロックの域外貿易黒字でファイナンスするシステムを構築した。金本位離脱によって兌換保証はなくなったが，「安定した相場で自由な外貨交換性」を維持することでポンドは信認され，国際通貨機能もまた維持されたのである。

従来，1936年の三国通貨協定による国際協調は戦後IMF体制の歴史的起源として重視されてきたが[80]，ドラモンドらは，ポンドの想像を超える強さなどから三国通貨の安定は達成されなかったとして，国際協調の限界を強調した[81]。しかしながら，イギリスの国際収支調整能力は第1次世界大戦前と比較して脆弱で，アメリカなどの景気動向や通商政策，為替政策に大きく影響された。それゆえ，三国通貨協定とはイギリスにとって，為替切り下げ競争の不安

に終止符を打ち，各国の為替安定基金の緊密な関係を可能にする相互協力の約束であった[82]。イギリスのスターリング地域に対する貿易・通貨政策やドイツの為替管理，また双務支払協定網の構築に対して，アメリカは互恵通商協定法に依拠した関税引き下げや1934年ジョンソン法（Johnson Act）による戦債不履行国への資本輸出禁止など，戦後的枠組みの基本原則の一面を既に打ち出し始めていた[83]。

この時期，アメリカの通貨金融当局は金やホット・マネーの投機的移動に悩まされた[84]。しかもハル（Cordell Hull）国務長官の自由貿易政策の展開は，戦時期に強化された各国の為替管理によって妨げられた[85]。ブルームフィールドやブラウンらの研究以降[86]，アメリカによる為替安定基金の操作や金輸入の不胎化政策の実態に関する実証研究は進展しなかったが，近年，ボードーらによって徐々に実態の解明が進められている[87]。

2）金融規制

第2の研究課題は，旧IMF体制の崩壊に続いて急速に進展した金融の規制緩和やグローバル化が，外国為替政策に留まらず金融規制政策全般への関心を高めたことに由来する。世界大恐慌の経験が通貨金融政策思想に影響を及ぼし，アメリカなど多くの国に新たな金融規制を採用させるか，戦後日本のように，アメリカの影響下に類似の規制を導入せしめた。世界大恐慌の影響といっても多様であるが，最も金融規制が徹底したのはドイツであった。加藤によれば[88]，政府や特殊金融機関による金融救済措置は政府・ライヒスバンクの銀行監督制度の創設，貯蓄金庫改革による集権的組織化を達成し，また緊急時の行政措置はナチス期の1933-34年に次々と法制化され，また再軍備金融の要請はライヒスバンクの国家への従属の形で，金融統制の制度化を完成させた。アメリカも同様に激烈な金融恐慌を経験して，証券業務と銀行業務の分離，預金金利規制，連邦預金保険制度の導入，連邦準備制度理事会の権限強化などを通じて「セーフティ・ネット」を整備し，さらには証券発行・証券取引の規制・監督体制（証券取引委員会の設置）を矢継ぎ早に導入して，前者には競争の制限を，後者には競争の強化を促した[89]。

日本は厳格なドイツ的為替管理の法的規制を用意しながら，日中戦争勃発ま

で，市場メカニズムを機能させる独自の政策を選択した。また，アメリカのような銀行・証券規制に代えて，金融不安の高まりから，1927年金融恐慌以前に既に，銀行法に基づく銀行合同政策や大蔵省・日本銀行による銀行検査体制を大幅に強化していた。伊藤によれば，こうした政府・日銀主導の金融規制は「事前的措置としての競争制限的規制とバランスシート規制，事後的措置としてのセイフティ・ネット」規制として区分するよりも，むしろ中央銀行の最後の貸し手機能や救済合併指導（＝セントラル・バンキング）に着目して，市場の枠組みそのものに介入する「構造規制」と，それを所与として金融機関行動に規制を加える「健全経営規制」とに区分すべきである。金融恐慌を契機に日本では，裁量的金融行政と法規制とを組み合わせた構造的規制が進行した。しかし，その後，裁量的金融行政による健全経営規制を志向するが，1930年代に入ると金融規制の目的は「金融危機発生防止，金融システムの安定性確保を越えて，インフレ対策あるいは戦時金融動員という新しい課題」に移行していった[90]。

　他方，イギリスやフランスでは大恐慌を契機とする明示的な規制は展開しなかった。イギリスでは為替管理もEEAによる市場介入に限定され，銀行組織も自発的分業体制が堅持された。フランスでは，フランス銀行が手形の直接割引を手控えて「諸銀行の銀行」へと進化し，破綻後の処理から破綻前の処理へと政策変更をみせたが[91]，証券仲買人組合や公債引受シンジケートなど，旧くからのインフォーマル組織が証券市場の公的な規制と裁量の担い手として登場し始めた。ここには日本の規制当局が創りだそうとした，中央銀行を頂点とする成熟した階層的銀行構造が完成していたのかもしれない。アメリカでもまた，1933年金融恐慌の主要因とみなされた脆弱な銀行構造の改革の動きは見られたものの，その制度的裏づけをなす二元銀行制度（州政府と連邦政府による分権的な銀行規制・監督体制，とくに支店銀行制度を認めない単店舗主義）は激しい対立のなか，連邦預金保険や金利規制と引換えに温存された。アメリカの大恐慌を契機とする金融規制は，日本とは逆方向への構造規制の側面を持っていたのである。

3)「金の足枷」

　第3の研究課題は，大恐慌の深化や世界恐慌化の原因についての理解，さらには金融政策の有効性をめぐる認識である。野口・若田部によれば[92]，現代の大恐慌研究はかつての金融政策をめぐるケインジアン[93]対マネタリスト[94]の段階をはるかに超えて深化し，パラダイムを転換させた。旧来，アメリカの恐慌が世界大恐慌へと拡大した理由のひとつは関税引き上げ競争と為替切り下げ競争という近隣窮乏化政策であり，大恐慌からの脱出はケインズ政策に依拠した財政支出の結果であるとみなされてきた。しかし，アイケングリーンらによれば，為替切り下げ競争は近隣窮乏化策などではなく，実は当事国の貨幣供給の増加による「金融緩和競争」を意味し，したがって恐慌からの回復の契機となるはずのものであった。しかし，通貨切り下げが「散発的で非協調的」であったため，その効果を減じてしまった[95]。

　アイケングリーンは，これを世界大恐慌の史実のなかで関連づける作業を行った。金本位制とは通貨当局が金平価の維持を目的として金融政策を運営する「政策レジーム」であり，金本位制を採用する国は金融政策運営に「金の足枷」が嵌められた。さらに，金融政策の自由度には非対称性があって，「金流出国は常に金融引き締めを強いられるが，金流入国は必ずしも金融緩和」を強いられず，金の不胎化さえ可能とする。アメリカの金不胎化政策は，実は金平価を維持する他の金本位諸国に通貨供給のデフレ的調整を要求していたのである。連邦準備制度は銀行学派の真正手形主義の影響を受け，連銀の資金供給は民間の資金需要（手形の再割引需要）に応じて受動的に行われるべきとしてこれを放置し，景気循環をむしろ増幅させた——1933年銀行法の制定段階ですら真正手形主義が議論を支配しており，連邦準備制度の能動的役割は後景に退けられたのである[96]。しかしながら，こうした金本位制の政策レジームに対して，再建金本位制期のイングランド銀行が保証準備発行増減規定によって金の「拘束衣」からの解放を試みていたことは金井が強調するところであり[97]，またポラニーも指摘していたことであった[98]。

　恐慌の世界的伝播は「金の足枷」という金本位制の政策レジームの必然的帰結であったが，金本位からの離脱は政策レジームの転換を必然化しなかった。実際，ドイツとイギリスの両国政府はありもしないインフレーションと闘って

いた[99]。しかし，バーナンキは国際的資金循環を窒息させた銀行恐慌などの非貨幣的要因を重視する一方，金本位国と離脱国との間で景気収縮からの転換に明確な違いがあることを指摘している[100]。日本の場合，金本位離脱後に為替相場の下落から国内物価の一般的騰貴を直接的に説く「為替インフレ論」が笠信太郎と猪俣津南雄の間で闘わされるなか[101]，高橋蔵相と深井英五（日銀副総裁）によって低為替・金融緩和政策が実施され，その評価は既に定着している[102]。

他方で，巨額の金流入にもかかわらず，アメリカは拡張的経済政策への転換では最も遅れたグループに入る。金本位復帰に際してのドルの大幅切り下げや平価変更権限の獲得は，連邦準備制度やローズヴェルト政権から「金の足枷」を外した。しかし今度は，大量の金流入と超過準備の蓄積がインフレーションの潜在的脅威となって，政策当局を金不胎化政策へと走らせた[103]。当時どのような選択肢があり，なぜ特定の政策が選択されたのかについて，スタインドルは貨幣数量に着目した金融政策はまだ確立していなかったとして，アイケングリーンらの議論を批判する。彼は，むしろ1937年不況後の経済回復に注目し，「内生的波及」の効果を強調する。政策担当者らは「計画的な政策ツール」として，ケインズ的財政政策に再び依拠するようになったと見るのである[104]。

4）金融改革構想

最後に第4の研究課題として，世界大恐慌が資本主義経済に対する懐疑を喚起することで各国に通貨金融制度の改革運動を引き起こし，多様な政策のオールタナティヴを提示した事実に着目しておこう。改革運動の直接的な背景は国によって異なるが，ケインズ主義的経済政策思想の背後に埋もれていた選択肢の掘り起こしが近年，徐々に進展している。そのひとつである吉田の研究は，戦後の「完全雇用」目標にリンクした金融政策（イングランド銀行の公的統制や資本管理など）が実は1930年代の労働党の金融改革構想に立脚していたこと，この構想が1931年金融恐慌期に，銀行家らの圧力で労働党政権が倒壊したことへの不信感から出発した点に着目している[105]。

フランスでもまた，1930年代初頭の銀行恐慌を経て銀行・信用部門の多様

な改革構想が打ち出され，戦後1945年の大規模な信用組織化の嚆矢となった。この時代の改革構想は，権上によれば[106]，第1は労働総同盟（CGT）による「信用国有化」案で，中央管理機関を介した集権的な信用配分システムの構築を企図するもの，第2は銀行業界による改革構想で，ひとつは市場機構を通じた自由主義的・分権的な信用配分システムの構築，ひとつは銀行の自己規律によって市場の正常化を目指す現実追認型の組織化を内容とした。1936年法によるフランス銀行の組織改革は第1の構想を基礎とし，信用配分の民主化（金融ジャコバン主義）と銀行信用の公的中央機関による集中的管理という，相反する課題に直面してブルム政権は前者を優先した。しかし，フランス銀行の管理機構の民主化（個人銀行家の影響力の排除）は結局，銀行内の総裁を中心とするテクノクラートへの権力集中をもたらした。

　アメリカもまた，フランスと共通した課題（信用配分の分権化と通貨・銀行信用の公的・集権的管理）を抱えた。第1章および第2章で詳しく検討するように，1935年銀行法は連邦準備銀行に対する連邦準備制度理事会の権限（連銀総裁・副総裁の承認，公定歩合設定の承認，公開市場操作の管理など）を強化したが，民間諸銀行の規制・監督と通貨・信用政策は連邦準備制度，財務省，連邦預金保険公社，各州銀行部局等の間の錯綜した管轄権によって一貫性を欠いた。そのためローズヴェルト政権内では，（連邦政府と州政府の）銀行制度統合構想，銀行の信用創造を否定する100％準備案などが検討され，また議会においても民主党下院議員160名による連邦準備銀行国有化案や100％準備案など，多様な改革案が提出された。なかでも連邦準備制度理事会議長エクルズは，1938年11月に全銀行統合構想の実現を大統領に直訴し，連邦上院銀行通貨委員会委員長ワグナー（Robert F. Wagner）による「全国銀行通貨政策」調査決議案の採択（1939年8月）を経て，ついに連邦政府の通貨・金融政策の統合を意図した大規模なアンケート調査が開始された。運悪く，大戦勃発の煽りを受けてこの一大調査は完了しなかったが，本書が着目するように，1941年1月には政界やマスコミで忘れかけられていたとしても，連邦準備制度理事会内部ではワグナー委員会調査への回答書は着実に「立法化プログラム」を進展させ，戦後の金融制度改革を展望していた。

　しかし，アメリカの戦後改革構想の中心は国際通貨基金と世界銀行を軸とす

る新たな国際通貨金融体制の構築であった。それゆえ，国際通貨体制の成立過程に関する研究は早くから進展していたが，ブレトン・ウッズ体制と国内政策との整合性をいかに確保しようとしたかに関する研究は遅れた。国際金融機関とアメリカの国内政策の調整組織として，ブレトン・ウッズ協定批准にあたって設置されたのが国際通貨金融問題国家諮問会議（NAC）である。NAC は，財務省や国務省，また連邦準備制度などの代表者の協議を通じて，ブレトン・ウッズ諸機関の主導権の確保やヨーロッパ決済同盟の誘導などを行い，アメリカの対外経済政策との調整を図ろうとした[107]。ケーシーは「リベラル・コーポラティズム（liberal corporatism）」の視点から形成期 NAC の活動における「合衆国の政策立案者と世銀・IMF 当局との間の決定的な調整上の結びつき」を強調し，「民間の自由企業，市場経済の組織者，規制者，保護者」として政府の拡張的役割を強調するが[108]，本書が着目するように，政策当局における時として先鋭で複雑な対立関係を看過することはできない。

　また，ボードーらの近年の研究は 1934 年金準備法以降の財務省や為替安定基金に着目し，三国通貨協定に基づく為替安定化操作の発展，為替安定基金による中国や中南米諸国への為替安定化融資などの経験が，低利融資や融資保証・融資条件など IMF や世界銀行の構想に大きな影響を与えたことを強調した[109]。しかし，ホワイトら財務省による戦後通貨政策構想は必然的に連邦準備制度の政策構想と相互に重なり，戦争終結後にインフレーションが現実の政策課題として出現したときに，両者の政策調整の問題はより深刻となった。旧来，戦時中から財務省に協力を強制された国債価格支持政策は，連邦準備制度が戦後に物価安定化政策へとその重心を移し，1951 年についにそうした政策からの解放に関する合意＝「アコード」に帰結したとするのが内外における通説的解釈であった[110]。しかしながら，実は「アコード」がニューディール期の制度改革以来の，通貨金融政策をめぐる当局間の複雑で激しい政策対立の延長線上にあることは，本書第 7 章でより明確になるであろう。

［注］

1 ）League of Nations, *The Monetary and Economic Conference, London, 1933*, Geneva : Information Section, Secretariat of the League of Nations, 1933 ［日本国際連盟協会・国

際連盟東京支局訳『通貨経済会議の顚末』日本国際協会，1933 年] 邦訳 1 頁.
2) Barry J. Eichengreen, *Elusive Stability : Essays in the History of International Finance, 1919-1939*, Cambridge & New York : Cambridge University Press, 1990, p. 250. この間 (1931 年 1-2 月)「英仏金会議」でも，金移動をめぐる議論が闘わされていた (権上康男『フランス資本主義と中央銀行──フランス銀行近代化の歴史』東京大学出版会，1999 年，39-48 頁).
3) Barry J. Eichengreen, *Golden Fetters : the Gold Standard and the Great Depression, 1919-1939*, New York : Oxford University Press, 1992, pp. 261-265.
4) 加藤國彦「1931 年ドイツ金融恐慌と金融制度改革──金融規制から金融統制へ」安部悦生編『金融規制はなぜ始まったのか』日本経済評論社，2003 年，第 2 章，72-74 頁.
5) Charles H. Feinstein, Peter Temin, and Gianni Toniolo, "International Economic Organization : Banking, Finance, and Trade in Europe between the Wars," in Charles H. Feinstein ed., *Banking, Currency, and Finance in Europe between the Wars*, Oxford : Clarendon Press, 1995, Chapter 1, p. 40.
6) Eichengreen, *op. cit.*, *Golden Fetters*, pp. 134-135, 264.
7) Feinstein, et al., op. cit., "International Economic Organization," p. 42.
8) Peter Temin, *Lessons from the Great Depression : The Lionel Robbins Lectures for 1989*, Cambridge, Mass. : MIT Press, 1989 [P. テミン『大恐慌の教訓』猪木武徳ほか訳，東洋経済新報社，1994 年，99 頁].
9) Charles P. Kindleberger, *The World in Depression 1929-1939*, London : Allen Lane, 1973 [C. P. キンドルバーガー『大不況下の世界 1929-1939』石崎昭彦・木村一朗訳，東京大学出版会，1982 年，136 頁].
10) 金井雄一『ポンドの苦闘──金本位制とは何だったのか』名古屋大学出版会，2004 年，120-121 頁.
11) 野口旭・若田部昌澄「国際金本位制の足かせ」岩田規久男編『昭和恐慌の研究』東洋経済新報社，2004 年，第 1 章，28 頁.
12) BIS の融資額は 4,000 万シリング (40%) であった. Gianni Toniolo, *Central Bank Cooperation at the Bank for International Settlements, 1930-1973*, Cambridge : Cambridge University Press, 2005, Table 4.1, p. 108.
13) Eichengreen, *op. cit.*, *Golden Fetters*, p. 268.
14) Gardner to Parry, "The International Monetary Crisis," October 5, 1931, pp. 1-2, Records of the Federal Reserve System, RG 82, Box 274. BIS を中心とする金融支援は，ハンガリー国立銀行に対して 1931 年 6 月 16 日 1,000 万ドル，7 月 8 日 1,000 万ドルの融資が，またフーバー・モラトリアムに関する米仏交渉が行われている 7 月 24 日，ライヒスバンクへの 1 億ドルの融資が合意された (pp. 2-3).
15) Coolidge to Secretary, "Memorandum of Activities for the Day," October 24, 1935, pp. 1-3, T. Jefferson Coolidge Papers, Box 1, Franklin D. Roosevelt Library. 詳細は

Toniolo, *op. cit., Central Bank Cooperation*, pp. 167-175 を参照。ニューヨーク連銀総裁が BIS 会議に公式に参加するようになったのは 1960 年からであり，ニューヨーク連銀と連邦準備制度理事会が 2 つの BIS 理事ポストを実際に占めたのは 1994 年からである。なお，BIS 株式はそれぞれ 1 票の投票権を持つが，しかし投票権は株式所有者にあるのではなく，当該国の中央銀行に留保される。連邦準備銀行が行使したように，中央銀行が投票権を望まない場合には当該国の別の金融機関（First National City Bank of New York）を指名することができた。Benjamin H. Beckhart, *Federal Reserve System*, New York : American Institute of Banking, 1972 ［ベンジャミン・H. ベックハート『米国連邦準備制度』矢尾次郎監訳，東洋経済新報社，1988 年，386 頁］。

16) Toniolo, *op. cit., Central Bank Cooperation*, p. 175.
17) Eichengreen, *op. cit., Golden Fetters*, p. 286.
18) League of Nations, *Report of the Gold Delegation*, Geneva : League of Nations, 1931, pp. 68, 73 ［国際連盟事務局東京支局訳編『国際連盟金委員会最終報告書』国際連盟事務局東京支局，1932 年］。
19) Richard S. Sayers, *The Bank of England, 1891-1944*, Cambridge & New York : Cambridge University Press, 1976 ［R. S. セイヤーズ『イングランド銀行 1891-1944 年』（下），日本銀行金融史研究会訳，東洋経済新報社，1979 年，588 頁］。
20) 以下，金井雄一前掲『ポンドの苦闘』第 5 章。
21) 低金利政策に対してシティは収益面から懐疑的であったが，1930 年代半ば以降，国内市場主導型の景気回復が展開するに従って論調は変化した（吉田正広「1930 年代に於けるイギリス労働党の『金融改革』構想とロンドン金融市場」伊藤正直・靎見誠良・浅井良夫編『金融危機と革新――歴史から現代へ』日本経済評論社，1999 年，第 7 章，131-132 頁）。
22) ここでは金井（前掲『ポンドの苦闘』注 3，178 頁）に従って，1931 年のイギリス金本位停止後に出現した「スターリング準備地域」を指し，1932 年オタワ協定に基づく帝国圏の「スターリング貿易地域」や，第 2 次大戦勃発に伴う為替管理によってイギリス連邦以外の多くの諸国が脱落した「スターリング地域」とは区分する。石見徹『国際通貨・金融システムの歴史――1870～1990』（有斐閣，1995 年，77, 79, 90 頁）によれば，スターリング本位国（イギリス，南北ローデシア，オーストラリア，ニュージーランド，ポルトガル，海峡植民地，インド，エジプト），スターリング地域（ノルウェー，スウェーデン，フィンランド，デンマーク），スターリング諸国に近い金本位国（カナダ，南アフリカ）に分類される。他にタイが 1932 年に，エストニアが 1933 年，イラン，ラトヴィアが 1936 年にスターリング地域に入った。また，アイケングリーンによる分類もある（Eichengreen, *op. cit., Elusive Stability*, Table 10.1, p. 243）。
23) 米倉茂『英国為替政策――1930 年代の基軸通貨の試練』御茶の水書房，2000 年，第 4 章；金井雄一前掲『ポンドの苦闘』第 6 章；前田直哉「1931 年金本位制停止と 1930 年代前半管理フロート制下の基軸通貨ポンドの経済的基盤」龍谷大学『経済学論集』第 42 巻第 1 号，2002 年 6 月，53 頁。

24) 加藤國彦前掲「1931年ドイツ金融恐慌と金融制度改革」86-87頁。
25) 伊藤正直『日本の対外金融と金融政策 1914〜1936』名古屋大学出版会, 1989年, 262-278頁。
26) 3月9日までであったが, 大統領布告（第2040号）によって延長された。
27) League of Nations, Monetary and Economic Conference, *Draft Annotated Agenda, Submitted by the Preparatory Commission of Experts*, Geneva : League of Nations, 1933, p. 12.
28) 以下, 主にLeo Pasvolsky, *Current Monetary Issues*, Washington D.C. : Brookings Institution, 1933および須藤功『アメリカ巨大企業体制の成立と銀行——連邦準備制度の成立と展開』名古屋大学出版会, 1997年, 第8章を参照。
29) Eichengreen, *op. cit., Golden Fetters*, pp. 331-332.
30) 赤字財政政策の完全な容認は1937年不況後になる。
31) セイヤーズ前掲『イングランド銀行』（下）, 631-632頁。
32) James R. Moore, *A History of the World Economic Conference, London, 1933*, Ph. D. Dissertation, State University of New York at Stony Brook, 1972, p. 246.
33) Stephen V. O. Clarke, *The Reconstruction of the International Monetary System : The Attempts of 1922 and 1933*, Princeton Studies in International Finance, No. 33, 1973, pp. 30-34.
34) この時までには,「フランスは三国協定の可能性を捨て, 金本位諸国とイギリスによる同宣言に望みをかけていた」。Kenneth Mouré, *Managing the franc Poincaré : Economic Understanding and Political Constraint in French Monetary Policy, 1928-1936*, Cambridge & New York : Cambridge University Press, 1991 [K. ムーレ『大恐慌とフランス通貨政策——ポアンカレ・フランの管理の経済的理解と政治的拘束, 1926〜1936年』向井喜典ほか訳, 晃洋書房, 1997年, 107頁]。
35) John Woolley and Gerhard Peters, *The American Presidency Project*. Santa Barbara, CA : University of California, Gerhard Peters. 〈http://www.presidency.ucsb.edu/ws/?pid=14679〉.
36) インドとスペインが銀を売却し, 合衆国等がそれを購入するもので, 合衆国は年間2,442万オンス（1オンス50セントで換算して1,221万ドル）を購入する。Dickson H. Leavens, *Silver Money*, Bloomington : Principia, 1939, pp. 249-250 ; Margaret G. Myers, *A Financial History of the United States*, New York : Columbia University Press, 1970 [M. G. マイヤーズ『アメリカ金融史』吹春寛一訳, 日本図書センター, 1979年, 390頁]。
37) 高山洋一『ドルと連邦準備制度』新評論, 1982年, 240-241頁。
38) *Federal Reserve Bulletin*, February 1934, pp. 61-70.
39) 国家的緊急時には, 外国為替取引および金融機関による信用の国際的トランスファーは行政的規制・統制下に置かれることになった。そして「現在の緊急時に定められている諸規制の下では, あらゆる外国為替取引は, それらが通常の商業的・産業的必要性

……のためのものでない限りは，財務長官からライセンスを取得せねばならない」とされた (National Industrial Conference Board, *The New Monetary System of the United States*, New York : National Industrial Conference Board, by Ralph A. Young, 1934, pp. 51-53, 119；高山洋一前掲『ドルと連邦準備制度』241-254頁)．

40) 蓄積された銀はハドソン川岸のウェスト・ポイントの陸軍士官学校の運動場に貯蔵庫を建てて保管され，1963年に銀購入法が廃棄された後に産業用に利用された．Leavens, *op. cit.*, *Silver Money*, Chapter 28；マイヤーズ前掲『アメリカ金融史』393-395頁．

41) 権上康男前掲『フランス資本主義と中央銀行』54頁．

42) 山本栄治『国際通貨と国際資金循環』日本経済評論社，2002年，第8章；斎藤叫「ワシントン輸出入銀行の生成と展開 (1934-41)——1930年代に於けるアメリカ資本主義の対外関係に関する一考察」中央大学『商学論纂』第19巻第3号，1977年9月，97-141，109頁．

43) セイヤーズ前掲『イングランド銀行』(下)，650頁．

44) Harry D. White to George C. Haas, "Personal Report on London Trip, April-May, 1935," June 13, 1935, pp. 1, 3, 5, Henry Morgenthau, Jr. Papers, Box 312, Franklin D. Roosevelt Library. この報告書は課長ハースに提出したもの．ホワイトは1940年通貨調査課長，1942年財務長官特別補佐官，1945-46年財務次官補，1946-47年IMF専務理事を歴任し，1948年に健康上の理由で辞任，同年8月16日死亡した．モニックの役割について，詳しくは，権上康男前掲『フランス資本主義と中央銀行』57-60頁を参照．

45) White to Haas, "Summary of Conversations with Men Interviewed in London," June 13, 1935, pp. 1-2, Morgenthau Papers, Box 312.

46) White to Haas, "Summary of Conversations," p. 2.

47) White to Haas, "Summary of Conversations," p. 2.

48) White to Haas, "Summary of Conversations," p. 3.

49) テミン前掲『大恐慌の教訓』163-164頁．

50) Bank for International Settlements, *Annual Report for 1935-1937*, Basle : Bank for International Settlements, 1933 [金融経済研究会編『国際決済銀行年次報告書』第3巻，平田喜彦・安保哲夫訳，日本経済評論社，1980年，297-300頁]；奥田宏司『両大戦間期のポンドとドル——「通貨戦争」と「相互依存」の世界』法律文化社，1997年，第6章．

51) Allan H. Meltzer, *A History of the Federal Reserve*, Vol. 1, Chicago : University of Chicago Press, 2003, Note 257, p. 539；セイヤーズ前掲『イングランド銀行』(下)，661-662頁．なお，1936年9月の共同声明については金融経済研究会編前掲『国際決済銀行年次報告書』第3巻，297-300頁を，同年10月のアメリカ財務長官声明に関しては *Federal Reserve Bulletin*, November 1936, p. 852 を参照．

52) Meltzer, *op. cit.*, *A History of the Federal Reserve*, p. 540.

53) ドラモンドはこの協定を「額面どおりに受け取るべきではない」として，その実際の

影響力には否定的である (Ian M. Drummond, *The Gold Standard and the International Monetary System 1900-1939*, Basingstoke: Macmillan Education, 1987 [I. M. ドラモンド『金本位制と国際通貨システム 1900-1939』田中生夫・山本栄治訳, 日本経済評論社, 1989 年, 92 頁]。イギリスの EEA を軸にした通貨政策の詳細は, 米倉茂前掲『英国為替政策』を参照。

54) National Foreign Trade Council, *Official Report of the National Foreign Trade Convention*, New York: National Foreign Trade Council, Vol. 23, 1936, pp. 55-69.

55) Alvin H. Hansen, "Discussion of the International Currency Situation," in National Foreign Trade Convention, *Official Report of the National Foreign Trade Convention*, Vol. 23, 1936, pp. 74-76.

56) Arthur I. Bloomfield, *Capital Imports and the American Balance of Payments: A Study in Abnormal International Capital Transfers*, New York: Augustus M. Kelley, 1966 [A. I. ブルームフィールド『国際短期資本移動論』中西市郎・岩野茂道監訳, 新評論, 1974 年, 251 頁]。

57) Meltzer, *op. cit., A History of the Federal Reserve*, pp. 504-506.

58) キンドルバーガー前掲『大不況下の世界』239-243 頁；米倉茂前掲『英国為替政策』第 11 章。

59) 侘美光彦『世界大恐慌』御茶の水書房, 1994 年, 824 頁。

60) ブルームフィールド前掲『国際短期資本移動論』172, 181-182 頁；神沢正典「為替安定資金と三国通貨協定——1930 年代の為替相場安定機構」『経済論究』(九州大学大学院経済学会) 第 53 号, 1981 年, 86-87 頁。

61) George L. Harrison to L. W. Knoke, January 9, 1939, George L. Harrison Papers, Office Memoranda, Vol. V, Archives of the Federal Reserve Bank of New York. この会議録によれば, マンハッタン銀行 (Bank of Manhattan) はロンドンに 160 万ドルの金を, ナショナル・シティ銀行 (National City Bank) は 640 万ドルの金を保有していた (pp. 2-3)。米倉茂前掲『英国為替政策』545-548 頁も参照。

62) 米倉茂前掲『英国為替政策』第 15 章；Arthur W. Crawford, *Monetary Management under the New Deal: the Evolution of a Managed Currency System: Its Problems and Results*, New York: Da Capo Press, 1972, pp. 290-291.

63) 伊藤正直前掲『日本の対外金融と金融政策』262 頁。

64) 以下, 伊藤正直前掲『日本の対外金融と金融政策』263-270 頁；齊藤壽彦「国際金融」石井寛治編『日本銀行金融政策史』東京大学出版会, 2001 年, 第 3 章第 4 節, 171-173 頁；米倉茂前掲『英国為替政策』, 40-46 頁を参照。

65) 伊藤正直前掲『日本の対外金融と金融政策』269, 277 頁；Heinrich Irmler, "Bankenkrise und Vollbeschäftigungspolitik: 1931-1936," Deutsche Bundesbank, *Währung und Wirtschaft in Deutschland: 1876-1975*, Frankfurt am Main: F. Knapp, 1976 [ドイツ・ブンデスバンク編『ドイツの通貨と経済 1876〜1975 年』(上), 呉文二・由良玄太郎監訳, 東洋経済新報社, 1984 年, 374 頁]。

66) 総会の主要委員会のひとつで，経済金融問題を主要課題（通信運輸や保険なども管轄）とした。詳細は藤瀬浩司編『世界大不況と国際連盟』名古屋大学出版会，1994年，3-4頁を参照せよ。
67) League of Nations, *Enquiry into Clearing Agreements*, Geneva : League of Nations, 1935 ; League of Nations, Monetary and Economic Conference, *Draft Annotated Agenda, Submitted by the Preparatory Commission of Experts*, Geneva : League of Nations, 1933, p. 7［日本国際協会訳編『清算協定に関する考察』日本国際協会，1936年］.
68) 1937年9月の第2委員会では，イギリスは4ヶ国と清算協定を締結したと述べた（League of Nations, *Minutes of the Second Committee*, Geneva : League of Nations, 1937, p. 82）。
69) 以下，主に藤瀬浩司編前掲『世界大不況と国際連盟』序章・第5章を参照。
70) 大矢繁夫『ドイツ・ユニバーサルバンキングの展開』北海道大学図書刊行会，2001年，150-152頁。
71) National Foreign Trade Council, *Official Report of the National Foreign Trade Convention*, Vol. 23, 1936, pp. 215-218, 223-224.
72) 小島健『欧州建設とベルギー』日本経済評論社，2007年，第3章「世界大不況期におけるヴァンゼーラントの政策提言」108-113頁。
73) 同前，115頁。
74) White to Secretary Morgenthau, "Proposal to Establish a New and More Extensive Tripartite Accord," April 10, 1939, p. 1, General Records of the Department of the Treasury, Chronological File of Harry Dexter White, RG 56, Box 2.
75) Henning, C. Randall, *The Exchange Stabilization Fund : Slush Money or War Chest ?*, Washington, D.C. : Institute for International Economics, 1999, pp. 14, 22.
76) National Foreign Trade Council, *Official Report of the National Foreign Trade Convention*, New York : National Foreign Trade Council, Vol. 24, 1937, pp. xiv, 443-445. ワシントン第2輸出入銀行はキューバ貿易の支援に限定して1934年に設立され，1936年に解散した。
77) 三瓶弘喜「1930年代アメリカ通商政策と為替管理問題――アメリカ～ブラジル互恵通商協定を中心に」東北史学会『歴史』第86号，1996年。
78) 小野朝男「管理通貨制度下の国際通貨体制」小野朝男・西村閑也編『国際金融論入門』（第3版）有斐閣，1989年，第7章。
79) 米倉茂前掲『英国為替政策』，金井雄一前掲『ポンドの苦闘』。
80) 小野朝男前掲「管理通貨制度下の国際通貨体制」150-151頁；石見徹前掲『国際通貨・金融システムの歴史』80-81頁。
81) ドラモンド前掲『金本位制と国際通貨システム』89-92頁。
82) 米倉茂前掲『英国為替政策』。
83) 山本栄治『基軸通貨の交替とドル――「ドル本位制」研究序説』有斐閣，1988年，

132-134 頁；三瓶弘喜前掲「1930 年代アメリカ通商政策と為替管理問題」。
84) キンドルバーガー前掲『大不況下の世界』243 頁。
85) 須藤功前掲『アメリカ巨大企業体制の成立と銀行』；三瓶弘喜「スターリング・ブロックの構造と解体に関する覚え書」熊本大学『文学部論叢』第 78 号，2003 年，107-129 頁。
86) ブルームフィールド前掲『国際短期資本移動論』；League of Nations, *International Currency Experience : Lessons of the Inter-war Period*, by Ragnar Nurkse, Geneva : League of Nations, 1944［R. ヌルクセ『国際通貨――20 世紀の理論と現実』小島清・村野孝訳，東洋経済新報社，1956 年］第 6 章（W. ブラウン執筆）。Henning, *op. cit., The Exchange Stabilization Fund* は，第 3 章を歴史的記述に割いている。
87) Michael D. Bordo, Owen Humpage and Anna J. Schwartz, "The Historical Origins of U.S. Exchange Market Intervention Policy," *NBER Working Paper*, No. W12662, November 2006, pp. 16-28.
88) 加藤國彦前掲「1931 年ドイツ金融恐慌と金融制度改革」。
89) 須藤功「大恐慌とアメリカの金融規制――規制型資本主義と銀行」安部悦生編『金融規制はなぜ始まったのか』日本経済評論社，2003 年，第 1 章，40 頁。
90) 伊藤正直「昭和初年の金融システム危機」安部悦生編『金融規制はなぜ始まったのか』日本経済評論社，2003 年，第 4 章，158-159 頁。
91) 矢後和彦「1930 年代のフランスにおける金融制度改革」安部悦生編『金融規制はなぜ始まったのか』日本経済評論社，2003 年，第 3 章；権上康男前掲『フランス資本主義と中央銀行』97-98, 159 頁。
92) 野口旭・若田部昌澄前掲「国際金本位制の足かせ」。
93) Peter Temin, *Did Monetary Forces Cause the Great Depression ?*, New York : Norton, 1976.
94) Milton Friedman and Anna J. Schwartz, *A Monetary History of the United States, 1867-1960*, Princeton : Princeton University Press, 1963.
95) Barry J. Eichengreen and Jeffrey Sachs, "Exchange Rates and Economic Recovery in the 1930s," *Journal of Economic History*, Vol. 45, 1985, pp. 945-946.
96) 西川純子「真正手形主義についての一考察(2)――連邦準備法からグラス・スティーガル法まで」『証券経済研究』第 30 号，2001 年を参照せよ。
97) 金井雄一前掲『ポンドの苦闘』。
98) Karl Polanyi, *The Great Transformation*, Boston : Beacon Press, 1957［K. ポランニー『大転換――市場社会の形成と崩壊』吉沢英成ほか訳，東洋経済新報社，1975 年，273-274 頁］。
99) テミン前掲『大恐慌の教訓』100 頁。
100) Ben S. Bernanke, *Essays on the Great Depression*, Princeton : Princeton University Press, 2000, pp. 82-84.
101) 齊藤前掲「国際金融」172 頁。

102) 中村隆英『日本経済——その成長と構造』東京大学出版会，1978 年，125-127 頁。
103) Eichengreen, *op. cit., Golden Fetters*, p. 347.
104) Frank G. Steindl, *Understanding Economic Recovery in the 1930s : Endogenous Propagation in the Great Depression*, Ann Arbor : University of Michigan Press, 2004, p. 118.
105) 吉田正広前掲「1930 年代に於けるイギリス労働党の『金融改革』構想とロンドン金融市場」。
106) 権上康男前掲『フランス資本主義と中央銀行』第 3-4 章。
107) 須藤功「戦後アメリカの対外通貨金融政策と欧州決済同盟の創設」廣田功・森建資編『戦後再建期のヨーロッパ経済——復興から統合へ』日本経済評論社，1998 年，第 10 章；同「第二次世界大戦後アメリカの対欧州通貨金融政策——戦後構想から欧州決済同盟（EPU）の創設・展開へ」『土地制度史学』第 159 号，1998 年，31-40 頁。
108) Kevin M. Casey, *Saving International Capitalism during the Early Truman Presidency : the National Advisory Council on International Monetary and Financial Problems*, New York : Routledge, 2001, p. 3.
109) Michael Bordo and Anna J. Schwartz, "From the Exchange Stabilization Fund to the International Monetary Fund," *NBER Working Paper*, No. 8100, 2001.
110) さしあたり，以下を参照。Friedman and Schwartz, *op. cit., A Monetary History of the United States*, pp. 620-621；ベックハート前掲『米国連邦準備制度』250 頁；マイヤーズ前掲『アメリカ金融史』411 頁；小原敬士「マリナー・エクルズと連邦準備制度」『金融経済』第 16 号，1952 年。

第 *1* 章　銀行規制の歴史的展開
———大恐慌と金融制度改革———

はじめに

　「他のビジネスに携わる人々とは異なり，今日の銀行家たちは管理を免れていた『旧きよき時代』を思い起こすことができない」[1]。アメリカにおける銀行の歴史は，州政府による銀行設立特許に始まり，連邦政府の規制が加わって今日に至る，規制と管理の歴史でもあった。

　大恐慌からニューディールに至る時期は，アメリカがいわゆる「規制型資本主義（Regulatory Capitalism）」へと転換する画期とされている[2]。こうした政府規制の強化は金融分野においても同様であり，戦後アメリカ資本主義を支えた金融制度の骨格はこの時期に形成されたといえよう。しかし，金融規制それ自体に着目すれば，大恐慌がアメリカにおける金融規制の始まりを告げるものではなかった。また1980年代のレーガン政権期から今日にかけて金融の規制緩和が進行し，大恐慌を契機とする金融制度の枠組みは大きく変化しつつある。この意味で，大恐慌を出発点とする金融規制の歴史的意義の再考が迫られている。

　1980年代に本格化する金融の規制緩和は，アメリカを軸とする世界経済のグローバル化に対応した側面をもつであろう。1999年11月，銀行業務と証券業務の分離を規定したグラス＝スティーガル法が撤廃されたことは，そのひとつの象徴的なできごとであった。しかし，大恐慌以前の国際金本位制の時代もまた経済のグローバル化が隆盛をみた時期であった。大恐慌はこうしたグローバル化のジレンマ，すなわち自己調整的市場に基づく国際システムの崩壊であった[3]。今日のグローバル化と19世紀システムのそれとの間には質的・量的な差異があるにしても[4]，それぞれの歴史段階における自己調整的市場に対

する社会的防衛装置のありようを明らかにする必要があり，そのためにも大恐慌期における金融規制を再確認しておかねばならない。

　事実，グローバル化の進行にともなって，大恐慌期に導入された金融規制のすべてが撤廃の方向にあるわけではない。形骸化が指摘されているとはいえ，二元銀行制度や単一銀行制度の伝統はなお残され[5]，また新たに導入・強化された，あるいは機能転化した金融規制もある。したがって，大恐慌期に始まる金融規制を大きな歴史的文脈のなかに位置づけてみることも意味をもつであろう。

　本章では，具体的に次のような論点を設定する。まず第1は，アメリカの金融規制がいつ，どのようにして始まったのかであり，金融規制に関するアメリカ的な特徴を示すことである。第2は，金融規制のアメリカ的特徴のひとつが州政府と連邦政府による分業関係であるとすれば，その歴史的な意味とその変遷を明らかにすることである。第3は，もうひとつのアメリカ的特徴が自由銀行制度であることを踏まえ，中央集権的な規制諸力をもつ連邦準備制度が大恐慌にどのように対応し，またその対応がその後の金融規制にいかなる影響を及ぼしたのか，ニューディール政策との関連を含めて再考することである。最後に，大恐慌期に導入された金融規制の歴史的意義を1980年代以降の金融自由化との関連から展望する。ただし，大恐慌に始まる金融規制は広く証券市場に及ぶが，本章の主たる対象は商業銀行にあり，証券規制（とくに，1934年証券取引法に基づく連邦準備制度理事会の証拠金比率規制）に関しては十分な言及はなされていない。

I. 金融規制の始まり

　アメリカの金融規制は，どのようにして始まったのであろうか。連邦政府による中央銀行的色彩の強い特許銀行の設立は，はじめから政治論争の対象となった。1781年に連合議会の特許をえて，共通通貨の創出を試みた北アメリカ銀行は，大陸連合憲章上の制約から，結局は1782年にペンシルヴェニア州議会の特許を得るにとどまった。その後も，政府系銀行設立の意欲は旺盛で，

北アメリカ銀行と連邦政府が特許を付与した第一合衆国銀行（1791-1811年）は[6]，それぞれが独占的地位の維持を試みるとともに，銀行券の価値を安定化すべく，銀行券の兌換を通じて他の諸銀行に実質的な影響力を行使した。しかし，こうした金融力の集中に対する厳しい批判によって，北アメリカ銀行は1787年に規模の縮小を余儀なくされるとともに一民間銀行へと転換せしめられ，第一合衆国銀行もまた特許更新を拒否された[7]。

銀行数も少なく銀行倒産のような事態がなかった時代には，政府の規制も限定されていた。植民地時代には，それぞれの議会の特許をえて設立された銀行はなかった。その後，1780年代に8行が，1790年代には26行が州議会の特許をえて設立された。この時代，連邦憲法の制定によって「発券財政（currency finance）」の手段を奪われた州政府は，経済開発資金を銀行から獲得する（＝銀行財政［bank finance］）ために規制を課し，その代償として保護を与えた。これが州政府による銀行規制の第1の淵源であった。シラーらの研究によれば[8]，この銀行財政は南北戦争前の初期には銀行業への投資に重心があり，後期には銀行業への課税に重心を移した。財源確保に加えて，銀行業への投資には公的利害による銀行経営に対する発言権の確保や銀行の顧客としての立場の強化，さらに民間の資本不足に対する補完の意味もあった[9]。州政府の課税は，資本金課税や設立時の特許料，特許更新料を中心としたが，場合によっては配当金，預金や利潤に対する課税も行われた。こうした銀行財政の割合はかなり大きく，各州の財政歳入の約2割を賄っていたとされる。結局のところ，この時代の課税は株式銀行設立の特権付与に対する責務を意味し，租税の代替物であった[10]。

特許銀行時代における州政府の銀行規制はいかに行われたのか。まず，銀行に対する法人格の付与，すなわち銀行設立・特許更新を認めるか否かであった。次に，銀行設立後における規制，すなわち州政府が株主であれば定款の内容に対する，あるいは株主総会や取締役会における発言権を通じた規制であった。最後に，すべての特許銀行に適用される法律の制定に及んでいった。以下，順を追って検討しよう。

まず，1784年に設立され，最初の本格的商業銀行とされるマサチューセッツ銀行を例にとれば，同行特許法は商業（trade or commerce）に対する銀行の

貨幣の使用（商業の兼営）を禁じ，また州政府による検査を規定した。株主総会で議決された同行定款では，60日を超える手形の割引を禁ずる（第12条）など，営業規則にまで踏み込むものであった[11]。

マサチューセッツ銀行もまた州政府への貸付や手数料の免除などの便宜を提供していた[12]。しかし，当時の銀行の高率配当や大企業に対する批判，あるいは第一合衆国銀行の設立の影響を受けて，新たな規制が課せられた[13]。銀行業一般への批判は既に，1792年の同銀行特許法の改正に反映されていた。すなわち，5ドル以下の銀行券発行の禁止，資本金の2倍を超える発券・貸付の禁止，定期的な（年2回以上）営業報告書の提出，商品取引および銀行株式売買の禁止などの規制である。当初，特許期限の規定はなかったが，第一合衆国銀行の解散に示される「銀行戦争」という状況下の1812年に，20年に制限された[14]。また同州では，1802-1816年に特許を受けたほぼ全銀行が農業への貸付を要求された[15]。

第一合衆国銀行の解散後，図1-1に示されるように，州法銀行数が急増し（1811年の89行から1815年の208行へ），また銀行倒産が社会経済に混乱を及ぼすにいたって，州政府による本格的な規制と監督の時代が始まった。1809年までアメリカには銀行倒産はなかったが，1811-30年の間に165の銀行が倒産した。1814年には，第2次米英戦争にも影響されて，ニューイングランド以外の全銀行が正貨兌換を停止した[16]。こうした混乱の回避を意図して，連邦政府は第二合衆国銀行（1816-1836年）を設立した[17]。この時代の連邦政府（第一・第二合衆国銀行）による金融規制は，一般銀行に対する事前的・直接的な規制ではなく，銀行券の兌換により経営の健全化を誘導する事後的・間接的規制にとどまった。また1824年には，サフォーク銀行を中心にボストンの6銀行が銀行券兌換団体，すなわちサフォーク銀行制度（Suffolk Banking System）を形成したが，これはいわばニューイングランド地域に限定して同様の目的を果たそうとした「民間中央銀行システム」であった[18]。

州政府による事前的・直接的な一般的銀行規制は，まずは特許銀行を対象にして開始された。ノックスによれば[19]，ニューヨーク州の銀行制度は「特許銀行」の時代（1789-1829年：憲法制定から安全基金制度成立まで），「安全基金制度」の時代（1829-1838年：自由銀行制度成立まで），「自由銀行制度」の時代

第 1 章 銀行規制の歴史的展開　　47

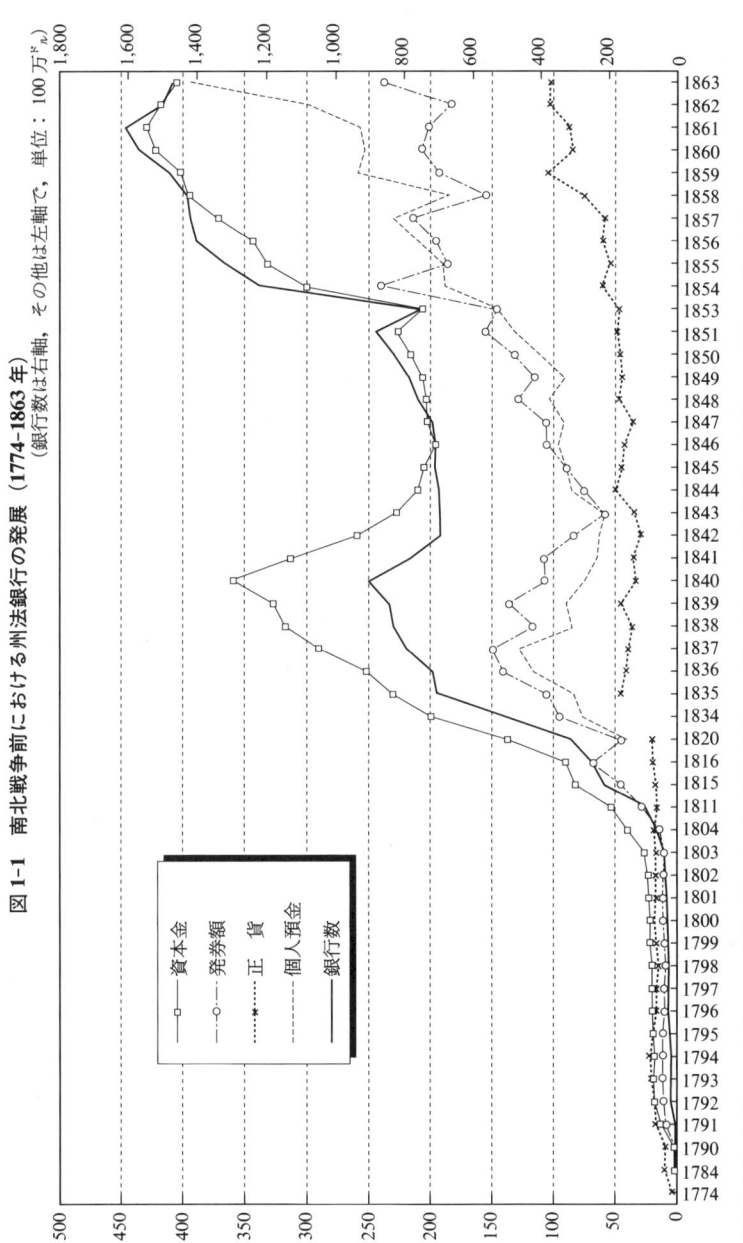

図 1-1　南北戦争前における州法銀行の発展（1774-1863 年）
（銀行数は右軸で，その他は左軸で，単位：100 万ドル）

凡例：
-□- 資本金
-○- 発券額
-×- 正　貨
--- 個人預金
― 銀行数

出典）John J. Knox, *A History of Banking in the United States*, New York : A.M. Kelley, 1969, 1st 1903, pp. 307-312.

(1838-1863年：国法銀行制度成立まで）の3期に分けられる。特許銀行の時代は，前述したように，決して規制のない「自由放任」の時代ではなかった。同時に，特許銀行以外の銀行業務を禁止（1804年）する一方で[20]，特許付与が党派的利害に左右されたため，政争と腐敗にまみれた時代でもあった。1829年に始まる相互扶助的な倒産保険制度を内容とする「安全基金制度（Safety Banking System)」は，特許銀行制度を維持しながら，かかる問題の回避と，銀行券流通および銀行経営の健全性の確保とを狙ったものであった。

1829年に40行中31行が4年以内に（その大部分が2年以内に）特許更新期を迎えるという状況や，また多数の銀行設立要求に直面して，ヴァン・ビューレン（Martin Van Buren）知事の提案の下，ニューヨーク州議会は「安全性と安定性」の確保に関して銀行の同意をうる機会をもった[21]。その結果，同年4月に安全基金法が成立した。同法の要点は，第1に，その後に設立あるいは特許を更新するすべての銀行は，毎年，払込資本金の0.5%を資本金の3％になるまで同基金に拠出し，同基金は銀行倒産に備えて財政資金とは別置されたこと（＝銀行負債保険制度の導入）。第2に，同制度下の銀行に対する監督・検査を任務とする3名の銀行コミッショナー（Bank Commissioner）を任命したこと。第3に，銀行券流通と銀行経営の健全性を確保するための一般的規制体系（general system of regulation）を初めて導入したこと。具体的には，発券額を資本金の2倍以内とし，貸付額は資本金の2.5倍に止め，また裁判所による破産時の資産額と同基金からの拠出額を確定したことなどである。しかし，同制度により設立された銀行の株式は，たぶんに政治的に割り当てられ（1837年以降は競売に転換），また銀行コミッショナーの任命を1837年には州知事と上院に集権化させることで（当初は2名を銀行から選出した）党派的争いが再燃した[22]。

安全基金制度はその後，ヴァーモント（1831-1866年），インディアナ（1834-1866年），ミシガン（1836-1842年），オハイオ，（1845-1866年），アイオワ（1858-1865年）の各州に導入されていった。かかる金融規制の意図は銀行倒産に起因する流通手段の激変から地域社会を防衛すること，そのために預金者，とりわけ銀行券保有者の損害を補償することにあった[23]。銀行負債保険制度は，最終的には国法銀行制度成立による銀行券課税により一応の終止符を打

つことになる。

　安全基金制度は特許主義に内在する「銀行独占」への批判を解消するものではなかった。それゆえ，ニューヨーク州は1838年に，個人および団体（association）に対して準則主義による銀行設立を認める，一般銀行法を新たに成立させた。ただし安全基金制度は，同法により設立された全銀行の特許が消滅する1866年まで，自由銀行制度と併存した[24]。この一般銀行法，すなわち自由銀行制度（Free Banking System）は従来の銀行特許をめぐる党派的争いを終わらせることで，銀行業への参入を大幅に緩和した。同時に，州法銀行に対する事前的規制・監督を強化するものでもあった。具体的には，通貨監督官による銀行券の作成および公債担保発券制度による発券規制，銀行業務内容の規定，最低（払込）資本金規制（10万ドル），発券準備規制（25％の正貨），通貨監督官への営業報告書の提出（年2回）と公開（新聞および公報），銀行検査と強制執行の規定などであった[25]。

　ニューヨーク自由銀行制度成立の要因は，第1に，連邦銀行を拒否するジャクソン民主主義，とりわけ一切の銀行を否定するロコフォコ派（Locofocos）の影響であったと言われる[26]。自由銀行制度は，**表1-1**に示すように，既に1837年にミシガン州で導入され，その後1860年までには18州で採用された[27]。西部諸州ではしばしば「山猫銀行（wild cat banking）」として，規制のなかった時代の象徴として描かれることが多い。しかし，ハモンドが強調するように，この時代の西部農民たちは銀行増による通貨膨張論者ではなく，むしろ「反銀行，硬貨主義」による保守的な通貨抑制政策を一貫して唱えたのであり，多くの場合，西部諸州の正貨準備率はニューヨーク州よりもむしろ高かった。山猫銀行が信用供給を担ったのは農民にではなく，むしろ地域開発に従事する州政府に対してであった[28]。第2の要因は，安全基金制度の設立時点で既に顕在化していたように，銀行設立数の増加によって特許（特権＝独占）制度は実質的に破綻に瀕していたことにあった。安全基金制度は激しい銀行倒産を伴うことなく1837年恐慌にも耐えたが，当時の一般的理解は，独占的銀行制度が通貨増発を通じてパニックを引き起こしたというものであった[29]。

　それゆえ，自由銀行制度の意義は銀行独占を破棄して銀行設立を自由化したこと，それに伴う銀行券保有者の保護を公債担保発券制度などの一般的規制に

表 1-1　自由銀行制度の発展（1837-1860 年）

成立年	完全自由銀行	公債発券制度	非自由銀行
1837	ミシガン[1]		アーカンソー
1838	ジョージア ニューヨーク		カリフォルニア デラウエア
1849	アラバマ		メイン
1850	ニュージャージー	ケンタッキー	メリーランド
1851	イリノイ マサチューセッツ オハイオ[2] ヴァーモント	ヴァージニア	ミシシッピ ニューハンプシャー ノースカロライナ オレゴン
1852	コネチカット インディアナ テネシー ウィスコンシン		ロードアイランド サウスカロライナ テキサス
1853	フロリダ ルイジアナ		
1858	アイオワ ミネソタ	ミズーリ	
1860	ペンシルヴェニア		
計	18	3	12

注 1）1840 年に廃止したが，1857 年に再制定した。
　 2）1845 年に公債発券制度をもつ「独立銀行（independent banks）」を認める法律を制定した。
出典）S. Kerry Cooper and Donald R. Fraser, *Banking Deregulation and the New Competition in Financial Services*, Cambridge, Mass.: Ballinger Pub. Co., 1984, Table 2-1, p. 47.

よって確保しようとしたことにある。しかし，自由銀行制度は銀行独占を破棄すると同時に銀行負債保険制度も継承しなかった。それは第 1 に，安全基金制度が銀行独占と不可分なものとみなされたこと，第 2 に，1 世紀後に再現されるように，都市銀行が資本金額に比例する基金拠出（賦課金）に不満を示していた——すなわち，資本金の大きい都市銀行は発券額が少ないにもかかわらず，賦課金をより多く支払わねばならなかった——ことにあった。それゆえ第 3 に，預金銀行業務は都市部では重要性を増していたとはいえ，全体としてはなお未発達であったことにある[30]。

以上に見た南北戦争前の州政府による金融諸規制は，自由銀行制度が国法銀行制度へ，サフォーク銀行制度が連邦準備銀行の組織形態へ，さらに安全基金制度が連邦預金保険制度へと継承される。しかし，これらの多様で斬新な諸規

制の特徴は，2度にわたり合衆国銀行を解体することで連邦次元の銀行独占に終止符を打つ一方，州次元においても銀行独占を否定し，また州経済開発への貢献を強制しながら，同時に銀行設立の政治的支配からの解放を追求した点にあった。それゆえ，自由銀行制度から帰結する銀行倒産，社会経済システムの破綻を防衛することもまた，これら州政府の金融規制の核心をなした。

II. 金融規制の政府間分業の開始

　ニューヨーク自由銀行制度の理念は，国法銀行法に継承された（以下，主要金融制度改革法については，**表 1-2** を参照）。南北戦争の戦時経済の必要（発券担保としての国債の消化）から成立したこの制度の下では，連邦政府が金融規制と監督に本格的に参入することで，金融規制は連邦政府と州政府との分業関係で，時には競合するかたちで展開することになった。アメリカの金融規制に特徴的な，いわゆる「二元銀行制度（Dual Banking System）」の登場である。

　国法銀行法は，銀行業への自由参入を認める連邦政府の一般銀行法であり，銀行券発行の統一とその価値の安定化を意図した。そのため，各州の自由銀行法に比べて厳格な規制と監督の枠組みを用意した。すなわち，①20年間の銀行免許とその更新，②発券限度額規制（担保国債の市場価格の90%を限度），③最低資本金規制（人口6千人以下の都市で5万ドル，5万人以下の都市で10万ドル，5万人以上の都市で20万ドル），④発券・預金準備率規制（19大都市の銀行は25%，その他の地方銀行は15%），⑤貸付制限（払込資本金の10%を超える1企業・個人貸付の禁止，不動産担保貸付の禁止），⑥銀行監査および営業報告書の提出と公開，⑦破産宣告などであった[31]。

　これら国法銀行の規制監督部局として，1863年5月9日，通貨監督局（Bureau of the Comptroller of the Currency）が財務省内に設置された[32]。最高責任者たる通貨監督官は，財務長官の推薦（および上院の助言と同意）のもとに大統領が任命する，5年任期の職であった。24年後に設置される州際通商委員会（ICC）は，州際業務を行う鉄道業を主に規制監督する部局として設置されたが，国法銀行の支店開設の禁止規定からすれば，通貨監督官は全国通貨たる

表 1-2 アメリカ金融制度改革年表（1863-1999 年）

成立年	法　律	概　要
1863 年	国法銀行法（National Bank Act）	連邦政府の株式銀行設立法
1913 年	連邦準備法（Federal Reserve Act）	中央銀行制度の導入
1927 年	マクファーデン法（McFadden Act）	州際支店開設の禁止
1933 年	1933 年銀行法（Banking Act of 1933）	銀行の証券業務の禁止，連邦預金保険制度の暫定的導入
1935 年	1935 年銀行法（Banking Act of 1935）	連邦準備制度理事会の権限強化，連邦預金保険制度の恒久化
1956 年	銀行持株会社法（Bank Holding Company Act）	銀行持株会社に対する連邦規制
1977 年	地域再投資法（Community Reinvestment Act：CRA）	銀行・貯蓄金融機関に対する預金獲得地域への貸出要請
1980 年	預金金融機関規制緩和・通貨管理法（Depository Institutions Deregulation and Monetary Control Act）	金利規制の段階的撤廃，貯蓄金融機関の規制緩和
1982 年	ガーン＝セントジャメイン法（Garn-St. Germain Depository Institutions Act）	貯蓄金融機関の規制緩和を拡大
1989 年	金融機関改革救済法（Financial Institutions Reform, Recovery, and Enforcement Act）	貯蓄金融機関の監督・預金保険制度の再編
1992 年	連邦預金保険公社業務改善法（FDIC Improvement Act）	連邦貯蓄貸付保険公社（FSLIC）を廃止して連邦預金保険公社に統合，リスク対応の保険料率
1994 年	州際銀行業務効率化法（Riegle-Neal Interstate Banking and Branching Efficiency Act：略称，1994 年州際法）	州際業務規制の撤廃（マクファーデン法撤廃），消費者情報保護の拡充
1999 年	グラム＝リーチ＝ブライリー法（Gramm-Leach-Bliley Act/Financial Services Modernization Act of 1999）	金融持株会社の証券・保険の兼業を認可（グラス＝スティーガル法の撤廃）。ただし，CRA 検査の基準達成を条件（小銀行の負担は軽減）

出典）U.S. Senate, Committee on Banking, Housing, and Urban Affairs, "Banking Legislative Milestones" 〈http://www.senate.gov/~banking/〉.

国法銀行券の健全性維持を目的とした。すなわち，この目的を達成するために個別銀行のみならず国法銀行制度全体を規制監督することを意図したのである。

通貨監督官に付与された重要な機能は，免許権（licensing function）と包括

的検査権（comprehensive examining power）であった。銀行業務の一般的または継続的な監督に際して，通貨監督官は規則制定や免許付与に関わる権限を用いた。図 1-2 に示されるように，1896 年までの 34 年で国法銀行倒産数は年平均 40.8 行である一方，新設銀行数は年平均 148.6 行と 3.6 倍に上った。これに 20 年の営業認可の更新がそれに加わることで，通貨監督官の免許権は絶大なものになった。しかしながら，免許権の行使は適切な運用には強権的過ぎるため，通例は修正を求める指導や勧告，相談といった非強制的手段に依拠した。そして，その根拠となったのが銀行検査や営業報告書，さらには非公式の協議でえられる情報であった。だが通貨監督官の広範な調査権もまた，銀行検査や修正要求が取り付けなどに帰結する懸念など，銀行に対する一般的な心理に起因して，他に例を見ない影響力をもった[33]。

こうした厳しい規制と監督を嫌って，当初は州法銀行から国法銀行への転換は容易に進まなかったが，州法銀行券に対する 10％の課税（1865 年）は国法銀行への転換を促進した（図 1-2 を参照）。しかし，発券に依存しない預金制度が急速に普及したことから，10 年足らずの間に州法銀行，信託会社（＝信託銀行），また法人形態をとらない個人銀行が急速に発展することになった。すなわち，実質的な規制・監督の分業体制の始まりである。1873 年から通貨

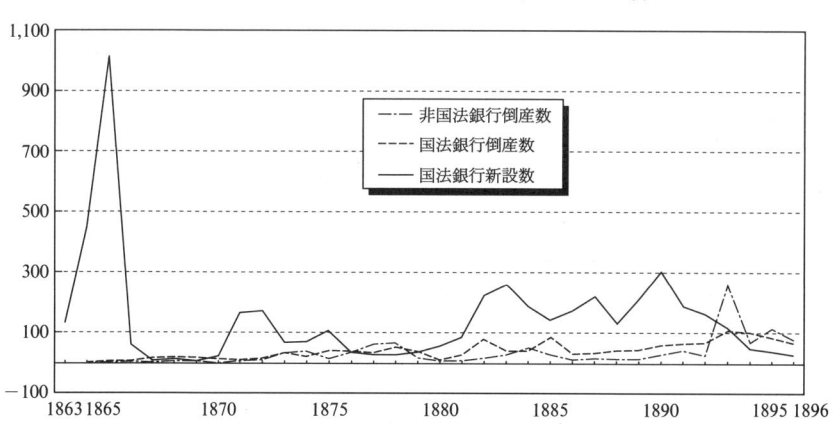

図 1-2　銀行の新設数と倒産数の推移（1863-1896 年）

出典）U.S. Comptroller of the Currency, *Annual Report for 1895*, Washington : GPO, 1896, pp. 53, 515.

監督官報告書が州法銀行に関する統計を掲載し始めたことが示唆するように，また図 1-3 に示されるように，州法銀行の増加は 1870 年代から始まり，信託会社の増加は 1890 年代からであった。個人銀行はおそらく州法銀行数の増加以前から重要であったが，州法銀行や信託会社の増加とともに個人銀行数は停滞し，さらに 20 世紀初頭に始まる小規模国法銀行の増加に比例して減少傾向をたどることになった。

こうした国法銀行以外の銀行数の増加は，第 1 に，原則的には単一銀行制度（Unit Banking System＝単店舗主義）のもとで，何よりも銀行業務に対する需要が高かったことにある。しかし，第 2 に，国法銀行の発券独占が預金銀行業務の発展によって崩壊したこと，第 3 に，国法銀行に対する厳格な規制監督に対して州法銀行のそれが相対的に緩かったことが重要であった。まず，現金（正貨を含む）使用の減少は，1871 年の通貨監督官の調査でも指摘されており，52 銀行による 6 日間の総受領金額のわずか 12％が現金で，残る 88％は小切手や手形であった。通貨監督官による最初の全国法銀行対象の調査は 1881 年に行われたが，そこでも総受領金額の 5.9％が金・銀貨および紙幣であり，残る

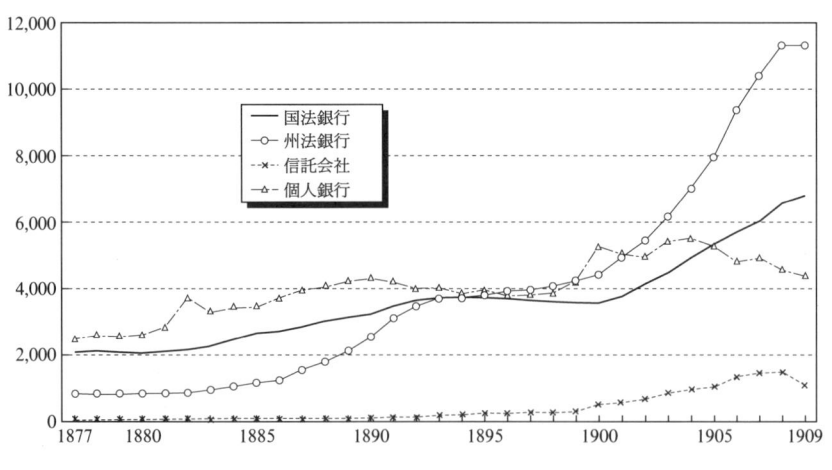

図 1-3 銀行数の推移（1877-1909 年）

出典）George E. Barnett, *States Banks and Trust Companies since the Passage of the National Bank Act*, Washington：GPO, 1911, Table I-III, pp. 248, 250； U.S. Comptroller of the Currency, *Annual Report for 1909*, Washington：GPO, 1910, p. 334.

91.9％が小切手・手形，2.2％が手形交換所貸付証券であった[34]。1880年代までには，預金銀行業務の発展にとっての障害はなくなっていた。

信託会社もまた州政府の規制監督下に設立され，州法銀行と同様に，信託業務よりもむしろ銀行業務を梃子に発展した[35]。州政府の銀行規制は南北戦争前から行われていたが，**表1-3**が示すように，州法銀行に対する営業報告書提出の法制化は1880年代，定期的銀行検査は1890年代が最も多く，信託会社に対するそれは，それぞれ1890年代，1900年代と10年ほど遅れて開始された。しかも，州法銀行や信託会社の発展により国法銀行との競争が激化するのにともなって，州政府の規制監督は緩和されていった。当初は国法銀行に倣って不動産担保貸付を禁じていた州規制も，1900年までには2州を残すのみになっていた。また貸付制限，預金準備金，支店開設などの諸規制も同様に緩和された[36]。このため，厳格な規制監督下にある国法銀行も，連邦準備法成立以前に全体の17％強が違法な不動産担保貸付に手を染め，25％強が準備金不足であり，10％以上が貸付制限を超過していたとされる[37]。

州法銀行などの急速な発展に対して，連邦政府は国法銀行制度への統合を再び図ろうとした。1893年恐慌とその後の国庫兌換危機を契機として，1900年に金本位法が制定された。その際，地方銀行や農業地域の信用不足の批判に応えるかたちで，金融制度の抜本的改革にかえて，国法銀行の最低資本金の引き

表1-3　連邦準備制度前における州政府の銀行規制

規制開始時期	州法銀行		信託会社	
	営業報告書の提出	定期的な銀行検査	営業報告書の提出	定期的な銀行検査
南北戦争前	13	2	0	0
1860-69年	3	0	0	0
1870-79年	5	4	5	3
1880-89年	9	10	13	9
1890-99年	7	12	15	12
1900-09年	7	12	12	18
1910年-	0	1	0	1
規制なし	1	4	4	6
州合計	45	45	49	49

出典）G. E. Barnett, *States Banks and Trust Companies since the Passage of the National Bank Act*, National Monetary Commission, Washington : GPO, 1911, pp. 178-181.

下げや銀行券発行条件の緩和を実施した。これによって小規模国法銀行数は増加したが，個人銀行や州法銀行数もまた増加し，これら諸銀行の経営基盤の脆弱性は1907年恐慌で露呈した。そのため，後述のように，西部や南部の8州は預金保険制度を導入するが，結局は1929年恐慌までにすべてが破綻する。

　銀行の規制・監督の二元性は，州権あるいは地方自治に対する根強い意識に支えられたものであった。地域の経済開発はそれぞれの州政府が担うべきであるとのコンセンサスがその底流にあり，支店銀行制度を認めれば資金需要の高い大都市部に地方の預金が流出してしまい，地域開発が阻害されると恐れたのである。しかし，地域の経済開発が最優先されたわけでもない。例えば，1830年にジャクソン大統領が，特定の州に限定した連邦政府の開発助成金は違憲であるとして拒否権を発動したことにも示されるように[38]，他の諸州や連邦政府からの資金導入の経路を一時的には狭めることになったとしても，強大な金融力の介入を排除することが優先されたのであった。

　経済の地域主義を重視するにしても，国民経済の発展とその枠組みの形成は推し進めねばならない。この役割は必然的に連邦政府が担わざるをえなかった。合衆国銀行の2度に及ぶ挫折の後，南北戦争期に政府紙幣（グリーンバックス）の発行と国法銀行制度による銀行券の統一が行われたが，例外的なケースを除いて単一銀行制度は維持され[39]，金融力の集中と統制を排除することが重視された。しかし，国民経済の発展と巨大企業体制の成立は新たな問題を引き起こした。第1には金融市場における季節的・循環的な激しい変動の問題であり，第2には大都市銀行や投資銀行への資金の集中の問題であった。前者は，州預金保険制度，財務省や手形交換所組合などの任意銀行団体による中央銀行的機能の補完が試みられたが，1907年恐慌までにいずれも限界が認識される。後者の，大都市銀行や投資銀行への資金集中に対する批判は，政府の規制的・調整的機能への期待を高めるよう導いた。

　まず州レベルでは，1907年恐慌における地方小規模銀行の混乱は，オクラホマ，カンザス，ネブラスカ，サウス・ダコタ，テキサスなどの州政府に「預金保険制度」の導入を要請した[40]。すなわち，これら諸州の銀行は他州の大都市銀行に預託した短期資金を回収できず，預金支払いの困難を誘発して経済活動の混乱を拡大した。最初に同制度を採用したオクラホマ州の場合，恐慌から

2ヶ月足らずの12月17日に，州法銀行を強制加盟（国法銀行は任意加盟）とする預金保険法が成立した。預金保険制度には，健全銀行が倒産銀行の債務を負担するとの不満があり，当初から同法の合憲性が争われた。しかし，州最高裁の判断は，銀行業は「準公共ビジネス」であり，また公衆の銀行との関係を保護する目的で，預金保険の賦課金を銀行から徴収することは州の「ポリス・パワー」（＝「福祉権能」）に基づく規制の範囲内にあるというものであった[41]。制度上・運営上の問題にもかかわらず，預金保険制度の導入はミシシッピ（1914年），ワシントンやノース・ダコタ（1917年）へと拡大し，1920年代あるいは大恐慌までは成功裏に展開した。

銀行業以外の分野でも，この時代，連邦政府は鉄道業を標的とした1887年の州際通商法や，1890年のシャーマン反トラスト法を制定して規制に乗り出していた。こうした革新主義の時代状況のなかで，二元銀行制度や単一銀行制度といった旧来のシステムを維持しながらも，巨大企業を中心とする新たな発展段階に対応すべく創設されたのが連邦準備制度（1913年）であった。しかしながら，1880年代以降の夥しい連邦預金保険法案の提出や，1907年恐慌を契機とする一部諸州による同制度の実施，また上院連邦準備法案には同条項が盛り込まれたにもかかわらず[42]，連邦預金保険制度の実現にはなお20年余りの歳月を要することになる。

連邦準備法の成立は，「規制型資本主義」への前段階であった。連邦準備制度は，健全な統一通貨（国法銀行券）に替わる弾力的な通貨（連邦準備券）の供給，全国の農業，工業，商業への弾力的な信用供給，そして外国貿易の増大に対応した銀行サーヴィスの提供を課題とする[43]，特殊アメリカ型の中央銀行制度として成立した。その手段として連邦準備制度は，加盟銀行に対する現金準備率政策，再割引率政策，そして公開市場操作を装備した。

12の連邦準備銀行は加盟銀行の拠出金をもとに組織され，株主としての加盟銀行と地域の利益を目的とする「共同機関（cooperative institutions）」と位置づけられた。他方で，連邦準備局は「既存の金融諸機関を検査し，また連邦準備銀行間あるいは連邦準備銀行と政府との間の関係を規制することを目的に設立される厳密な政府機関」として意図された[44]。しかしながら，実際には，連邦準備局は各連銀の調整機関にとどまった。連銀組織委員会内の議論でも，準

備局は「連邦準備制度の中央管理機構」として，また各連銀は「連邦準備局の直接の監督下」に置かれると理解されていたが[45]，後述のごとく，準備率決定権も公開市場操作の権限も各連銀にあり，通貨管理の準備局への集中はなされなかった。さらに，連邦準備制度は既存の銀行構造の上に構築され，銀行の規制監督体制をなんら変更するものではなかった。むしろ，州法銀行の加盟を誘引するために準備率規制や不動産担保貸付規制は緩和された。州銀行当局もまた準備率規制の緩和などの対抗的な規制緩和政策を採用したため，非国法銀行の数も資産額もむしろ増大し，二元銀行制度は堅持された[46]。それゆえ，銀行界最大の影響力をもつ単一銀行利害が浸透し，「連邦準備制度の分権的性格には『独占的利害』の支配権獲得を阻止」しようとする狙いが伏在していたのである[47]。

III. 大恐慌と金融規制の新たな展開

1) 金融恐慌と 1933 年銀行法

　資金の季節的・循環的変動を克服し，恐慌時における「最後の貸し手 (Lender of Last Resort : LLR)」の機能を果たすべく創設されたのが連邦準備制度であったと言われる。では，連邦準備制度は大恐慌にどのように対応し，その後の金融規制にいかなる影響を与えたのであろうか。

　連邦準備制度は季節的・循環的変動の克服には成功したが，しかしLLRの目標を達成することはできなかったとされる。金融史家ボードーによれば，「1930 年代における膨大な銀行倒産という災害には 2 つの要因があった。すなわち，銀行恐慌を眼前にして通貨供給を拡大する政策ツールを連銀が使用しなかったこと，そして脆弱な二元・単一銀行制度という遺産が世界経済を打ちのめすショックに耐えることができなかった」[48]ことである。1927 年に成立したマクファーデン法は，州法銀行が支店の設置を認める州内に限って国法銀行も同様の権限を持つと規定したが，この規制も政治力・経済力の農工間配分と小規模銀行の存続を前提に連銀加盟銀行間の公平性に配慮したもので，決して支店銀行制度を発展させて銀行構造を強化しようと意図したものではなかっ

た⁴⁹⁾。

　連銀が通貨供給の拡大に失敗した理由については，相対立する見解が拮抗している。一方では，連銀が法定金準備率の制約を受けたこと，情勢判断を誤ったこと，さらにはデフレよりもインフレを恐れたことなどが指摘された⁵⁰⁾。これに対する有力な反論は，非貨幣的要因で所得と生産が低下し，貨幣需要の減退を引き起こしたというものである⁵¹⁾。他にも，金融恐慌の原因認識をめぐっては多様な見解が指摘されてきた。例えば，投機と富の不平等，市場の失敗ではなく政府（連銀，州預金保険制度）の失敗，指導力の欠如，金本位制への固執，スムート＝ホーレイ関税による輸出減と輸入物価の引き上げ，二元・単一銀行制度や銀行と証券子会社との結合などである⁵²⁾。

　金融恐慌の原因認識がその後の規制に反映したという点では，原因をめぐる論争は重要であるが，ここで重視したい点は，当時の人々，とりわけ政治家や官僚が金融恐慌の再発をどのように防止しようとしたかである。図 1-4 に示さ

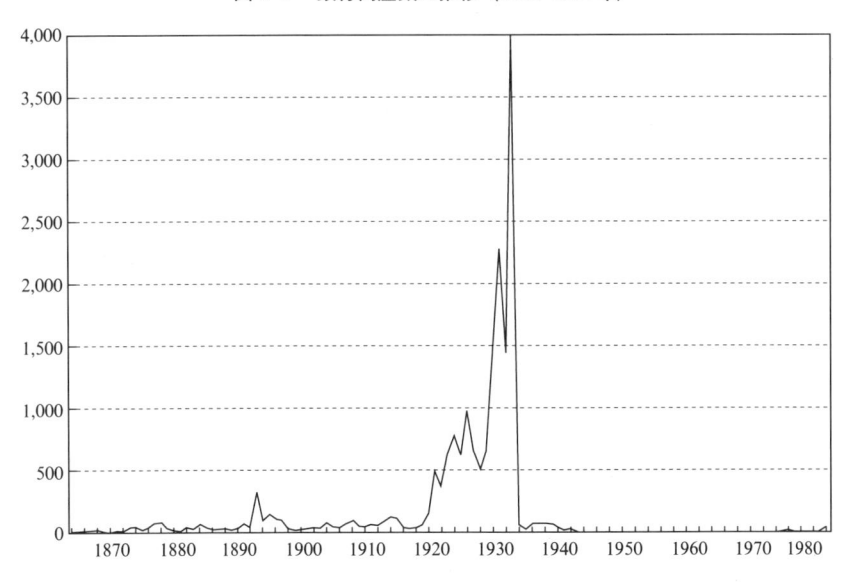

図 1-4　銀行倒産数の推移（1865-1982 年）

出典）C. B. Upham and E. Lamke, *Closed and Distressed Banks : A Study in Public Administration*, Washington, D.C.: Brookings Institution, 1934, pp. 245, 247; K. Cooper and D. R. Fraser, *Banking Deregulation*, Cambridge : Ballinger Pub., 1984, Table 6-1, pp. 146-149.

れるように，金融恐慌の激しさは企業や銀行，労働者や消費者の圧倒的部分に恐怖を植えつけ，立法・行政責任者にその再発防止を緊急の最重要課題として認識させた。

ニューディール期に新たに導入された金融規制は，何よりも大恐慌・金融恐慌の再発を阻止するための「セーフティ・ネット」[53]を装備しようとするものであった。1933年銀行法の課題は，第1に，ブローカーズ・ローン，すなわち大都市銀行の証券ブローカーへの短期貸付による金融市場の投機性を抑制することであり[54]，そのために銀行と証券の業態分離，預金金利の規制（Regulation Q）を導入した。第2の課題は，銀行取り付けによる連鎖的銀行倒産を防止することにあり，そのため連邦預金保険制度をまずは暫定的に導入した。他面で，これには金利規制を梃子に金利水準の引き下げを狙った「反ウォール街」勢力の影響力が働いていたとの見解もある[55]。

一方，証券市場に対する規制は，消費者保護と取引ルールを明示化した上で，銀行規制とは反対に，競争の強化を主眼とした。1933年証券法は新規発行証券の情報開示と連邦取引委員会（FTC）の監督強化による投資家保護規制を，また1934年証券取引所法は証券取引所を政府規制の対象に置き，証券取引委員会（SEC）のもとで証券取引ルールの管理を強化した。さらに，1935年の公益事業持株会社法は電力会社などの巨大企業の独占を解体して，SECの監督下に置いた。すなわち，1930年代の金融制度改革は規制・監督の強化を通じて，銀行に対しては競争力の抑制を，証券市場に対しては需給の諸力を反映するよう促す，「非対称的規制アプローチ（asymmetrical regulatory approach）」が採られた[56]。

暫定的に導入された連邦預金保険制度は預金者保護というよりも，むしろ二元・単一銀行制度を維持するための手段，あるいは防波堤として認識された。**表1-4**の支店銀行数の推移に見られるように，1920年代から支店数は急増するが，なお圧倒的多数は独立小銀行群であった。それゆえゴレムベによれば[57]，大恐慌の真っ只中という1933年段階で，また既存の銀行構造を維持することが優先される限りでは，連邦預金保険制度は連鎖的銀行倒産による通貨制度の崩壊を食い止める不可避的手段としてみなされた。既に，単一銀行制度の改革を容認するほど民衆の幻滅は頂点に達していた。しかし，単一銀行制度

表 1-4 支店銀行数の推移（1900-1935 年）

年	国法銀行		州法銀行		支店保有銀行数計	支店数計
	支店保有銀行数	支店数	支店保有銀行数	支店数		
1900	5	5	82	114	87	119
1905	5	5	191	345	196	350
1910	9	12	283	536	292	548
1915	12	26	385	759	397	785
1920	21	63	509	1,218	530	1,281
1925	130	318	590	2,207	720	2,525
1930	166	1,042	585	2,480	751	3,522
1935	181	1,329	636	1,826	817	3,155

出典）Helen M. Burns, *The American Banking Community and New Deal Banking Reforms, 1933-1935*, Westport, Conn.: Greenwood Press, 1974, Table 6, p. 52.

に対する連邦政府の介入を拒絶する側と，支店銀行制度による銀行構造の再編を意図する側の双方にとって，連邦預金保険制度は政府規制の象徴的存在となった。しかも，ローズヴェルト政権内部には同制度をめぐる意見の対立があり，財務長官や通貨監督官は連邦預金保険制度の導入が小規模州法銀行の存続を許すことで国法銀行制度への統合に悪影響を及ぼすことを問題にしたが，復興金融公社（RFC）総裁ジョーンズ（Jesse H. Jones）やガーナー（John N. Garner）副大統領は預金保険制度を支持していた。こうした政権内部の分裂状態のなか，連邦議会では下院銀行通貨委員会委員長スティーガル（Henry B. Steagall）を中心に，ヴァンデンバーグ（Arthur H. Vandenberg）上院議員やゴールズボロー（Thomas A. Goldsborough）下院議員らが積極的な働きかけをすることで初めて連邦預金保険制度の法制化が実現した。

2) NIRA 体制の崩壊と 1935 年銀行法

一連の連邦政府による金融規制は，金融恐慌後ただちに確立したのではなかった。ローズヴェルト政権による全国産業復興法（NIRA）体制のもとで，金融業界でもカルテル体制が試みられ，その崩壊の後に初めて連邦政府の金融規制体系が確立した，この歴史過程に留意せねばならない[58]。

1933 年銀行法と同じ日に成立した NIRA のもとで，（商業）銀行・投資銀行・相互貯蓄銀行・貯蓄貸付組合はそれぞれの団体コード（規約）を制定し，

金利・手数料・最低賃金・営業時間などに関するカルテル体制を作り上げた[59]。しかしながら，手数料協定に関する銀行コードは西部の大銀行（Bank of America），少額預金者や農民などの批判を受けて，結局は1934年末に崩壊し，そしてコード体制自体がNIRAの違憲判決によって1935年には破綻した。しかし，立法権を大統領に委任することを違憲としたこの判決は，かかる「委任法理」に基づく最後の判例となった。革新主義時代以降の，とりわけニューディール期に行政的規制権限が圧倒的に拡張され，一般的な議会制定法で行政的裁量権の行使を統制しようとする法思想はもはや非現実的なものになったからである[60]。金融規制の場合は，しかし，NIRA体制における「産業の自主規制」を基礎とする政府・ビジネス・労働（消費者）の協同体制が崩壊した後にはじめて，本格的な政府「規制」による管理体制へと移行することになったのである。

　NIRA体制の崩壊後に成立した1935年銀行法は，その後のアメリカ金融規制・監督機構を構築する上で重要な転換点であった。第1に，1933年銀行法で暫定的に導入した連邦預金保険制度を恒久化したことである。その際，連邦預金保険公社（FDIC）の規制・監督権限もまた強化されたが，なかでも連邦準備制度に加盟しない被保険銀行（＝非加盟被保険銀行）に対する規制・監督権を確保した点が重要であった。すなわち，1933年法では非加盟被保険銀行に対する金利規制権限が明文化されていなかったために，この部分の金利規制はNIRA銀行コードに依存せざるをえなかったからである。FDICはさらに，非加盟被保険銀行の支店開設や被保険銀行以外の銀行との吸収・合併の認可権なども確保した。こうして1935年銀行法は，小規模独立銀行にはその存続を，大規模都市銀行には低預金金利を保証することで，銀行産業におけるカルテル体制を法制化したものであった[61]。

　連邦預金保険制度の恒久化は強制力の行使の一般化であり，緊急時の暫定的手段とは異なる新たな正当性，すなわち預金者保護という世論の支持を不可避とした。銀行倒産による信用制度崩壊の防止と既存の銀行構造の維持に加えて，1935年銀行法案をめぐる聴聞会では恒久化に対する国民の強い支持を取り付けるため，かつては二義的・間接的な目的であった預金者保護が前面に推し出された[62]。1933年法段階とは異なり，ローズヴェルト政権は連邦預金保

険制度への支持を明確にし，また銀行検査・監督の統一と行政諸機関による政策協調，とりわけ連邦準備制度の集権化に精力を傾けた。

　連邦準備法は当初，各連銀を「民間銀行の観点」から組織化したため，連邦準備局の役割は調整的機能に限定されていた。そのため，1918年と1927年の2度にわたって公定歩合決定権をめぐる連邦準備銀行と連邦準備局との間の対立が政治的事件にまで発展し，準備局権限の脆弱性を露呈した[63]。それゆえ第2に，1935年銀行法は連邦準備局を連邦準備制度理事会へと再編し，その権限を強化することで，通貨の管理は「国民の利益の観点」から遂行されることになった。**図1-5**に示されるように，民間銀行の自治組織としての性格を連銀の組織形態のなかに温存しながらも，連銀取締役会による総裁・副総裁任命には連邦準備制度理事会の承認を義務づけることで制約を課し，また公定歩合の設定に関しても理事会の承認事項とした。他方，**表1-5**に示すような形で，加盟銀行の資本金規模の違いや，またこれら銀行が取引する産業の違い，さらには公益が連銀取締役会の意思決定に反映される従来の仕組みは維持された。

　表1-6は連邦準備制度理事会の構成を示している。1935年銀行法は職権上の理事から財務長官と通貨監督官を除外する一方で，理事を当初の5名から（1922年の6名を経て）7名に増員した上で，理事の任期を当初の10年から（1933年法の12年を経て）14年に延長した。さらにこの時代，公開市場操作は連銀信用政策において格別の重要性をもつに至った。ところが，公開市場操作におけるニューヨーク連銀の影響力に対する反発が強く――1930年の「公開市場政策会議」への組織改革はこれに配慮したものであった（**図1-6**を参照）――，各連銀間の協調性は決して保たれていなかった[64]。そのため1935年法は，連邦公開市場委員会のもとに同操作のすべての管理を集中させた。それでもなお，各連銀代表者が12名中5名の委員を構成することで，加盟銀行や地域の利害を反映させる余地を残した。

　最後に，銀行の規制・監督の分業体制が再編され，信用政策の責任主体に関わる論争を残しつつも，一応の分権的体系化が完成した。既述のように，1935年銀行法は連邦準備制度理事会の機能を連邦準備銀行，連邦預金保険加入銀行との関係では強化したが，しかしなお連邦レベルの両制度に捕捉されない銀行群が存在した。連邦準備銀行は加盟銀行すべての検査・監督権をもったが，国

図1-5 連邦準備制度の組織と信用政策手段

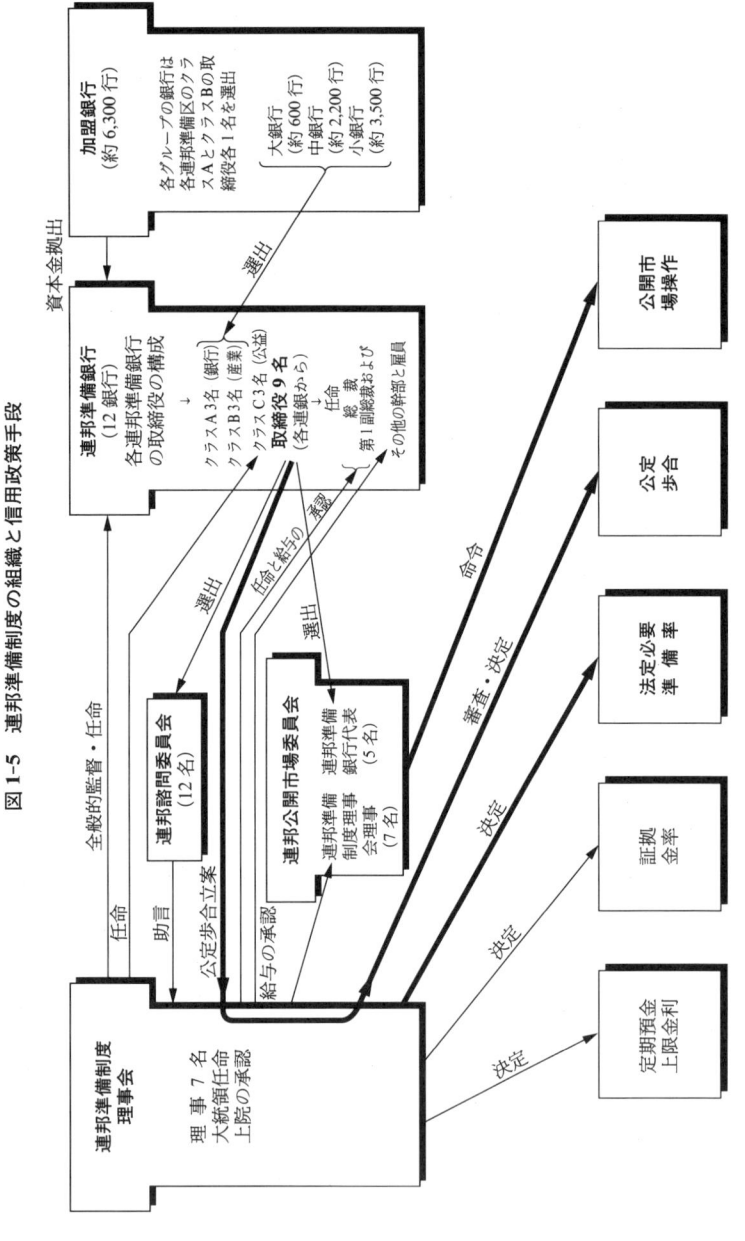

出典) Board of Governors of the Federal Reserve System, *Banking Studies*, Washington : GPO, 1941, p. 376.

第 1 章　銀行規制の歴史的展開——　65

表 1-5　ニューヨーク連邦準備銀行取締役会の構成（1936 年）

選出クラス	選出グループ	取締役	経歴・本務企業
A（加盟銀行）	1（大銀行）	ダビソン（G. W. Davison）	セントラル・ハノヴァー銀行会長
	2（中銀行）	ミルズ（E. M. Mills）	モリスタウン信託会社（NJ）頭取
	3（小銀行）	ベリー（C. R. Berry）	シチズンズ・ナショナル銀行頭取
B（農業・工業・その他産業）	1（大銀行）	ワトソン（T. J. Watson）	IBM 社長
	2（中銀行）	ティーグル（W. C. Teagle）	スタンダード石油ニュー・ジャージー社長
	3（小銀行）	スティーヴンス（R. T. Stevens）	J. P. スティーヴンス社長
C（連邦準備制度理事会任命）	総　裁兼議長	ハリソン（G. L. Harrison）	前ニューヨーク連銀副総裁，連邦準備局法務顧問
	副議長	ヤング（O. D. Young）	ゼネラル・エレクトリック会長
		ウーリー（C. M. Wooley）	アメリカン・ラジエター会長

出典）Federal Reserve Bank of New York, *Annual Report*, New York : Federal Reserve Bank of New York, 1936.

表 1-6　連邦準備制度理事会の構成（1936 年）

職　責	理　事	経　歴
議　長	エクルズ（Marriner S. Eccles）	エクルズ投資会社社長，ファースト・セキュリティ銀行（ユタ）頭取，財務次官補
副議長	ランサム（Ronald Ransom）	フルトン・ナショナル銀行（アトランタ）上級副頭取，NRA 銀行コード委員長
	ブロデリック（J. A. Broderick）	ニューヨーク州銀行局長，ナショナル・バンク・オブ・コマース外国部担当副頭取
	マッキー（J. K. McKee）	復興金融公社検査部長，連邦通貨監督官事務所職員
	モリソン（R. W. Morrison）	1933 年ロンドン通貨経済会議アメリカ代表団員，大農場経営者
	シムザック（M. S. Szymczak）	シカゴ市検査官，ノースウェスタン信託貯蓄銀行（シカゴ）副頭取

出典）Board of Governors of the Federal Reserve System, *Annual Report*, Washington : GPO, 1936 ; *Federal Reserve Bulletin*, Vol. 22, No. 2, 1936, pp. 71–72.

図1-6 連邦公開市場委員会の変遷（1913-1935年）

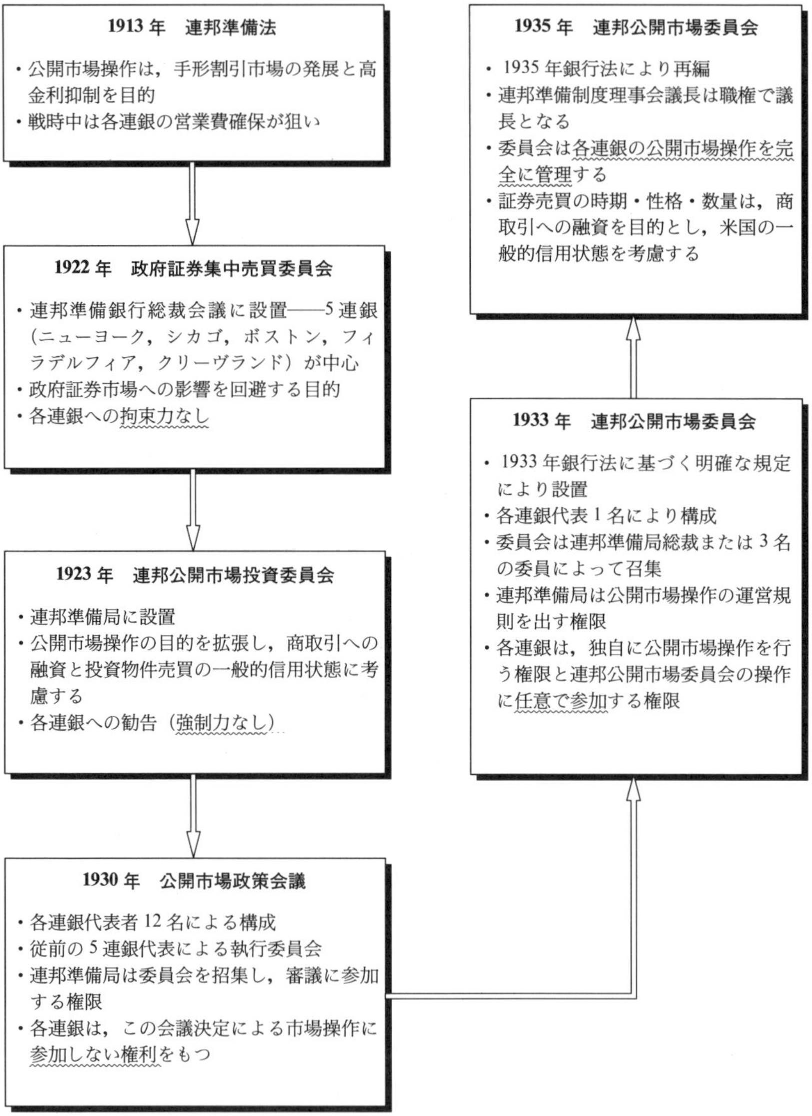

1913年　連邦準備法
- 公開市場操作は，手形割引市場の発展と高金利抑制を目的
- 戦時中は各連銀の営業費確保が狙い

1922年　政府証券集中売買委員会
- 連邦準備銀行総裁会議に設置──5連銀（ニューヨーク，シカゴ，ボストン，フィラデルフィア，クリーヴランド）が中心
- 政府証券市場への影響を回避する目的
- 各連銀への拘束力なし

1923年　連邦公開市場投資委員会
- 連邦準備局に設置
- 公開市場操作の目的を拡張し，商取引への融資と投資物件売買の一般的信用状態に考慮する
- 各連銀への勧告（強制力なし）

1930年　公開市場政策会議
- 各連銀代表者12名による構成
- 従前の5連銀代表による執行委員会
- 連邦準備局は委員会を招集し，審議に参加する権限
- 各連銀は，この会議決定による市場操作に参加しない権利をもつ

1933年　連邦公開市場委員会
- 1933年銀行法に基づく明確な規定により設置
- 各連銀代表1名により構成
- 委員会は連邦準備局総裁または3名の委員によって召集
- 連邦準備局は公開市場操作の運営規則を出す権限
- 各連銀は，独自に公開市場操作を行う権限と連邦公開市場委員会の操作に任意で参加する権限

1935年　連邦公開市場委員会
- 1935年銀行法により再編
- 連邦準備制度理事会議長は職権で議長となる
- 委員会は各連銀の公開市場操作を完全に管理する
- 証券売買の時期・性格・数量は，商取引への融資を目的とし，米国の一般的信用状態を考慮する

出典）Jane W. D'Arista, *The Evolution of U.S. Finance*, Vol. I, Armonk, N.Y.: M. E. Sharpe, 1994, Chapter 12; Herman E. Krooss ed., *Documentary History of Banking and Currency in the United States*, Vol. I, New York: McGraw-Hill, 1969, Vol. IV; ベンジャミン・H. ベックハート『米国連邦準備制度』東洋経済新報社，1988年，第2章。

法銀行に関しては通貨監督官（財務省）が，加盟州法銀行に関しては連銀が，時に応じて州銀行当局と共同で検査を担うことになった。次に，連邦準備制度に加盟しない被保険州法銀行に対しては連邦預金保険公社が州銀行当局と共同で担当するが，連邦準備制度に加盟せず，また連邦預金保険公社の被保険銀行でもない州法銀行に関しては，州銀行当局が独自に規制・監督権を継承した[65]。したがって，形式的には銀行の規制・監督体制の連邦政府と州政府の分業体制に変化はなく，銀行規制・監督と通貨信用政策の管轄関係は錯綜したままであった。

連邦準備制度理事会の権限の強化は，同議長エクルズによる「銀行統合」の提起を不可避とした。すなわち，「連邦準備が通貨信用管理の主たる責任」を課されているのならば，その責任を果たすための手段が与えられねばならない。州法銀行が連邦預金保険の便益を享受するなら連邦準備制度にも加盟し，信用規制を受けるべきであり，またこれら諸機能が経済安定の維持に直接関係しているのであるから，「銀行検査や規制機能を統合し整理する合理性」がある。たとえば，不況期の金融緩和政策には「銀行検査政策も同様のコミットメントに従うべき」であると[66]。しかしながら，彼の「銀行統合」論は二元銀行制度の否定に繋がりかねず，財務省・通貨監督官や州法銀行関係者との激しい論争を呼び起こした。最終的に，1938年9月に連邦準備銀行・通貨監督官・連邦預金保険公社・州銀行当局の間で銀行検査方式の統一が図られたが，銀行検査原則の主な変更点は①銀行貸付返済の「遅延」区分を止めること，②銀行投資は生来的な健全性の観点，日々の市場変動ではなくある期間の平均から判断することであった。また定期的会合による管轄の調整によって，実質的には分業体制の重要な欠陥は除去されたといえよう[67]。

3）金融規制の理念

1935年銀行法による連邦準備制度に対する権限の集中化は，同理事会が政府による影響を受けながらも，一定の独立性を確保することを狙いとしたものであった。ベックハートによれば，同法は連邦準備制度理事会を政治的影響力から自由な，いわゆる「金融の最高裁判所」として位置づけようとするものであった[68]。それは連邦準備制度が銀行界による支配から免れること，また連邦

準備制度創設の立役者のグラス（Carter Glass）上院議員が固執したように，ニューディール政権の支配からも解放されることの二重の意味においてであった[69]。

下院銀行通貨委員会報告書によれば[70]，1935年銀行法による連邦準備制度理事会の権限強化は，以下のような基本理念のもとに進められた。すなわち，①「雇用とビジネスの安定」を促進すること，②通貨政策形成の権限と責任を一般的な公益を代表する機関に集中すること，③地域の自律性（regional autonomy）を損なわないこと，④諸銀行が地域の信用需要に適切に応えることで復興を促進することであった。なかでも，大恐慌からの脱却と再発防止のために，通貨・信用政策を政府の影響下にある連邦準備制度理事会に集中することが中心であった。それゆえ，1935年銀行法は「管理通貨，信用調整，そして連邦による銀行監督に向けての政権の勝利」[71]を意味し，政治と金融政策を分離しようとする連邦準備制度の意図に反する側面をもった。

1935年銀行法を理論的・実務的に指導したのは，財務次官補を経て，当時の連邦準備局総裁の任にあったエクルズと，その部下で，初期のケインジアン（時にはマネタリスト）として知られるカリーであった。エクルズらは，連邦準備制度を「通貨供給の管理権をもつ真の中央銀行」[72]に再編しようとした。そこで，1913年法では連邦準備制度の信用政策の使命は，「全国の農業，工業，商業の信用需要に応える」ことであったが，スティーガル下院議員の後押しをえて，これを「ビジネスの安定性に貢献する諸条件を促進し，また生産，取引，価格，および雇用の一般的水準の変動を抑制するよう影響力を行使する」との使命に修正しようと企てた。この試みは，連邦準備制度の産みの親ともいえるグラス上院議員の反対で失敗するが，しかし，最終的には1946年雇用法において議会が政府に求めた国家政策の宣言の原型をなしたという[73]。

エクルズは連銀の信用政策を公益と位置づけ，地域的利害への影響力の行使を否定するが，その根拠は連銀の公開市場操作が「全国的な拡がりをもって，またすべての階級に影響を及ぼす」からであった。上院聴聞会の席上，彼は国家の通貨信用政策が公的管理のもとに置かれるべきことは，既に連邦準備制度の成立時から認識されていたと主張する。すなわち，原法案を用意した下院銀行通貨委員会報告書によれば，「銀行制度を指導する連邦準備局の機能は，政

府を通すことなしには持つことのできない，私人あるいは私的利害が代表権を持つことのできない政府の機能である」とみなされていた。とはいえ，彼はこの段階でもなお，通貨信用政策に対する公的管理には根本的な対立があることを認める。公的管理への反対論はさらに，「通貨の管理は連邦準備制度を所有する民間銀行に任せるべきである」とする見解と，「管理は全く不要であって，自然の経済諸力の自由な行使が公共の福祉を機能させる通貨制度をもたらす」との見解に分かれている。かかる見解の相違は議論によって埋めることも，また将来の研究によって理解をうることも不可能であるから，議会の決定を待つ以外にないと[74]。

　こうしたニューディール期の銀行規制や信用政策に対する政治の支配と管理 (political domination and control) に関する認識は，「自然の経済諸力」や「市場」に関する一般的な認識の変化を反映していた。上院銀行通貨委員会聴聞会におけるニューヨークの銀行家ウォーバーグとカズンズ上院議員の議論は興味深い[75]。ウォーバーグは，エクルズを「ケインズのカレー風 (curried Keynes)」(=経済顧問のカリー [Lauchlin Currie] によってアレンジされたケインズ)と皮肉った後に，以下のように発言した[76]。

　　ウォーバーグ：私の言う管理とは，利潤を求めて取引に参加する多数の人々がいて，これが自由な経済秩序をもたらす。今まさに，あなたがたが成立させようとしているものは通貨信用機構の改造であって，私的利害というファクターを管理することで，他のファクターとの違いを増幅させようとしている。このことが管理の必要性に疑問をもつ理由なのです。
　　カズンズ：ウォーバーグさん，この委員会が知りたいのは，たとえ管理がなかったとしても，公衆にはそうした影響があったのではありませんか？
　　ウォーバーグ：どのような影響ですか，上院議員？
　　カズンズ：あなたが不満を訴えている影響のことで，政治的管理を排除したいのではありませんか？　政治的管理を望まないとあなたに繰り返させる状況のなかには，きっと何かがある。もちろん，あなたは十分な経験から，すべてに必ずといって管理があることを知っており，ある種の管理がどこかにあったことを認めないのであれば，それが知りたいのです。
　　ウォーバーグ：ええ，どこかには管理があったでしょう。

ウォーバーグの主張する市場の「自由な経済秩序」に対して、カズンズには明らかに、「市場」が純粋に自然なものではないとの認識があった。革新主義期以来の制度派経済学やリーガル・リアリズムはこの時代、「市場は中立ではなく、社会が作り出したものだ」と強調し、ニューディール政権のもとで制定法や行政的な規制権限を圧倒的に拡張した。銀行業では、既に連邦準備法以来、通貨量の管理によって間接的な価格の管理が、さらに1933年銀行法による預金金利規制を通じて直接的な価格管理が導入され、最終的に1935年法でより明確に連邦諸機関に集権化されることになった。ただし、市場の政治性が強調される一方で、そうした「価値」の客観性の追求を回避して、「社会が現実に機能する仕組み」の解明を優先する、専門家集団による「実証的社会科学」への関心が高まる傾向にあったことにも留意しておきたい[77]。

1935年銀行法は、モーゲンソー財務長官の中央銀行国有化案や連邦準備制度理事会の権限強化に対する批判（上院銀行通貨委員会の少数意見）を排除した。しかしながら、加盟銀行の自治組織としての連邦準備銀行の位置づけを残し、また連銀に連邦公開市場委員会などの委員選出権を与えたことも、連邦準備制度とは加盟銀行と政府との「協同事業」なのか、あるいは「政府の規制機関」なのかという問題に最終的決着をつけるものではなかった[78]。実際それは、1938年に160名の民主党下院議員の支持で再び「連邦準備銀行国有化法案」が提出されたことに示されている[79]。このような意味で、ニューディールの金融規制は中央集権化と地域の自治、二元・単一銀行制度の温存による連銀加盟銀行の自治、これらの間の緊張と矛盾を表現していた。それ故にこそ、連邦準備制度は専門家集団からなる「金融の最高裁」であらねばならなかったのである。

おわりに——第2次世界大戦後の金融自由化と金融規制

アメリカは大恐慌を契機に「規制型資本主義」へと移行した。それは、ヤーギンらによれば、「国有化ではなく規制、集中と合理化ではなく反トラスト、計画経済ではなく権限分散」によって「市場を規制し、円滑に機能させ、ひい

ては資本主義を自滅から救うための制度」であった[80]。換言すれば，大恐慌によるアメリカ経済の壊滅的な打撃が「立法者に，経済的安定性は金融システムの安定性にかかっているということを確信」させるものであった[81]。この規制型資本主義は，規制と管理の増大から溢れでる業務を効率化するために州際通商委員会（ICC），連邦取引委員会（FTC），証券取引委員会（SEC）などの準立法，準行政，準司法の役割を担う第4の政府機関＝「行政管理機関」を生みだした。新生連邦準備制度もかかる位置づけを付与された。

最後に考慮すべき点は，かかる連邦金融諸機関と州銀行局からなる規制と監督の分業体制も，国際金融市場との関連を無視できなかったことである。国内金融機関を規制・監督しても国際的資金移動が自由であるならば，また自由貿易政策と適切な信用政策を欠くならば，国際収支の動向しだいではホット・マネーを刺激して，規制は意味を失う恐れがあるからである。そのため，ニューディールの金融制度改革に先立ってアメリカは金本位を離脱していたが（1933年4月），1934年金準備法で1オンス＝35ドルで再び金に固定するとともに，金の自由輸出を外国通貨当局にのみ認め，またドル切り下げ益金を為替市場介入のために「為替安定基金」として別置することで，ドルの管理責任を財務省に託した。こうした管理通貨制度の整備によってアメリカは，国際収支の一時的不均衡や構造的不均衡を是正する国際金融市場の安全弁の構築，具体的には三国通貨協定（1936年），さらには戦後のブレトン・ウッズ体制を展望することが可能となった。

アメリカ建国以来の金融規制の足跡を振り返ってみて，大恐慌を起点とする規制とは何であったのか。金融規制史を一貫して流れる思潮は，銀行が地域経済や国民経済の発展に不可欠の手段であるがゆえに，反銀行独占＝自由銀行制度の絶えざる追求にあった。この意味で，ある種の管理を免れた自由な金融「市場」はなかった。実態上の「自由銀行制度」の追求は，しかし，国民経済の統合や巨大企業体制の形成・確立の歴史段階で，統一的通貨の供給，通貨価値の安定へとその重心を移行させてきた。

あらためて大恐慌を起点とする銀行規制を整理するならば，第1に，ニューディール政策のもとでのカルテル体制の試みを経て，大恐慌・金融恐慌の再発を防止するための「セーフティ・ネット」を備えようとしたものであった。第

2に，金融規制の中心的手段は連邦預金保険制度，預金金利規制，銀行と証券の業務分離，消費者たる証券投資家の保護（情報開示），規制・監督機構の整備であった。第3に，伝統的な二元銀行制度・単一銀行制度を温存する一方で，預金金利のカルテル体制を法制化した。最後に，対外的には，管理通貨制を軸にして固定為替相場制による国際通貨協調体制を展望することで，国内金融規制の実効性を確保しようとしたことである。

　大恐慌期に導入された金融規制の歴史的意義を，1980年代以降の金融自由化との関連から再考してみたい。第2次世界大戦後の世界経済の再建は，国際通貨基金（IMF）や世界銀行（IBRD）などの公的国際金融機関やヨーロッパ決済同盟（EPU）などの地域的国際金融機関，マーシャル・プランや軍事援助などのアメリカ政府の援助によって進められるが，差し当たりの目標を達成した1960年代には，既に金融規制の綻びが見え始めていた。国際収支赤字の持続，膨大な軍事支出と社会政策支出による財政赤字とインフレ，これらに起因するドル過剰＝ドルからの逃避に直面して，アメリカ資本主義は「規制型」から「統制型」へと動揺を示す。すなわち，利子平衡税や海外借款のガイドライン，直接投資や物価の統制といった一連の政策に訴えたのである[82]。

　しかしながら，アメリカからの資本逃避によるユーロ・ダラー市場の成長や規制の硬直化と煩雑さは，金融の規制・管理をますます困難なものにした。ニクソン・ショック（1971年）による（旧）IMF体制の崩壊とフロート制への移行は，金融規制に決定的打撃を与えた[83]。金利の変動と国内物価の騰貴は，金融革新と金融諸機関の競争を激化させ，連銀は金融政策の目標を金利からマネー・サプライに転換せざるをえなかった（1979年）。1975年に既に実現していた証券手数料の自由化に加えて，金利規制の段階的撤廃（1980年）[84]，1994年州際銀行業務効率化法（以下，1994年州際法と略記）[85]による銀行の州際業務を規制したマクファーデン法の撤廃，銀行と証券の業務を分離したグラス＝スティーガル法（1933年銀行法）の撤廃（1999年）[86]など，金融自由化の時代を突き進んだ。

　もっとも，1980年代以降の金融規制の再編は，必ずしも規制緩和・自由化の方向だけでなかった。1980年代後半におけるS&Lや商業銀行の危機を経た後の連邦預金保険制度の再構築過程（1989-92年）では，自己資本比率規制の

強化などの金融規制はむしろ強化された。またマクファーデン法撤廃にもかかわらず、なお預金獲得に関する規制は残されている[87]。さらに、新たに導入あるいは機能転化した金融規制もある。信用供与の赤線引きを禁じた地域再投資法（CRA）は、銀行の地域社会への貢献を誘導する新たな規制に拡張されてきた[88]。最後に、各国の金融規制の緩和は、IMFやIBRDに加えて、BISを新たな国際金融規制機関として登場させている。

ところで、金融自由化を推し進める政府は、その金融規制の正当性を何処に求めているのであろうか。ニューヨーク連銀の高官によれば[89]、それは、第1に消費者保護の強化、第2にシステミック・リスクの削減、そして第3に、この両機能のための政府による保証とそれに起因するモラル・ハザードの解決にある。預金者保護や決済システム全体の機能麻痺の防止は、既述のように、大恐慌期以来のものであった。しかしながら、政府の金融規制に由来するモラル・ハザードの防止は、たとえ当時の銀行家は認識していたにしても[90]、金融自由化の過程で新たに重視されてきたものであった。

ここで着目すべきは、消費者保護の内容の変化である。同じ連銀高官によれば、消費者保護とは第1に、消費者が大規模金融機関の提供する規模の経済とネットワーク外部性（network externalities）による利益を享受できるようにすること、第2に、消費者に信頼性のある完全な情報を提供することである。情報の開示（と競争の促進）は1930年代から既に証券市場に対する規制目的のひとつであったが、しかし、大規模金融機関による消費者利益の保護に正当性を見出すことは、大不況期には一般的ではなかった。

ニューディール期の金融制度改革以降、「金融制度全体に及ぶ銀行恐慌はいっさい発生していない」[91]との自負のもとで金融規制緩和が進められてきたが、金融規制の正当性を示す「消費者保護」の概念に含まれる「消費者」の実態は確かに変化している。ひとつには、ニューディール期における農民や中小企業といった諸階層から、小貯蓄者としての「多数の中間層大衆」[92]への変化である。その結果、家計の資産保有は銀行預金から投資信託や年金基金などの金融資産へと多様化してきた。しかも、小貯蓄者として消費者の中間大衆化が進む一方で、公民権運動の高揚は「マイノリティ」という消費者を新たに作りだし、地域再投資法という重要な金融規制を新たに産み落とした。

地域経済の開発に銀行は貢献すべきとする根強い思想に注目しよう。銀行支店数は1950年代から急速に増加し，したがって単一銀行制の実質的崩壊を前にして，1994年州際法によって支店銀行制を許容したことには，地域再投資法の機能を地域の信用需要の充足へと拡張させようとの意図が働いたように見える。銀行資金の利用者としての「消費者」，とりわけ地域的性格を纏う中小企業を含む諸企業や，住宅購入者としての消費者は，効率性に加えて，彼らに対する貢献を銀行の公共性として要求している。これらを背景に1994年州際法（第109条）は，通貨監督官・連銀・連邦預金保険公社に対し，支店開設や地域再投資法による銀行評価に関する統一的規制を義務づけた[93]。ここには，市場システムに基づく効率性を重視する「消費者保護」とは別種の消費者保護の思想がある。

［注］

1) Guy Fox, "Supervision of Banking by the Comptroller of the Currency," in Emmette S. Redford ed., *Public Administration and Policy Formation*, Austin : University of Texas, 1956, p. 120.
2) Daniel Yergin and Joseph Stanislaw, *The Commanding Heights : The Battle between Government and the Marketplace That Is Remaking the Modern World*, New York : Simon & Schuster, 1998 ［D. ヤーギン，J. スタニスロー『市場対国家——世界を作り変える歴史的攻防』上巻，山岡洋一訳，日本経済新聞社，1998年，第2章］．
3) Karl Polanyi, *The Great Transformation : The Political and Economic Origins of Our Time*, Boston : Beacon Press, 1957, 1st, 1944 ［K. ポラニー『大転換——市場社会の形成と崩壊』吉沢英成ほか訳，東洋経済新報社，1975年］．
4) 詳しくは，以下を参照。Michael D. Bordo, Barry Eichengreen, and D. A. Irwin, "Is Globalization Today Really Different than Globalization a Hundred Years Ago ?," *NBER Working Paper*, No. 7195, 1999.
5) 19世紀のアメリカ社会においては，単一銀行（unit banks）は地域機関（local institution），すなわち「地域的に金融をなし，また経営され，地域の預金者から資金を汲みだし，その金融資源を地域企業の発展に利用する」ものとみなされた。Fritz Redlich, *The Molding of American Banking : Men and Ideas*, Part II, New York : Hafner, 1951, p. 194.
6) 連邦政府は資本金1,000万ドル，理事25名のそれぞれ2割を占めた。
7) 農民（職人を含む）の独占批判に対して，銀行支持派は「公債と銀行は封建制の遺物に商業が勝利する手段」（Noah Webster）と認識した。Bray Hammond, *Banks and*

Politics in America : From the Revolution to the Civil War, Princeton : Princeton University Press, 1957, p. 46.
8) Richard Sylla, J. B. Legler, and J. J. Wallis, "Banks and State Public Finance in the New Republic : The United States, 1790-1860," *Journal of Economic History*, Vol. 47, No. 2, 1987, pp. 391-403.
9) Davis R. Dewey, *State Banking before the Civil War*, National Monetary Commission, Washington : GPO, 1910, p. 33.
10) Sylla et al., *op. cit.*, "Banks and State Finance," p. 402.
11) Herman E. Krooss ed., *Documentary History of Banking and Currency in the United States*, Vol. I, New York : McGraw-Hill, 1969, pp. 322-323, 325, 327.
12) ペンシルヴェニア州の場合，1813年の3銀行への出資金に対する配当金の割合は州財政収入の約2割に及んでいた。楠井敏朗『アメリカ資本主義の発展構造 I』日本経済評論社，1997年，146-147頁。
13) 1790-92年にそれぞれ21.75，19.0，29.26％の配当を行った。Norman S. B. Gras, *The Massachusetts First National Bank of Boston, 1784-1934*, New York : Arno Press, 1976, 1st 1937, pp. 61-63, 581.
14) *Ibid.*, pp. 84-85, 217-219. また，小山健一『アメリカ株式会社法形成史』商事法務研究会，1981年，28-40頁も参照。
15) Hammond, *op. cit., Banks and Politics in America*, p. 187.
16) Albert Gallatin, *Considerations on the Currency and Banking System of the United States*, New York : Greenwood Press, 1968, 1st 1831, p. 50 ; John J. Knox, *A History of Banking in the United States*, New York : A. M. Kelley, 1969, 1st 1903, pp. 319-328.
17) 第一合衆国銀行と類似の形態をなし，主たる変更点は資本金が3,500万ドルに増額されたこと，株式所有者の範囲の拡大を進めたこと，外国人の株式所有を禁じたことであった。
18) Hammond, *op. cit., Banks and Politics in America*, p. 554. 他行銀行券の兌換業務（減価した銀行券を割り引く，額面で兌換請求する）を中心に行っていたサフォーク銀行に，ボストンの6銀行がその業務を集中させた協定である。詳しくは，以下を参照。Knox, *op. cit., A History of Banking in the United States*, pp. 365-368 ; 大森拓磨『サフォーク・システム――フリーバンキング制か，中央銀行制か』日本評論社，2004年 ; 楠井敏朗前掲『アメリカ資本主義 I』189-190頁。
19) Knox, *op. cit., A History of Banking in the United States*, p. 390.
20) 1804年法は，団体（association）の銀行業務を禁じたもので，個人あるいは特許をもつ機関の銀行業務や発券業務は禁止していない。その後1818年法は，1837年に撤廃されるまで民間の銀行業務や発券業務を禁止した。Robert E. Chaddock, *The Safety-Fund Banking System in New York State, 1829-1866*, National Monetary Commission, Washington : GPO, 1910, p. 235.
21) Knox, *op. cit., A History of Banking in the United States*, p. 400. また，楠井敏朗前

掲『アメリカ資本主義 I』190-191 頁も参照。

22) Knox, *op. cit., A History of Banking in the United States*, pp. 398, 404-405. 1829 年中に同法のもとで 16 行が特許を更新し，11 行が新設されたが，これら全銀行の特許状（定款）の各条項は統一された。Chaddock, *op. cit., The Safety-Fund Banking System in New York State, 1829-1866*, p. 269.

23) Federal Deposit Insurance Corporation, *The First Fifty Years : A History of the FRIC 1933-1983*, Washington : GPO, 1983, pp. 14, 17, 22 ; Carter H. Golembe, "The Deposit Insurance Legislation of 1933 : An Examination of Its Purposes," *Political Science Quarterly*, Vol. 76, No. 2, 1960, p. 189. なお，磯谷玲「アメリカにおける州預金保険の性格」(『証券経済研究』第 36 号，2002 年）は，20 世紀初頭のケースを含めて，州預金保険制度が銀行信用の供給と安全性を確保する「金融機能」を担うものであったことを再確認する。

24) Chaddock, *op. cit., The Safety-Fund Banking System in New York State, 1829-1866*, p. 366.

25) An Act to Authorize the Business of Banking, April 18, 1838, in : Krooss ed., *op. cit., Documentary History*, Vol. 2, pp. 1183-1191. また，小山健一前掲『アメリカ株式会社法形成史』162-165 頁も参照。

26) 安武秀岳によれば，自由銀行制度に対するロコフォコ派の影響力は認められるが，彼らは直接的な担い手ではなかった。「ロコフォコ派の分裂と『独占問題』──ジャクソニアン急進派の『自由銀行プラン』の検討」九州大学文学部西洋史研究室内還暦記念事業会編『西洋史学論集』1968 年，227-249 頁。

27) 楠井敏朗前掲『アメリカ資本主義I』表 4-1，272 頁。

28) Hammond, *op. cit., Banks and Politics in America*, pp. 627-630, 716-717. 州政府の開発事業との関連については，楠井敏朗前掲『アメリカ資本主義I』第 4 章が詳しい。

29) Chaddock, *op. cit., The Safety-Fund Banking System in New York State, 1829-1866*, p. 378. 1829-1841 年の間に，同制度による銀行倒産はなかった。Knox, *op. cit., A History of Banking in the United States*, p. 408.

30) ニューヨーク州では，発券業務を行わない，預金・割引業務に特化した個人銀行の設立は，1837 年法で初めて可能になった。Chaddock, *op. cit., The Safety-Fund Banking System in New York State, 1829-1866*, pp. 350, 372-374. 全国的には，図 **1-1** に示されるように，個人預金が発券額を上回るのは 1850 年代後半からである。

31) 準備率規制に関しては，ニューヨーク市を除く 16 大都市の銀行はその 2 分の 1 をニューヨークの，その他の地方銀行は 5 分の 3 を 19 大都市の国法銀行に預託することを認めた。なお，1887 年にシカゴとセントルイスはニューヨークと同様に「中央準備市」に，その他の都市は「準備市」に位置づけられた。また 1874 年法は，発券額の 5%を財務省に「銷却基金」として集中化し，個別銀行の発券準備規定は撤廃された。Krooss ed., *op. cit., Documentary History*, Vol. II, pp. 1385-1411；高山洋一『ドルと連邦準備制度』新評論，1982 年，第 2 章；須藤功『アメリカ巨大企業体制の成立と銀行

──『連邦準備制度の成立と展開』名古屋大学出版会，1997年，第1章。

32) 半独立的部局であり，設立当初のスタッフ数はマカロック（Hugh McCulloch）通貨監督官を筆頭に，3名の事務官と2名の筆耕者，メッセンジャー1名から出発した。その後1896年には88名，1922年には227名，1952年には1,150名に達した。1922年時点で，この他に197名の国法銀行検査官，290名の補助検査官，110名の検査官事務所事務官を擁した。副通貨監督官を務めたケーンの著書を参照。Thomas P. Kane, *The Romance and Tragedy of Banking*, New York : Bankers Pub., 1923, pp. 13, 18 [ケーン『米國銀行業の悲劇』三上太一訳，文雅堂，1927年］; U.S. Comptroller of the Currency, *Annual Report*, 1896, Washington : GPO, pp. 511-512 ; Fox, op. cit., "Supervision of Banking by the Comptroller of the Currency," pp. 123-124.

33) Fox, op. cit., "Supervision of Banking by the Comptroller of the Currency," pp. 123-124.

34) U.S. Comptroller of the Currency, *Annual Report*, Washington, GPO, 1896, pp. 61-62.

35) マサチューセッツやメイン，ヴァーモント州などでは州法銀行の設立が禁止されていたため，その役割は信託会社が担った。George E. Barnett, *States Banks and Trust Companies Since the Passage of the National Bank Act*, National Monetary Commission, Washington : GPO, 1911, Table I-III, pp. 234-235.

36) John A. James, *Money and Capital Market in Postbellum America*, Princeton : Princeton University Press, 1978, pp. 36-39.

37) しかし，全体の95％は健全経営であった。Kane, *The Romance and Tragedy of Banking*, p. 321 ; Eugene N. White, *The Regulation and Reform of American Banking System, 1900-1929*, Princeton : Princeton University Press, 1983, Chapter 1.

38) Isao Suto and John A. James, "Savings and Early Economic Growth in the United States and Japan," *Japan and World Economy*, Vol. 11, 1999, p. 171, Note 17.

39) 1910年時点で，約3-4行の国法銀行が支店を保有していたに過ぎなかった。州法銀行や信託会社の場合は，16州が支店開設を認め，そして2州では特許銀行のみ，3州では信託会社にのみ認めていた。したがって，支店数は数百を超えることはなく，最大多数は単店舗銀行であった。Barnett, *op. cit., States Banks and Trust Companies since the Passage of the National Bank Act*, pp. 135-136, 143.

40) オクラホマを除いて，1909年に法整備が行われた。Thornton Cooke, "The Insurance of Bank Deposits in the West, I," *Quarterly Journal of Economics*, Vol. 24, 1910, pp. 86-87. また，戸田壮一「1933年銀行法改革と連邦預金保険制度」『武蔵大学論集』第32巻第5・6号，1985年，87-122頁も参照。

41) Cooke, op. cit., "The Insurance of Bank Deposits in the West, I," p. 91. 連邦最高裁では流通手段を保護するための貨幣機能と，より限定的な預金者保護機能を区別した上で，預金保険制度は前者の機能を追求するがゆえに合憲と判示し，「銀行預金を裏付けに振り出される小切手」の重要性を強調した（*Noble State Bank v. Haskell* (1911), 219 U.S. 111)。Golembe, op. cit., "The Deposit Insurance Legislation of 1933," pp. 191-192.

42) 連邦議会に上程された預金保険制度関係法案数は，1886-1900年には18，1901-1910年に45，1933年までには合計150に達した。Golembe, op. cit., "The Deposit Insurance Legislation of 1933," pp. 187-188. 前出のクック論文は，連邦準備法案を用意した「全国通貨委員会NMC」史料としてBarnett, op. cit., States Banks and Trust Companies since the Passage of the National Bank Act の補遺に収められた。
43) U.S. House, *Changes in the Banking and Currency System of the United States, Report of the Committee on Banking and Currency*, No. 69, 63rd Congress, 1st Session, Washington : GPO, 1913, p. 16.
44) *Ibid.*, p. 18.
45) U.S. Reserve Bank Organization Committee, *Report to the Reserve Bank Organization Committee by the Preliminary Committee on Organization*, Washington : GPO, [1914 ?], p. 95.
46) *Federal Reserve Bulletin*, November 1928, pp. 778-805 ; Eugene N. White, "The Political Economy of Banking Regulation, 1864-1933," *Journal of Economic History*, Vol. 42, No. 1, 1982, p. 36. 全商業銀行に占める加盟銀行の割合は，銀行数で1915年に27.8％，1920年に31.0％，1930年に35.1％であり，銀行資産額ではそれぞれ，49.3％，70.6％，73.8％であった。U.S. Department of Commerce, *Historical Statistics of the United States : Colonial Times to 1970*, White Plains, N. Y. : Kraus International Publications, 1989, Part 2, p. 1023.
47) White, op. cit., "The Political Economy of Banking Regulation, 1864-1933," p. 37.
48) Bordo et al., op. cit., "Is Globalization Today Really Different than Globalization a Hundred Years Ago ?," p. 234.
49) White, "The Political Economy of Banking Regulation, 1864-1933," p. 38.
50) Milton Friedman and Anna J. Schwartz, *A Monetary History of the United States, 1867-1960*, Princeton : Princeton University Press, 1963 ; George J. Benston, "Does Bank Regulation Produce Stability ? Lessons from the United States," in Forrest Capie and Geoffrey E. Wood eds., *Unregulated Banking : Chaos or Order*, Basingstoke : Macmillan, 1991, p. 213.
51) Peter Temin, *Did Monetary Forces Cause the Great Depression ?*, New York : Norton, 1976.
52) さしあたり，1933年銀行法の視点から分類したGeorge J. Benston, *The Separation of Commercial and Investment Banking, The Glass-Steagall Act Revisited and Reconsidered*, Basingstoke : Macmillan, 1990, Chapter 11 を参照。
53) Bordo et al., op. cit., "Is Globalization Today Really Different than Globalization a Hundred Year Ago ?," p. 235.
54) 小林真之は，「非営利性の貯蓄がリスク性の株式投資の経路を通じてしか富の有利な再配分（可能性）に与り得ない」ジレンマの視点から大恐慌を分析した。小林真之『株式恐慌とアメリカ証券市場——両大戦間期の「バブル」の発生と崩壊』北海道大学図書

刊行会，1998年。
55) 渋谷博史「アメリカの金融規制再編の歴史的分析」『証券経済』第191号，1995年，44頁。なお，連邦準備法から1933年銀行法までを「真正手形主義」(健全銀行主義)に焦点をあてて論じたのは，西川純子「真正手形主義についての一考察(2)――連邦準備法からグラス・スティーガル法まで」『証券経済研究』第30号，2001年である。
56) Thomas F. Cargill and Gillian G. Garcia, *Financial Deregulation and Monetary Control : Historical Perspective and Impact of the 1980 Act*, Stanford, Calif.: Hoover Institution Press, 1982 [T. F. カーギル，G. G. ガルシア『アメリカの金融自由化』立脇和夫・蠟山昌一訳，東洋経済新報社，1983年]，pp. 11-12. それゆえ，1960年代以降に銀行の競争力上の問題が顕在化する。
57) Golembe, op. cit., "The Deposit Insurance Legislation of 1933," pp. 199-200.
58) 以下，詳しくは，須藤功前掲『アメリカ巨大企業体制の成立と銀行』第4章を参照。
59) この政府の公認・後押しによる「産業の自治」体制は，1920年代に隆盛を迎えた業界団体による自主規制を前提とした（新川健三郎「革新主義より『フーバー体制』へ――政府の企業規制と実業界」阿部斉ほか編『世紀転換期のアメリカ』東京大学出版会，1982年）。銀行業界では，全国団体としての「アメリカ銀行協会」の成立は1875年と比較的早かったが，手形交換所組合次元の協調関係を除けば，自主規制体制はこの時期に始まると見てよい。
60) NIRAコードは，大統領の行政命令によって産業界の自主規制に法的効力を付与したもので，立法権の大統領への委任に当たるとみなされた。しかし，その内容は産業団体が予め合意したものをそのまま承認したにすぎず，私的団体への立法権の委任であった。かかる中間団体による法形成，すなわち私的団体による強制的規制，法的制裁は1920年代における業界団体の隆盛の基礎をなした。Morton J. Horwitz, *The Transformation of American Law, 1870-1960 : The Crisis of Legal Orthodoxy*, New York : Oxford University Press, 1992 [モートン・J. ホーウィッツ『現代アメリカ法の歴史』樋口範雄訳，弘文堂，1996年，268-269, 291頁]。
61) Benston, *op. cit., The Separation of Commercial and Investment Banking*, p. 138.
62) "Special Report of Public Opinion Gathered by the National Emergency Council on the Activities of the Federal Deposit Insurance Corporation," in U.S. House, *Banking Act of 1935, Hearings before the Committee on Banking and Currency*, 75th Congress, 1st Session, Washington : GPO, 1935, pp. 137-142.
63) 須藤功「アメリカにおける銀行規制――銀行組織化研究のための予備的検討（1829-1929年）」『名古屋工業大学紀要』第46巻，1994年，108-109頁。
64) Benjamin H. Beckhart, *Federal Reserve System*, New York : American Institute of Banking, 1972 [ベンジャミン・H. ベックハート『米国連邦準備制度』矢尾次郎監訳，東洋経済新報社，1988年，54頁]。
65) ニューヨーク州の場合，1932年ニューヨーク州銀行法（第13条・14条）に基づき，銀行局のなかに準規制機関（quasi-legislative body）として「銀行評議会（Banking

Board)」を設置した。銀行評議会は銀行基準，銀行免許状，支店開設の許認可などを策定する権限をもつことで，多面的な銀行業務に影響を及ぼすものとされ，銀行局長は職権で評議会の議長・委員長を兼務する。16名の銀行評議会委員は州知事により指名され，州上院の承認を受ける。委員の任期は3年で，委員の内8名は公益委員，残る8名は銀行規模や業態（貯蓄銀行，信用組合，外国銀行など）の利害を代表する銀行業務経験者によって構成される。New York State, Banking Department ＜http://www.banking.state.ny.us/index.htm＞.

66) Marriner S. Eccles, *Beckoning Frontiers : Public and Personal Recollections*, Sidney Hyman ed., New York : Alfred A. Knopf, 1951, p. 267.

67) Board of Governors of the Federal Reserve System, *25th Annual Report for 1938*, Washington : GPO, p. 37 ; Arthur W. Crawford, *Monetary Management under the New Deal : The Evolution of a Managed Currency System—Its Problems and Results*, New York : Da Capo Press, 1972, 1st 1940, p. 234；ベックハート前掲『米国連邦準備制度』123-125頁。個人銀行は1933年銀行法で，通貨監督官または連邦準備銀行による定期的検査と営業報告書の提出が義務づけられた。しかし，連邦準備制度当局は既に，ニューディール後の（さらには第2次大戦後の）通貨信用政策体系の構築に向けての歩みを開始していた。

68) ベックハート前掲『米国連邦準備制度』43頁。

69) 須藤功前掲『アメリカ巨大企業体制の成立と銀行』158頁を参照。

70) U.S. House, *Report 742 to accompany H. R. 7617*, 74th Congress, 1st Session, Washington : GPO, 1935, p. 742.

71) Helen M. Burns, *The American Banking Community and New Deal Banking Reforms, 1933-1935*, Westport, Conn. : Greenwood Press, 1974, p. 140.

72) Ronnie J. Phillips, *Chicago Plan and New Deal Banking Reform*, Armonk, N. Y. : M. E. Sharpe, 1995, pp. 94-104. カリーは，ハーヴァード大学で教える傍ら，ヴァイナーやホワイトらとともに財務省の「新人顧問団（Freshman Brain Trust）」，1934年には，エクルズにより連邦準備制度理事会のアシスタント・ディレクターに任命された。Eccles, *op. cit., Beckoning Frontiers*, pp. 166, 193. 秋元英一「ハリー・デクスター・ホワイトと戦後国際通貨体制の構想」『千葉大学経済研究』第12巻第2号，1997年も参照。また，カリーとエクルズの管理通貨論に関しては，高山洋一『ドルと連邦準備制度』第5章が詳しい。

73) Eccles, *op. cit., Beckoning Frontiers*, p. 228. エクルズは1934年11月から1951年7月までの理事在任期間中，1948年1月までの約13年以上にわたって議長を務めた。平井規之『大恐慌とアメリカ財政政策の展開』（岩波書店，1988年，第4章2, 144-156頁）は，1946年雇用法の成立過程を論じる中で，エクルズを「スペンダーズ」の指導的唱道者としてモーゲンソーを中心とする「バランサーズ」に対比させて描いた。

74) Eccles, *op. cit., Beckoning Frontiers*, pp. 211-213, 216 ; U.S. House, *op. cit., Banking Act of 1935, Hearings*, pp. 280-281, 299-300.

75) ウォーバーグ (James P. Warburg) はマンハッタン銀行 (Bank of the Manhattan Company of New York) 副頭取で,「全国貨幣委員会」委員や連邦準備局構成員を務めたポール・ウォーバーグ (Paul M. Warburg) の息子である。カズンズ (James Couzens) は, フォード (Henry Ford) と共同で事業を興し, フォード自動車の副社長を勤めた後に, デトロイト市長を経て, 1922-1936年まで上院議員を務めた。また, ニューディールを支持した共和党革新派 (Progressive Republican) で, 累進課税や公益事業の公営化を支持した。
76) U.S. House, op. cit., Banking Act of 1935, Hearings, pp. 74, 88-89.
77) ホーウィッツ前掲『現代アメリカ法の歴史』第7章。しかし, リーガル・リアリズムは戦後, 専門家や行政機関よりも「法の支配」を強調する方向に逆転する。それは, 慣習の裏付けを欠いた「合理主義」への不信, 規制する側の革新性の持続に対する不信の結果であり, また行政機関が「産業界中心のアプローチ」に変質することを認識したからでもあった (313-316頁)。
78) Jane W. D'Arista, The Evolution of U.S. Finance, Vol. I, Armonk, New York : M. E. Sharpe, 1994, p. 193.
79) U.S. House, Committee on Banking and Currency, Hearings on H. 7230 : Government Ownership of the Twelve Federal Reserve Banks, 75th Congress, 1st Session, Washington : GPO, 1938.
80) ヤーギン, スタニスロー前掲『市場対国家』上巻, 80頁。
81) 『米国経済白書 1993』(『エコノミスト』臨時増刊) 毎日新聞社, 1993年, 218頁。
82) ベックハート前掲『米国連邦準備制度』466-471頁。
83) 前掲『米国経済白書 1993』218頁も金利の変動とそれによる資金移動の活発化を強調している。
84) 1980年預金金融機関規制緩和・通貨管理法によって, 撤廃は1986年までに段階的に行われる予定であったが, 金融革新の急展開により自由化のスケジュールが繰り上げられて1983年10月以降, 完全自由化された。
85) 1994年州際法は全米で他銀行の買収による支店開設を可能にするもので, 1997年に施行された。
86) グラム＝リーチ＝ブライリー法によって撤廃された。
87) 連邦通貨監督官・連邦準備制度理事会・連邦預金保険公社は, 州際銀行業務効率化法第109条に基づく共同規制として,「預金獲得」のみを目的とする他州支店の開設を禁止した。Federal Register, Vol. 62, No. 175, Sept. 10, 1997, p. 427728.
88) 柴田武男「地域再投資法改正の影響と現行の規制構造——アメリカにおける金融機関のアファーマティブ・オブリゲーション論を中心にして」(『証券研究』第108号, 1994年) は, 地域貢献規制と政府による特権付与 (預金保険や決済システム, 連銀信用) のバランスから議論を展開する。また, 大塚秀之「レッドライニングと居住地の人種隔離」(神戸市外国語大学外国語学研究所『研究年報』第31号, 1994年) も参照。
89) Stephen G. Cecchetti, "The Future of Financial Intermediation and Regulation : An

Overview," Federal Reserve Bank of New York, *Current Issues in Economics and Finance*, Federal Reserve Bank of New York, Vol. 5, No. 8, 1999, p. 3.
90) 須藤功前掲『アメリカ巨大企業体制の成立と銀行』147-148頁。小林真之(『金融システムと信用恐慌――信用秩序の維持とセーフティ・ネット』日本経済評論社,2000年)は,銀行の公共性の一般的根拠に関して,第1に決済通貨の提供,第2に貯蓄の受入れ,第3に資金配分の役割を指摘する。とくに金融行政の観点から,旧来の預金者保護から決済システム維持への重点移行を強調し,「銀行の機能は個別銀行相互の社会的協同(決済システム)を通じてのみ果たされる,という銀行の『社会性』の側面が注目されてきた」(169頁)と。
91) 前掲『米国経済白書 1993』230頁。
92) 渋谷博史前掲「アメリカの金融規制再編の歴史的分析」56頁。
93) *Federal Register*, Vol. 62, No. 51, 1997, p. 12730.

第2章 ニューディール金融政策とマネタリズム
　　——ミーンズ，カリー，ホワイト——

　　　　　　　　　はじめに

　1970年代末にアメリカ連邦準備政策の転換を主導した「新自由主義」あるいは「ネオリベラリズム」の系譜をたどろうとすると，1930年代の「シカゴ学派」と何処かで出会うことになる。第2次世界大戦後に開花する新自由主義の思想と理論の拠点として1947年，イリノイ州法に基づき創設された「モンペルラン協会」に着目すると，アメリカ新自由主義の指導的役割を担ってきた若きフリードマン（Milton　Friedman：経済学部）を始め，ディレクター（Aaron Director：法科大学院）とナイト（Frank H. Knight：経済学部）がこの非営利法人の設立者として名を連ねるなど，シカゴ大学はまさにその中心に位置した[1]。
　フリードマンやスティグラー（George G. Stigler：ブラウン大学，1958年からシカゴ大学）らが指導者として登場した1960年代以降のシカゴ学派は，しかし，1930年代のそれとはやや異なる特徴を有した。フリードマンらは①私企業の活動を重視し，②市場機能に格別に高い評価を与え，そして③政府の役割を限定した。初期のシカゴ学派が多様な思想や方法論をもったのに対して，政府の干渉に対する批判と市場への信仰をより強めたのである。しかしながら，競争的市場の前提をなす金融政策に関しては，シカゴ・マネタリストの創始者と目されるサイモンズ（Henry C. Simons）とフリードマンとの間には「政府の中立性」を重視する点で「連続性」があった。すなわち，両者とも商業銀行の準備率を100％とし，貨幣供給の増加率を一定水準（年率4％）に維持すべきであると主張した[2]。
　この商業銀行に関する「100％準備」案は，実はサイモンズが1936年に構想

したものであり，フリードマンに継承されることはなかった。より直接的な起源をたどれば，1933年にナイトらシカゴ大学グループが中心となって構想し（それゆえ，「シカゴ・プラン」とも呼ばれる），ローズヴェルト政権に提案され，連邦準備制度の金融政策担当者に一定の影響を与えたものであった。100％準備案が実現することはなかったとはいえ，シカゴ学派にとってその重要性は高く，戦後「新自由主義」の橋頭堡と位置づけられる「モンペルラン協会（Mont Pelerin Society）」第1回総会（1947年4月開）で，10項目の議題（「反循環対策，完全雇用，および通貨改革」）のひとつとして取り上げられ，討議されることになった[3]。そこで本章は，アメリカ新自由主義の金融政策の系譜をたどるひとつの試みとして初期のシカゴ学派と金融政策との関係に着目し，さらに従来は「ケインズ政策」の形成過程として捉えられてきた1930年代後半の連邦準備政策の再検討を試みようとするものである。

1933年銀行法，1934年金準備法，そして1935年銀行法というニューディール期の通貨金融制度改革は，第2次世界大戦後アメリカの通貨金融制度の歴史的起源，基本的枠組みを形成したとみても大過ないであろう。しかしながら，連邦準備制度を中心とする金融政策については，連邦準備制度理事会への権限集中を制度化した1935年銀行法がその枠組みを形作ったと単純に片づけることはできない。1937年の不況を契機とする伝統的な保守的財政政策から拡張的財政政策への転換（1938年4月）は金融政策を後景に追いやり，しかも連邦準備制度が戦中・戦後の国債価格支持政策から解放されるのは，ようやく1951年の財務省との「アコード」以降であったからである。

連邦準備制度理事会議長エクルズは，通説的にはケインジアンで，「スペンダーズ」（赤字財政による景気回復論者）の主導者とみなされる。ところが他方で，1937年不況以降は反インフレ的連邦準備政策の推進者として，連邦準備制度による独自の戦後政策構想（＝インフレなき完全雇用）を推し進めてもいた。そうした金融政策構想は連邦議会を巻き込んで，1940年には上院銀行通貨委員会（委員長ロバート・ワグナー）による「全国銀行通貨政策」に関する包括的な調査を開始させた。連邦準備制度は自らを管理通貨制度の管理主体として認識したために，通貨金融政策の諸手段と銀行制度のあり方に重大な問題点を発見することになったのである[4]。

それゆえ本章は，エクルズの連邦準備制度改革と金融政策，また戦後金融政策構想が彼の金融アドバイザーであったカリー（Lauchlin Currie）の理論的裏づけのもとに立案されたこと，しかもカリーはシカゴ学派のマネタリズムの影響を強く受けていた点に着目する。そして大恐慌以降の連邦準備政策を具体的・実証的に検討するなかで，1935年銀行制度改革におけるカリーの役割，何よりも金融政策の課題が「100％準備」や「全銀行統合」という改革構想として出現する過程を跡づける。以下，第 I 節ではシカゴ学派の「100％準備」案と比較しつつ，ウォーレス（Henry A. Wallace）農務長官の金融顧問（Gardiner C. Means）ミーンズの金融制度改革案，ローズヴェルト政権にコミットする以前にカリーが構想した通貨金融制度改革案を検討する。第 II 節では1935年銀行法制定に際してのカリーの役割を，第 III 節では1937年不況後における連邦準備制度による通貨金融政策に関する改革構想を，モーゲンソー財務長官のアドバイザーであるホワイトの改革構想と比較しながら考察する。そして第 IV 節では，カリーらの100％準備構想が連邦準備制度や財務省，各州銀行局や銀行家団体などにいかに受け止められたのかを，ワグナー委員会調査文書から探ってみることにする。

I. 大恐慌期の金融制度改革構想——シカゴ・プラン

1）シカゴ学派の「100％準備」案

　1933年3月16日，フランク・ナイトらシカゴ大学の研究者は農務長官ウォーレス宛の手紙に添えて，ある金融制度改革に関するメモを提出した[5]。それは，すべての商業銀行の預金に対して「100％準備」を要求し，部分準備制度に基づく銀行の信用創造機能を否定するきわめて大胆な内容であった（一般に「シカゴ・プラン」または「100％準備案」と呼ばれる）。

　このプランの概要を示せば，以下のようになる（下線は引用者）。

(1) 連邦政府は，速やかに連邦準備銀行の実際の所有権と管理権を行使する。
(2) 連邦準備銀行は，1933年3月3日に業務を再開する全加盟銀行の預金を保証

する。
(3) 加盟銀行預金者への支払いに必要な額の連邦準備券を発行する。
(4) 連邦準備券は完全な法貨とする。
(5) 連邦準備銀行・復興金融公社の融資，モラトリアムあるいは支払制限によって，非加盟銀行を救済する。……準備銀行は銀行券発行の基礎として，あるいは公開市場操作のために，連邦準備券を見返りに加盟銀行の資産を自由に買い取ることができる。……新規の発券は全額が，加盟銀行の手元に現在ある政府証券（および他の資産）でカバーされる。
(6) 移行手続きにおける連邦準備銀行の指導（略）。
(7) 新しいタイプの金融機関（①小切手・要求払預金だけを受け入れ，②法貨または準備銀行預金で100％準備を保有する，③排他的に預金および資金移動を扱う機関）の創設を許可する。
(8) 投資信託および貯蓄銀行の機能を担う別個の金融機関の創設を許可する。
(9) これら恒久的改革案の主たる目的は，現在の商業銀行の預金と貸付の機能を異なる法人形態にすることで，完全に分離することにある。要するに，典型的な銀行は2つの別個の法人，すなわち預金銀行と貸付会社に分解される。預金銀行は資金（小切手）の預託所および移転機関として排他的に機能し，収益はサーヴィス料のみから得られる。他方で，貸付会社は短期の貸付・割引・引受の業務に従事し，要求払預金の受け入れや短期信用の供与も禁止される。……ゆえに，他の法人と同様，株主（また社債保有者）が投資した資金だけを貸付・投資する立場に立つ。
(10) 財政・通貨政策によって卸売物価を15％引き上げる。
(11) 15％を超える物価上昇を阻止する。
(12) 金に関して，次の措置を講ずる。①金の自由鋳造の停止，②金輸入の絶対禁止，③民間金輸出の禁止，……。これらの「措置は目下の緊急事態に対応し，銀行問題に恒久的解決策を提供し，生産と雇用の著しい改善をもたらすものと思われる。だが，これらを採用してもなお直面するひとつの重要な問題，すなわち長期の通貨管理の問題は残っている。われわれのグループには何が最善の政策かをめぐって見解の相違がある。ある者は流通手段の総量の安定を重視し，またある者は期間ごとの総「通貨流通量」（MV）の安定，より複雑な公式（例えば1人当たり「通貨流通」の安定）を重視する。だが，長期の問題は先送りしてかまわない[6]。

以上のように，全銀行の信用創造機能を停止して，決済機能を担う100％の預金準備を有する「預金銀行」と純粋な「貸付会社」とに分離することで，預金の保証と通貨供給量の一元的管理を実現しようとするものであった。

2）シカゴ・プランと農務省——ミーンズ

ウォーレス農務長官の金融担当顧問ミーンズは，このシカゴ・プランに関して比較的詳しく検討した。ミーンズによれば，このプランは「本質的には国法銀行法が通貨〔＝銀行券〕に対して行ったことを，わが国の預金通貨にしようとする」ものであり，「わが国の全通貨手段の量と質の両面が連邦政府の管理下に置かれ，わが国全体の信用によって裏付けられることになる」。このプランの真の目的は「銀行制度の根本的な再編成」にある[7]。しかし，「すべての預金通貨が連邦準備銀行によって創出され」，地域銀行は「預金通貨の倉庫」に過ぎなくなることから，「不健全であるとの理由からではなく，利潤獲得の特権を減らすとの理由から，明らかに多数の銀行家の反対を招くであろう」と指摘する[8]。

ミーンズは，連邦準備銀行による信用拡大の扱いが明瞭性に欠け，かなり不適切であると見た。代わって，シカゴ・プランでは連邦準備銀行が政府証券の購入によって預金のほぼ全額を創出するが，「企業活動に起因する優良なコマーシャル・ペーパーの多くは社会の重要な通貨手段 (monetary medium) の発行の基礎となる」とミーンズは考える[9]。しかし，この主張はいわゆる真正手形主義に基づく発想で，シカゴ・プランの基礎を掘り崩すものであった。それゆえ，通貨手段の量は一定であるべきとするシカゴ・プランの「特殊な定式」について，ミーンズは，「私の考えではかかる定式の採用は最も不適切なものである。私の現在の意見では，通貨手段を一定量に保つことは企業活動に暴力的な変動を引き起こすことになる」と強調する。確かに，シカゴ・プランの「目的は何よりも安全な通貨手段を創出すること，その数量の管理を人為的な操作から隔離すること」にあり，不可欠な事柄であるようにみえる。しかしながら，ミーンズによれば，「どのような金融改革の提案といえども，2つの問題が提起されるはずである。第1に，改革は貯蓄の資本財への流れに対して（連邦や州の）集中管理を導入する方法で行うか，第2に，改革は企業に対す

る管理の最終的な手段を中央当局〔連邦またはその他〕の手に預ける方法で達成されるかである。どちらか，あるいは両方を金融改革の後に追求するのであれば，金融改革の提案はこれらの問題を，通貨手段の安全性の問題と同様に処理しなければならない」と[10]。

このようにミーンズは，シカゴ・プランに一定の評価を与えていることがわかる。すなわち，既存の銀行がこの改革を受け入れるか否か，および通貨供給量を公式に従い一定量に保つ点への留保を除けば，基本的にはシカゴ・プランを受け入れたのである。「銀行通貨改革に関する諸提案」と題するメモでミーンズは，まず銀行の預金と貸付の機能分離は可能であると見る。すなわち，法人企業の発展に対応して，卸売りで巨額の資金を銀行や公開市場で借り入れ，小売で特定の形態で資金を貸し付ける傾向が強まり，その結果「銀行業務の機能化と預金銀行から貸付銀行の分離」が進展したからである[11]。それゆえ，ミーンズは自ら「このパターンのひとつのありうべき変型が，シカゴ・グループによって（預金サイドに関する限りで）示唆された」と認める[12]。

その後，ミーンズは金融制度改革案をさらに具体化させ，そこでは通貨供給の管理にも言及した。図 **2-1** に示されるように，ミーンズは既存の銀行制度全体を再編成して，全国の預金を一手に受け入れる国営の「合衆国預金銀行」と，企業や個人融資を担う「地域民間銀行」，その中間に貸付機能を政治的影響力から隔離するために半官半民の「中期信用銀行」を構想した[13]。この改革構想でミーンズは，発行済み通貨手段の数量を管理する明確な権限を「通貨委員会（Monetary Commission）」のような機関に与えた。それは「こうした管理は均衡の取れた，最大限に機能する経済にとって決定的である」からであって[14]，シカゴ・プランとは異なり，通貨供給量の定式化は考慮されていない。

ここで言及したミーンズの文書には日付が付されていないため（1934-35年と推定される），正確な前後関係は不明であるが，ミーンズが100％準備案に関心をもっていると聞いたフィッシャー（Irving Fisher）は，自著の白表紙本を「内密に」献呈した際に添えた手紙（1934年11月19日付）を，次のように締めくくった。「もちろん，今のところこれがユートピアの段階であることは承知していますが，おそらく近い将来，実際に重要になるであろうとみて，これほど多くの人々が，銀行家ですら，関心を持っていることに驚いています」

第2章　ニューディール金融政策とマネタリズム——89

図2-1　ガーディナー・ミーンズの金融制度改革構想

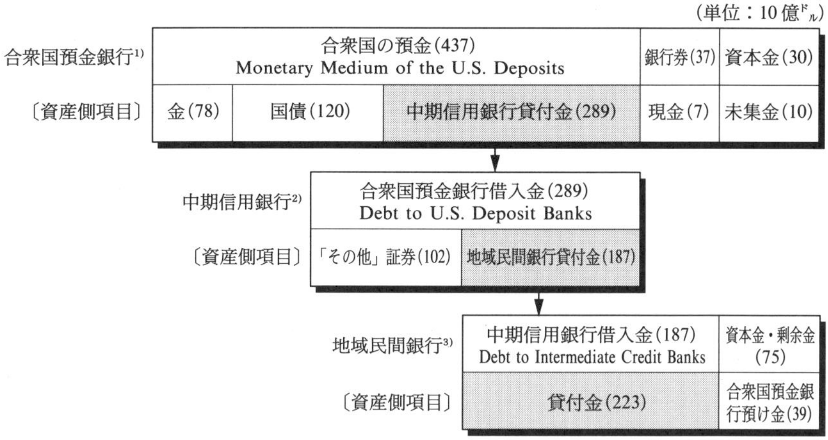

（単位：10億㌦）

合衆国預金銀行[1]	合衆国の預金(437) Monetary Medium of the U.S. Deposits			銀行券(37)	資本金(30)
〔資産側項目〕	金(78)	国債(120)	中期信用銀行貸付金(289)	現金(7)	未集金(10)

中期信用銀行[2]	合衆国預金銀行借入金(289) Debt to U.S. Deposit Banks	
〔資産側項目〕	「その他」証券(102)	地域民間銀行貸付金(187)

地域民間銀行[3]	中期信用銀行借入金(187) Debt to Intermediate Credit Banks	資本金・剰余金(75)
〔資産側項目〕	貸付金(223)	合衆国預金銀行預け金(39)

注1）United States Deposit Bank：非営利の国営銀行。
　2）Intermediate Credit Bank：政府・地域民間銀行の非営利パートナーシップで，連邦準備銀行に類似。
　3）Local Private Banks：営利の民間銀行。
出典）"Reorganization of the Banking System," no date, no sign, p. 9, Gardiner C. Means Paper, Box 1, Franklin D. Roosevelt Presidential Library.

と[15]。後にも触れるように，フィッシャーは1934年にゴールズボロー下院議員のために100％準備法案（H. R. 5157）を起草したが，1935年に提出した類似法案（H. R. 170）に関するウォーレス農務長官宛のメモでミーンズは，新設の通貨当局（＝連邦通貨庁〔Federal Monetary Authority〕）の通貨供給の管理権限が弱いことや加盟銀行に対する権限が強大すぎるなどの欠点はあるが，この法案を「健全で望ましい」ものと評価した[16]。

以上に検討したように，金融担当顧問ミーンズの評価を背景にウォーレス農務長官は，ローズヴェルトに対して，シカゴ・プランを速やかにかつ十分に検討するよう伝えた[17]。しかしながら，議会では既に1933年銀行法案の審議が始まっており（6月16日成立），代わって法案には預金金利規制の導入，銀行業務と証券業務の分離，そして連邦預金保険制度の暫定的導入が盛り込まれていた。シカゴ・プランはまさに，これらの規制を回避する上での代替案，あるいは「大銀行による小銀行の支配を意味すると考えて，ローズヴェルトがひどく反対した支店銀行制」に対しての，決定的な代替案であった。シカゴ学派も

結果的に預金保険制度を支持したが，それは根本的改革へ向けての一時的手段にすぎなかった[18]。シカゴ学派が提起した100%準備というきわめてラディカルな金融制度改革プランがローズヴェルト政権でいかに処理され，またカリーら政策担当者らにいかなる影響を及ぼしたのか，以下で検討しよう。

3）シカゴ・プランと連邦準備制度——ラクリン・カリー

　カリーはロンドン大学卒業後，ハーバード大学大学院で博士号を取得し，同大学教員から財務省，連邦準備局に勤務した後，36歳の若さでローズヴェルト大統領の経済顧問に就任した。ローズヴェルトの死後，IMF体制構築を主導したホワイトらとともにマッカーシズムの餌食となり[19]，世界銀行での経済開発調査を契機にコロンビア政府のエコノミストに転身して，生涯を開発経済の研究と実践に捧げた。ホワイトハウスでは社会保障から経済計画や経済外交まで多様な領域を担当したが，彼の伝記や重要文書を公刊したサンディランズの研究からも[20]，カリーがホワイトハウスから通貨金融政策に直接に関与した事実を窺い知ることはできない。しかし，カリーが連邦準備制度において提起した改革構想は継続して議論の対象となった。

　広くニューディール期の経済政策に関して，カリーは2つの相異なる文脈——すなわちケインジアンとマネタリスト——において高く評価されてきた。第1に，スタインやジョーンズが指摘したように[21]，アメリカにおけるケインジアンの先駆者として，カリーは赤字財政による景気刺激策を主張した。1971年12月，ニューオーリンズで開催されたアメリカ経済学会第84回年次大会の「ケインズ革命とそのパイオニアたち」と題するセッションでスウィージーは，カリーがハーバード大学講師であったときから既に，「拡張的財政・金融政策」の支持者であったと強調している[22]。また同じセッションの討議で，カリーは次のように回顧している。「われわれの仕事を回顧するにあたって留意すべきことは，われわれがプラグマティストで，すこぶる政策重視であったことです。わたしの場合，理論的アプローチに関しては，1922-25年のロンドン大学経済学部（LSE）ではケインズの影響を受け，大恐慌の最中のハーバード大学では財政政策に関する異なる見解を密かに習得して，ワシントンでの大半は，説得と，既にほぼ確立し，また受容され，実施されている知見を得るための技

術の習得と実践に費やしたのです」[23]。カリーはおそらく，ワシントンの「スペンダー」たちの知的指導者，「ケインズ経済学の分野における最も有能な独立アナリストの1人」であった[24]。

カリーの貨幣理論と通貨金融制度改革構想は，マネタリストの影響も受けていた。1970年代前後から，カリーは実際のところ，大恐慌に際しての連邦準備政策の失敗を強調するフリードマンらの先駆者であったとの評価が出現した[25]。さらにフィリップスは，本章でも注目する「100％準備」に関する「シカゴ・プラン」に，カリーらローズヴェルト政権が積極的に関与した事実を明らかにしている。すなわち，シカゴ大学の経済学者らは部分準備制度に基づく通貨供給（＝預金銀行の信用創造）を禁止する「シカゴ・プラン」の採用をローズヴェルト政権に働きかけたが，カリーが推進した改革構想は「支店銀行制を拡げうるとの提案を除けば，シカゴ・プランと本質的には同じであった」[26]。

カリーの理論はケインズとは逆に貨幣数量説への後退であると，早くから指摘していたのは塩野谷であった。カリーの「銀行の貨幣的理論」とウィリスらの「商業貸付理論」（＝真正手形主義）との対立は，かつての通貨主義と銀行主義との対立として見ることも可能である。2つの論争との相違は，旧通貨主義が数量調節の対象を銀行券のみに求めたのに対して，カリーが「預金通貨」を想定し，また旧通貨主義が通貨統制を金本位制の持ついわゆる自動的な自己調節作用に依拠したのに対して，カリーがそれを「支払準備の人為的統制」に求めた点にある。ウィリスはカリーが拒否しようとした商業貸付理論の代弁者であったが，商業貸付理論の崩壊はいかんともしがたく，現実は完全にそこから乖離していた[27]。

しかしながら，カリーをケインジアンかマネタリストかの二者択一で評価することは必ずしも適切ではない。高山によれば，「フィッシャーもケインズも，貨幣数量説に基づく管理通貨を提唱し，自由放任に代り，中央当局すなわち中央銀行と国家が一体となった貨幣・信用統制ないし貨幣政策の責任」を重視していた。また「カリーもエックルズも，多かれ少なかれ，かかる管理通貨論に同意し，アメリカの現実に即して理論と政策を提言」したからである[28]。

拡張的財政政策の役割を強調する一方で，カリーは金融政策の重要性を提起

した。公開市場政策や準備率政策における連邦準備制度理事会の果たす役割を認識し，そのための制度改革を主張したのである。カリーに対する多様な評価は，一方では，近年の研究が着目するように，ケインズとシカゴ学派の双方の学問的影響を受けたこと，他方では，高山が示唆するように，カリーの理論が連銀の政策的課題とともに変遷したことに由来するであろう。

カリーが遺した重要史料集を編纂するなかでサンディランズは，1939年夏までの連邦準備制度理事会在任期間中に限ってではあるが，ケインジアン的側面とマネタリスト的側面を併せ持つ彼の通貨金融論を，政策実務家としての側面を併せて概括的に紹介した[29]。カリーは拡張的財政政策を強調しつつもインフレーションの回避を重視して，国債発行ではなく財務省内の不胎化された金の解放によるべきであると主張した。ホワイトハウスに異動する直前の1938年夏，カリーは「100％準備」に関する覚書を用意して，通貨政策が財務省の不胎化政策と連銀の準備率政策に分散していることから派生する問題，二元銀行制度や単一銀行制度による銀行構造の弱体性の問題を解決しようとしていた。

連邦準備制度の指導者エクルズの政策アドバイザーであるカリーの金融政策認識は，通貨・信用制度の中央集権的管理の強化を追求するものであり，アメリカ金融政策におけるネオリベラリズムの重要な源流のひとつをなすものであった。

4） カリーの初期金融改革プラン

1934年後半以降，連邦準備制度はいわば「ケインジアン勢力の主要センター」となり，その中心には理事会議長エクルズと彼の顧問であるカリーがいた。当時のハーバード大学の有力者たちにとってケインズ経済学は異説で，カリーの昇進を妨げるものであったことから，後述するように，ヴァイナー（Jacob Viner）からの財務省への誘いを受けることを早々に決断したとされる[30]。

ところが，カリーはケインジアンとは異なる学派，すなわちマネタリストの影響をも受けていた。ハーバード大学時代の1932年1月にホワイトらと執筆した不況対策に関する文書によれば，カリーらは一方で連邦政府による全国的

規模での公共事業を即座に開始すべきこと，しかもその原資は租税ではなく国債発行によるべきことを主張した。他方で，連邦準備銀行による大規模な公開市場買い操作によって流動性を供給（＝通貨供給を拡大）し，加盟銀行の国債購入の促進と債券市場の復興を図るべきであると強調した[31]。レイドラーらはここに「クラウディング・アウト」に関する初期の政策的認知と，ケインジアンとは異なる「貨幣数量とその流通速度」への関心を読み取っている[32]。

カリーは1934年に『合衆国における貨幣の供給と管理』[33]を公刊しているが，わが国では「貨幣数量説」の立場から通貨統制論を展開したものとして早くから注目されてきた。先述のように，塩野谷はきわめて早くから本書を包括的に紹介し，高山は物価の安定を手段として景気の回復，雇用の増大，産業の復興を課題とする，アメリカ的管理通貨制度論の理論と政策を提言したものと位置づけている[34]。本章の関心はカリーの貨幣理論の検討ではなく，連邦準備政策の具体的課題を歴史的に位置づけることにあるため，ここではカリーが1935年銀行法成立に際して問題にした論点を簡潔に示すに留める。

カリーは景気の安定化を目的に，銀行貸付の性格よりもむしろ国家の貨幣供給の管理のあり方を問題にした。「商業貸付理論（commercial loan theory of banking）」――通貨供給は実際の商取引に基づく商業手形の割引・再割引によるべきとする，いわゆる真正手形主義（real bill doctrine）[35]――に依拠した連邦準備政策は受動的にしかすぎなかった。しかし，預金を主要通貨とする国では，銀行券の需要は大部分が消費者によって決定され，ビジネスの短期貸付の必要とは何の関係もない。しかも，大企業の証券発行による資本調達が商業貸付の長期的減少傾向を誘発している事実からみても，商業貸付理論による弾力的な通貨供給は不可能である[36]。

政府が最も適切（弾力的）に貨幣供給を管理するには，すべての通貨――銀行券と小切手用預金（要求払・当座預金）の両者――を直接政府が発行し，銀行その他金融機関はあらかじめ決められた貨幣ストックの貸付に専念すればよい。しかし，これは理想論であって，現状では実際的とはいえない。そこで，管理機関として「支店を有する単一の中央銀行」が無理ならば，通貨供給機構の国有化に代えて，準備率政策や公開市場政策などの中央銀行政策立案の権限と責任とを連邦準備局に集中する必要がある[37]。その際，国法銀行から（準備

率規制の緩い）州法銀行への預金のシフトによって自動的に貨幣供給が増加することのないよう，国法銀行・州法銀行など銀行の区分にかかわらず，要求払預金の必要準備は最低限の水準で統一しなければならない。また，既存の単一銀行制度から全国的支店銀行制度への転換，小切手用預金を取り扱う全銀行の連邦準備制度への加盟を実現することによって，効率的な貨幣供給が可能になる[38]。

　カリーは景気循環の各局面で貨幣供給の，したがってまた，必要準備率の裁量的変更を不可欠とみなした[39]。だが，彼は通貨供給の裁量的管理を担う専門家を政治から完全に独立したテクノクラートであるとはみなかった。「現代の政府は通貨管理の責任を逃れることはできず，また通貨政策の良し悪しは有権者を前にする政府の立場に致命的な影響を及ぼすため，運営組織は大統領によって任命されねばならず，そして大統領に最終的責任がある。しかしながら，異なるどの意見が適切であるかの判断は難しい問題」である。そのため，「より広範囲の情報公開が，人事の質と運営組織の意思決定の両者を改善」するとカリーは見た。「政策に関する十分な論議が，専門的エコノミストをして彼らの批判者らに現在よりもっと多くの情報を提供」させる。「情報公開が政策を改善するならば，名声の上昇が後に続く」のである[40]。こうした認識を持って，カリーは実際の金融政策形成の現場に入っていくことになる。

II. 1935年銀行法とカリーの役割

1）フレッシュマン・ブレーン・トラスト

　モーゲンソーは財務長官に就任すると早々に，ヴァイナーに指示して貨幣理論，財政，金融法の各分野の最高の若い頭脳，いわゆる「フレッシュマン・ブレーン・トラスト」（新人顧問団）を召集させた。ヴァイナーは反ケインズ革命論者として知られるが，通貨膨張ではなく政府の赤字財政によるインフレ誘導を通じた経済復興を主張し，またフリードマンとは異なり，貨幣供給に関する固定的ルールよりも政策的裁量を重視した[41]。1934年7月1日，カリーはハーバード大学で最初の授業（夏期講座）の最中にヴァイナーに招聘され，急

遽,代理講師を確保して3ヶ月間ワシントンに滞在した。その後,さらに財務省に留まることを要請された。滞在延長を認めなかったハーバード大学を辞職して,結局,その後11年間に亘ってワシントンで過ごすことになった[42]。

財務省でカリーは,1934年の研究書で提示した萌芽的プランを,要求払預金に対する「100％準備」案に発展させることに専念した。その成果は1934年9月,報告書メモ「合衆国通貨システムの見直し案」としてモーゲンソーに提出された[43]。

報告書は不況を深刻化させた重要な要因を「通貨システムの運営の失敗」に求め,そしてその背景にある「単一銀行,均一性の欠如,システムの機械的・自動的反応,権限と責任の分散」がデフレーションのプロセスを引き起こしたことに求めた。この根本的解決策として,「通貨の供給と管理の機能を民間の手から取り去り,それを少数の政治的責任をもつ組織」——カリーの「連邦通貨庁(Federal Monetary Authority)」——に代置し,小切手用預金に対する「100％準備」制度の導入を提案する[44]。報告書の特徴は,本プランに対して想定される多様な批判に詳細な反論を展開している点であるが,なかでも通貨管理機構と政府との関係を論じた部分に着目すべきであろう。既述のように,著書では情報公開の重要性を展開したが,報告書ではこれに加えて,「政府所有の中央銀行や政治的に任命される通貨当局」者のインフレ志向を否定する。すなわち,インフレ志向は戦時・戦後期の異常な財政的必要時に限られ,その後「しばしば政府はデフレ政策」に乗りだした。アメリカの歴史を見ても,物価下落時を除いて「チープ・マネー」政党——19世紀後半のグリーンバック党やポピュリスト党を想起させる——の勢力は弱く,物価上昇が続けば彼らの大衆性は急速に衰えたのである[45]。

2) 通貨管理政策の模索(1)——カリーの改革構想

1934年7月,財務省に着任したカリーは,大統領緊急住宅委員会——後に連邦住宅局(Federal Housing Administration)を設置——に財務省代表として出席していたユタ州の銀行家・投資家出身のエクルズと出会った。エクルズは同年8-9月にモーゲンソー財務長官やローズヴェルトから,6月に辞任したブラック(Eugene Black)の後任として連邦準備局総裁への就任を打診された。

連邦議会選挙終了後の11月4日，エクルズは8項目にわたるメモ「連邦準備制度管理における望ましい改変」を，事実上の就任の条件としてローズヴェルト大統領に提示した。数日後に，ローズヴェルトはエクルズを指名し，カリーもアシスタントとして連邦準備局に移動した[46]。

このメモの草案は，実はカリーに作成させたものであった[47]。主要項目を列挙すれば，①「ビジネスの安定を促進する手段として通貨メカニズムを利用するのであるならば，意識的な管理と運営が必要」であること，②「現時点で通貨管理の最も重要な役割は，復興計画に関係する緊急融資を，必要なときにはいつでも利用できるよう〔大統領の〕適切な支持を保証」すること，③復興にあたっては，連邦準備制度は2つの最高位の義務，すなわち「望ましくないインフレ」および「不況」を引き起こさないこと，④-⑦連邦準備局に公開市場操作の管理権と各連邦準備局総裁の承認権を付与し，その権限を強化することであった。こうして，⑧連邦準備銀行の「民間所有と地域的主体性は留保されるが，政策の権限と責任という真に重要な事柄は準備局に集中」させることを要望したのである。

大統領との会談では，エクルズはメモにはない点，すなわち連銀再割引適格手形の要件の拡大についても強調した。銀行の長期貸付が再割引適格となれば，銀行は民間部門に積極的に利潤のある貸出しをすることが可能になる[48]。カリーは逆に，適格要件の拡大は特に景気の上昇局面で，銀行の「負債に対する嫌悪」を弱め，したがって要求払預金全体に対する管理を危険に晒すと見ていた[49]。実際，エクルズ宛の手紙でカリーは，調査統計局長ゴールデンワイザーのアドヴァイスを過信する危険（とくに，インフレ）を訴えていた。続けて「収集した情報によれば，彼らは通貨への関心は持っておらず，通貨に関する統計も集めていない。流通速度や所得に関する研究もしていない。彼らの主たる関心は，銀行業務や多様なタイプの銀行資産の性格と動向にある」と進言している[50]。

上述のメモの中心的関心は銀行の総資産・負債（とくに預金）に対する管理にあり，1935年銀行法案でエクルズらが上下両院で勝ち取った要点であった。1935年銀行法（8月23日成立）の概要は，次のごとくであった。①連邦預金保険制度の恒久化（総預金額の12分の1％の賦課金＝保険料，保険限度額5,000ド

ル），②連邦準備制度理事会による連銀総裁・副総裁の任命，連邦公開市場委員会（各連銀の操作を指図）の設置，③必要準備率の変更（現行準備率の2倍の範囲内——カリーは無制限を要請していた），④連邦準備銀行の加盟銀行貸付権限の拡大，⑤加盟銀行の定期預金の上限金利，証券貸付，証拠金所要率に対する規制であった[51]。

　ここで財務省（および通貨監督官）の連邦準備制度との関係に留意する必要がある。1935年銀行法で連邦準備制度理事会の理事の任期は12年から14年に延長され，また職権で連邦準備局構成員であった財務長官と通貨監督官（国法銀行の認可・監督権者）は新設の理事会から離れた。財務長官と通貨監督官の役割はほとんど形式的であったとはいえ，理事会からの排除はカリーの構想にはなかった。エクルズの講演のためにカリーが用意した草稿「通貨管理に対する政府の関係」（1935年3月）では，金本位制の維持，為替平衡基金，政府預金など多様な領域で通貨供給に影響を及ぼすゆえに，財務長官らは理事会のメンバーであるだけでなく，積極的に協議すべきであるとしている[52]。しかしながら，サンディランズによればエクルズがこれに反対し，ハイマンによる伝記では，グラス上院議員が理事会の政治的独立を主張し，法案の最終段階で職権メンバーが削除された[53]。いずれにしても，これによって財務省と連邦準備制度の通貨金融政策をめぐる問題が解消したわけではなかった。

　カリーは，1935年前半までは公共支出や民間支出を刺激する直接手段——政府支出の「呼び水効果」——などに関する統計的研究や助言に，1935年後半から1936年前半は要求払預金の配分と動向に関するパイオニア的研究に従事していた。後者の研究は貨幣の「流通速度」，「流動性選好」，「過剰貯蓄」，「限界消費性向」などの分析用具の活用を意図して，銀行アンケート調査（1933年末，1935年末）により経済主体別に大規模預金保有者を調査した。この間の要求払預金の増加（151億ドル⇒219億ドル）の中で，最大の増加は政府の借入と支出プログラム（27億ドル⇒41億ドル）によるもので，連銀加盟銀行がその増加分を保有した。新規の銀行借入や資本調達ではなく，販売収入を保留することで企業の要求払預金保有は増大した（61億ドル⇒76億ドル）。預金保有の増加は流通速度を低下させるが，政府の継続的支出はこれを相殺した。すなわち，「ビジネスではなく政府がこの時期の回復を誘導し持続させた」と，

カリーは主張した[54]。

3）通貨管理政策の模索(2)——ホワイトの改革構想

　エクルズやカリーらが1935年銀行法成立に奔走していた頃，ホワイトら財務省は国民通貨ドルの管理と，同法による再編後の連邦準備制度との関係のあり方を検討していた。1935年1月23日，ホワイトは調査統計局長ハース(George C. Haas) を通じて「管理通貨対金本位制」と題するモーゲンソー財務長官宛メモを提出した[55]。この文書の意図するところは，第1は物価の安定と為替の安定は互いに相容れないか，第2は，相容れないとすれば，合衆国にとってどちらがより重要かを問うことであった。この文書に添付されたホワイトによる要旨によれば，①為替が固定されているときには，各国の物価構造は一緒に（5-10％の範囲内で）動く。②変動為替相場は各国に独立した物価政策を許容する。③為替操作は国際的な貿易と金融に好ましい結果を与えないが，金本位制といえども為替リスクを低下させる手段に過ぎない[56]。

　それゆえ，④為替相場の変更だけでなく，より広い意味で「金準備と通貨および要求払預金の量の間の比率」（＝金準備率）を管理することが通貨管理の本質である。この種の通貨管理は金本位国においてすら，中央銀行の割引政策や公開市場操作，財政政策などを通じて行われている。しかし，中央銀行による通貨管理がいかに効果的であろうとも，一国の価格構造を固定為替相場諸国の主要な価格動向から切り離すことはできない[57]。⑤不況の定期的な再発も否定できず，アメリカは深刻なデフレよりもむしろ為替変更を選択するであろうから，合衆国の取りうる選択肢は「固定為替か変動為替か」の間にあるのではなく，「(a)ドルの金含有量の急激で定期的な変更と，(b)為替レートを徐々に動かし，国内価格構造を容易に切り離すことを目的とした政策」との間にある。そして，為替レートを上手く管理するには「注意深い計画，国際資本移動の効果的な管理，周到に練られた客観的な基準に従った運営」が緊急時の備えとして必要である[58]。

　最後に，ホワイトはいかなる通貨管理を望ましいとするのか。⑥最近の経験から判断して，イギリスとアメリカの為替レート操作の優劣に最終的判断を下すには時期尚早だが，イギリスの国内物価の管理は明らかにわが国よりも効率

的であった。この効率性はイギリスの銀行制度が高度に中央集権化され，アメリカのように「州規制と連邦規制との間の競争」はなく，またイギリスの国際貿易がアメリカよりも重要であることなどに起因する。しかし，アメリカの中央銀行の管理に改善の余地があるとはいえ，ともに自国通貨を管理している。したがって，残された問題は「価格政策の形成におけるより高度な独立性が獲得できるよう，為替レートの操作を含むように管理を広げるか否かである。金本位制への固執はわが国の物価水準を，おそらく望まない影響のもとにさらす危険がともなう。他方で，変動為替政策への固執は国内通貨政策のより大きな自律性のみならず，思慮を欠いた為替レート操作，低水準の国際貿易と国際金融取引の可能性を引き起こす」と注意を喚起し，最終的な判断を先送りした[59]。

　1935年銀行法が連邦準備制度理事会の金融政策の権限を強化したことを受けて，同年11月13日ホワイトは，通貨金融政策における財務省と同理事会との政策協調および通貨管理のあり方にさらに踏み込んだ政策提言メモ，「通貨政策」をハース調査統計局長宛に提出した[60]。この文書でホワイトは，まず財務省が直面する主要な6つの通貨政策問題を列記した。すなわち，①通貨政策の形成と管理手段の運営に関わる担当機関と権限の重複；②適切な担当機関が国民経済運営の一般的目的の促進対策を講じる，明確に統合された通貨プログラムの欠如；③容易に解消しえない巨額の超過準備の存在；④通貨政策の決定における国家の自治権の欠如，国際通貨不安定の現実，および普遍的な国際通貨の創設圧力；⑤為替安定基金の機能と構成；そして，⑥強制的な銀購入プログラムである[61]。

　こうした諸問題に対して，ホワイトは次のような解決策を提示した。まず第1に，通貨政策の管理・運営手段が財務省と連邦準備制度理事会という2つの別個の独立機関に分離され，それぞれが「準備金の数量，利子率，支払手段の数量」を変更する権限を有する。財務省は，「その財政権限ゆえに通貨政策に対する一定の影響力を行使せねばならない」。しかし，いずれの機関もすべての権限を付与される政治的な可能性はなく，政治情勢から見て両機関の法律上の分離はむしろ強まる傾向にあることから，両者は「必然的に協力しなければならない」[62]。それゆえ第2に，財務省と理事会との間の明確な政策統合のた

めには，短期・長期の一般的政策目的に合致した通貨政策の指針を策定せねばならないが，まずはその前提として経済に関する「最新の，正確な，包括的情報」を収集する必要があると主張した。しかし，ホワイトは具体的な調整の方法や対象に言及することはなかった[63]。

両機関が共通して抱える難問は，銀行が保有する巨額の超過準備金であった（図2-2参照）。為替安定基金の保有する20億ドルとあわせて約50億ドルの超過準備金を抱え，連邦準備制度などはこれが管理不能のインフレを引き起こして1929年の出来事を再来させると心配した。しかし，外国資本流入などから吸収すべき超過準備は正確にはつかめず，また超過準備削減の影響が不明であるなど批判も強くあり，連邦準備制度は超過準備を増減する「客観的基準」を用意する必要があると指摘した[64]。

1935年1月段階では，既述のように，ホワイトは金本位制の管理についての判断を留保したが，11月の政策提言では，1933年以前の金本位制，変動為替相場（＝管理通貨）制，「管理固定」通貨制（"managed-fixed" currency standard），金銀複本位制などの選択肢を示し，詳細な検討を加えた上で，「管理固定」通貨制の採用を提言した。この選択肢は「合衆国が現在採用しているものと非常に類似している。大統領の承認のみを修正の条件として金に固定する為替レートであり，その変更は通貨政策の国家的自治権の保持を必要とする場合だけである」[65]。確かに，「管理」通貨は金退蔵の防止や輸出促進など為替レート変更による利点をもつが，合衆国にとって状況はまったく異なり，「わが国の金保有が巨額であるため，国外流出があっても，国内で遂行する金融政策を長期に亘って継続できる」。しかし，金本位制の利点を享受できるにしても，金価格を法律で固定するよりも，政権の裁量でそれを変更する方が混乱を誘発しない。さらに，追加的な措置として，投機的取引やドルからの逃避を抑制するために政府があらゆる外国為替取引を管理し，また金現送点を通常の2倍（平価の上下各2%）にすることを認める[66]。こうしてホワイトはアメリカの巨額の金保有を最大限に利用しながら，為替を安定化しようとした。

為替安定化の主要な手段としてホワイトが想定したのは「為替安定基金」であった。1934年金準備法第10条(a)項において，大統領の承認のもとに財務長官は「ドルの為替価値を安定化させる」ことを目的に掲げ，(b)項で20億ド

図 2-2　連邦準備制度加盟銀行の超過準備（1929-1941 年）

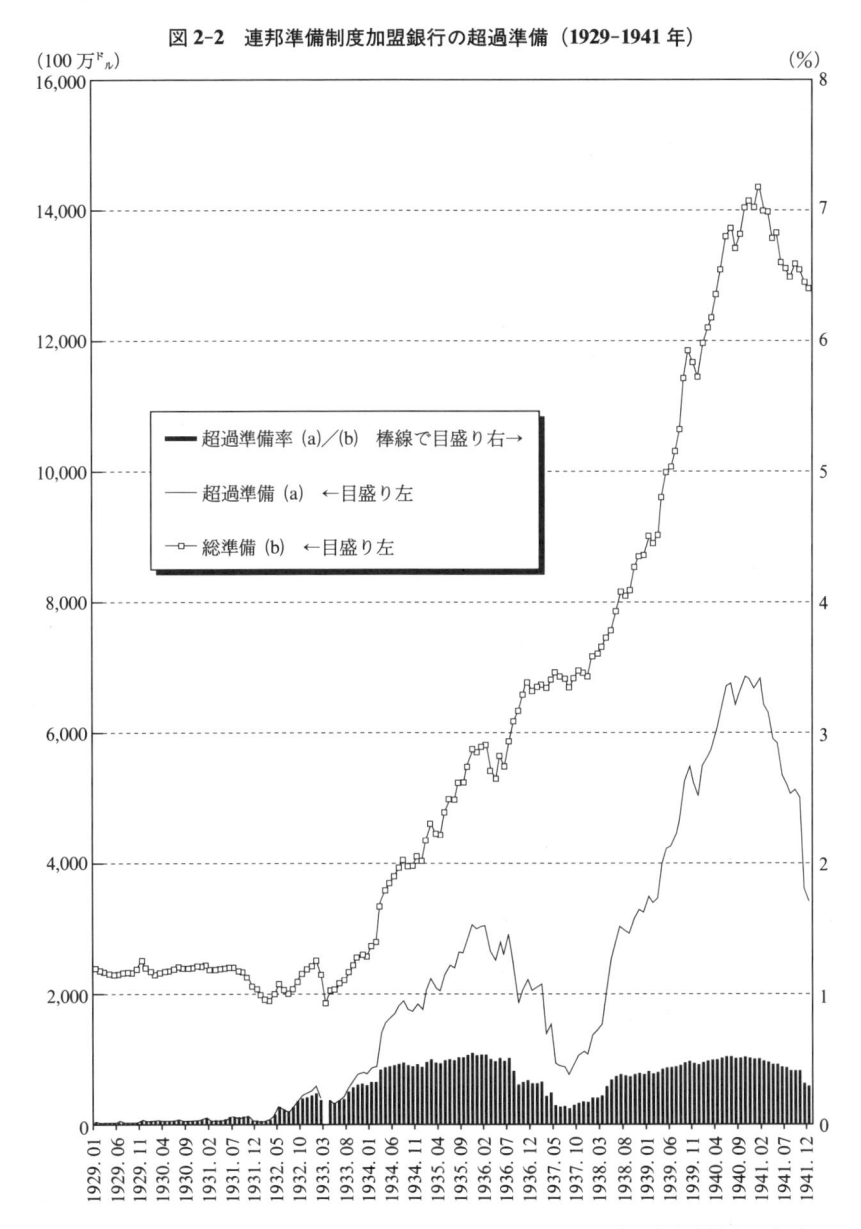

注）総準備金および超過準備金は日数値の月平均の値を，必要準備率は中央準備市で変更月のみの数値を，市中金利は4-6ヶ月物プライム・コマーシャル・ペーパーの数値を示す。
出典）Board of Governors of the Federal Reserve System, *Banking and Monetary Statistics*, Washington : GPO, 1943, pp. 370-372, 396, 400.

ルの為替安定基金を設置し，金，外国為替，その他の証券等の取引を認めた。ホワイトは，1936年1月に期限切れとなる為替安定基金制度に以下の4つの修正を加えて，通貨政策の拠点として再構築しようとした[67]。すなわち，①安定基金は金および外国為替5億ドルと財務省証券（TB）15億ドルで構成し，為替の安定化や超過準備の削減に利用すること，② 10億ドルの金および銀貨鋳造差益10億ドルを退役軍人ボーナスの資金源とする，③ 10億オンスの銀を正貨保有に追加すること，④ 5億ドルの金を社会保障基金の準備に組み入れることであった[68]。

ホワイトによれば，以上によって，退役軍人や銀利害の要求を満足させるだけでなく，当初の20億ドルの金保有のうち15億ドルを基金外に放出し，同額のTB発行権限を獲得することで，「財務長官は通貨政策の管理・運営においてこれまで以上に重要な機関」になる。しかも，「超過準備は20億ドル増加するが，それが増加した場合に再吸収する財務省の能力は15億ドルに増加して，他の手段と併せて超過準備のすべては容易に吸収される」と主張した[69]。このように，ホワイトには通貨政策の形成と管理手段の運営に関して連邦準備制度理事会との間に協調的な関係を構築しようとの具体的なプランはなく，もっぱらその主導権を握ろうとの意図が前面に出ていた。

III. 1937年不況と連邦準備政策の課題

1）1937年不況と超過準備問題

1937年の秋，不況がアメリカを急襲した。突然の景気後退は，政府の財政支出政策への批判を再び招来した。連邦政府の赤字財政は「差し迫ったインフレーションと将来の増税の恐怖を誘発して，不確実性をもたらした」。「4年もの間，われわれは他所の官庁が犯した過ちの負担を背負ってきた」との表現に示されるように，モーゲンソー財務長官のエクルズ批判は特に激しいものであった[70]。モーゲンソーは財政支出や租税引き上げに関しては保守的であったが，エクルズとは反対に，「不況と闘うための通貨手段を擁護」した[71]。

しかし，財務省の外側では，政府支出の減少に不況の第1の原因を求める見

第2章 ニューディール金融政策とマネタリズム──103

方が有力であった。カリーのエクルズ宛メモ（1938年4月1日付）によれば，「住宅支出や関連政府支出が年40億ドルほどであったならば，消費者所得や小売売上のトレンドは夏の間も上昇し続けたであろう」。しかし，退役軍人に対するボーナス支払いがなかったことや，社会保障法施行に伴う租税徴収の超過によって，政府の赤字幅はドラスティックに減少したとの認識に至った[72]。そこで「政府の経済活動の拡大だけが生産と雇用の十分な水準を維持できる」[73]として，エクルズらは歳出のスピードアップに邁進した。1937年11月8日，カリーら3名の専門家は大統領に，政府支出の大幅な減少と住宅課税が建設部門に及ぼす悪影響を説明し，またモーゲンソー財務長官と直接の論争も行った[74]。その後，大統領は均衡予算論へのふらつきを自制し，モーゲンソーもまた政府支出の拡大と政府予算外の需要を刺激しようと連邦住宅法修正法案への支持を表明したことから，1938年4月までには政府支出プログラムの転換は確実なものとなった──スタインはこれを「財政革命」と呼んだ[75]。

他方で，カリーは1936年末からの物価上昇を伴う不健全な発展に注意を向け，銀行の超過準備の水準に不快感をもっていた。1935年銀行法を根拠に連邦準備制度は，1936年8月から1937年5月までの間に3度におよぶ必要準備率の引き上げを行い，その結果，ニューヨークなどの中央準備市銀行の要求払預金のそれは19.5％から26.0％に達した（表2-1参照）。準備率の引き上げによっても超過準備は解消されず，通貨供給は1937年3月末まで増加し続けた[76]。この事態は，カリーにとって重要な危険を孕むものであった。第1に，

表2-1　法定必要準備率の変更とその効果

適用期間	要求払預金（％）			定期預金（％）	超過準備に対する効果（100万ドル）
	中央準備市銀行	準備市銀行	地方銀行		
1917年6月21日-1936年8月15日	13.00	10.00	7.00	3.00	
1936年8月16日-1937年2月28日	19.50	15.00	10.50	4.50	−1,470
1937年3月1日-1937年4月30日	22.75	17.50	12.25	5.25	−750
1937年5月1日-1938年4月15日	26.00	20.00	14.00	6.00	−750
1938年4月16日-	22.75	17.50	12.00	5.00	750

出典) "Other Important Banking and Monetary Problems," May 15, 1940, p. 55, in Committee of the Presidents Conference on Legislative Proposals, "Memoranda on Banking and Monetary Problems," George L. Harrison Papers, Binder 80, Rare Book and Manuscript Library, Columbia University.

銀行の超過準備の蓄積が企業・個人預金の増加と流通速度の上昇を誘引し，貨幣供給を急増させてインフレを引き起こす危険があるからである。そして第2に，企業の要求払預金の増加は銀行の流動性に対する関心を高め，また金利（利回り）の低い定期預金や短期国債などの資産と比較して，より多くの要求払預金の保有へと誘導することになるからであった[77]。

しかし，1937年春の必要準備率の引き上げによる15億ドルの超過準備の吸収が金利上昇を導き，信用供給を枯渇させ，不況を引き起こしたとの批判が続出した[78]。この批判に対して，カリーは（エクルズも）連邦準備制度の責任を明確に否定した。1936年8月の準備率引き上げは通貨インフレーションの「予防手段」であった。その後のヨーロッパからの金流入に対して，財務省は1936年12月23日以降に購入したすべての金の不胎化を実施した。しかしその効果は十分ではなく，ニューヨーク連銀総裁ハリソンらの反対を押し切って，1937年1月末，連邦準備制度理事会は33と1/3％の準備率引き上げを3月1日と5月1日に分けて実施することを決断した。とくに準備率引き上げは銀行の債券売却（債券価格の下落）を誘発したと批判されたが[79]，確かに新準備率を充たすための適切な準備を超えて，多くの銀行が債権を売却し，「必要準備率の引き上げはおそらく，上昇相場の終わりのシグナルを超えて作用」した。しかし，通貨政策はコストの上昇や在庫の増加，そして住宅建設の減退や政府支出の劇的減少など，「不況を誘発したり，また貢献したりした要因」でもない。「1937年の3月と5月に行った必要準備率の引き上げを遅らせることが完璧に安全」であったろうが，それは1937年1月には明らかではなかったし，まったく別の問題であった[80]。

こうしてカリーら連邦準備制度理事会は，超過準備の管理問題を中心とする通貨政策を本格的に再検討する必要に直面した。ウォーレス農務長官の金融担当顧問から国家資源委員会工業課長に転じていたミーンズは，1938年2月，超過準備問題に関する論文をしたため，そのメモとともにカリーに送った。このメモによれば，論文の骨子は4点に纏められる。すなわち，①1936年夏に非常に多くの銀行で心理的要因に起因する必要準備金（psychological reserve requirement）が法定準備金を上回った；②法定必要準備の引き上げは銀行制度内で準備金の再分配を引き起こし，おそらく既存の通貨手段の数量に重要な直

接的効果を与えなかった；③準備金の再分配が実際にすべての銀行に対して法定準備金を完全に補充したにしても，多くの銀行にとって心理的必要準備金を満たすのに必要な額よりも少ない準備金にした；④実際の準備金と心理的必要準備金との不一致から，一部の銀行は超過準備増強のために投資の流動化を始め（図2-3参照），それがまた他の銀行に準備金維持のための流動化を強制した。明瞭な準備金の総供給量は相対的に限定されているため，準備金をめぐるこの競争は銀行制度全体にとっての縮小を意味する。もちろん，準備金の競争はあまり意識的なものではないが，効果は同じであるように思われると[81]。

ミーンズ・メモに対するカリーの返答を示した文書は確認できていないが，1938年5月の講演記録（「1936年および1937年におけるビジネスと銀行業の発展に関する諸見解」）を見る限り，「心理的必要準備金」を類推させるような議論

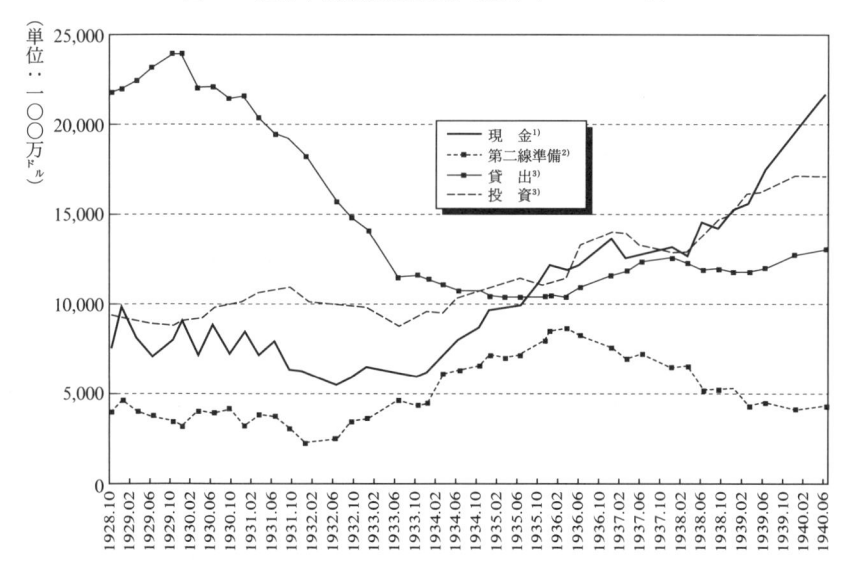

図2-3 連邦準備制度加盟銀行の資産（1928-1941年）

注1）手元現金，連銀預け金，他行要求払預け金，取立て中の現金項目を含む。
 2）公開市場貸付，財務省中期証券（Treasury Note），財務省短期証券（Treasury Bill），在米外国銀行定期預金，在外銀行残高を含む。
 3）第二線準備の部分を除く。
出典）Board of Governors of the Federal Reserve System, Members of the Staff, *Banking Studies*, Washington: Board of Governors of the Federal Reserve System, 1941, Table 21, 436-437.

は行われていない。「必要準備率の引き上げは，効果があったとする限りで，準備金不足のために債券の売却を強いられたというよりも，上げ相場終了のシグナルとしておそらくは働いた。1936年12月から1937年1月の間に全銀行の証券売却総額は10億ドル未満であるが，同時期の銀行貸出は10億ドル超に拡大した」として[82]，カリーは必要準備率引き上げが不況に与えた効果を否定する立場をたもっている。

しかし，それから3ヶ月後の1938年8月，カリーは再び「100％準備案」に目を向け，必要準備金問題の最もラディカルな解決策として採り上げた。以下，カリーの初期の議論と比較しながら，「100％準備案」の政策的意図を探ることにしよう。

2） カリーとホワイトの「100％準備」案

エクルズやカリーら「スペンダーズ」がモーゲンソー財務長官らの財政均衡論の呪縛を解き放ったとはいえ，通貨金融政策をめぐる具体的な課題は残されたままであった。すなわち，超過準備問題に象徴的にあらわれたように，通貨金融政策の責任と権限とが，財務省と連邦準備制度とに――あるいは，銀行制度の管轄が連邦政府と州政府とに――分散していることに由来する問題であった[83]。

カリーは通貨金融政策の責任と権限に関しては，一方であくまでも規制機関の統合を模索し，他方で銀行の信用創造機能の放棄，すなわち「100％準備」による解決も検討していた。カリーは1937年6月，すでに100％準備案が政治的に復活しつつあるとの理由から，デービス（Chester C. Davis）理事の要請を受けて，いくつかの100％準備案の検討文書をエクルズ議長に提出していた[84]。最も詳細に検討したのはエール大学名誉教授フィッシャーのプランであったが，これはフィッシャーが送った論文草稿を大統領がエクルズ議長に「情報」として渡したからでもあった[85]。カリーはフィッシャーの主張する100％準備案の8項目の利点に関して，現実的な問題点（預金保険の全銀行適用，全米規模の支店銀行制度，景気循環抑制効果など）を示した後[86]，コロンビア大学のエンジェル（James Angell），プリンストン大学のグラハム（Frank Graham），パットマン下院議員らが提示した多様なタイプの100％準備案に言

及した。そして「一般的に，100％準備案の線に沿って預金通貨の創出を商業銀行の貸付・投資政策から切り離すことには，確かに具体的な利点はあるように思われる」が，100％準備への移行方法はそれぞれで異なり，また問題を抱えているとの結論を示した[87]。

フィッシャーの影響を受け100％準備案に対する大統領の関心が高まるなか[88]，1938年8月12日，カリーは「100％準備案」と題するメモを作成した。このメモによりながら，カリーの狙いを見ておこう[89]。カリーによれば，銀行通貨制度の良し悪しは次の3つの基準で検証されるべきである。すなわち，①民主主義的な通貨管理，②統一的な通貨管理の責任と運営，そして③銀行制度の効率性と安全性の達成である。

第1は，通貨管理が公的機関に掌握され，政府のより広い経済目的に調和しているか否かである。通貨当局のあり方に問題はないが，しかし，公開市場委員会における連邦準備銀行の総裁が政府とかなり離れた関係にある（すなわち，民間銀行の代表者としての性格を有する）点で顕著な例外をなす。つまり，通貨の管理と政府の経済政策との間に調和を欠くという重大な危険がある。

第2に，通貨管理の責任と管理権限の分散は効率性に関わる問題である。連邦準備制度理事会と公開市場委員会，さらに財務省との間における権限の分散が最も重要である。国内通貨管理の中心的手段は加盟行の準備金に対する影響力であるが，これら3機関が共に必要準備と超過準備の量に影響を及ぼしうるからである。とりわけ理事会と財務省の政策との間に「無限の衝突と妥協の必要」[90]をもたらす。さらに，連邦諸機関や州政府当局に分散した銀行の監督・検査が主要な通貨政策に関して協調性を欠くと，政策効果を相殺してしまう危険性がある。

第3に，銀行制度が単一の機関の下で効率的な通貨管理，借り手の必要性，そして預金者の安全性を充たしているか否かであるが，これは現在に至るまで最も公然と批判されてきた点である。連邦預金保険制度は導入されたが，「要求払預金のおよそ61％は保険の対象外」にあり，閉鎖した銀行に関する調査によれば，閉鎖に先行する預金の深刻な流出は5,000ドル超の預金口座で発生していた[91]（表2-2，表2-3も参照）。景気変動による銀行貸付の増減に対応した，「補整的通貨政策（compensatory momentary policy）」には多大な改善が見ら

表 2-2 商業銀行の構成（1935 年末現在）

銀行の種別	銀行数[1]				
	合計	連銀加盟銀行		連銀非加盟銀行	
		国法銀行	州法銀行	FDIC 被保険銀行	FDIC 非加入銀行
商業銀行[1]	14,949	5,386	998	7,642	923
現金預託機関	39			24	15
私的銀行	138			6	132
モリス・プラン銀行[2]	79		1	61	17
相互貯蓄銀行	567			57	510
外国銀行支店	9				9
預金非保有の信託会社	77		2	1	74
預金非保有金融機関	5				5
合計	15,863	5,386	1,001	7,791	1,685

注 1）要求払預金非保有銀行 28 行，預金非保有銀行（非加盟非保険銀行）172 行を含む。
2）Morris Plan & Industrial banks で，専ら低所得者向けの融資機関である。
出典）"Classifications of Banks in Operation on December 31, 1935," December 31, 1936, p. 1, in Board of Governors of the Federal Reserve System, *Legislation, Major Speeches and Essays, and Special Reports, 1913-1960*, Frederick, Md.: University Publications of America, 1983, Reel 16.

表 2-3 連銀非加盟商業銀行の連邦預金保険加入状況（1935 年 12 月末現在）

州	FDIC 被保険銀行	FDIC 非加入銀行	FDIC 非加入銀行比率(%)
（連銀非加盟商業銀行の割合が高い州）			
カンザス[1]	254	264	51%
テキサス[1]	299	79	21%
アイオワ	438	76	15%
ネブラスカ[1]	230	61	21%
（連銀非加盟商業銀行の割合が低い州）			
ロードアイランド	2	7	78%
ニューハンプシャー	3	9	75%
メイン	16	9	36%
コネチカット	45	16	26%

注 1）州の保証法あり。
出典）"Classifications of Banks in Operation on December 31, 1935," December 31, 1936, p. 4, in Board of Governors of the Federal Reserve System, *Legislation, Major Speeches and Essays, and Special Reports, 1913-1960*, Frederick, Md.: University Publications of America, 1983, Reel 16.

れる。しかし，1937年後半に加盟銀行の貸付・投資・要求払預金の総額が約10億ドル減少した事実が示すように，補整的通貨管理の機能にはなお問題を残している。通貨管理の問題を複雑にし，銀行制度を非効率にしているもうひとつの要因は「小切手用の預金に対する統一的必要準備の欠如」である。過去しばしば，景気後退期に必要準備率を引き上げた結果，必要準備の多い銀行の小切手用預金が必要準備の少ない銀行のそれを相対的に上回ることがあった[92]。

　こうした銀行通貨システムの欠陥の背後には，ある基本的な要因があるとカリーは指摘する。一般的に銀行が他の金融機関から区別されるのは小切手を中心とする「通貨供給機能」であるが，しかし，近年まで銀行の主たる機能は「地域への貸付」にあるとみなされ，かかる国民的態度が銀行立法に影響を与えてきた。その結果，「権限と責任の分散，非加盟銀行の存在，必要準備の不合理で拙い機能，不安定な全国の預金通貨」を不本意ながらも受け容れてきた。そこでこれらの問題を解決するには，まずもって「銀行の通貨供給機能」に注目する必要がある。銀行システムの地域性は，金融集中への不信から支店銀行制を抑制して，単一銀行制度を発展させた。単一銀行制は恐慌時には支店銀行制に比べて預金額の大幅な縮小をもたらし[93]，通貨当局による管理の困難を増長させ，多数の銀行立法による詳細で特殊な規制を要請した。こうした欠陥にもかかわらず，**表 2-2** や **表 2-3** に示されるように，連邦準備制度にも，また連邦預金保険にすら加入しない，多種多様な夥しい地方小銀行が叢生し，これらが銀行統合や他の改革に強力な政治的批判を行ってきたのである。

　そこでカリーは銀行預金の通貨機能を重視し，単一銀行制の問題を克服するひとつの選択肢として，「小切手用預金を銀行貸付から分離する」100％準備を提案する。この案はしかし，上記諸問題を解決する一方で，いくつかの批判が予期された。すなわち，第1に「100％準備」の名称が必要準備の累進的引き上げを想起させるからである。そこで，代わりに「健全通貨案（Sound Money Plan）」[94] の名称を用い，現行の小切手用預金以外の収益資産には手を加えず，また流動性の維持に配慮する必要がなくなる利点をアピールすべきである。第2の批判は，地方銀行に比して定期預金の割合が低い大都市銀行からの不満である。この批判は定期預金や銀行間預金（外国銀行を除く）に対する準備金が

不要となること，連邦準備銀行からの低利・長期の借入れが可能になることで緩和される。第3は，小切手用預金の受入れに伴うコスト増への批判であるが，これも連銀からの借入れや預金流出の心配なしに収益を確保できるという点で回避できる。最後に，財務省の短期借入のコストが増加するという問題がある。しかしながら，これも銀行の長期国債投資が増加し，当該資金の調達コストが低下することで相殺される[95]。

しかし，「機はなお熟していないにしても，ここに提起した類の基本的改革は全国的支店銀行制の発展を欠くときには不可避的に出現する」[96]と自ら記しているように，カリー自身も100％準備案の実現には疑問をもっていた。その後カリーは，1938年11月18日に設置された財政金融諮問委員会（Fiscal and Monetary Advisory Board）専門家スタッフのリーダーとしても活動していたが[97]，1939年6月の行政府再編法（Executive Reorganization Act）により設置された6名の大統領補佐官職の経済担当行政補佐官（Administrative Assistant）に就任（7月）し，1945年まで従事することになる[98]。

一方，財務省ではホワイトが，100％準備をアメリカの銀行に保有される外国人預金勘定に適用しようとした。上述のカリー・プラン（1938年8月）の2年以上前，1936年1月11日，ホワイトは調査統計局長ハースを通して「外国居住者がわが国に保有する預金に対する準備の引き上げ」と題するモーゲンソー財務長官宛の内部文書を提出した[99]。文書の冒頭でホワイトは，その目的と条件を次のように述べている。「超過準備に対するより効果的な管理を確保するため，また外国で発生した回避可能なショックからわが国の国内経済を防護するため，(a)外国の個人，法人，中央銀行，政府または州，もしくはその代理人が合衆国に保有する預金に対して100％準備を要求することを提案する。ただし，(b)合衆国で証券やコマーシャル・ペーパーを保有するアメリカ人の外国人への売却に譲渡税を課すことが可能であることを条件とする」[100]。

1935年末現在，ニューヨーク連銀の管轄する第2連邦準備区には約10億1,000万ドルの外国人預金勘定があり，アメリカ全体のおよそ95％が集中している。これらの外国人預金勘定に100％の法定必要準備を課す利点は，ホワイトによれば，①安全な退避場所を求めての資金流出入，外国諸通貨の再評価で見込まれる為替差益を利用するため合衆国に流入する資金の影響は，わが国金

融市場に関する限り打ち消される。②現在，合衆国には超過準備金（為替安定基金を除く）が約32億ドルあるが，それを8億7,000万ドルに削減できる。連邦準備制度理事会が必要準備を2倍にする権限を行使するならば，さらに7億5,000万ドル削減できる。この2つの利点は，100％準備の賦課を正当化するに十分な効能であると評価した[101]。

　しかし，外国人預金勘定に100％準備が導入された場合，銀行は従来の利潤源泉を失うため，かかる勘定の維持に手数料を課すことが予想される。そのため，預金利子も受け取れずに0.25-0.5％の手数料を支払うよりは，国際取引のために預金形態を維持しなくてもよい外国人預金保有者の多くは，預金ではなく財務省証券（TB）や短期優良手形の購入に向かうことになると，ホワイトは想定する。それゆえ，こうした銀行預金から短期証券への転換を抑制するため，証券の購入者にではなく販売者である「ブローカーや銀行またはディーラー」に1-2％の印紙税を課す必要がある。さらに，長期投資を目的とした債券購入に対しても債券の満期に応じて1-10％の課税が望ましいと提案した[102]。

　こうしてホワイトは，外国人預金に対する100％準備に加えて，短期資本および長期資本に対する課税を併せて導入することは「巨額の超過準備を縮小し，資本の国際的移動を不胎化する多大な利点」があると強調し，短期・長期の国際資本移動全般の管理を提起したのである。しかし，後述するように，連邦準備制度との管轄と政策の調整が十分に行われないまま，国際通貨分野では1936年9月に成立した三国通貨協定に基づく「24時間金本位制」が動き出し，それが破綻するころには戦時体制へと突入する。その後，ホワイトが100％準備案に言及したことを確認できる記録は，連邦準備銀行の国債保有に関するオーウェン（Robert L. Owen）法案（H. R. 6391, 77 Congress 2, Session, 1942）にかかわるパットマン下院議員（John W. W. Patman）宛の財務長官の手紙の草稿のなかにある。オーウェン法案は，連銀の国債購入による超過準備の累積を回避するため，これに由来する新規預金に100％準備の付加を要求している。ホワイトは，これは個別銀行には不公平な扱いを，顧客には手数料の引き上げを課すことになり，そもそも「100％準備を商業銀行預金のすべての増加分に対して要求できたにしても，これを管理することは不可能」であると否定的な

評価に到達した[103]。

しかしながら、カリーのホワイトハウス転出にもかかわらず、100％準備案は銀行通貨制度改革案の選択肢から消滅しなかった。エクルズに率いられた連邦準備制度理事会は1938年秋から、銀行制度や銀行通貨政策の統合に向けて大統領や議会に積極的な働きかけを開始し、ついに1940年2月、上院銀行通貨委員会による「全国銀行通貨政策アンケート調査」——その延長線上には法案が用意される——に結実する。この通称「ワグナー委員会」は各種の公的機関・民間団体に膨大なアンケート調査を行ったが、その調査には100％準備案の検討が含まれていたのである。以下、ニューヨーク連邦準備銀行による内部検討メモを見てみたい。

IV. ワグナー委員会アンケート調査と「100％準備」案

1）ニューヨーク連邦準備銀行の予備的検討

ニューヨーク連邦準備銀行による内部検討メモは、連邦準備銀行総裁会議法案検討委員会「銀行通貨問題に関するメモ」と題する本文128頁、付録73頁からなる文書である。この内部文書はニューヨーク連銀調査スタッフがワグナー委員会の質問項目ごとに分担して用意したもので、付録を除いて1940年4月12日から5月20日までの日付がそれぞれに付されている[104]。連銀総裁会議とは1914年の創設当初から制度全体の政策調整の不備を補う目的で設置されたものであるが（後掲図7-2も参照）、ニューヨーク連銀総裁ハリソン文書のワグナー委員会関係の内部書簡によれば、1940年9月20日の連銀総裁会議法制委員会（Presidents' Legislative Committee）および9月27日の連銀総裁会議に向けて、9月10日に開催されたニューヨーク連銀内の検討委員会でこれらの文書が纏められ、配布されたものと思われる[105]。

この「銀行通貨問題に関するメモ」のなかで、100％準備案は超過準備問題に関する改革案のひとつとして採り上げられた。すなわち、他の改革案には①必要準備率の変更、②外国銀行および銀行間預金に対する高率準備、③（預金/資本金）比率に基づく必要準備率、そして④上限を超過した要求払預金に

100％準備を要求する「ハイブリッド・システム」が含められている。このなかで100％準備は「法定必要準備制度を再構築する最も革命的な提案」[106]であり，要求払預金の通貨への転換をほぼ完全に保証すること，そして要求払預金および流通通貨を含む総通貨量を確実に管理するという，2つの注目すべき利点がある。

他面で，100％準備案には「いくつかの容易ならざる失望」が待ち構えている。第1は「要求払預金の手数料が明らかに増加し，要求払預金から定期預金へのシフト」を引き起こすことである。「銀行信用の規模が同じである限り損失リスクの総額は同じであり，そのリスクは何処かに，おそらく定期預金保有機関の預金者に（それ程ではないが，株式保有者にも）」及ぶことになる。つまり，「要求払預金の統計的安定性（または貨幣の総量）は重要でなくなる」[107]。

第2は，政府が銀行貸出量や要求払預金の回転率などの「問題を引き起こしやすい要素」を管理できないと——実際には管理できなかったのだが——，景気循環の管理も，生産や雇用の安定化も不可能になることである[108]。さらに，100％準備案は超過準備のジレンマの脱出口のひとつでありえたにしても，第1の解決策ではない。しかも，銀行が持つ既存の預金創出権の大半を一掃する必要があり，たとえできたにしても，貨幣市場や資本市場を混乱させることなしにできるかどうかは疑わしい。

この委員会文書に添付された付録A「100％準備」の著者ジョンソン（N. O. Johnson）は，さらに批判的な見解を披露していた。すなわち，100％準備案の主たる目的は既存の通貨供給の弾力性の特質を除去することであるが，連邦準備制度創設の目的は国法銀行制度の非弾力的通貨供給の是正にあったのであり，しかも「非弾力的な通貨供給が通貨パニックや好況や不況」を防止することは明らかに不可能である[109]。技術的困難に加えて，100％準備案は容易に克服しがたい2つの政治的問題を抱えている。すなわち，まず同案の採用で全通貨が政府紙幣となり，そこには公信用と通貨流通の理論的裏づけはない。「この種の無利子信用はしばしば，浪費的な財政政策への抑え切れない誘惑を提供」するからである。次に，100％準備の実施は「すべての要求払預金保有機関の統合を必要条件」とするが，それは諸銀行の連邦準備制度からの離脱と管理の崩壊を誘発すると警告する[110]。

ニューヨーク連銀の内部検討委員会は，結局のところ，超過準備問題の実行可能な解決手段は法定準備率の変更であると結論する。前掲表2-1に見られるように，超過準備に対する積極的な効果が実証されているからである。必要準備率水準の引き上げは，通貨の流出入や銀行間の資金フローが準備ポジションに及ぼすインパクトを和らげると想定されるゆえ，高率の準備は銀行システムのよりスムースな運営に貢献するし，また加盟銀行の借入れが増加する限りで再割引率政策の効率性も増す。ただし，必要準備率を引き上げるほど公開市場操作を非効率にすることも事実である。それゆえ，法定準備率の変更は，緊急時に迅速な効果を発揮させようとするときに限って実施する必要がある[111]。

　しかしながら，委員会はまた，あらゆる効果的プランも「全商業銀行への適用」，したがって全銀行の連邦準備制度への加盟が必要であると結論する。翻って，カリーが100％準備案を支持した際の重要な論点は，同案が「全銀行統合プロジェクト」の実現に困難を見出したからに他ならなかった。それゆえ，「100％準備案の利点は実際よりも明白のようだが，真剣な検討を始める前に，より大きな問題点と限界を考慮」する必要があると委員会は結んだ[112]。

2）アンケート調査回答書

　ニューヨーク連邦準備銀行の内部検討委員会はこの文書の概要を，ワグナー委員会のアンケート調査に対して連名の回答書を提出する可能性をもって，連銀総裁会議法制委員会メンバーに送付した。その結果，アンケート調査の回答書は連邦準備銀行総裁会議法制委員会によって準備された[113]。この大部な回答書のなかで，100％準備に関する記述は第II部「通貨当局の権限と政策」，質問番号23，「超過準備を処置する次の方法の長所と短所は何か」に関する部分であった。すなわち，(a)必要準備率の引き上げ，(b)追加的預金に異なる高率の必要準備率の設定，(c)預金増加を資本金の一定倍数に制限，(d)現行の必要準備の特別必要準備特権を持つ公債による補足，(e)財務省または連邦準備制度による公債売却，これらが超過準備対策プランとして列記され，100％準備は(b)に関する回答で取り上げられたのであった[114]。

　連銀総裁会議はニューヨーク連銀での議論に表れたように，これらの準備率規制案を検討する前提として，次のことを強調した。すなわち，いかなる規制

の厳格化も「すべての商業銀行が加盟銀行として同じ準備金管理の下に置かれない限り，銀行・通貨改革の実行可能なプランの進展に重大な障害となる」[115]。そのため，100％準備案は結局，「追加的預金」に対する高率の異なる準備率を適用する，「シーリング（ceiling）」案に限定して検討されたに留まった。それでも「超過準備は現行のおよそ6倍に代わって1倍の預金拡大を，例えば，金輸入による加盟銀行準備金の増加はそれに等しい預金増をもたらすにすぎない」こと，景気変動に対する金利の自動調整の機能，個別銀行の準備金不足の解消などの利点が指摘された。

しかしながら，利点を上回るシーリング案の問題点が指摘される。第1は「銀行信用拡大の限界」の認識が，諸銀行に連鎖的に拡がることによる貨幣・資本市場への悪影響である。第2は100％準備案には該当しないが，個別銀行のシーリングを定期的に調整する適正基準を設定する作業が複雑でコストが嵩むこと，そして最後に，連邦準備制度と加盟銀行に相当の困難と経費をもたらし，銀行間に摩擦と不満を沈殿させることである。「独立意識の強い地域のビジネス，とくに小規模機関の場合，関係する個別銀行の地位の緊密な管理は，規制手段としての利用をことのほか難しくする。超過準備問題を解決しようとするいかなる手段もある程度の反対は銀行から受けるが，これはとくに『官僚制的』管理の外観のためである」とされた[116]。他の案も検討した上で，最終的に，ニューヨーク連銀内部での検討結果と同様に「最も現実的で最も反対が少ない」という理由で，(a)の必要準備率の引き上げが高く評価された。

ところで，連邦準備制度理事会や銀行家団体などもアンケート調査で同じ質問を受けた。しかしながら，いずれの回答も100％準備案を正面から検討したものではなかった。まず連邦準備制度理事会は前述のシーリング案の検討に限定し，シーリングの再調整を折々に実施することの意義を示すに留まった[117]。シカゴ連邦準備銀行の回答はさらに簡単で，この方法は「厄介で不必要な手続きを意味する」とだけ記述した[118]。1875年に創設された全国団体であるアメリカ銀行協会は，当然予想されるように100％準備案にはまったく触れず，準備金シーリングの困難な調整が「重大な管理上の問題」を引き起こすとだけ指摘する[119]。最後に，1912年創設の比較的大規模な銀行の全国組織「準備市銀行協会」もほぼ同様に回答している。すなわち，超過準備を吸収する手段とし

ては機能するが,「将来の預金が現在の預金よりも高率の準備である理由は何もない。これは成長する機関を不利な立場に置くことになる」と[120]。

このように連邦準備制度内の最も重要な支持者カリーを失った影響はワグナー委員会アンケート調査に対する政府金融部局の回答書に明白に示された。ニューヨーク連銀の内部検討文書の100％準備案に関する評価はおそらく過大であり,特殊な政治状況の出現がなければ実現する可能性はほとんどないものであった。しかし,100％準備案とは,実は全銀行統合案と表裏をなすプランであったこと,しかもそれがカリーという強力な政府内支持者を得て,ニューディール金融制度改革後の金融政策の根本的課題が国民の前に提示されたこと,これらの重要性は決して看過されるべきではない。

おわりに——モンペルラン協会の通貨改革プラン

ニューディール通貨金融制度改革は連邦預金保険制度の恒久化を図ったのみならず,連邦準備銀行の人事権,預金金利規制,準備率政策や公開市場政策の権限を連邦準備制度理事会に集中することで,管理通貨制度の基本的枠組みを整えた。しかし,連邦準備制度はなお通貨金融政策の権限と責任について,解決すべき重要な問題を認識していた。それは1937年不況を経て,翌年11月の連邦準備制度による「全銀行統合プロジェクト」の提起に至り,1939年に入って,連邦議会両院銀行通貨委員会に対する銀行システムに関する調査（法改正）の要請へと帰結したのであった。

そこで本章は,連邦準備制度による通貨金融政策のかかる再編構想が第2次世界大戦後の政策的枠組みと密接な関連を持つものと捉え,その具体的な形成過程を明らかにしようと試みた。その際,農務長官顧問ミーンズ,連邦準備制度理事会議長顧問カリー,そして財務長官顧問ホワイトに着目して,彼らの金融政策に与えた影響をシカゴ学派の提起した100％準備案（シカゴ・プラン）に焦点を当て検討を加えてきた。ミーンズにとってシカゴ・プランは「法人企業の発展」に対応した預金通貨（金融制度）の管理手段であり,ホワイトにとっては国際資本移動の管理の重要な手段であった。ホワイトにとっては,さ

第 2 章　ニューディール金融政策とマネタリズム —— 117

らに 100％準備案をめぐる論争は，彼の国際通貨体制構想に影響を与えた可能性も否定できない。問題提起の域を出ないが，「100％準備預金銀行」構想は国際通貨基金に，「貸付会社」構想は世界銀行に連結していたのではなかろうか。

　他方，ケインズ的な拡張的財政政策を積極的に推進する一方で，カリーは「100％準備」案を受け入れて通貨供給の集権的管理を実現しようとした。これは支店銀行制度を拒絶して，連邦政府と州政府の両者が銀行制度を管轄する二元銀行制度や地域金融を重視して単一銀行制度（単店舗主義）を維持する，アメリカの金融文化を現代的にアレンジしようとするひとつの試み（代替案）であった。

　部分準備制度という「近代的」信用制度の伝統的枠組みを否定する「100％準備」構想が実現する政治的環境は，第 2 次世界大戦を前にして遂に出現することはなかった。しかしながら，連邦準備政策の財政政策からの独立に関する両者の政策論争は 1951 年アコードをもって一応の決着を見るが，われわれが焦点を当ててきた「100％準備」案はシカゴ学派にとってなお重要な金融政策の柱であった。本章を締めくくるにあたって，モンペルラン協会第 1 回総会（1947 年 4 月 7 日）で行われた通貨改革に関する討議の内容を概観しておこう[121]。

　「反循環対策，完全雇用，および通貨改革」を議題とする討議は，スティグラーの問い掛けで始まった。すなわち，アメリカとヨーロッパでは完全雇用と再建のように課題を異にするが，インフレと闘ってきた金本位制への関心が薄らいだ現在，「第 1 歩として，われわれは全員が，すべての通貨創出機関を国家の管理下に置くことに賛成するか」との問い掛けであった。これに対してグラハムは 100％準備案に賛意を示すとともに，金に替えて商品バスケットを準備とする「商品準備通貨制度（commodity reserve money system）」を提唱した。また，グラハムはこの通貨発行制度を国際的に拡張することを提唱するが，国際通貨当局が商品準備通貨を発行することも可能であると主張する[122]。

　ロビンズが 100％準備案の現状に関する情報提供を求めたのに対して，自らが起草に関与したディレクターは 1933 年の原案に何の変化も見られないとして，部分準備制度の問題点と 100％準備案の有効性をあらためて説明したに留

まる。アレ（Maurice Allais：パリ国立高等鉱業学校）は，「管理のない自由経済において失業は不可避である」と主張するレプケに賛意を示した後，100％準備案にも同意した。すなわち，「この案は貨幣所得の大きな変動を取り除く。だが，これでも十分ではない。100％〔準備による〕通貨総量は信用貨幣の安定性を確保するであろう。しかし，なお流通通貨は変動し，そして不安定性を示す。したがって，流通貨幣の機能を再考する必要がある」と[123]。ナイトも100％準備案やグラハムの商品準備通貨案が流通通貨の不安定性を除去できるか否かを問い掛けているように，討議参加者らにとって通貨供給量の管理は最大の課題であった。

　それゆえ，新自由主義者のブレーンたちの一部は，モンペルラン協会の初期の議論においてはケインズに親和的な側面を覗かせることになった。ロビンズはレプケがかつてケインジアンであったことに言及しつつ，ケインジアンの安定化計画も「捨てたものではない」と自ら認めている。その上で，ロビンズにとって「リベラリズムの将来にとって未解決の問題は，システム全体が機能する自動安定化装置（automatic stabilizers）を発見すること」にあった。しかし，リュエフ（Jacques Rueff）と同様にレプケが「大きな危険はデフレーションではなく，インフレーションである」と主張せざるを得なかったように，両者の重点の置き方は異なっていた。その後も新自由主義者の通貨論争は収斂することはないが，1960年代末以降，インフレーションが重要な社会問題に発展するなか，フリードマンら新自由主義者は連邦準備制度への政策提言をいっそう強めていった。

［注］
1）"Articles of Incorporation," Certificate No. 4992, State of Illinois, November 6, 1947, Friedrich A. von Hayek Papers, Box 71, Folder 1 ; "List of Members," Box 71, Folder 4, Hoover Institution, Stanford University.
2）猪木武徳「シカゴ学派の経済学」根岸隆編『経済学のパラダイム——経済学の歴史と思想から』有斐閣，1995年，第7章，180-181頁。
3）"Contra-Cyclical Measures, Full Employment, and Monetary Reform," Mont Pelerin Conference, Minutes of Discussions, Economic Issues, April 7, 1947, Hayek Papers, Box 81, Folder 3. 新自由主義に関する近年の包括的な歴史研究として，以下を参照。権上康

第 2 章　ニューディール金融政策とマネタリズム——119

男編『新自由主義と戦後資本主義——欧米における歴史的経験』日本経済評論社，2006年。
4）須藤功「戦後通貨金融システムの形成——ニューディールからアコードへ」岡田泰男・須藤功編『アメリカ経済史の新潮流』慶應義塾大学出版会，2003年，第9章を参照。
5）他の名前を明記した支持者はコックス（Garfield V. Cox：一般均衡論・エコノメトリクス），ディレクター，ダグラス（Paul H. Douglas：292頁注36参照），ハート（Albert G. Hart：当時は大学院生），ミンツ（Lloyd W. Mints：金融理論），シュルツ（Henry Schultz：数量経済学のパイオニア），サイモンズ（Henry C. Simons：金融理論）。"The Chicago Plan for Banking Reform," in Ronnie J. Phillips, *The Chicago Plan and New Deal Banking Reform*, Armonk, N. Y.: M. E. Sharpe, 1995, Appendix, pp. 191-199 に再録されている。
6）ドン・パティンキン（ナイトの学生であった）によれば，当時のシカゴ学派（とくにサイモンズやミンツ）の「金融政策は，物価水準安定化のために通貨量を調節する反循環政策であった」。ナイト自身は「好況と不況の循環を起こす貨幣的攪乱の重要性」を認めたが，この循環をどの程度コントロールできるかについては懐疑的であった。Don Patinkin, "Frank Knight as a Teacher," *American Economic Review*, December 1973［日本経済新聞社編集室訳「教師としてのフランク・ナイト（II）」『季刊 現代経済』17，1975年，195-196頁］。ナイト（1885-1972年）はイリノイ州に生まれ，テネシー大学卒業，同大学院修士課程修了後，コーネル大学で博士号を取得し，アイオワ州立大学教授を経て，1928年からシカゴ大学教授。ナイトは *Uncertainty and Profit*, Boston & N. Y.: Mifflin, 1921［F. H. ナイト『危険・不確実性および利潤』奥隅榮喜訳，文雅堂書店，1959年］を出版し，「自由企業体制の戦闘的な擁護者」・「道徳哲学」者（田中敏弘『アメリカの経済思想——建国期から現代まで』名古屋大学出版会，2002年，108頁）として知られる。Frederick Soddy（同位元素の研究で1921年ノーベル化学賞を受賞したイギリス人），*Wealth, Virtual Wealth and Debt: the Solution of the Economic Paradox*, London: Allen & Unwin, 1926 の書評で，部分準備制度が物価の上昇と潜在的に不確実な状況を生み出すとの指摘に賛意を示し，「シカゴ・プラン」に影響を与えた（Phillips, *op. cit., Chicago Plan and New Deal Banking Reform*, pp. 45-47）。ソディの貨幣・信用論については，以下を参照。Herman E. Daly, *Beyond Growth: the Economics of Sustainable Development*, Boston: Beacon Press, 1996［ハーマン・E. デイリー『持続可能な発展の経済学』新田功・藏本忍・大森正之訳，みすず書房，2005年］。
7）Gardiner C. Means, "Comment on Chicago Proposal for Banking and Currency Reform," undated, p. 1, Gardiner C. Means Papers, Box 1, Franklin D. Roosevelt Presidential Library. ローズヴェルト図書館所蔵文書案内によれば，ミーンズはハーバード大学で博士号を取得した翌1932年にコロンビア大学法学部のバーリと『近代株式会社と私有財産』を著した後，農務長官顧問（1933-34年），国家資源委員会工業課

長 (1935-39 年), 予算局財政アナリスト (1940-42 年), 経済発展委員会委員 (1940-55 年) を歴任した。Franklin D. Roosevelt Presidential Library, *Historical Materials*, February, 2003.

8) Means, "Comment on Chicago Proposal," pp. 1-2.
9) Ibid., p. 2.
10) Ibid., p. 3.
11) "Proposals for Banking and Currency Reform," undated, unsigned, pp. 4-5, Means Papers, Box 1.
12) Ibid., p. 6.
13) "Reorganization of the Banking System," Means Papers, Box 1, undated, unsigned, pp. 4-6, Means Papers, Box 1.
14) Ibid., p. 9.
15) Irving Fisher to Gardiner Means, November 19, 1934, Means Papers, Box 3. 献呈した本は日付から見て, Irving Fisher, *100% Money*, New York: Adelphi, 1935 と思われる。
16) Means to Secretary Wallace, January 18, 1935, Means Papers, Box 5.
17) Phillips, *op. cit., The Chicago Plan and New Deal Banking Reform*, pp. 48-49.
18) *Ibid*., pp. 53, 56.
19) ホワイトが対ソ支援, カリーが蔣介石政権の支援との関係でスパイ容疑をかけられた。最近の研究としては, さしあたり以下を参照。James M. Boughton and Roger J. Sandilands, "Politics and the Attack on FDR's Economist: From the Grand Alliance to the Cold War," *Intelligence and National Security*, Vol. 18, No. 3, 2003, pp. 73-99.
20) Roger J. Sandilands, *The Life and Political Economy of Lauchlin Currie: New Dealer, Presidential Adviser, and Development Economist*, Durham, NC: Duke University Press, 1990; Roger J. Sandilands ed., "New Light on Laughlin Currie's Monetary Economics in the New Deal and Beyond," *Journal of Economic Studies*, Vol. 31, No. 3/4, 2004, pp. 170-403.
21) Herbert Stein, *The Fiscal Revolution in America*, Chicago: University of Chicago Press, 1969; Byrd L. Jones, "Lauchlin Currie, Pump Priming, and New Deal Fiscal Policy, 1934-1936," *History of Political Economy*, Vol. 10, No. 4, 1978, pp. 509-524. 1934 年以前のカリーの通貨政策論を紹介しつつも, ジョーンズの評価の重点は財政政策論にある。
22) Alan Sweezy, "The Keynesian and Government Policy, 1933-1939," *American Economic Review*, Vol. 62, No. 2, 1972, pp. 117-118.
23) Lauchlin Currie, "The Keynesian Revolution and Its Pioneers: Discussion," *American Economic Review*, Vol. 62, No. 2, 1972, pp. 139-140.
24) Stein, *op. cit., The Fiscal Revolution in America*, p. 165. メルツァーの近年の研究が指摘するように, カリーは調査統計局長ゴールデンワイザー (Emanuel A. Goldenweiser)

の部下であったが，直接エクルズの指示を受け，拡張的財政政策を主張していた。Allan H. Meltzer, *A History of the Federal Reserve*, Vol. 1, Chicago : University of Chicago Press, 2003, p. 479, note 131.

25) Milton Friedman and Anna J. Schwartz, *A Monetary History of the United States, 1867-1960*, Princeton : Princeton University Press, 1963. スタインドルは最近の研究で，銀行の超過準備の保有動機に関する理解が両者では異なり（カリーが余剰準備と見るのに対して，フリードマンらは必要なクッションとみなした），カリーが連銀に通貨管理能力があると見た点でフリードマンらの先駆者ではないと主張する。Frank G. Steindl, "The Monetary Economics of Lauchlin Currie," *Journal of Monetary Economics*, Vol. 27, Issue 3, 1991, pp. 459-460. 本論文は Frank G. Steindl, *Monetary Interpretations of the Great Depression*, Ann Arbor : University of Michigan Press, 1995, Chapter 4, The Monetary Economics of Lauchlin Currie に再録され，これを紹介しようとしたものに，安部大佳『アメリカ貨幣経済論の研究』晃洋書房，1999年，第14章「ラフリン・カリーの貨幣経済論」がある。

26) Phillips, *op. cit., The Chicago Plan and New Deal Banking Reform*, p. 104. わが国では秋元英一（『世界大恐慌――1929年に何がおこったか』講談社，1999年，135-136頁）が概説的に言及している。

27) 塩野谷九十九『アメリカ戦時経済と金融統制』同文舘，1943年，308，364，366頁。

28) 高山洋一『ドルと連邦準備制度』新評論，1982年，196-198頁。

29) Roger J. Sandilands, "Editor's Introduction," *Journal of Economic Studies*, Vol. 31, No. 3/4, 2004, pp. 171-193.

30) Stein, *op. cit., The Fiscal Revolution in America*, p. 165.

31) Lauchlin Currie, P. T. Ellsworth, and H. D. White, "Memorandum," edited by David Laider and Roger Sandilands, *History of Political Economy*, Vol. 34, No. 3, 1932, pp. 536-537, 540.

32) David Laidler and Roger Sandilands, "An Early Harvard Memorandum on Anti-Depression Policies : An Introductory Note," *History of Political Economy*, Vo. 34, No. 3, 2002, pp. 524-525.

33) Lauchlin Currie, *The Supply and Control of Money in the United States*, Cambridge, Mass. : Harvard University Press, 1934.

34) 以下では，塩野谷九十九前掲『アメリカ戦時経済と金融統制』第2編第2章；高山洋一前掲『ドルと連邦準備制度』第5章も参照した。

35) 詳しくは，以下を参照。西川純子「真正手形主義についての一考察(1)，(2)」『証券経済研究』第12号，1998年，第30号，2001年を参照。

36) Currie, *op. cit., The Supply and Control of Money in the United States*, pp. 34-42.

37) *Ibid*., pp. 158-159, 162.

38) *Ibid*., p. 172.

39) *Ibid*., pp. 151-152, 165.

40) *Ibid.*, pp. 160-162. 八木紀一郎は，石橋湛山が「通貨を統制（管理）することに成功すれば，経済活動の自由を維持しながら資本主義をより機能的なものに修正しうる」とし，「個人の自立と経済活動の自由を原則的に重視する」石橋独自の「新自由主義」に着目する。それは，「ケインズにみられる功利主義と貨幣愛への審美的立場からする拒絶」を排除する，「ケインズのようなエリート的『自由党員』が活躍する一段階前，あるいは，その前提であるような思想的潮流に対応」していた。「極東における新自由主義」八木紀一郎『近代日本の社会経済学』筑摩書房，1999年，第5章，109, 117, 119頁。

41) History of Economic Thought Website, "Jacob Viner, 1892-1970." ＜http://cepa.newschool.edu/~het/＞ ヴァイナーも後年，「ルール」よりも「行政裁量」がより好ましいと見ていた。ドン・パティンキン「教師としてのフランク・ナイト（II）」196頁。パティンキンへの手紙よれば，ヴァイナーは第2次世界大戦後，「シカゴ学派」のメンバーではないと思うようになっていた。Don Patinkin, "The Chicago Tradition, the Quantity Theory and Friedman," in *Studies in Monetary Economics*, New York：Harper & Row, 1972, p. 113.

42) Sandilands, *op. cit., The Life and Political Economy of Lauchlin Currie*, p. 57.

43) リプリント版に採録された。Lauchlin Currie, "A Proposed Revision of the Monetary System of the United States," Submitted to the Secretary of the Treasury, September 1934, in Lauchlin Currie, *The Supply and Control of Money in the United States*, New York：Russell & Russell, 1968, pp. 197-226.

44) Currie, op. cit., "A Proposed Revision of the Monetary System," pp. 197-198. 併せて，カリーは「管理的，行政的，準司法的職務」を行う「管理委員会（Board of Administration）」も構想した。この構想は，1935年銀行法案（特に組織改革に関する部分）の準備に向けた連邦準備制度局内の検討資料にも収録されている。Donald S. Thompson, "Review of Proposals for the Selection of Members of and for the Composition of the Federal Reserve Board of Corresponding Agency," November 1934, pp. 13-14, in Board of Governors of the Federal Reserve System, *Legislation, Major Speeches and Essays, and Special Reports, 1913-1960*, Frederick, Md.：University Publications of America, 1983, Reel No. 17.

45) Currie, op. cit., "A Proposed Revision of the Monetary System," p. 208. ただし，1934年金準備法にもとづく金平価切り下げによって30億ドルの利益を政府が支出することは，預金通貨を増大させるだけでなく，超過準備も増加させることで将来の潜在的インフレーションの管理を制約する恐れがあるため，最後の手段として以外は使用すべきでないと指摘する（pp. 224-225）。

46) Sandilands, *op. cit., The Life and Political Economy of Lauchlin Currie*, pp. 61-63.

47) Lauchlin Currie, "Desirable Changes in the Administration of the Federal Reserve System," November 3, 1934, *Journal of Economic Studies*, Vol. 31, No. 3/4, 2004, pp. 267-269.

48) Sidney Hyman, *Marriner S. Eccles : Private Entrepreneur and Public Servant*, Stanford : Stanford University Press, 1976, pp. 158-159. この会談でローズヴェルトは，支店銀行制の問題に神経を尖らせていた。
49) Sandilands, *op. cit., The Life and Political Economy of Lauchlin Currie*, p. 63.
50) Currie to Eccles, November 17, 1934, p. 1, Marriner S. Eccles Papers, Box 43, Folder 1, Manuscripts Division, J. Willard Marriott Library, University of Utah.
51) 証拠金所要率は証券取引ブローカの証拠金取引に関する規制であるが，これは連邦準備制度による信用管理（金融政策）の一環として行われた。詳しくは，以下を参照。北條裕雄『現代アメリカ資本市場──構造と役割の歴史的変化』同文舘，1992年，40頁。
52) Lauchlin Currie, "The Relation of Government to Monetary Control," March 29, 1935, *Journal of Economic Studies*, Vol. 31, No. 3/4, 2004, pp. 276-277.
53) Ibid., p. 270, note 1 ; Hyman, *op. cit., Marriner S. Eccles*, p. 187.
54) Lauchlin Currie, "The Economic Distribution of Demand Deposits," *Journal of the American Statistical Association*, Vol. 33, 1938, pp. 319-326 ; do., "The Report on the Large Deposit Study," May 29, 1936, Table 1-3, pp. 5-8, Marriner S. Eccles Papers, Box 72, Folder 5.
55) Haas to Secretary Morgenthau, "Managed Currency vs. The Gold Standard," January 22, 1935, pp. 1-15, National Archives, RG 56, General Records of the Department of the Treasury, Chronological File of Harry Dexter White, Box 1 (以下，White, "Managed Currency"と略記). ホワイトは調査統計局に所属しており，この文書には起案者名"HDW"が記されていることからもホワイト作成のものと推測できる。他の箇所でも同様の推測を行っている。
56) Harry D. White, "Summary of Memorandum on 'Managed Currency vs. The Gold Standard'," January 22, 1935, pp. 1-2, National Archives, RG 56, Chronological File of Harry Dexter White, Box 1.
57) White, Ibid., "Summary of Memorandum on 'Managed Currency vs. The Gold Standard'," p. 2 ; White, op. cit., "Managed Currency," p. 10.
58) White, op. cit., "Summary of Memorandum on 'Managed Currency vs. The Gold Standard'," pp. 2-3 ; White, op. cit., "Managed Currency," pp. 10-12.
59) Ibid., pp. 14-15.
60) White to Haas, "Monetary Policy," November 13, 1935, pp. 1-37, Chronological File of Harry Dexter White, General Records of the Department of Treasury, RG 56, Box 1.
61) White, op. cit., "Monetary Policy," p. 1. 財務省は1934年銀購入法によって，1オンス50セントを超えない価格で銀の割合が金銀ストックの25％になるまで購入し，銀証券の発行を義務づけられた。財務省は1938年6月末で16.8億オンス，21.7億ドル（簿価で15.2億ドル）の銀ストックを保有し，潜在的鋳造差益は6.5億ドルに達した。銀の市場価格は1935年4月に1オンス80ドルの最高値をつけた後は下落し，1938年12月に

は 44.75 ドルになった。Dickson H. Leavens, *Silver Money*, Bloomington : Principia, 1939, pp. 263, 275, 356-357, 384 ; Richard H. Timberlake, *Monetary Policy in the United States : An Intellectual and Institutional History*, Chicago : University of Chicago Press, 1993, p. 278.

62) White, op. cit., "Monetary Policy," pp. 5-6.
63) Ibid., pp. 7-8.
64) Ibid., pp. 9-15.
65) Ibid., p. 19.
66) Ibid., pp. 19-25.
67) 1937 年に議会は同基金の 2 年ごとの更新を定め、1945 年のブレトン・ウッズ協定法で恒久化した。C. Randall Henning, *The Exchange Stabilization Fund : Slush Money or War Chest ?*, Washington, D.C. : Institute for International Economics, 1999, p. 13. なお，合衆国に対する IMF 割当額の内 18 億ドルが同基金から拠出された。
68) White, op. cit., "Monetary Policy," pp. 32-34.
69) Ibid., pp. 35-36.
70) John M. Blum, *From Morgenthau Diaries*, Vol. 1, *Years of Crisis, 1928-1938*, Boston : Houghton Mifflin Co., Second printing, 1959, pp. 388-389.
71) David Rees, *Harry Dexter White : A Study in Paradox*, New York : Coward, McCann & Geoghegan, 1973, p. 66.
72) Lauchlin Currie, "Causes of the Recession," Reprinted by Byrd L. Jones, *History of Political Economy*, Vol. 12, No. 3, 1980, pp. 324-325. 原文書のタイトルは "Causes of the Recession of 1937" であった。
73) Blum, *op. cit., From Morgenthau Diaries*, Vol. 1, p. 387.
74) Hyman, *op. cit., Marriner S. Eccles*, p. 240. 他の 2 人は，雇用促進局長ホプキンズ (Harry Hopkins) の経済顧問ヘンダーソン (Leon Henderson) と労働統計局長ルービン (Isador Lubin) である。
75) Stein, *op. cit., The Fiscal Revolution in America*, pp. 165-166. また，以下も参照。Sandilands, *op. cit., The Life and Political Economy of Lauchlin Currie*, pp. 91-92 ; William J. Barber, *Designs within Disorder : Franklin D. Roosevelt, the Economists, and the Shaping of American Economic Policy, 1933-1945*, Cambridge & New York : Cambridge University Press, 1996, pp. 114-115 ; 平井規之『大恐慌とアメリカ財政政策の展開』岩波書店，1988 年, 153-155 頁。
76) 連銀非加盟銀行に対する州当局の必要準備率規制は，概して低かった。Board of Governors of the Federal Reserve System, Members of the Staff, *Banking Studies*, Washington D.C. : Board of Governors of the Federal Reserve System, 1941, p. 344.
77) Lauchlin Currie, "Some Monetary Aspects of the Excess Reserve Problem," Notes on Board Staff Meeting, May 18, 1936, *Journal of Economic Studies*, Vol. 31, No. 3/4, 2004, pp. 296-297.

78) Currie, op. cit., "Causes of the Recession," p. 325. フリードマンらもまた，連邦準備制度の準備率政策の誤りを強調する。Friedman and Schwartz, *op. cit., A Monetary History of the United States*, pp. 543-545.
79) このため，モーゲンソーは5月の準備率引き上げを中止すべきであるとエクルズに迫った。Marriner S. Eccles, *Beckoning Frontiers : Public and Personal Recollections*, New York : Alfred A. Knopf, 1951, pp. 291-292.
80) Currie, op. cit., "Causes of the Recession," pp. 327-328 ; Eccles, *op. cit., Beckoning Frontiers*, pp. 292-293. サンディランズによれば，カリーは後年，不況を予測していたら準備率を引き上げなかったであろうと語ったとされる。Sandilands, op. cit., "Editor's Introduction," p. 178.
81) Gardiner C. Means to Lauchlin Currie, "Changes in Reserve Requirements and Monetary Contraction," February 8, 1938, p. 4, Gardiner C. Means Papers, Box 7.
82) Lauchlin Currie, "Some Aspects of Business and Banking Developments in 1936 and 1937," Address before the Illinois Banking Association in Springfield, Illinois : May 23, 1938, *Journal of Economic Studies*, Vol. 31, No. 3/4, 2004, pp. 352-353.
83) 超過準備の管理の問題は，通貨管理に基づくインフレ抑制政策，したがって戦後の連邦準備政策の国債価格支持政策からの解放（1951年の「アコード」）へと帰結する問題でもあった。本書第7章を参照。
84) Lauchlin Currie to Chairman Eccles, "The 100 Percent Plan," June 11, 1937, Marriner S. Eccles Papers, Box 72, Folder 15.
85) 論文草稿は "100% Reserve : An Old System Adapted to Modern Need," 13 pages ; Irving Fisher to President Franklin D. Roosevelt, February 10, 1937 ; M. H. McIntyre (Assistant Secretary to the President) to Governor Eccles, February 16, 1937 ; M. H. McIntyre to Fisher, February 16, 1937, Marriner S. Eccles Papers, Box 7, Folder 2.
86) Lauchlin Currie, "The 100 Percent Plan," June 9, 1937, pp. 1-9, Marriner S. Eccles Papers, Box 72, Folder 15.
87) Ibid., pp. 10, 16-17.
88) フィッシャーは緊急の不況対策として，100％準備案の支持者で前アトランタ連銀信用調査部長ヘンフィル（Robert H. Hemphill）の構想（取立て中の小切手に対しても信用供与を強制する）を，恒久的措置として「すべての金融政策を連邦準備制度理事会または責任あるいくつかの組織に集中させ」，「財務省は自らが支出する貨幣を創造する権限を持つべきではない」と大統領に提案した（Irving Fisher to President Franklin Roosevelt, April 15, 1938, pp. 1-3, Marriner S. Eccles Papers, Box 7, Folder 2)。エクルズは，かかるプランが有効需要に結びつくことはないと大統領に進言した（Eccles to President, April 29, 1938, Marriner S. Eccles Papers, Box 7, Folder 2)。理事会内部でエクルズは，金融政策権限の理事会集中を促すフィッシャー提案を大統領が回避したがっていることを気にかけていた（Clayton to Goldenweiser, April 19, 1938, Marriner S. Eccles Papers, Box 7, Folder 2)。

89) Lauchlin Currie, "The 100 Percent Reserve Plan," August 12, 1938, *Journal of Economic Studies*, Vol. 31, No. 3/4, 2004, pp. 355-365（表題は異なるもののまったく同じ内容の文書が7月29日付で作成され，6月3日にエクルズに提出されている。Lauchlin Currie, "An Appraisal of the American Monetary and Banking System with Some Suggested Reforms," July 29, 1938 ; Lauchlin Currie to Chairman Eccles, "Banking Reform," August 3, 1938, Marriner S. Eccles Papers, Box 73, Folder 12. ただし，読者の便宜を考慮して，ここではリプリント版を利用した）。なお，前述のように，カリーは1934年9月，モーゲンソー財務長官に100％準備案と連邦準備銀行の国有化を提案している。

90) Currie, op. cit., "The 100 Percent Reserve Plan," p. 356.
91) Ibid.
92) Ibid., pp. 356-357.
93) 大恐慌時には，支店銀行制を発展させたイギリスの預金縮小幅は僅か10％に過ぎなかったが，アメリカのそれは40％に達した。Ibid., p. 358.
94) Ibid., p. 364.
95) サンディランズによれば，カリーは別のメモで，政府支出の拡大と減税は公債発行ではなく財務省の不胎化された金勘定を活用すべきこと，連銀に追加的準備の吸収権を付与すべきことを主張した。Sandilands, op. cit., "Editor's Introduction," pp. 184-185.
96) Currie, op. cit., "The 100 Percent Reserve Plan," p. 365. しかし，1934年1月，フィッシャーがゴールズボロー（T. Alan Goldsborough，メリーランド州選出・民主党）下院議員に100％準備に関する法案を用意して以来（Phillips, *op. cit., The Chicago Plan*, p. 107），同議員は一貫して政府による集権的通貨供給と100％準備の実現に精力を傾けた。例えば，連邦信用委員会（Federal Credit Commission）の創設，財務省による銀行間通貨紙幣（Interbank Currency Note）の発行，そしてすべての銀行預金に対する100％準備を規定する「ゴールズボロー通貨法案（H. R. 7188, 75th Congress, 1st Session）」に関する聴聞会での議論を参照。U.S. House, Committee on Banking and Currency, *Monetary Policy of Plenty Instead of Scarcity : Hearings before the Committee on Banking and Currency*, 75th Congress, 1st Session, July 8, 1937 to March 10, 1938.
97) 全国資源委員会（National Resources Committee）議長デラノ（Frederic A. Delano）の進言によって設置されたもので，その他に財務長官モーゲンソー，連邦準備制度理事会議長エクルズ，予算局長ベル（Daniel Bell）が委員に就任した。委員会の目的は「健全で秩序ある復興の観点から財政金融政策，および好況と不況の山と谷の回避に必要な諸条件に関するすべての範囲の大きな問題」を研究することであった。カリーによれば，委員会の主要な関心は，第1に1937年不況の原因，第2に，高水準の国民所得を達成する方法，第3に，1937年不況の再発防止にあり，その成果は1939年1月の大統領の予算教書に反映された（しかし，1940年頃には活動を停止した）。Sandilands, *op. cit., The Life and Political Economy of Lauchlin Currie*, pp. 92-93.
98) フィッシャー（Irving Fisher）の推薦があったとされる。Sandilands, op. cit., "Edi-

第 2 章　ニューディール金融政策とマネタリズム──127

tor's Introduction," p. 187. U.S. Office of Government Report, *United States Government Manual*, Washington : GPO, 1940, p. 40 によれば，大統領補佐官（Secretary to the President）3 名，行政補佐官 3 名の構成であった。

99) Haas to Secretary Morgenthau, "Increase in Reserve against Deposit in This Country Owned by Residents of Foreign Countries," January 11, 1936, p. 1, Chronological File of Harry Dexter White, RG 56, Box 1（以下，White, "Increase in Reserve"と略記）.

100) White, "Increase in Reserve," p. 1.

101) White, "Increase in Reserve," pp. 1-2.

102) White, "Increase in Reserve," pp. 2-3.

103) H. D. White to D. W. Bell, Draft : Secretary of the Treasury to Patman, April 14, 1942, pp. 1-2, RG 56, Box 7.

104) Committee of the Presidents Conference [of the Federal Reserve Banks] on Legislative Proposals, "Memoranda on Banking and Monetary Problems," George L. Harrison Paper, Binder 80, Rare Book and Manuscript Library, Columbia University（以下，所蔵館は略）. A-D の付録には 1938 年 2 月 18 日から 1939 年 10 月 29 日の日付がある。各調査項目に個別の頁数が打たれているが，本章は本資料に通しで打たれた頁数を利用する。

105) H. V. Roelse to Harrison, "Meeting of Research Men Who Have Been Working on the Wagner Committee Questionnaire," September 18, 1940, p. 1, George L. Harrison Paper, Binder 82 を参照。ただし，この書簡では 1940 年 5 月 27 日開催の総裁会議に提出された同会議法制委員会がメモを提出したとあり，この時期に纏められた可能性もある。

106) "Other Important Banking and Monetary Problems," May 15, 1940, p. 58, in Committee of the Presidents Conference, "Memoranda on Banking and Monetary Problems."

107) "Other Important Banking and Monetary Problems," May 15, 1940, pp. 59-60.

108) "Other Important Banking and Monetary Problems," May 15, 1940, p. 60.

109) Committee of the Presidents Conference, Appendix A, "100 Per Cent Reserve," February 18, 1938, pp. 9-10, by N. O. Johnson, George L. Harrison Paper, Binder 81. ジョンソンについては第 6 章注 15 も参照。

110) Committee of the Presidents Conference on Legislative Proposals, op. cit., Appendix A, "100 Per Cent Reserve," pp. 9-11.

111) "Other Important Banking and Monetary Problems," May 15, 1940, pp. 57-58.

112) "Other Important Banking and Monetary Problems," May 15, 1940, p. 68.

113) Presidents' Conference of the Federal Reserve Banks, Legislative Committee, "(Answer to) Questionnaire," undated, unpaged, in Board of Governors of the Federal Reserve System, *Legislation, Major Speeches and Essays, and Special Reports*, Reel No. 18.

114) Presidents' Conference of the Federal Reserve Banks, "Questionnaire," II-23, p. 76.

115) Presidents' Conference of the Federal Reserve Banks, "Questionnaire," II-23, p. 77.

116) Presidents' Conference of the Federal Reserve Banks, "Questionnaire," II-23, pp. 79-81.
117) Board of Governors of the Federal Reserve System, "Answer to the Questionnaire Relative to S. Res. 125," Revised Answer, I-E-17, April 25, 1941, p. 2, National Archives, RG 82, Box 123.
118) Federal Reserve Bank of Chicago, "Reply to Questionnaire Pages 41-55," undated, p. 22, in Board of Governors of the Federal Reserve System, *Legislation, Major Speeches and Essays, and Special Reports*, Reel No. 18.
119) American Bankers Association, Special Banking Studies Committee, *The Answers of the American Bankers Association : In Reply to Part 9 of the Questionnaire of the Committee on Banking and Currency of the United States Senate*, New York : American Bankers Association, 1941, p. 128.
120) Association of Reserve City Bankers, *Answer to the Questionnaire on National Monetary and Banking Policy*, Chicago, March 11, 1941, p. 93, in Board of Governors of the Federal Reserve, *Legislation, Major Speeches and Essays, and Special Reports*, Reel No. 18. 以下も参照。Joseph J. Schroeder, *They Made Banking History : The Association of Reserve City Bankers, 1911-1960*, Chicago : Rand McNally, 1962. この銀行団体は1958年創設の登録銀行持株会社協会 (Association of Registered Bank Holding Companies) と1993年に合併して金融サーヴィス協議会 (Financial Services Roundtable) となった。
121) "Contra-Cyclical Measures, Full Employment, and Monetary Reform," Mont Pelerin Conference, Minutes of Discussions, Economic Issues, April 7, 1947, Hayek Papers, Box 81, Folder 3. なお、頁数は付されていない。この会議の参加者および議題については、以下でも確認できる。Ronald M. Hartwell, *A History of the Mont Pelerin Society*, Indianapolis : Liberty Fund, 1995, Appendix 2-1 and 2-2, pp. 45-49.
122) 以下も参照。Frank D. Graham, "Partial Reserve Money and the 100 Per Cent Proposal," *American Economic Review*, Vol. 26, September 1936, pp. 428-440. この商品準備通貨制度は、アーヴィング・フィッシャーが提唱した「補償ドル (compensated dollar)」(秋元英一「アーヴィング・フィッシャーとニューディール」成城大学『経済研究所年報』第13号，2000年，110頁を参照) とも特徴を共有する。
123) アレの名前は、創設時の会員名簿には記載されていない。

第3章　金融制度改革と連邦準備政策の限界
　　　　――ワグナー委員会「全国銀行通貨政策」調査――

はじめに

　わが国では，近年ようやくニューディール以降の戦後期を対象にした経済史研究が本格的に開始された。その際，国家のビジネスへの関与，組織化，行政機構などの観点からニューディールを積極的に評価してきたことを受けて，戦後構想や戦後体制に関する歴史研究もまた，ニューディールからの「連続性」において把握する傾向が見られるようになった。一例を挙げるならば，いわゆる「ニューディール連合」体制の形成と対外政策の自由主義的転換，互恵通商政策のGATT体制への継承，ニューディール的ケインズ主義の国際的展開，IMF体制とヨーロッパ決済同盟の結成，これらのほとんどが何らかのかたちでニューディールの延長線上に位置づけられたと言っても過言ではない[1]。

　他方で，ニューディールを消極的に捉える立場からは，戦時経済システムの意義や戦後システムへの再転換過程が強調された。ニューディール期の「親労働者政策」を積極的に評価する研究に対しては，従業員代表制や経営権をめぐる争いが戦後の「タフト＝ハートレー法」を経て，ようやく1950年代に戦後型労使関係を確立するとの主張である。また，大企業のパターナリズムがニューディールを生き延びて戦後に復活する様を活写した研究も注目されよう[2]。本章が主たる対象とする金融・財政分野でも，ニューディール期のスペンディング政策は「試行錯誤と実験の過程」として位置づけられた。

　ニューディールの終焉から大戦終結に至る時期について平井は，連邦政府の意識的，計画的財政政策の法的根拠をなす1946年「雇用法」の成立を，ニューディールに端を発する「財政革命」構想の帰着点として捉えた。平井によれば，1933年銀行法および34年金準備法によって，連邦政府の拡大的財政

政策は貨幣的政策から解放される制度的枠組みが与えられたに過ぎず,「財政革命」は戦後にようやく雇用法で完遂された[3]。財政革命はニューディールの実験的進化の過程で,均衡予算論者との激しい攻防の果てに達成されたのである。しかしその後,連邦準備制度の信用政策もまた,財務省との激しい論争の末に拡大的財政政策から解放されることになる。

戦後通貨金融システムは財務省主導の拡張主義的政策を推進する機構を整備したものとされるが,実はその底流で,連邦準備制度が独自にインフレなき完全雇用を目標とする信用政策を実現する構想を進めていた。かかる構想が戦後に「アコード」として帰結し,1960年代のインフレーションを経て前面に出てくることになる。そこで,本章はまず,しばしば「スペンダーズ」(赤字財政支出を含む景気回復政策)のレッテルを貼られてきた連邦準備制度理事会議長エクルズに着目する。すなわち,1937年の不況以降,彼の連邦準備政策の重点がより反インフレ的傾向を帯びてくること,しかもそれが銀行規制・監督体制の全面的な再編と不可分に結合していたこと,こうした事情を解明することによって戦後の金融自由化論に対する新たな展望が可能となるように思われるからである。

今日,歴史研究がこうした課題に立ち向かうことの意味に若干,言及しておこう。すなわち,本書の含意は1980年代以降の規制緩和やグローバル化のなかで市場システムの自律性がいかに強調されようとも,市場社会の根幹をなす通貨金融システムそれ自体が社会構造や経済構造の変化を反映せざるをえず,それ故に政治的影響力から逃れがたい存在であるという事実を再確認することにある。また同時に,通貨金融システムが社会問題や政治の対象であり続けてきたという現実が,反対に「人為的に介入すべきでない」(M. フリードマン)との強力な主張をも生み出してきた歴史的事実も看過することはできない。本書はこうした課題へのささやかな貢献をも意図している。

ニューディール銀行制度改革の後に連邦準備当局は,具体的にどのような問題に直面したのであろうか。以下,われわれは1940年のワグナー上院銀行通貨委員会による「全国銀行通貨政策」調査の開始に至る過程とその結末を,連邦準備制度の信用政策に焦点をあてながら追ってみよう[4]。

I. ニューディール銀行制度改革後の信用政策

1）エクルズの「銀行制度統合プラン」

　1935年銀行法以降に生起した連邦準備制度の信用政策に関わる諸問題は，具体的にはそれぞれが複雑に絡み合って発生し，また展開した。しかしそれは，何よりも具体的な政策課題に直面し，その解決法を探る中で論争へと発展していった。われわれが当該期の結節点とする，1940年のワグナー委員会による「全国銀行通貨政策」アンケート調査の質問事項から，政策をめぐる諸問題をあらかじめ整理しておくならば，**表3-2**（後掲）のようになる。すなわち，第1に「通貨・信用政策」，第2に「銀行監督・規制」，そして第3に「復興」である。銀行に対する規制・監督のあり方が信用政策を制約し，したがって経済復興にも影響を及ぼすというように，これらは相互に密接に関係していた。以下では，かかる問題整理を念頭に置きながら，政策課題の出現とその論争への発展に焦点をあてる。

　アメリカが管理通貨制度を確立した1935年銀行法以降，連邦準備制度は一貫して，その最大の政策課題として銀行制度の過剰な「超過準備」（法定準備率を超える預金準備金）と格闘せねばならなかった。超過準備は1933年末の8.5億ドルから1935年後半には33億ドルに達していた（前掲図2-2参照）。そのため同年末までには，連銀内に「超過準備は削減すべしとの一般的合意があったが，しかし，決定的な問題はビジネスの回復を危険に晒すことなくして可能か否かであった」[5]。連邦諮問委員会は加盟銀行を代表して，必要準備率の頻繁な変更は回避すべきであると反対していたが，1937年1月30日，連邦準備制度理事会（以下，理事会とすることがある）は，準備率の引き上げを最終的に決定した。それは従来の金融緩和政策からの離脱ではなく，「有害な信用膨張を阻止し，同時に完全復興への継続的前進に保証を与える」ためであるとの解説を加えている[6]。しかし，一部の批判者からは「必要準備率の引き上げが1937年半ばに始まった不況の重要な原因」であるとの非難をうけた[7]。

　超過準備金問題は，間もなく銀行検査・監督体制，さらには信用政策の問題へと拡大することになる。しかし，この段階でのエクルズ理事会議長は「スペ

ンダーズ」の面影を濃くしていた点に留意しておきたい。1936年11月12日,エクルズは大統領との昼食の席で,銀行制度の統合の問題を提起したが,それは銀行制度の管理が州と連邦に分かれている限り経済安定の維持に責任を果たすことはできないとの認識からであった(**表3-1**参照)。すなわち,「連邦準備が通貨信用管理の主たる責任」を課されているのならば,その責任を果たすための手段が与えられねばならない。州法銀行が連邦預金保険の便益を享受するなら連邦準備制度にも加盟し,信用規制を受けるべきであり,またこれら諸機能が経済安定の維持に直接関係しているのであるから,「銀行検査や規制機能を統合し整理する合理性」がある。たとえば,不況期の金融緩和政策には「銀行検査政策も同様のコミットメントに従うべき」であると[8]。

エクルズは「銀行統合」によって,「3つの連邦銀行当局間の管轄権の摩擦を除去して,銀行制度に関する規制,監督・検査および投資政策が調整され,通貨信用政策の隅々を補足」すること,「反景気循環的影響力」を行使することを意図した。銀行家らは複数の当局に権限が分散していればその力はそがれると考えて,銀行統合に反対しているようだが,実際にはむしろ逆効果で,「分散し弱体な政府機関は政治的圧力の前に屈服を強いられ」ている。それゆえ,州際通商委員会に代表されるように,「これら諸力に対する唯一の現実的保障は,……単一の,強力で,独立し,非政治的な公的機関」の存在である。

表3-1 合衆国の銀行構造(1938年6月30日現在)

銀行区分	銀行数	総預金[1] (100万㌦)	割合(%)	
			銀行数	預 金
全銀行	15,287	59,043	100	100
連邦預金保険制度加盟銀行	13,775	48,431	90	82
国法銀行	5,242	26,762	34	45
州法銀行	1,096	14,546	7	25
被保険非加盟銀行[2]	7,437	7,123	49	12
連邦預金保険制度非加盟銀行	1,512	10,612	10	18

注1) 銀行間預金を含む。
　2) 連邦預金保険制度に加入するも連邦準備制度に加盟しない銀行(主に州法銀行)。
出典) Board of Governors of the Federal Reserve System, *Annual Report*, Washington: GPO, 1939, p. 7.

この意味で銀行統合は,「民間銀行システムの強さを増し,弱めることはない」9)と。

しかしながら,エクルズから見ると,ローズヴェルトは連邦準備制度と州法銀行制度の関係に「ノスタルジックな感情」をもっていた。「州法非加盟銀行は小規模で民主的に管理された機関で,故郷の人々の幸福を心から願う行員らとともに地域のニーズに責任」を持っている。他方,いくつかの奇妙な理由で彼には,連邦準備(銀行)は「銀行の巨人」として現れ,ある意味で彼は,「1935年銀行法をその巨人を抑える手段」とみなした。それゆえ,全銀行制度を統合することは,ローズヴェルトにとって2つのことを意味した。ひとつは「州法銀行制度の終焉」,ひとつは「小規模銀行に準備制度を強要することで,巨人によるその破壊に有利な条件」を与えるものであると10)。

2) 1937年不況と連邦準備制度の政策転換

1937年半ばに始まる不況は,しかし,ローズヴェルトのみならずエクルズの方針をも転換させることになる。不況の只中にあって,銀行や通貨の「マジック」で不況に対処しようとする多数の法案が議会に提出された。同年8月,上院農林委員会から「一定の国内物価水準を達成し維持するために,中央通貨当局を創設し管理しようとする……諸法案に関する意見」を求められた連邦準備制度理事会は,「通貨政策の目的」と題する文書を用意した。このなかで理事会は「物価安定よりもむしろ経済安定が公共政策の一般的目的」であり,「この目的は通貨政策のみでは達成できないが,しかしその目標は通貨政策と,課税,歳出,貸付,外国貿易,農業や労働に関する特別の諸政策を含めて,企業活動に影響を及ぼす他の主要な政策との協調によって追求されるべき」である,と慎重な姿勢を堅持した11)。

しかし,1938年4月初旬に大統領が,ニューヨーク州議会上院議員チーニー(Nelson W. Cheney)から受け取った苦情が重要な転機のひとつとなった。以下,その経緯を追ってみよう。その手紙は,困窮した平均的市民が財務状態に関する良好な報告書を提出できずに小規模銀行から融資を拒絶されたとの内容で,大統領はそれをエクルズに申し送った。連邦準備制度理事会は前年10月,準備銀行の加盟銀行に対する割引・貸出規制の緩和を断行していたが,エ

クルズはこの機会を利用して，4月6日に前年の提案をメモにして大統領に送り，大統領の議会メッセージ（13日）のなかに「銀行検査政策の統一と緩和」の提案を盛り込むことに成功した[12]。

銀行検査の整合性は，実は3月26日，ニューヨーク連邦準備銀行総裁ハリソンが連邦準備制度理事会デービス（Chester Davis）理事との会談で申し入れていた問題でもあった。すなわち，ハリソンは「われわれの考えでは，ワシントンの多くの監督機関が〔加盟銀行の〕健全な純資本額を判断する適切な根拠に関して共通の合意に到達すべきであり，私の判断では厳格すぎるよりも度量の大きい処方策であるべきだ」と述べた。具体的事例としてハリソンは，第1に，銀行検査官の態度が厳格すぎるため，諸銀行は今やほとんど市場性のない債券を売却してポジションの回復を図ろうとしていると説明した。第2に，「小企業が運転資本用の信用を調達できないのは，銀行検査官によって遅滞や懸念（slow or doubtful）に区分されるような貸付を銀行が恐れている事実にある」。デービスはこの指摘に理解を示し，エクルズが戻る4月第1週の最初の会議に，最重要の課題として提起すると約束した[13]。ハリソンは続いて，大統領から小企業金融に関するアイデアを求められた証券取引委員会委員ヘインズ（John W. Hanes：1938年7月から財務次官補）にも同様の提案を行い，「まず監督諸官庁に対して〔統一〕規準に合意する機会を与え，その後に声明を公表するのがよい」と助言した。加えて，企業にとっての困難は信用供給が不足していることではなく，「信頼の不足」であり，「彼らが必要なのは株式資本あるいはパートナーシップ」であると，ヘインズに繰り返し強調した[14]。

大統領はさらに，モーゲンソー財務長官に対して連邦預金保険公社，通貨監督官，連邦準備制度との間で「共同銀行検査」の合意形成に取り組むよう指示した。ところが，「財務省，連邦預金保険公社，通貨監督官，そして州法銀行監督官らが連邦準備の提案に反対する統一戦線」をはって抵抗したことから，事態は数週間のあいだ何も前進しなかった。エクルズは5月17日，ヴァンデンバーグ上院議員から国債をグリーンバックスに代替すべきであるとか，連邦準備制度を撤廃すべきであるといった扇動や攻撃には，信憑性のある返答をしておかねばならないとする強力な支持の手紙を受け取った。そして6月14日，エクルズは「わが国の現在の通貨メカニズム」，とくに信用の流れに対する銀

行検査の効果を長文に認めて，ヴァンデンバーグ宛に郵送した。ヴァイスマンが強調するように，その手紙でエクルズのスタンスは「インフレーション志向を率直に論駁」する立場に転換していた。すなわち，「われわれの経済生活のあらゆる複雑な問題が貨幣のマジックで解決できる」とか，「巨額の資金の創造だけが繁栄状態を創出または維持する」といった，貨幣数量説による巷の議論を「生産的事業への積極的活用」の視点を欠くものと批判した。その上で，巨額の遊休資金の存在にもかかわらず「生産的ビジネスの経路に適切に流れない」のは，「諸銀行がその貸付・投資業務で厳格すぎる諸規制のもとにあるためである。これは連邦および州の銀行検査政策と，加盟銀行の投資を規定する通貨監督官規則の両方の責任である。……大企業が十分に銀行信用を獲得できる一方で，多くの健全な地方企業が，流動資産の健全性の識別を学校で訓練してきた銀行検査官らの批判を受けまいとして，より長期の経常資本や固定資本を調達できないでいる」[15]と。

　ところが，エクルズの手紙は議会議事録にも収められ，それが各機関との合意以前に公表されてしまい，集中砲火を浴びることとなった。マスコミは，「検査手続の欠陥」の部分に飛びついた。そしてモーゲンソーはエクルズに「改宗」を迫り，6月20日の記者会見では，「通貨監督官と財務長官はひとつのことしか頭にない。それは預金者の保護だ」と述べ，銀行検査の緩和は「不品行」（＝モラル・ハザード）を誘発すると非難した。さらに，連邦準備法の産みの親，グラス上院議員の批判もあらわれた。そのため「統一的銀行検査」が翌日に合意を見たときには，エクルズの当初案からはいくぶん後退していた[16]。銀行検査原則の主な変更点は，①銀行貸付返済の「遅延」区分を止めること，②銀行投資は生来的な健全性の観点，つまり日々の市場変動ではなくある期間の平均から判断さるべきことであった[17]。

3）連邦準備制度の議会調査要請と財務省・銀行界の批判

　統一的銀行検査をめぐる規制・監督機関の対立と論争は，その後もいっそうの拡がりを示し，連邦議会における通貨金融政策の全面的な再検討へと向かうことになる。

　生産および国民所得に関連する通貨財政問題を審議する委員に任命されたそ

のすぐ後（1938年11月26日），エクルズは感謝祭の休暇を過ごしていた大統領にワーム・スプリングスへ招待された。そこでエクルズは，任期満了となる1940年に議長職とともに連銀を去る覚悟で，「理事会の権限の欠如が技術的諸機能の成果を大きく制限している」現状を改善すること，すなわち「全銀行統合プロジェクト」の実現を迫った。しかし，エクルズによれば，大統領はこれを遠ざける態度を示していたので，そのイニシアチブを議会に投げかけることにした。そこで大統領の新議会に対する教書の中に，「建設的な銀行立法の必要性を一般的な方法で示唆する」との文言を入れてもらい，自らも連邦準備制度理事会の年次報告書でそれを補足した[18]。

1939年1月27日付の理事会年次報告書は，次のように述べている[19]。

　現在，わが国銀行システムに重圧はなく，今日の銀行問題の実態を議会に提起する好機である。近年，議会によってなされた重要な改善にもかかわらず，通貨，信用，監督の面でなお残る，わが国銀行機構の欠陥を議会に注意を喚起しないとすれば，それは理事会の責任を怠るものである。わが国の州法・国法銀行制度の一般的枠組のなかで，銀行構造が将来蒙る圧迫や重圧にうまく耐えられるようにするために，さらなる改革が必要であると議会が考えるならば，こうした問題提起はその機会を提供するために必要な第一歩である。本報告書は銀行分野の主要な問題に限定し，現時点で検討を要するすべての問題を議論しようとするものではない。当理事会はこの議題を検討するにあたって，議会が望みまた理事会が貢献できるあらゆる支援を提供する用意は既にできている。

具体的に理事会が提起した問題は，以下の4つの領域に関するものであった。第1に，銀行システムの構成と銀行業の変化の認識の問題。——大恐慌を契機とする銀行数の急減と預金量の増加，企業の銀行借入の減少，銀行の証券投資の増加である。第2に，銀行に対する監督体制の問題。——銀行設立の特許法や管轄権による銀行規制の相違，監督責任の拡散，統一的検査の必要性である。第3に，銀行監督と信用政策との関係の問題。——連銀の一般的信用政策と他の規制機関のそれとの間に乖離が起こる可能性である。第4に，加盟銀行の保有する銀行準備の性格と機能の問題。——準備金の増加と連銀による超過準備の管理に限界が発生したというものであった。

連邦準備制度による両院の銀行通貨委員会に対する正式な調査要請は，「通貨の手段と目的に関する声明」と題して1939年4月8日になされた。新聞や専門誌は理事会の要請を詳細に紹介しつつ，その意図を次のように述べている。理事会の申し立ては「要するに，わが国の銀行通貨機構は責任の分担が明確でなく，連邦政府内の通貨信用権限の明確な決定を欠き，現行制度では通貨・信用当局が行使する銀行の管轄権および監督権の間に衝突がある，という事実によって弱体化している」というものであった[20]。

　議会調査の要請は，エクルズのみならず理事会の方針でもあった。バンカーズ・マガジン（*Bankers Magazine*）誌のワシントン特派員記事によれば，「準備制度理事会の理事らは，リスクを冒す価値があると考えている。理事らは，銀行業がナショナリズムの傾向――政府による銀行機能の吸収――に直面していると見ている。幾人かの理事は，取引地域内の支店銀行制をとるか，あるいは信用をより拡大できるよう小規模銀行の強化を通じて，銀行家の私的活動のより広範な拡大を実現することによってのみ，これをチェックできると考えている」と[21]。

　しかしながら，理事会の議会調査要請に対する財務省および銀行界の抵抗も根強かった。1938年12月初旬には，通貨監督官事務所の指導者らが銀行統合を阻止しようと画策し，銀行家らも「通貨監督官の独立性」のスローガンのもとに参集した。さらに，財務省が通貨監督官の自己防衛的法案の提出に動き出したため，大統領に働きかけたのだとエクルズは見ている[22]。バンカーズ・マガジン誌（1939年3月）の記事は，財務省・銀行界の反発の強さを窺わせる。すなわち，「マリナー・エクルズ議長は何人かの高官に，銀行間預金と検査の管理を通じて，準備銀行のより強い管理の促進を目論むメモを送った。かかる提案は受け入れられないであろう。事実，エクルズ氏はたぶん，ホワイトハウスでは受け入れられようが，彼には他の銀行高官よりも多くの敵対者が議会にいる。証券取引委員会の改革者たちは，彼の家族の銀行コネクションゆえに彼を信用しておらず，また連邦準備制度に加盟する大銀行家たちも彼の信用理論ゆえに彼を信用していない」と[23]。

　さらに4月10日，モーゲンソー財務長官は「連邦準備制度理事会と公式の議論は欲しない」，と記者会見で表明した。「われわれの義務に関して混乱もし

ていないし，私は仕事に必要な組織はすべて持っている」とも言明した。さらに敷衍して，「われわれは〔為替〕安定化基金，ドルの金価値および銀購入に対する大統領の権限の拡張を除いて，もちろん世界情勢が同じであると想定して，われわれの職務の遂行に必要なあらゆる権限を獲得した」。しかし他方で，「われわれはこのところ少しばかり忙しい」として，連邦準備制度との論争を回避したいとの期待を表していた。多くの政府機関が「ひとつの脳の細胞」であり，協力すべきであると考えており，またそれこそが「われわれが行おうとしていることだ」と。最後に，連邦準備制度理事会の議会要請は，公表の前に財務省とは議論されなかったとも付け加えられた[24]。

　エクルズとモーゲンソーの対立は容易には決着しなかったが，銀行界の方針は徐々に転換しつつあった。たとえばペンシルヴェニア州銀行協会会長ベネット（C. E. Bennett）は，ワグナー委員会の聴聞会で積極的に関与することを会員に要請し，それを「現在，小規模銀行が直面する実際的な諸困難を減らし，また除去する手段」とすべきであると述べた[25]。さらに，あるアメリカ銀行協会の指導者はこの特別な調査に喜んで協力することを表明した。すなわち，「米国農業連合会その他の巨大労働団体は，わが国の通貨政策が復興プログラムに適切に役立っていないとの何らかの主張があるとすれば，この調査を強力に推進し，少なくともわれわれは問題を調査すべきである」と[26]。

II. ワグナー委員会「全国銀行通貨政策」調査

1）調査の開始

　連邦準備制度理事会が両院銀行通貨委員会に調査を要請してまもなく，エクルズの要請に沿った議会調査の決議案が提出された[27]。しかし，議会は通貨監督官と連邦準備制度理事会の両者の全検査機能を連邦預金保険公社に移すことを提案した，いわゆる「ブラウン法案」に大きな関心を寄せ始めていた。エクルズによれば，この法案は「検査と投資政策の関係，信用政策と通貨供給の目的を完全に無視した」もので，この法案のスポンサーの目的は，銀行機構の改善ではなくむしろ聴聞会を抑えることにあった[28]。財務省＝通貨監督官や諸州

当局もまた，監督権限の過大な集中は二元銀行制度を脅かすものとしてこれを受け止めていた[29]。

大統領に付与したドルの金平価変更権限の更新を審議していた上院銀行通貨委員会委員長ワグナーは，1939年3月24日，同権限の延長に関連して，モーゲンソー財務長官から金政策に変更のないことや意図的なドル高政策はしていないとの長文の回答文書を受け取ったところであった[30]。4月17日になって漸く，ワグナーは上院銀行通貨委員会による「全国銀行通貨調査」に関する決議案を提出した。その後，両院銀行通貨委員会による合同調査についての画策が試みられたものの，失敗した。しかし，エクルズは5月15日，大統領にワグナー決議案への支持を直接働きかけ，上院銀行通貨委員会で止まっているワグナー決議案の採択を進めることで事態の打開を促した。このときエクルズは，大統領に宛てたメモで，次のように訴えた。「わが国は，金や銀価格の引き上げ，遊休資金への罰則，連邦準備制度の改造，100％準備，中小企業に特別に資本供給する新銀行制度など，通貨に関する種々の計画のためのもっともらしいプロパガンダが氾濫している。だが，誰もこれらの提案の誤謬の解明に着手していない。こうした混乱と論争の状況を一掃する最も効果的な方法は，広範な調査を唱えているワグナー決議の採択にある」。さらに，「ワグナーの指揮の下では誰も党派的な目的で委員会を利用することも，個人的な遺恨を晴らすようなこともできないと確信している」と付け加えて，大統領選挙への気遣いも忘れなかった[31]。同じエクルズのメモに添付された備考メモによれば，大統領は提案を承認し，その場でワグナー上院議員に電話するように速記者に指図した[32]。

1939年6月19日付の新聞報道によれば，ワグナー「委員会の活動は連邦準備制度理事会議長エクルズの要請に応えたもので，エクルズは現行の通貨信用状況は集中的な処置が開始されない限り，管理不能のインフレーション〔強調は引用者〕を導くであろうと警告した。準備制度理事会は，多くの銀行規制や通貨問題で財務省や連邦預金保険公社とは一致してこなかった。官庁間のある種の確執あるいは対立は，明確で秩序だった銀行規制プランを形成する妨害物と認識されている」[33]。上院銀行通貨委員会委員長に就任したばかりのワグナーが，この問題にどのように関与したかはほとんど知られていない[34]。エク

ルズによれば，ワグナーは金融規制諸機関を再検討することの重要性を理解していた。とりわけ，通貨政策の基本的な諸目的は，まずもって議会により決定されるべきこと，行政機関の配置はその後に決定されるべきこと，最後に大統領選挙への影響を考慮して，委員会を政治的私怨に利用しないことを了解した。これらを説明した後に，大統領はようやくワグナー決議案に対する支持を約束した[35]。こうして，ワグナー決議案は8月4日に採択され，議会調査が開始されることになった。

翌1940年1月11日，モーゲンソー財務長官との電話で，ワグナーは財務省その他諸機関に報告書を要請すること，この夏に調査をしたいこと，また委員会は全委員構成になるであろうと漏らしていた[36]。その後，1月23日にようやく，ワグナー委員長はまもなく調査を開始すると公表した。聴聞会の日程や調査スタッフの任命も終わっていないが，アンケート調査はまず財務省と連邦準備制度，証券取引委員会に要求し，ブルッキングス研究所やアメリカ銀行協会などの他の機関にも勧告を要請する予定であると付け加えた[37]。他方で，1940年2月21日には「過度のあるいは不活発な貯蓄がわが国経済に及ぼす影響を調査」することを目的に上院銀行通貨委員会小委員会（ワグナー委員長，9名の構成）が設置されるなど[38]，調査は遅々として進展しなかった。この遅れはワグナー委員会調査の行方に影響を及ぼし始めていた。

2) 調査の目的

採択されたワグナー決議は，上院銀行通貨委員会に対して「連邦政府の通貨・金融諸機関を導き統治する全国銀行通貨政策」，「当該政策を実施するのに最善と評価される政府機構の性格」を調査し，改革案を勧告する権限を与えた。この目的を達成するために聴聞会を開催し，またその調査結果を上院に報告し，必要と判断する法律の制定を勧告するため，25,000ドルの予算が与えられた[39]。

ワグナーは，「調査の目的と展望」を次のように述べている。「一世代前の全国通貨委員会の報告書以来，わが国の銀行通貨システムに関する包括的再検討は行われていない。その後，わが国の財政・経済組織や対外通貨関係に重大な構造的変化が起こった。わが国の銀行通貨システムには，大恐慌に対処するた

めに施行された法律によって，多様で広範な修正が近年施された。この調査を媒介にして上院銀行通貨委員会は，わが国銀行通貨システムを新たに管理している法律を再調査し，現在審議中の多数の修正案をより広い視野から検討し，そして戦況と世界大戦後の事態を考慮して，将来の政策構想の可能性を究明することで，わが国の位置づけを再検討することが可能となる」（強調は引用者）[40]。ワグナーはさらに，「この当初のアンケート調査に調査の範囲を限定する意図はない」こと，また「わが国銀行システムと現在の銀行および通貨政策の全体像を当委員会に提供し，修正の必要性があると思われる諸側面を解明することを企図している」と述べた[41]。

　ワグナー委員会がアンケート調査項目の概要を記者会見で公表したのは，1940年5月16日であった。この段階では，アンケート調査の質問事項の概略が10数頁に纏められていただけであるが，最終的には正式の議会資料としてそのすべてが公刊された。アンケート調査は，後に予定する聴聞会による綿密な調査の基礎となるものと位置づけられ，各機関・諸団体に対する質問項目は83頁に及ぶ詳細なものであった。その全体像を見るために，調査対象ごとに質問項目を分類したものが，**表3-2**である。これによれば，通貨・信用政策に関しては財務省，連邦準備制度，銀行団体が調査対象となり，銀行の規制・監督体制については連邦預金保険公社や各州の銀行局が追加されたが，大不況からの復興金融政策に関しては財務省，商務省，各州銀行局，銀行団体は調査の対象から除外された。

　アンケート調査の全容が公表されたとき，ニューヨーク・タイムズ（*New York Times*）紙はこれを大きく取り上げた。同紙によれば，財務省に対しては銀および金政策，社会保障基金が銀行および通貨に与える効果，またラテン・アメリカ諸国の外国為替安定化政策に関する包括的説明が要請された。財務省にはまた，可能ならば「適正な赤字（あるいは黒字）規模を決定する基準」を示唆することも要請された。続いて連邦準備制度理事会は，なかでも財務省による30億ドルのグリーンバックス発行権限が，恒久的であるべきか一時的であるべきかが問われた。商務省は，外国資本の移動およびアメリカの対外投資に関する問題が，州銀行当局は「貴州には銀行あるいは銀行店舗が多すぎないか」と問われた。そしてアメリカ銀行協会および準備市銀行協会メンバーは，

表 3-2 合衆国上院銀行通貨委員会「全国銀行通貨政策」アンケート調査 (1940-1941年)

調査対象 調査項目	財務省 通貨監督官	連邦準備制度 理事会	連邦準備制度 連邦準備銀行	商務省[1]	連邦預金 保険公社	復興金融公社	各州銀行局[2]	銀行団体 アメリカ銀行協会	銀行団体 準備市銀行協会
通貨・信用・財政政策　銀　　金	Q								
通貨権限	Q	Q	Q						
信用権限・政策	Q	Q	Q					Q	Q
財政政策	Q								
外国為替	Q		Q						
国際収支・資本移動	Q			Q					
銀行監督・規制　監督	Q	Q			Q		Q	Q	Q
監督官庁間の関係	Q	Q			Q	Q	Q		
連邦準備制度の組織		Q	Q						
手続および制裁	Q	Q	Q		Q		Q	Q	Q
銀行の法人格	Q	Q	Q		Q		Q	Q	Q
銀行の組織と構造	Q	Q	Q		Q		Q	Q	Q
銀行の収益							Q		
銀行資産の質・形態							Q		
銀行資産の評価								Q	Q
銀行資本金									
連邦預金保険	Q	Q	Q		Q			Q	Q
金利支払い									
復興　対銀行融資		Q	Q			Q		Q	Q
直接的産業融資		Q	Q			Q			
農業			Q				Q		
その他	Q				Q		Q		

注 1) 回答書は入手できていない。
2) 回答書を入手した州はマサチューセッツ，ニューヨーク，ミシガン，ミネソタ，ノースカロライナ，オクラホマ，モンタナ；回答書を入手できていない州はフロリダ，カンザス，ワシントン，ニューメキシコ；その他の州に関しては不明。

出典: U.S. Senate, Committee on Banking and Currency, *National Monetary and Banking Policy: Questionnaire Relative to S. Res. 125*, 76th Congress 3d Session, Washington: GPO, 1940.

近年の低金利の主たる要因は何か,近い将来の好ましい方針は何か,「銀行の膨大な損失や倒産の結果として」銀行が債券を売却する必要性はあったか,と尋ねられた[42]。

このように連邦準備制度による当初の調査要請と比較するならば,ワグナー委員会による銀行通貨システムに関するアンケート調査の範囲は,財務省の金＝通貨政策を含めたことで大幅に拡張され,より包括的なものとなった。これはおそらく,ワグナー委員長が就任以来直面してきた諸問題をこの際,全面的に再検討したいとの意図であったと思われる。ワグナー委員会調査のこの包括性が世界情勢の急展開によって調査を挫折に導く一方で,他方では戦後通貨信用政策構想策定の出発点となるに相応しいものとしたのである。

III. ワグナー委員会調査の挫折

1940年1月末,ワグナー委員長は間もなく調査を開始すると公表した。実際,関係諸機関・団体に公表・配布されたアンケート調査に対する回答書は,断続的にではあったが委員会に届きつつあった。しかしながら,その数ヶ月後にはワグナー委員会調査は事実上,頓挫することになった。エクルズによる自伝は,この間の経緯を次のように締めくくっている。「あらゆる実際的な目的から見て,1940年5月のオランダ攻撃で銀行改革のあらゆる関心は打ち砕かれた。委員会のメンバーらはより喫緊の課題に重点を移しつつあった。そして,この問題は1944年まで宙ぶらりんの状態にされた。検査手続の変更を除いて,銀行業の統一方法に関しては怒りの叫び声以外はなにも具体化しなかった」と[43]。

実のところ,5月以前に既にワグナー委員会調査には暗雲が垂れ込めていた。連邦準備制度理事会内部でも,銀行家代表として理事会副議長職にあったランサム (Ronald Ransom) は2月23日のモーゲンソーとの電話で,「個人的には,選挙の年にそうしたいかなる聴聞会も始めてほしくないと心から望んでいる」と漏らしている[44]。上院銀行通貨委員会委員長ワグナー自身も,3月14日には投資信託および投資銀行を規制する法案を提出するなど,現実的諸問題

に忙殺され始めていた。

翌4月には聴聞会の調整作業や議論の運営をリードする弁護士やエコノミストの人選作業が行われているとの報道があった[45]。しかしながら，バンカーズ・マガジン誌のワシントン特派員報告を追う限り，その後はワグナー調査の動向に関する記事が断続的につづき，最終的には1941年の半ばでその報道は終わった。ワグナー委員会のアンケート調査は，「高官たちからほとんど忘れ去られている。かつて熱心だった人々は，『対英援助プログラム』にかかりっきりである。むしろ，共和党がアンケート調査のスピードアップを要求し，超過準備の管理のための理事会プログラムを賞賛している。これが何も明確にされない理由の4分の3を占め，残りの4分の1はワグナー委員長の健康——現在はかなり回復したが——と，ホワイトハウスに前進しろと言われていないという事実に関係している」と。加えて，どの銀行も，実際には調査を積極的には欲していないと見られていた。アンケート調査に対する回答は，準備市銀行（協会），第12連邦準備区の独立銀行協会，州銀行当局からはすでに，委員会に届いていた。アメリカ銀行協会は準備が整い，通貨監督官，連邦預金保険公社，連邦準備制度理事会は調査の継続が明確になるのを待っていた[46]。

他方，財務省はといえば，1940年4月初旬に簡略な準備的報告書が内部で作成された段階に止まっていた[47]。それらは大部分がワグナー委員会による質問項目を整理した程度のものであったが，第1に注目すべきは，財務省に対する質問項目では明確に区別されていない，通貨政策における連邦準備制度の位置づけが別個にかつ明示的に分類されていることである。第2は，準備的報告書の大部分（約77頁）を占めたのが，「金の将来」と題するホワイトによる報告書である。この詳細な検討は別になされねばならないにしても，おそらく戦後国際通貨体制を形づくるホワイト案へと継承されるものであった。

アメリカ銀行協会が提出した回答文書は，同じ特派員によれば，支店銀行制には政治的な示唆としては反対で，信用管理に関しては個々の州の問題としていた。また同協会は，連邦預金保険公社に対してはより高い基準の銀行管理に努力を傾け，地域的な競争を誘導して貸付利率を管理するようなことは止めること，連邦準備制度と財務省に対しては，インフレーションを防止するため適切に管理することを要求した[48]。そして1941年7月号での，この特派員によ

る最後の言及は,「平時に適した理論的問題との関連を除けば,ワグナー・アンケート調査はほとんど忘れ去られている」というものであった[49]。

ニューディール銀行制度改革に端を発した,ワグナー委員会による「全国銀行通貨政策」に関する包括的調査・再検討は,こうして途半ばでその幕を下ろすことになった。しかしながら,連邦準備制度理事会は当該調査による綿密な政策的裏づけを検討したことを基礎にして,いまや戦時財政や戦後体制を展望しつつ連銀信用政策の確立に立ち向かっていた。1940年4月,同理事会調査統計局エコノミストの1人は「連邦準備政策の目的に関する歴史的考察」のなかで,「不当な信用膨張」の阻止を追求するうちに,「将来のインフレーション」からわが国を守るという貨幣政策のもうひとつの基本的目的に回帰していると分析した。11月14日のイリノイ州銀行協会の会合で同理事会理事シムザック (Menc S. Szymczak) は,戦中・戦後における潜在的インフレの脅威,その備え(中央銀行の信用規制)としてワグナー委員会調査の重要性を指摘した。さらに12月4日,エクルズ議長は「超過貨幣準備から帰結する信用インフレの脅威と闘う手段として,対英信用供与を議会が考慮」すべきであると訴えていた[50]。

1940年12月31日,連邦準備制度理事会は各連邦準備銀行総裁と連邦諮問委員会の三者共同で,両院議長宛に特別議会報告書を提出した[51]。これは直接的には,潜在的インフレーションの脅威を減退させるための計画であったが,また本章が考察してきたところの,連邦準備制度による信用政策の独立を求めた,戦前最後の重要な試みとなった。具体的な議会への要請は,① 70億ドルに達する超過準備を吸収する手段を連邦準備制度に与えること(非加盟銀行を含む全銀行に対する準備率引き上げ権限),②超過準備の潜在的増加の源泉を排除すること(30億ドルのグリーンバックス発行権および銀貨発行権の行使,また超過準備に影響を及ぼす安定化基金の利用は,連邦公開市場委員会との協議の後に行われるべきこと),③対外援助(武器貸与法 [Lend Lease Act of 1941])を妨害しない限りで,超過準備の増加を回避すること,④政府の経常費と防衛計画費は,銀行の国債購入による追加的預金の創出によってではなく,既存の膨大な預金で賄うこと(財務省は商業銀行ではなく投資家に国債を売却すること),⑤国民所得の増加に応じて,国防費の大部分は借入ではなく租税歳入で賄うことで

あった。

　この議会要請は，連邦準備制度が自らの信用政策の管理責任を明確に宣言した点で画期的であったが，他方で戦時財政がすべてに優先することを決定づける契機となった。連邦準備制度への反発は多面的でまた激しかった。まずは，「高金利を得ようとする典型的な銀行家の策略」などとする批判が続出した。さらに，他の政府諸機関からの批判が噴出した。連邦預金保険公社のクローリー（Leo Crowley）議長は，全州法銀行を連銀の準備率規制下に置くことに猛反対し，復興金融公社（FRC）総裁ジョーンズはインフレの兆候などは全くないと批判した。より痛烈な批判はモーゲンソー財務長官からあがった。エクルズによれば，報告書の内容を10日も前に見て沈黙を守っておきながら，国債価格が下落するや否や（＝1941年1月9日）「なお大きな混乱と不必要な摩擦をもたらすことになる」とモーゲンソーは批判を展開した[52]。さらに，1月13日付のモーゲンソー宛の手紙で，エクルズは1月3日付ウォール・ストリート・ジャーナル（*Wall Street Journal*）紙を見て初めて財務省が銀行持株会社法草案をグラス上院議員の協力で完成していることを知って驚き，ワグナー決議案に基づく聴聞会以前の段階でのこうした「断片的な立法」は回避すべきであると批判した。同時に，エクルズは1940年末の連銀協同提案に反対ならば妥協の道があると提案した[53]。

　ワグナー委員長は「新年になっても，連邦準備制度理事会を通じてこのプログラムを提案しようとはしなかった。それは，彼の銀行通貨調査から注意を逸らす行為に等しいと見たからである。モーゲンソー財務長官は，そのプログラムに財務省から通貨管理を取り去ろうとする試みを読み取って激しく反発した[54]。そこでエクルズ理事会議長は，1941年1月17日，再び大統領に直訴した。モーゲンソーのあからさまな批判に理事会が落胆していることを嘆いた後，通貨監督官の機能の移転を除いては「行政府再編法案（Reorganization bill）」に関して大統領を制限すべきでなく，「ワグナー・アンケート調査と聴聞会」によって財務省と理事会との関係がさらに悪化することを回避するためには大統領の指導が必要だと訴えたのである[55]。

　エクルズ連銀議長の直訴に対して，ホワイトハウスは2つの方向で対応した。第1はエクルズの金融アドバイザーから転出して大統領経済担当行政補佐

官を務めていたカリーが調整役となって，財務省と理事会との間の関係修復が進められた。カリーは1月27日に大統領とランチ・ミーティングを行ったが，そのときのメモによれば，連邦準備制度側の要求は次の通りであった[56]。

1．行政府再編：大統領は，金融監督諸機関の統合を再検討する権限を議会に与えること。
2．ワグナー聴聞会およびアンケート調査：大統領はワグナーに対して，包括的法案の準備を待って，その間は聴聞会を行わないよう助言する。
3．銀行法：
   (a) 連邦準備制度に対して，特別報告書で提案したように，法定必要準備率を引き上げる権限を与える。
   (b) 全銀行に対して法定必要準備率を適用し，必要準備をFDIC賦課金（保険料）の対象から免除する。
   (c) 連邦準備銀行の重役から銀行家を除外する。
   (d) 連邦準備銀行の株式〔形態〕を廃止する。
   (e) 大統領に法定必要準備率に対する発議権と拒否権，および30億ドルまでの公開市場操作を要求する権限を与える。
   (f) 議会が上記(c), (d), (e)を承認した場合には，現行の大統領権限を無効とするか，または取り消す。
4．包括法案：連邦準備制度理事会議長の指揮下で，ワグナー委員会のために準備中の銀行持株会社法を，ホワイトハウスの承認により含める。

この連邦準備制度の要請に対して，カリーのメモによれば，大統領はすべての項目に関して承認したとある。しかし，実際にはそれは，武器貸与法の成立を控え，政府財源の確保の問題が議会との関係でどのように進展するかに依存した。それゆえ第2に，1940年末の特別報告書に対するホワイトハウスの対応は，連邦政府の財源調達に関して連邦準備制度に一定の譲歩を迫るものであった。1941年4月24日付の財務省との交渉結果に関する連邦準備制度理事会メモによれば，連邦政府の防衛費の「最も効率的な金融方法をインフレーションの進行に対する安全弁に結合する手段」について，連邦準備制度が全面的に協力することで財務省と合意した[57]。

おわりに

　結局のところ，連邦準備制度理事会が提起した通貨金融制度の包括的な見直し問題は戦後へと持ち越されることになった。クロフォードが指摘していたように，それは連邦準備制度と財務省という銀行・通貨管理当局の二元性に由来し，現代へと継続する問題であった。「ニューディール期に発展した管理通貨制度の下では，大統領に直属する，それゆえ政治的影響力に敏感な部局である財務省と，ある程度独立した連邦準備制度との間には，政策上の摩擦が起きる実際的な心配の種がある。経済計画のより広いプログラムにおける公権力のより大きな行使と，中央銀行機能がますます政府に従属するようになる傾向とともに，通貨部面における財務省の権限の増大はわが国のひとつの傾向を示している」[58]。

　最後に，本章の考察から強調しておくべきことは，こうした管理通貨制度の発展過程における銀行通貨当局間の対立過程は，とりわけ連邦準備制度に「インフレーションの管理」のみならず，新たに「価格メカニズムの歴史的役割の復活」，「自由市場経済の復活」の問題（＝ベックハート）を提起したことであろう。しかしながら，この問題は政策調整機構としての「大統領経済諮問委員会」や「国際通貨金融問題に関する国家諮問会議」の設置を含めて別個に考察されねばならない[59]。

［注］

1） 萩原伸次郎『アメリカ経済政策史──戦後「ケインズ連合」の攻防』有斐閣，1996年；鹿野忠生「アメリカにおける世界的自由貿易体制の形成──GATT成立と『自由企業体制』との関連をめぐって」天理大学『アメリカス研究』第3号，1998年；秋元英一「ハリー・デクスター・ホワイトと戦後国際通貨体制の構想」千葉大学『経済研究』第12巻第2号，1997年。わが国を中心とした研究状況について，詳しくは以下を参照。須藤功「南北戦争後のアメリカ経済──南部再建からニューディールまで」馬場哲・小野塚知二編『西洋経済史学』東京大学出版会，2001年。

2） ニューディールを評価する前者の研究として，黒川勝利『企業社会とアメリカ労働者──1900〜1920年』御茶の水書房，1988年；仁田道夫「アメリカ的労使関係の確立」東京大学社会科学研究所編『20世紀システム 2　経済成長Ⅰ 基軸』東京大学出版会，

1998 年；Sanford M. Jacoby, *Modern Manors : Welfare Capitalism Since the New Deal*, Princeton : Princeton University Press, 1997［S. M. ジャコービィ『会社荘園制——アメリカ型ウェルフェア・キャピタリズムの軌跡』内田一秀ほか訳，北海道大学図書刊行会，1999 年］.
3 ）平井規之『大恐慌とアメリカ財政政策の展開』岩波書店，1988 年，85-86, 235 頁。
4 ）われわれの議論に手掛かりを提供してくれるのは，以下でも述べるように，エクルズ議長が議会に要請して，1940 年に設置された上院銀行通貨委員会による「全国銀行通貨政策」調査である。この調査活動は，大戦の本格化によって途上で挫折したが，残された膨大な資料は第 4 章および第 5 章の分析に不可欠な素材を提供している。
5 ）Clay J. Anderson, *A Half-century of Federal Reserve Policymaking, 1914-1964*, Federal Reserve Bank of Philadelphia, 1965, p. 78. 加盟銀行の超過準備を吸収する方法として，連邦準備制度による国債保有の削減または必要準備率の引き上げが検討されていた。Board of Governors of the Federal Reserve System, *Annual Report*, Washington : GPO, 1936, pp. 208-209 （以下，Board of Governors, *Annual Report*, 1936, pp. 208-209 のように略記）。
6 ）Board of Governors, *Annual Report*, 1937, p. 232 ; *Annual Report*, 1938, pp. 195-198. なお，この時マッキー（John K. McKee）理事（クリーブランド連銀地区出身で，元銀行検査官）は 1 人反対投票した。なお，連邦諮問委員会は，巨額の外国投資残高はそれが還流するほどの低金利に理事会が誘導できるまで，わが国の銀行準備の中に置かれるべきであると指摘した（p. 228）。
7 ）Anderson, *op. cit., A Half-century of Federal Reserve Policymaking, 1914-1964*, p. 81. 因みに，この不況は 1937 年 5 月から 1938 年 6 月まで続いた。
8 ）Marriner S. Eccles, *Beckoning Frontiers : Public and Personal Recollections*, Sidney Hyman ed., New York : Alfred A. Knopf, 1951, p. 267.
9 ）*Ibid*., pp. 270-271 ; Milton Friedman and Anna J. Schwartz, *A Monetary History of the United States, 1867-1960*, Princeton : Princeton University Press, 1963, p. 534.
10) Eccles, *op. cit., Beckoning Frontiers*, pp. 269-271.
11) Board of Governors, *Annual Report*, 1938, pp. 71-73.
12) Eccles, *op. cit., Beckoning Frontiers*, pp. 272-276. ただし，大統領は立法化を伴わない形で，統一的銀行検査の実現を求めていた（Henry Morgenthau, Jr., *Presidential Diaries of Henry Morgenthau, Jr.*, April 22, 1938, p. 1）。連邦準備制度理事会の検査基準の緩和に関しては，「過去の厳格な適格要件が銀行システムを倒壊から救うことはなかった」，「デフレーションのときは，連邦準備制度が安全性と合わせて最大の自由度で貸し出すことが重要である」との理由が添えられた（*Federal Reserve Bulletin*, Oct. 1937, p. 979）。
13) George L. Harrison, April 1, 1938, pp. 1-2, Office Memoranda, Vol. V., George L. Harrison Papers, Archives of the Federal Reserve Bank of New York.
14) ハリソンはその日の午後，SEC 委員長ダグラス（William O. Douglas）を訪ねたが，

明確な同意を得ることはできなかった。Harrison, Office Correspondence, April 1, 1938, pp. 4-9.
15) Rudolph L. Weissman, *Economic Balance and a Balanced Budget : Public Papers of Marriner S. Eccles*, New York : Da Capo Press, 1973. pp. 148-150. 手紙は全文が収録されている。
16) Arthur W. Crawford, *Monetary Management under the New Deal : The Evolution of a Managed Currency System—Its Problems and Results*, New York : Da Capo Press, 1972, 1st 1940, pp. 233-234. なお，実施は 1938 年 9 月からである。
17) Board of Governors, *Annual Report, 1938*, p. 37 ; Crawford, *op. cit., Monetary Management under the New Deal*, p. 234.
18) Eccles, *op. cit., Beckoning Frontiers*, pp. 278-280 ; Sidney Hyman, *Marriner S. Eccles, Private Entrepreneur and Public Servant*, Stanford University Press, 1976, pp. 253-254.
19) Board of Governors, *Annual Report*, 1939, pp. 1-22.
20) *New York Times*, April 10, 1939, p. 8.
21) *Bankers Magazine*, New York, June 1939, p. 500.
22) Eccles, *op. cit., Beckoning Frontiers*, pp. 281-283 ; Hyman, *op. cit., Marriner S. Eccles, Private Entrepreneur and Public Servant*, pp. 254-255.
23) *Bankers Magazine*, March 1939, pp. 231-232.
24) *New York Times*, April 11, 1939, p. 33.
25) *Commercial and Financial Chronicle*, Vol. 149, No. 3878, Sept. 16, 1939, pp. 1700-1701.
26) *Commercial and Financial Chronicle*, Vol. 149, No. 3883, Nov. 25, 1939, p. 3306.
27) Townsend (Rep.) of Delaware, *Commercial and Financial Chronicle*, Vol. 148, No. 3851, April 15, 1939, p. 2197.
28) Eccles, *op. cit., Beckoning Frontiers*, pp. 284-285.
29) Upham Memorandum to HMJ Concerning Proposed Consideration in Single Agency, March 23, 1939, *Morgenthau Diaries*, Book 170, pp. 195-201 ; *Bankers Magazine*, June 1938, p. 500.
30) Morgenthau to Wagner, March 21, 1939, *Morgenthau Diaries*, Book 170, pp. 166-193. この文書はホワイトによる起案であるとされる（秋元「ハリー・デクスター・ホワイト」188 頁）。また，以下も参照。*New York Times*, February 24, 1939, pp. 33, 38.
31) Chairman Eccles to the President, May 15, 1939, p. 4, Marriner S. Eccles Papers (MS178), Box 4, Folder 4, J. Willard Marriott Library, University of Utah.
32) Remarks : Attach to Memo to President 5/15/39, Marriner S. Eccles Papers, Box 4, Folder 4.
33) 1939 年 6 月 15 日付ワシントン・ポスト（*Washington Post*）紙からの引用。*Commercial and Financial Chronicle*, New York, Vol. 148, No. 3860, June 17, 1939, p. 3619.
34) ワグナー（Robert F. Wagner, 1877-1953）は，1935 年全国労働関係法（＝ワグナー

法）のスポンサーや社会保障法への関わりで知られるが，金融制度改革に関して言及されることは全くない。J. Joseph Huthmacher, *Senator Robert F. Wagner and the Rise of Urban Liberalism*, New York : Athenaeum, 1968. 前者に関する研究として，さしあたり以下を参照。紀平英作『ニューディール政治秩序の形成過程の研究――二〇世紀アメリカ合衆国政治社会史研究序説』京都大学学術出版会，1993 年；中島醸「R・ワグナーの国民国家統合構想の再解釈――福祉国家論の視点からのニューディール国家構想の一検討」東京歴史科学研究会『人民の歴史』第 150 号，2001 年。

35) Eccles, *op. cit., Beckoning Frontiers*, pp. 284-285 ; Hyman, *op. cit., Marriner S. Eccles, Private Entrepreneur and Public Servant*, pp. 262-263.

36) Telephone between Wagner and Morgenthau, January 11, 1940, 2 : 25 p. m., *Morgenthau Diaries*, Book 235, p. 37.

37) *New York Times*, Jan. 24, 1940, p. 35. ブルッキングス研究所は結局，1939 年行政再編法に関する調査に携わった経験からか，ワグナー委員会アンケート調査の作成を支援する側に回ったものと見られる。Ronald Ransom, "Memorandum to the Board of Governors," October 11, 1937, p. 1, Marriner S. Eccles Papers, Box 8, Folder 1 ; M. S. Eccles to Harold D. Smith, January 20, 1945, Marriner S. Eccles Papers, Box 4, Folder 8.

38) *Commercial and Financial Chronicle*, Vol. 150, No. 3897, March 2, 1940, p. 1358.

39) U.S. Senate, Resolution No. 125, 76th Congress 1st Session, April 17, 1939, Legislative August 2, 1939, Records of Committees Relating to Banking and Currency, RG 46, Box 138.

40) "Senator Wagner Releases Comprehensive Questionnaire in Senate Committee Study of National Monetary and Banking Policy," Press Release, May 16, 1940, p. 1, in Board of Governors of the Federal Reserve System, *Minutes of Meetings of the Federal Open Market Committee, 1923-1975*, Microfilm, Frederick, Md. : University Publications of America, 1983.

41) "Senator Wagner Releases," May 16, 1940, pp. 12-13.

42) *New York Times*, May 16, 1940, p. 40.

43) Eccles, *op. cit., Beckoning Frontiers*, p. 286. また，以下も参照。Hyman, *op. cit., Marriner S. Eccles, Private Entrepreneur and Public Servant*, p. 263.

44) Telephone between Ronald Ransom and Morgenthau, Feb. 23, 1940, 3 : 02 p. m., *Morgenthau Diaries*, Book 242, p. 223.

45) この段階では，ニューヨーク大学教授ナドラー（Marcus Nadler），証券取引委員会特別顧問ニムキス（Peter Nehemkis），連邦準備制度理事会エコノミストから 1934 年にプリンストン大学教授へ転出したリーフラー（Winfred Riefler：1937 年に国際連盟財政委員会委員を兼務）などの名前があがっていた。*Bankers Magazine*, April 1940, p. 314.

46) *Bankers Magazine*, May 1941, p. 413.

47) "Preliminary Draft" Report to the Senate Committee on Banking and Currency, undated, *Morgenthau Diaries*, Book 250 (April 1-4, 1940), pp. 118-223.

48) *Bankers Magazine*, June 1941, pp. 502-503.
49) *Bankers Magazine*, July 1941, p. 40.
50) Authur Hersey, "Historical Review of Objectives of Federal Reserve Policy," *Federal Reserve Bulletin*, April 1940, p. 289; M. S. Szymczak, "Development of Federal Reserve Banking," *Federal Reserve Bulletin*, December 1940, pp. 1263-1264; *New York Times*, December 5, 1940, p. 10.
51) "Special Report to the Congress," by the Board of Governors of the Federal Reserve System, the Presidents of the Federal Reserve Banks, and the Federal Advisory Council, December 31, 1940, Board of Governors, *Annual Report*, 1941, pp. 68-70.
52) Eccles, *op. cit., Beckoning Frontiers*, pp. 353-357.
53) Eccles to Henry Morgenthau, January 13, 1941, pp. 1-3, Marriner S. Eccles Papers, Box 9, Folder 3.
54) *Bankers Magazine*, March 1941, pp. 224-225. また，以下も参照。Anderson, *op. cit., A Half-century of Federal Reserve Policymaking, 1914-1964*, pp. 81-82.
55) Eccles to the President, January 17, 1941, pp. 1-3, Marriner S. Eccles Papers, Box 4, Folder 5. この手紙の草稿と思われる文書に添付されたメモによれば，理事会はワグナー・アンケート調査および聴聞会について，以下の戦略を立てていた。①財務省とFDICと理事会が別個の回答を用意することで混乱を増幅しない，②立法化プログラムに結果を出すため法案を起草する，③財務省が敵対的で都合のよいときだけ協力するため，7年間に及ぶ財務省との共同作業が徒労であったことを証明する，④これまで理事会が行使してきた監督権限をFDICに移す法案に，財務省は賛成するように要求しているが，それは非現実的で報復的である，⑤包括的な立法化プログラムの草稿が用意されるまで，連邦準備制度と大統領の新しい権限に関する勧告を受け入れないように，大統領がワグナーに助言する。Eccles to the President, January 17, 1941, p. 2, Marriner S. Eccles Papers, Box 4, Folder 5. 立法化プログラムの詳細な検討は本書第5章で行う。
56) Currie's Memo on Luncheon with President Roosevelt, January 27, 1941, unpaged, unsigned, Marriner S. Eccles Papers, Box 4, Folder 5.
57) "Memorandum of Matters to be Discussed with the Treasury," unsigned, April 24, 1941, p. 1, Marriner S. Eccles Papers, Box 9, Folder 3.
58) Crawford, *op. cit., Monetary Management under the New Deal*, p. 168.
59) Benjamin H. Beckhart, *Federal Reserve System*, New York: American Institute of Banking, 1972 [ベンジャミン・H. ベックハート『米国連邦準備制度』矢尾次郎監訳，東洋経済新報社，1988年，250-251頁]。

第4章　銀行監督・検査体制と二元銀行制度
―― ワグナー委員会アンケート調査の分析 ――

はじめに

　前章でも見たように，連邦上院銀行通貨委員会（委員長ロバート・F. ワグナー，ニューヨーク州選出，民主党）は1940-41年にかけて，「全国銀行通貨政策（National Monetary and Banking Policy）」に関する広範なアンケート調査に着手した。本章は，このアンケート調査に対する連邦銀行監督諸機関や各種銀行家団体の回答文書に基づき，ニューディール改革以降に国政レベルで浮上した通貨金融システムに関する政策論争の核心に迫ることを目的としている。

　ところで，ニューディール期1930年代前半に制定された一連の通貨金融制度改革諸立法は，連邦預金保険制度の恒久化を図ったのみならず，連邦準備銀行の人事権，預金金利規制，準備率政策や公開市場政策の権限を連邦準備制度理事会に集中することで，管理通貨制度の基本的枠組みを整えた。しかしながら，実際には通貨金融政策は多難な門出となった。第1に，財政政策が伝統的観念から解放されるのは，1937年不況の原因をめぐる激しい論争の上に実現した「財政革命」後であった[1]。その後，第2に，管理通貨制度のもとでの主要政策主体の一方として位置づけられながら，連邦準備制度は財政政策に対する「受動的役割」を強いられた[2]。さらに，1934年金準備法によるドルの平価切り下げ時に発生した評価益金を原資として「為替安定基金」が創設されたが，この為替操作をはじめとする金政策全般が財務省の手元に置かれた[3]。すなわち，第3に，商業銀行の預金準備がこの金管理の影響を受けるため，連邦準備制度の金融政策もまた重大な制約を負ったのである。

　実際のところ，連邦準備制度は通貨金融政策の権限と責任について，解決すべき重要な課題があることを組織としても認識していた。しかしながら，金融

政策の自律性に関する研究は，もっぱら連邦準備制度が戦時期から強要されてきた国債価格支持政策からの解放，すなわち財務省との合意形成（「アコード」，1951 年）に焦点をあててきた[4]。研究史のこうした状況はおそらく，主要な金融制度改革がニューディール期にほぼ完了したこと，管理通貨制度を前提とする拡張的経済政策がニューディール期から 1960 年代まで，アメリカの一貫した経済政策であったとの認識に影響されたことにある。本章はニューディールと戦後の 2 つの時期を繋ぐ，金融政策上の連続面と断絶面を探索しようとする作業の一環をなす。この研究史の間隙を埋めることで，戦後アメリカの金融システムが逢着した諸問題に歴史的解明の糸口を提供することができると思われる。

　ニューディール期の制度改革から戦時期に至る時期の金融システムが，あるいは金融政策が抱えた問題の実証的検討を困難にしているもうひとつの要因は，史料発掘の遅れであった。公的金融監督機関等の議会報告書や広報誌を通じて，連邦準備制度は自らが直面した問題を強く訴えていたにもかかわらず，まもなく戦時経済体制に移行したため，制度改革もまたそのための議会聴聞会もほとんど進展しなかった。そのため，膨大な重要史料がこれまで研究者の目に触れることも少なかったのである。

　しかしながら，前章で検討したように諸銀行が法定準備率を超えて保有する預金準備金，いわゆる「超過準備（excess reserve）」の管理問題を出発点に，1937 年の不況の原因や対策をめぐる議論は連邦準備制度理事会議長マリナー・エクルズによる「全銀行統合プロジェクト」の提起を経て，連邦政府や州政府の多様な金融監督機関による国民的な「銀行通貨政策」の構築をめぐる議論へと展開した。エクルズによる議会調査（その後に法案提出）の要請は，ついに冒頭に示した上院銀行通貨委員会によるアンケート調査に帰結したのであった。いわゆる「ワグナー委員会」のアンケート調査は，20 世紀初頭に連邦準備制度を用意することになった「全国通貨委員会（National Monetary Commission）」の膨大な議会調査に次ぐ規模と重要性をもつはずであった。調査対象には，財務省（および通貨監督官），商務省，連邦準備制度（理事会および各連邦準備銀行），連邦預金保険公社（FDIC），復興金融公社，各州政府（銀行局），そして準備市銀行協会，アメリカ銀行協会が選ばれた。折悪しく議会

調査は第2次世界大戦の勃発と重なり，委員会の差し迫った課題は武器貸与法や戦時金融などに移行し，アンケート調査の回答書に基づく聴聞会の開催は頓挫してしまった。しかしながら，幸いにも各種機関や団体によるアンケート調査の回答書は，いくつかの文書館に分散して保管されてはいるが，その大部分は利用可能である[5]。

本章はこうして新たに発掘した史料を用いて，同委員会が「全国銀行通貨政策」で取り上げようとした問題とは何だったのか，また多様な関係各種機関や銀行家団体がどのような利害や政策を主張したのかを検討する。以下では，本調査の出発点をなした銀行の監督と検査をめぐる問題に限定して分析することにし，金融政策に関する項目の検討は次章にゆずる。第Ⅰ節では，公的監督の背景をなす銀行の「公共的性格」が大恐慌後にどのように認識されていたかを問い，第Ⅱ節では銀行の監督・検査体制の抱えた問題点を析出する。そして第Ⅲ節では，カリフォルニア州の巨大銀行持株会社を事例として取り上げ，二元銀行制度がこの時代にどのような問題として表れたのかを描き出すことにしよう。

I. 銀行の公共性

アメリカでは銀行に対する規制は建国期にまで遡ることができ，第1章で検討したように，銀行や銀行業には絶えず，公益（public interest）または公共性（publicness）が求められてきた。それは第1に，連邦議会が特許状を付与した第一・第二合衆国銀行も，各州議会が特許したいわゆる州法銀行（state [chartered] banks）も，それぞれが個別に銀行券を発行したからであった。独立戦争期に大量に発行された大陸会議紙幣や州政府紙幣がほぼ無価値となるほどの大幅減価を経験して，唯一，通貨発行権を有した連邦政府も法貨紙幣の発行には消極的であった。それゆえ，銀行券は鋳貨と並んで主要な通貨を構成した。

第2に，連邦政府や州政府は当初から，株式銀行の設立を財政手段の一部とみなしたことにあった。とりわけ合衆国憲法によって通貨発行権（＝発券財政）を奪われた州政府は，地域開発資金の源泉のひとつを株式銀行に求め（＝

銀行財政），銀行株式への投資や課税（特許料・特許更新・資本金や利潤等への課税）を行った。第3に，産業革命の進行に併せて19世紀初頭に始まる銀行設立数の急速な増加は，一方では銀行倒産に起因する社会経済の混乱から地域社会を防衛することの重要性を高め，他方では銀行設立の特権（独占）に対する批判を顕在化させた。その結果，「銀行戦争」による第二合衆国銀行の消滅と準則主義に基づく自由銀行制度の各州への展開は，銀行財政の後退，健全銀行業務（sound banking）と流通手段としての銀行券の社会的な重要性を著しく高めることになった。

　国家を二分した南北戦争期に，戦時財政の必要から建国以来はじめて，連邦政府は法貨紙幣（合衆国紙幣またはグリーンバックス）を発行し，国債担保発券を特徴とする一般株式銀行設立法（National Bank Act）を制定した。合衆国紙幣は1879年以降も兌換紙幣として流通し続けたとはいえ，銀行券は最も重要な通貨のひとつを構成した。1865年の法律が州法銀行券に課税したことから，国法銀行（national [chartered] banks）は銀行券発行を事実上，独占した。しかしながら，1870年代以降の預金銀行業務の発展と内陸部の旺盛な資金需要は州法銀行を復活させた。すなわち，銀行の設立と監督・検査体制を各州政府（銀行局）と連邦政府（財務省，通貨監督官）が分権的に管轄する，いわゆる「二元銀行制度」の成立であった。1913年の連邦準備制度成立を経て，1934年には新たにFDICが創設されるなどして，図4-1に示されるように，二元銀行制度の上に多様な監督・検査機関を積み重ねることになった。

　したがって，銀行の監督・検査体制の問題は二元銀行制度の再編に関わる問題でもあった。そこで，この問題を検討するにあたり，銀行に対する公的な監督・検査の根拠をなす銀行または銀行業の「公共性」についての認識が，大恐慌後のこの時期に何らかの変化があったのか否かを，ワグナー委員会のアンケート調査のなかで探ってみたい。

1）通貨監督官（財務省）

　アンケート調査でワグナー委員会は，関係諸機関に対して銀行監督（bank supervision）の前提となる銀行ビジネスの性格を問うた。すなわち，「銀行ビジネスのいかなる性格が，他の大多数のビジネスに課されるよりも相対的に大

第4章 銀行監督・検査体制と二元銀行制度 — 157

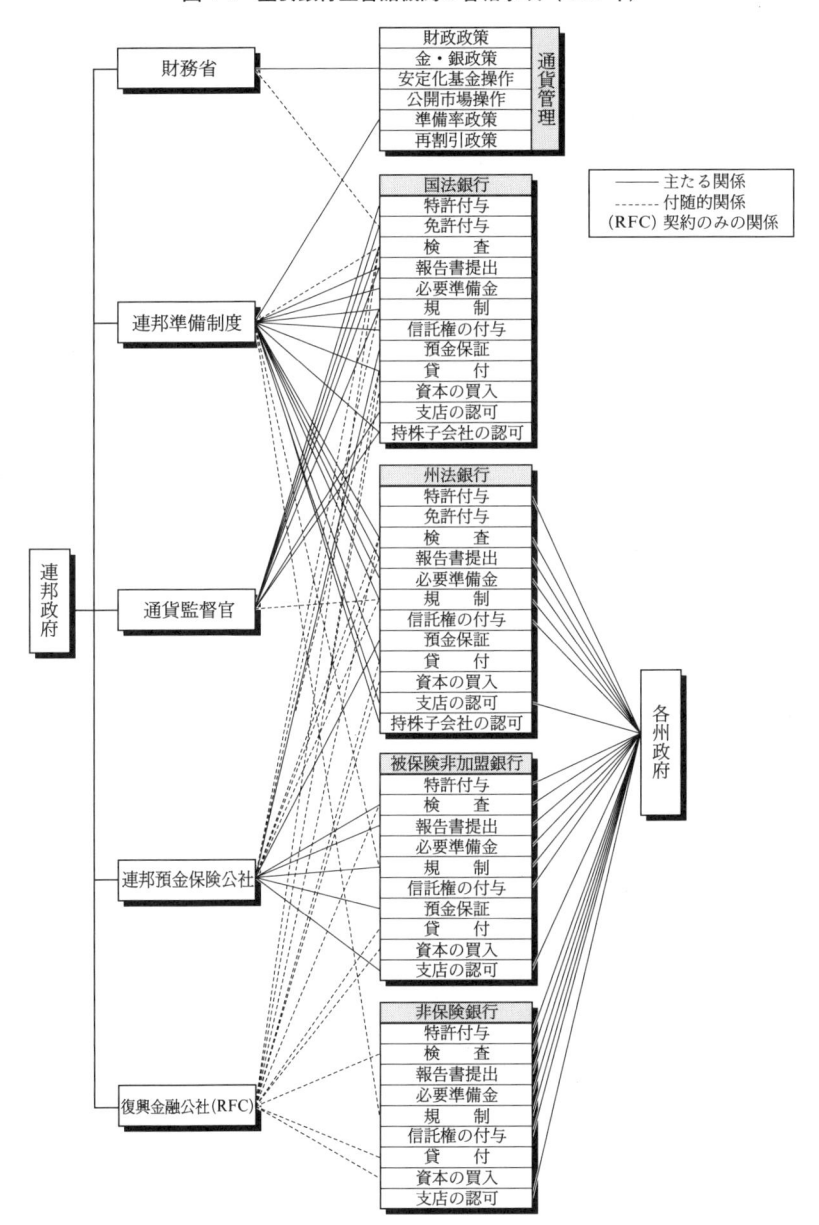

図 4-1 主要銀行監督諸機関と管轄事項（1938 年）

```
                    ┌─ 財政政策 ─┐
                    │ 金・銀政策 │
        ┌ 財務省 ───┤ 安定化基金操作 ├ 通貨管理
        │           │ 公開市場操作 │
        │           │ 準備率政策 │
        │           └ 再割引政策 ┘
        │
        │                   ── 主たる関係
        │                   ---- 付随的関係
        │                   (RFC)契約のみの関係
        │
        │           ┌ 国法銀行 ┐
        │           │ 特許付与 │
        │           │ 免許付与 │
        │           │ 検  査 │
        │           │ 報告書提出 │
        │           │ 必要準備金 │
        ├ 連邦準備制度 ┤ 規  制 │
        │           │ 信託権の付与 │
        │           │ 預金保証 │
        │           │ 貸  付 │
        │           │ 資本の買入 │
        │           │ 支店の認可 │
連邦政府 ┤           └ 持株子会社の認可 ┘

        │           ┌ 州法銀行 ┐
        │           │ 特許付与 │
        │           │ 免許付与 │
        │           │ 検  査 │
        │           │ 報告書提出 │
        │           │ 必要準備金 │
        ├ 通貨監督官 ┤ 規  制 │── 各州政府
        │           │ 信託権の付与 │
        │           │ 預金保証 │
        │           │ 貸  付 │
        │           │ 資本の買入 │
        │           │ 支店の認可 │
        │           └ 持株子会社の認可 ┘

        │           ┌ 被保険非加盟銀行 ┐
        │           │ 特許付与 │
        │           │ 検  査 │
        │           │ 報告書提出 │
        │           │ 必要準備金 │
        ├ 連邦預金保険公社 ┤ 規  制 │
        │           │ 信託権の付与 │
        │           │ 預金保証 │
        │           │ 貸  付 │
        │           │ 資本の買入 │
        │           └ 支店の認可 ┘

        │           ┌ 非保険銀行 ┐
        │           │ 特許付与 │
        │           │ 検  査 │
        │           │ 報告書提出 │
        └ 復興金融公社(RFC) ┤ 必要準備金 │
                    │ 規  制 │
                    │ 信託権の付与 │
                    │ 貸  付 │
                    │ 資本の買入 │
                    └ 支店の認可 ┘
```

出典）Board of Governors of the Federal Reserve System, *Annual Report*, Washington GPO, 1939, p. 9 ; Board of Governors of the Federal Reserve System, Member of the Staff, *Banking Studies*, Washington : Board of Governors of the Federal Reserve System, 1941, p. 199.

きな公的監督を正当化，あるいは説明するのか」[6]である。

　まず，国法銀行に設立特許状を交付しその監督と検査に責任をもったのは，財務省内に設置されながらも，大統領任命職で相対的に独立性の強い「通貨監督官（Comptroller of the Currency）」であった。通貨監督官は，この質問に次のように回答した[7]。すなわち，「銀行ビジネスの準公共性（*quasi* public nature）と人々の金銭問題との緊密な関係は明らかに公益に影響を及ぼし，したがって銀行を公的な監督と規制の対象とみなしうる種類のビジネスに区分させる」。銀行は一般に，「普通のビジネス取引を行っているコミュニティの現金や信用資源の預託所であり，導管である。銀行の第1の目的は預金に安全な保管場所を提供し，融資や小切手・為替手形を媒介にして他所に貨幣を移送することによって，企業社会を支援することである。……銀行が『他人の金』を投資資金としてではなく，安全と便益のために預かった資金を利用するという事実と，──人々の信頼を得なければ預金を獲得できないため──公的信頼が銀行制度の有効性と存在の本質であるという事実こそが，公的機関による十分かつ適切な銀行監督を不可欠とするのである。この機能を遂行するために連邦政府と各州政府は，私的に所有され私的に経営される銀行システムの維持から生じる多大な利益を守る一方で，銀行の健全性と人々の信頼を保証するために，銀行の特許とその規制・監督を明確に適用する法律を制定した。したがって，銀行の場合，公益が最も重要である。銀行の健全性は一国の経済機構が適切に機能するための本質である」[8]。

　見られるように，通貨監督官は第1に，銀行が交換手段（現金や預金通貨など）を扱う点に銀行の公共性（または準公共性）を見出す。第2に，政府の監督・規制によって銀行経営の健全性を確保し，また銀行に対する信頼を確保することが，民営銀行システムの利益を引き出すと見る。そして第3に，健全銀行業務の強調は当初より連続していたが，大恐慌を経過することでさらに強く意識されるようになったとする。

　銀行をめぐる信頼関係の主張は，後段で詳述するように，銀行検査の統一問題と深く関わっていた。この回答で通貨監督官は，一般預金者は銀行経営に関する詳細な営業報告書を正確には理解できないのだから，その公開は公益に当たらない。反対に，「銀行とその顧客との間にある信任関係を傷つけ，またお

そらくは破壊し,銀行や借り手,そしてコミュニティに有害となる」[9]と述べている。銀行検査の公益性についての認識の違いは,こうして財務省と連邦準備制度理事会との間に対立を引き起こしていた。

2）連邦準備制度理事会

次に,本アンケート調査の発端をなす運動を展開した連邦準備制度理事会（以下,理事会と略記することがある）は,銀行の公共性をどのように理解していたのであろうか。理事会の回答によれば,「銀行業は公益に並はずれて大きな影響を及ぼすビジネス」であり,以下の3つの本質的性格が銀行ビジネスに対するより大きな公的監督を正当化する。すなわち,①銀行預金はビジネスにとって主要な支払手段であること,②銀行の信用供与はビジネスの秩序ある機能と諸産業の金融需要に不可欠であること,③銀行の信用供給や債務返済の能力は,個別の預金者や借り手との関係を越えて一国経済全体に影響を及ぼすこと,以上である[10]。

通貨監督官の認識と比較したとき,理事会の認識の特徴は個別銀行経営の健全性を超えて,信用管理政策の視点から銀行監督・検査体制を捉えている点にある。理事会によれば,銀行監督は主に地域的な事情に起因する個別事例ではうまく機能することも多いが,しかし,一般的な経済不況に起因する全般的倒壊を阻止することはできない。「銀行監督は,特殊な事情や緊急性,また法律や規則や管理に起因する競争条件を充たすため,長年の累積的結果を映し出す。そのため,銀行ビジネスを管理するために設計された法律や規則が多くなりすぎてはいないか,それを管理する組織が複雑になりすぎてはいないかを問い直すことが必要となる」[11]。

そこで理事会は,早い機会に銀行諸立法を見直し,簡素化することを勧告した。その目的は,①時代遅れの条項を削除して矛盾を正すこと,また②銀行経営の細部に関する規制を最小限に抑えることであった。こうして理事会は,銀行の監督・検査システムをある方向に誘導し,再編成しようとした。この方向を確かめるため,次に連邦準備銀行を含めた他の利害関係組織の認識を示しておこう。

3) 連邦準備銀行

　ワグナー委員会は連邦準備制度がアメリカに独自の組織形態（加盟銀行を株主とする各地区の連邦準備銀行と，大統領任命の理事で構成される連邦準備制度理事会）を採るため，ワシントンの理事会とは別に連邦準備銀行にも意見を求めた。その際，12地区の連邦準備銀行全体の見解を集約する方法として，連邦準備制度創設時から各連邦準備銀行間の政策調整の不備を補う目的で設置された，連邦準備銀行総裁会議（Presidents' Conference of the Federal Reserve Banks）の法制委員会が利用された（非公式組織を含めた組織図については，第7章図 **7-2** を参照）。なお，本章で連邦準備銀行の見解に言及する場合，断りがない限り連銀総裁会議法制委員会の見解を指す。

　連邦準備銀行の回答は，理事会のそれと比較するときわめて簡略で，内容もほとんど類似していた。銀行が預金を受け入れ，人々やビジネスに資金と支払手段を供給するという意味で公共性を有し，したがって公的な監督は「安全装置」のひとつであるとする[12]。そして，効果的な銀行監督が銀行倒産とそれに起因する経済的混乱を最小限に抑制するとした上で，二元銀行制度について次のように言及する。すなわち，銀行ビジネスの秘密保持の性格ゆえ，預金者も借り手も銀行の状態や経営をチェックできない位置にあり，したがって彼らは防衛のため公的監督に依存せざるをえない。それゆえ公的監督は，とりわけ過去に無差別的な設立特許を特徴としてきた単一銀行システム（unit banking system）の経営上の適性からみて本質的なものである[13]。

　見られるように，連邦準備銀行は財務省とはやや異なり，銀行経営の内部情報に接しえない預金者や借り手などの利害関係者に代わって，公的監督が必要になると指摘する。同時にわれわれは，この議論が支店開設を原則として認めない単一銀行制度（＝単店舗主義）を前提としていることも確認しておきたい。

4) 各州の銀行監督官

　次に，各州政府の一般株式銀行法に基づいて設立された「州法銀行」に対する監督権限をもつ各州政府の銀行監督官（Commissioner of Banks）は，銀行の公共性をどのように認識していたのであろうか[14]。ワグナー委員会の質問は，

上述の連邦政府部局や独立機関への質問とやや異なっていた。すなわち,「商業銀行の監督からいかなる公的利益を得るか。監督の主要な目的は1933年から変化したか」[15] を問うた。

ここで注意すべきことは,ワグナー委員会からの多数ある質問のすべてに対して,各州の銀行監督官が個別に回答してはいない点である。マサチューセッツ州銀行監督官がワグナー委員会宛の回答文書に添付した手紙によれば,一部の回答を除いて,「可能な限り意図的に,全国州法銀行監督官協会(National Association of Supervisors of State Banks)によって検討された標準的な回答セットに従っている。私もその討議に参加したが,これは貴委員会の作業を少しでも簡単にしようと考えてのことである」と[16]。ゆえに,われわれはすべての州政府の回答を別個に検討する必要はないが,州によっては若干のアレンジが施されている点に留意しなければならない。

まず,質問の前半部に関するニューヨーク州銀行局の回答を見よう。銀行監督の第1の公益性は,個人や法人の預金者に代わって銀行業務の健全性をチェックすることにあった。第2に,特許申請された銀行が当該コミュニティにとって有益な便益を提供するかどうかを判断すること,そして第3に,設立後における健全経営からの逸脱をチェックすることにより,「銀行システム全体や公共の福祉(public welfare)に危険を孕む」事態を回避すること,これらに公益性が求められた[17]。

ただ,ミネソタ,ミシガン,オクラホマ,ノースカロライナなどの各州銀行監督官は,二元銀行制に依拠したコミュニティ銀行の存続を主張する一文を付け加えることを忘れなかった。すなわち,「民間産業による銀行経営が許されるような,わが国の民主的な政治形態が続く限り,ある種の形態の銀行監督は不可欠である」[18]。

続いて,質問の後半部分に関する回答を見てみよう。ニューヨーク州銀行局は「銀行監督の主要目的は,1933年以降も変化していない」としながらも,そこには重心の移動が見られた。銀行監督はかねてから「銀行の預金者,債権者,そして株主の保護」を強調してきたが,「1929年に始まった不況は銀行監督官らに対して,わが国の銀行システムが創設時の重要な目的のひとつ,信用の拡大に十分役立っているか否か」に重点を置くことを強いたのであると。

各州銀行監督官はさらに，次のように述べる。「その大部分が公益事業機関 (public service institutions) である銀行が，預金者を保護しサーヴィスを提供するだけでは，公衆に十分な責務を果たすことができないという事実に監督官らは明確に気づき始めた。したがって過去数年間，監督官らは一般に，それぞれのコミュニティの有意な信用ニーズのすべてを充たすために，あらゆる努力を払うことが望ましい，と銀行に強調してきた。監督当局は短期の自己流動的〔＝短期〕貸付のみならず，いわゆる長期貸付，消費目的の貸付，モーゲージ・ローン——特に連邦住宅局FHAタイプの——を含めた他のタイプの信用拡張を奨励し，促進してきた。それゆえ，銀行監督は近年，公益全体のなかで銀行の機能を確保するためにより広範な責任を負ってきた」[19]。

　以上のように，大恐慌以降，各州の銀行監督官は健全銀行業務の維持を越えて，地域の信用需要に限定してではあるが，信用供給量の増減に銀行監督がより積極的に関与するようになったと主張したのである。

5）銀行家団体

　最後に，銀行業の公共性に関する銀行家団体の認識を確認しておこう。ワグナー委員会がこの問題で調査の対象に選んだのは，アメリカ銀行協会，準備市銀行協会，そして合衆国貯蓄貸付連盟の3つの団体であった。

　第1は，アメリカ銀行協会（American Bankers Association）である。この団体は1875年に創設され，1933年現在で全銀行数の約70％，資産額で約94％のシェアを占めるアメリカ最大の銀行団体である[20]。ワグナー委員会の質問は通貨監督官や連邦準備制度理事会などに対するものと同じであったが，アメリカ銀行協会の回答はきわめて簡略であった。すなわち，アメリカの商業銀行が銀行小切手の形で貨幣を発行し，生産の持続的拡大に不可欠な銀行信用を供与することで，銀行業は公益性を有する。公的な銀行監督を受ける立場から見て重要なことは，「わが国の銀行システムが非常に多くの銀行から構成されるために，監督は不可欠」であると回答した点であろう[21]。この銀行家団体は，連邦準備銀行の見解と同様に，単店舗主義を採用するがゆえに大量に存在する小規模の独立銀行が，銀行監督の必要性を高めていると主張したのである。

　第2は，準備市銀行協会（Association of Reserve City Bankers）で，1912年12

月，国法銀行制度の準備金規定のカテゴリーで，「地方銀行」とは区別された都市部（「準備市」[22]）に所在する銀行家によって創設された団体である[23]。1941年には，この団体はシカゴの銀行家ヘイゼルウッド（Crag B. Hazlewood, Union Trust Co.）とニューヨークの銀行家エルスワース（Fred W. Ellsworth, Guaranty Trust Co.）らによって指導され，本部をシカゴに置いた。1941年現在，57準備市の450名（内規による上限）の代表によって構成され，役員数は少なく，毎年改選される，インフォーマルな性格の強い組織であった。この回答書は，9名からなる特別委員会（**表4-1**）が各委員の経験や知識をもとに回答しているが，それは会員の意見の断面を表すからであると記されている[24]。準備市銀行協会は，規約に「アメリカ銀行協会や，またいかなる州法銀行協会の利害とも衝突する事項はこれを議題としない」と盛り込むなど[25]，後述の点を含めて，全国の最大公約数的な利害を代表するアメリカ銀行協会と地方銀行を代表する州法銀行諸団体の中間的位置に立つものであった。そのためか，準備市銀行協会の回答はさらに簡潔であった。すなわち，「この性格は公衆から

表4-1　準備市銀行協会の回答書作成特別委員会（1941年）

氏　名	銀行名（所在地）職責
アーレンドーファー (Carl W. Allendoerfer)	ファースト・ナショナル銀行（カンザスシティ）上級副頭取
エリオット (Edward Elliott)	セキュリティ・ファースト・ナショナル銀行（ロサンゼルス）副頭取
エマーソン (Guy Emerson)	バンカーズ・トラスト社（ニューヨーク）副頭取
フロスト (Joseph H. Frost)	フロスト・ナショナル銀行（サンアントニオ）頭取
クルツ (Wm. Fulton Kurtz)	ペンシルヴェニア社（ペンシルヴェニア）頭取
スペンサー (Charles E. Spencer, Jr.)	ファースト・ナショナル銀行（ボストン）頭取
ストリックランド (Robert Strickland)	ジョージア信託会社（アトランタ）頭取
ウェイクフィールド (Lyman E. Wakefield)	ファースト・ナショナル銀行・信託会社（ミネアポリス）頭取
アンバーグ (Harold V. Amberg)	ファースト・ナショナル銀行（シカゴ）副頭取・法務顧問

出所）Association of Reserve City Bankers, "Answer to the Questionnaire," Letter of Transmittal, March 11, 1941, pp. 2-4, 95, in Board of Governors of the Federal Reserve, *Legislation, Major Speeches and Essays, and Special Reports, 1913-1960*, Microfilm, Frederick, Md.: University Publications of America, 1983, Reel No. 18.

表 4-2 銀行監督の目的

質問項目	通貨監督官（財務省）*	連邦準備制度理事会**
(a) 信用量調整によるビジネスの安定	× 信用条件の緩和や引き締めは，銀行監督の適切な機能ではない。 × それはむしろ，連邦準備制度理事会がその権限を行使して達成する機能のひとつである。	○ 銀行監督の目的である。 ○ 監督機関の活動は，監督者の努力がビジネスの安定を促進するために行われた行為の効果を無にしないように，一般的な信用・通貨機関の活動と一致すべきである（例えば，信用逼迫時の資産の不必要な流動化を強いるべきではない）。
(c) 銀行間競争の維持	△ 銀行監督の目的ではないが，国法銀行への特許の付与や拒絶，支店開設の許認可によって発生する「付随的な結果」である。 △ 銀行間の健全な競争は，信用便益の適切な増加，金融力と政治力の過度の集中の防止を通じて，厚生を高める。	△ 健全な競争は望ましいが，銀行間の競争維持は銀行監督の主目的ではない。 △ どの程度の競争がよいかは一般社会の関心に依存する。望ましい競争を抑制すべきではないが，銀行需要のない地域では追加的な銀行設立を認めるべきではない。
(c) 銀行間競争からの保護		△ 銀行監督の主目的ではないが，不正・不当な競争から銀行を保護すべきである。
(d) 高利・過酷な戦略の排除	○ 法律が国法銀行の高利を禁止しているので，遵守させる義務がある。	○ 銀行の違法な，反倫理的な経営戦略を監視することは監督の目的である。
(e) 通貨の地域内活用	△ 監督の問題というよりも，銀行の経営や経営戦略の問題である。 △ 経験から判断して，地元銀行は域外の銀行よりも地域の借手の信用ニーズや金融の責任を熟知している。ただし，鉱業地域では特別に地域的資金需要はないので，域外に投資せざるを得ない。	○ 獲得した預金の地域内での利用ではなく，地域の信用需要に対する銀行資金の利用の問題である。 × これは銀行監督の目的ではないが，監督機関は地域銀行が地域社会の適正な信用需要を満たす努力を妨げるべきでない。
(f) 特定集団（農業，小企業など）への資金供給	× これは政府の行政機関による銀行監督の機能ではない。むしろ，不動産貸付などを制限している。 × 特定ビジネス集団に対する（法定限度内であっても，倒産リスクを高めることから）過度の貸付の集中を防止することが銀行監督の義務である。	× 銀行監督の目的ではない。 × すべての法令上，規制上の要件が満たされているか，監督機関の政策が通貨当局の行使する信用政策と調和しているかを確認すべきである。
(g) 政府の財政活動の促進	○ 国法銀行は準公的機関として，その存在を合衆国議会が付与した特定部局に依拠し，政府の財政代理人として活動することを特別に認可されており，政府の財政運営の促進に重要な役割を果たすよう設計されている。 ○ 健全な銀行から構成される健全銀行システムの維持は，政府の財政運営の促進に計り知れない援助となる。	× 政府の財政活動の促進は，健全で適切な銀行システムの維持を目的にするのでない限りは，銀行監督の目的ではない。

注）各質問項目に関して，○は肯定的意見，×は否定的意見，△はその他の意見であることを示す。
出典）*Treasury Department, "Replies to Questions Submitted by the Senate Committee on Banking and Currency with Policy," unsigned and undated [probably late 1940 or early 1941], Section I, A. General, No. 2, pp. 1-5, Harry University, Seeley G. Mudd Manuscript Library.
**Board of Governors of the Federal Reserve System, "Answer to the Questionnaire Relative to S. Res. 125," 17, 1941, pp. 1-8, Records of the Federal Reserve System, RG 82, Box 123.
***Presidents' Conference of the Federal Reserve Banks, Legislative Committee, (Answer to) Questionnaire, Board of Governors of the Federal Reserve System, *Legislation, Major Speeches and Essays, and Special Publications of America*, 1983. Reel No. 18.

第 4 章　銀行監督・検査体制と二元銀行制度── 165

連邦準備銀行***
×　監督が何らかの方法で信用の拡張や収縮と密接に関係しているにしても，現在のところ，信用管理は銀行監督の目的ではない。 ×　銀行の監督と検査は，健全で効率的な銀行構造や運営を促進する基本的な機能から逸脱すべきでない。
△　監督機関はイニシアチブを取ることはないが，経済的事情が許す場合には，新銀行の設立を認可する。 △　クレイトン法第 8 条および連邦準備制度理事会レギュレーション L（兼任重役）により，競争条件は維持される。
○　監督機関は，不正・不当な競争から銀行を保護することができ，また保護する。 ×　準銀行機関（貯蓄貸付組合など）との競争から保護することはできない。
○　高利貸しは違法であり，容赦することはない。 ×　このような観点はあまりに狭く，監督機能の範囲に入ってくることはない。 ×　この政策は銀行資産の多様化を阻み，貸付の焦付きに帰結し，当該コミュニティに対する銀行の貢献を弱める。
×　一般に監督機関のすることでも，すべきことでもない。特定のタイプの信用に資金を集中させるべきではない。
×　銀行監督の目的でも，また機能でもない。 ×　健全銀行業務を促進する努力を台無しにし，銀行制度の完全な国有化を導くことになる。

Reference to the National Monetary and Banking Dexter White Papers, Box 6, Item 17.a, Princeton

Revised Answer, Section II, A. General, No. 2, Feb.

Section IV, A. General, No. 2, undated, pp. 1–6, in *Reports, 1913–1960*, Frederick, Md.：University

の預金の引き受けと公衆に対する銀行信用の供与の中に含まれている。健全銀行業務はコミュニティの資金を保護し，十分な信用の流れを確保するためには不可欠である」[26]と述べたに過ぎない。

最後に，合衆国貯蓄貸付連盟（United States Savings and Loan League）の回答を見ておこう。この団体は 4,000 弱の貯蓄貸付組合（savings, building and loan associations）が加盟する合衆国最大の住宅金融業界団体で，住宅抵当貸付総額の 30％強を提供していた[27]。この団体によれば，一般的なビジネスと比較して貯蓄貸付ビジネスに対する公的監督が大きい理由は，以下の通りであった。すなわち，(a) 信用供与が一般に工業や商業に活力を提供することで，通常の重要性を上回る。(b) 公衆側の金融機関への信頼の欠如は，他の産業への信頼の欠如よりも悲惨な結果をもたらす。(c) 公衆の貯蓄は不正直者の手中に渡ると，一般のビジネス以上に不正の誘惑と機会を提供する。(d) 公衆は一般に，他のビジネスの取引に比べて，金融問題にあまり精通していない。(e) ある金融機関から公衆が被る損失は，他の金融機関の一般的な信頼損失に転嫁される[28]。

合衆国貯蓄貸付連盟による，以上 5 項目の公共性の指摘は，連邦政府や州政府，また独立機関の認識を見てきたわれわれには，きわめてバランスの取れた中立的な回

答を示しているように映る。それは第1に,この団体が住宅金融に特化した貯蓄金融機関であること,第2に,預金保険制度を含めて,貯蓄金融機関に対する監督体制が連邦住宅貸付銀行理事会（Federal Home Loan Bank Board）[29]に統合されていたこと,そして最後に,この団体が政府の規制を通じて競争の回避を追求していたからであった[30]。

以上に見たように,銀行の公共性をめぐる認識は銀行監督機関や銀行団体の間で,とりわけ連邦準備制度理事会と財務省（通貨監督官）,州政府銀行当局との間で重要な差異があったように思われる。**表4-2**は,銀行監督の目的に関わる個別具体的な質問について,財務省（通貨監督官）と連邦準備制度理事会,さらに連邦準備銀行（総裁会議）の回答を比較したものである。ここで際立った違いを示しているのは,(a)の信用量の調整と(g)の財政支援である。後者に関する財務省と連邦準備制度の認識の相違は,双方にとって想定の範囲内であった。前者に関しては,連邦準備制度理事会が信用量の調整を銀行監督の目的と位置づけるのに対して[31],少なくとも国法銀行に対する監督の目的ではないと財務省は明確に否定する。さらに興味深いのは,連邦準備銀行（総裁会議）もこの点に重要な疑念を表明していることである。直接に加盟銀行の監督・検査を担当する連邦準備銀行と,信用政策の機能を重視する理事会との認識の差異が表面化していたのである。

銀行の公共性,銀行監督の目的をめぐる監督諸機関の認識の相違は,監督・検査の管轄権をめぐる衝突,最終的には二元銀行制度をめぐる対立に由来した。そこで次節では,銀行監督諸機関の関係とその統合に関する質問に焦点をあてることにしたい。

II. 銀行の監督・検査体制

銀行監督諸機関の関係とその統合問題の検討は,これを提起した連邦準備制度理事会の認識から出発するのがよいであろう。ニューディール金融制度改革の後,銀行の超過準備問題に直面して,エクルズ理事会議長や彼のアドバイザーであるカリーらは,通貨＝信用管理の責任者の役割を果たすべく「銀行検

査や規制機能を統合し整理する」必要性を強く認識した。エクルズの「銀行制度統合プラン」はローズヴェルト大統領の意向に副わなかったが，しかし，1937年不況の原因と対策をめぐる議論のなかで，エクルズは「銀行検査の統一」あるいは「共同銀行検査」の方針を打ち出した。これに対して銀行検査の統合を二元銀行制度への訣別，あるいは支店銀行制度による地域銀行存亡の危機と捉えた財務長官らは，州法銀行関係者と共に猛烈な反対運動を展開した。それにもかかわらず，1938年6月には連邦準備制度理事会，財務省通貨監督局，FDICの代表者らによる会議で，連邦機関の銀行検査による貸付と証券の評価手続きについて一定の合意が達成されたことは，先述のとおりである32)。

しかし，連邦機関の銀行検査手続きの統一はなお不十分で，エクルズ議長は，再び「全銀行統合プロジェクト」の実現に向かって前進した。1939年4月，理事会は連邦議会（両院銀行通貨委員会）に銀行の監督権の衝突に関する議会調査を要請し，モーゲンソー財務長官らの反対にもかかわらず，遂に上院銀行通貨委員会の本格的調査が開始されることになったのである33)。

1）連邦準備制度理事会

ワグナー委員会は連邦準備制度理事会の要請を受け，以下の質問項目を挿入した。すなわち，「連邦政府の銀行監督・検査機能は単一の統合した検査機関に集中すべきか」，「すべての連邦銀行監督関連法を統一し，また成文化して，すべての被保険銀行と要求払預金保有銀行に適用すべきか……」34)。まずは，この質問に対する理事会の回答を見ておこう。

理事会は連邦政府の銀行監督・検査機能の単一連邦機関への統合と，加盟銀行に対する財務長官の設立認可権限の廃止を求めた。実地検査（field examining）は分権化し，監督機関の地方部局が「検査や是正要求，特許・支店・信託業務・許認可に関する申請の承認や拒絶，資本金の変更，営業報告書の再調査」などを担当する35)。ただし，それは一般的政策との調整の必要からワシントン所在の監督機関の点検を条件とする。連邦準備制度理事会の目的は何よりも，銀行監督・検査を自らの政策に適合させることにあったのである36)。

理事会はさらに，次のように述べる。「銀行の監督と検査の機能をここで勧告した単一の連邦機関の下に置くことは，もうひとつ別の重要な要因，つまり

全国の監督政策と信用管理政策の継続性を考慮してのことである。監督と信用管理の双方が，国民経済の一端を担う健全銀行システムに対する政府の責任の一部であるのだから，これら諸政策は相互に一致せねばならない」[37]。

以上のように，国法銀行，州法加盟銀行，非加盟被保険銀行の競争条件を平等化するため，理事会は連邦政府の銀行監督に関する法律を統合し，連邦預金保険制度に加盟するすべての銀行に適用すべきであるとする。しかしながら，すべての「要求払預金保有銀行」(とりわけ連邦預金保険制度に加盟しない州法銀行)への言及は欠落していた[38]。理事会はワグナー委員会には必要に応じて詳細なメモを提出するとしているが，この辺りに理事会側のある種の妥協点があったと推測することも可能である。

2）通貨監督官（財務省）

他方で，通貨監督官（財務省）は連邦政府の銀行監督・検査機能の統合が，その目的と責任を明確化するとして一定の理解は示すものの，統合には概して批判的であった。すなわち，たとえ統合しても「国法銀行を監督し検査する仕事は，現在と同様，州法銀行を監督し検査するのとはかなり違った仕事に留まるであろう。というのは，一方で連邦政府は全責任を持ち，他方でその責任は諸州に分割され，連邦政府の行使する権限の大半は，FDICや連邦準備制度の防衛に必要な限りで，州当局の監督と検査をただ補足するに過ぎないからである」と[39]。

また，通貨監督官は銀行監督機能の統合に緊急性は認められないと主張しつつ，同時に連邦準備銀行やFDICなど，既存の連邦監督機関への統合の可能性を牽制する。すなわち，「すべての銀行監督・銀行検査の機能は，監督や検査を受ける銀行に金融利害を持つ機関，銀行の債権者，保険者や株主である機関によって行使されるべきではない。なぜなら，そうした機関は当然，完全なる公平性を期待されるからである」[40]として，FDICや連邦準備銀行があたかも私的利害に支配されているかのような主張を展開した。続けて，それにもかかわらずワグナー委員会が「二元銀行制度を捨て，ひとつの統一したシステムを設立すべきであると結論するならば，……現行の連邦銀行法は僅かな改変で，全銀行の設立・運営・監督に十分適用できるものと考える」[41]。通貨監督

官がこのように述べるのは、おそらくは州政府（銀行監督官）や銀行団体が、銀行監督・検査機関の統合に激しく抵抗していた事実を認識していたからであった。

3）連邦準備銀行

州政府や銀行団体の批判的見解を検討する前に、連邦準備銀行の理解を見ておこう。なぜなら、先述のように、銀行監督の目的をめぐって理事会との間で意見に齟齬が見られたからである。

連邦準備銀行（総裁会議）によれば、連邦政府の銀行監督機能を単一の機関に統合することは良い。しかしながら、「検査機能を監督機関とは別の、性質の異なる単一の統合体に集中させることは望ましくない。その主な理由は、銀行検査はそれ自体が目的なのではなく、銀行監督の一般的問題の中の重要な部分にすぎないからである」[42]。実際、「通貨監督官、連邦準備銀行、FDICの間に銀行検査の重複はほとんどないが、監督権限には大きな重複」がある（前掲図4-1参照）。そのため、しばしば銀行監督の効果を阻害するある種の混乱と遅れが——とりわけ合併や統合の場合に——発生する[43]。例えば、

> 業績の思わしくないある国法銀行と加盟州法銀行があり、両行が新規に州法銀行を設立し、連邦準備制度のメンバーになることで成功するとしよう。このプランはFDICの金融支援を必要とし、FDICは優先株を購入する。計画をうまく運ぶには、地方の利害、通貨監督官、州銀行局、FDIC、復興金融公社、連邦準備制度への加盟申請を承認する連邦準備銀行、FDICの優先株購入を承認し銀行の営業を認可する財務長官、以上のすべてを満足させねばならない。[44]

確かに、1938年には、連邦監督機関の間で銀行検査手続きの統一が実現した。表4-3は、この統一によって実施された検査結果をある程度反映している。1937年不況の影響を受けていると推定できる状況下で、1938年7月の検査基準統一後の検査官による不良債権の評価額は0.2％減少し、また不良債権総額も0.1％の増加に止まった[45]。しかし、連邦準備銀行によれば、「これらの変更は有益ではあったが、管轄権の重複、規則や法律と手続きの解釈の矛盾の可能性を排除」できなかった。実際、検査機能だけをFDICや新設機関に統

表 4-3　連邦準備制度非加盟の被保険銀行に関する銀行検査による資産評価

(1933-1939 年, 単位：%)

年	1933	1934	1935	1936	1937	1938	1938[1]	1939
a. 簿価 (100%)	100.0	100.0	100.0	100.0	100.0	100.0	100.0	100.0
b. 不良債権評価額(c+d)	—	—	23.7	17.6	16.7	14.1	14.2	11.7
c. 控　除[2]	10.5	6.7	4.1	1.4	1.1	1.7	1.5	1.2
d. 不良債権	—	—	19.6	16.2	15.6	12.4	12.7	10.5
e. 正常債権評価額(a−b)	—	—	76.3	82.4	83.3	85.9	85.8	88.3

注 1)　1938 年 7 月の検査基準の統一後の評価額を示す。
　 2)　簿価と検査官の資産査定額との差額を示す。
出典)　Federal Deposit Insurance Corporation, *Annual Report*, Washington : Federal Deposit Insurance Corporation, 1940, p. 49.

合することは，むしろ重複や混乱や矛盾を生み出すだけである[46]。

　では，連邦準備銀行はどのような解決案を提示するのか。連邦準備銀行によれば，「銀行の監督と検査の機能は多くの密接に結合した機能から構成されている」ため，両者を分離することは容易なことでない。しかしなお，すべての連邦監督・検査機能を単一の機関に統合するとすれば，それは連邦準備制度が最適である。その理由は詳細に展開されるが，下記の引用が示すように，連邦準備制度理事会と 12 の地区準備銀行との関係，さらには連邦議会や大統領府との関係に表現される独特の機構を連邦準備制度が採用するからである。

　　連邦準備制度は，監督・検査機能のパフォーマンスに格別にうまく適合している。理事会——その理事は上院の助言と承認により大統領によって任命される——は，連邦準備銀行の活動を監督し調整する。12 の連邦準備銀行——その総裁 (statutory officers) は地区連銀の取締役会によって任命され，連邦準備制度理事会の承認を必要とする——は，制度の決定的部分を構成し，各地区の健全な銀行業務と信用状況を促進し，コミュニティの適切な金融機関の創設を促し，そして銀行構造全体の強化に十分な役割を果たすために設計された政策を実施するよううまく統合され，また十分に整っている。[47]

4) 各州の銀行監督官

　各州の銀行監督官は，連邦政府の銀行監督・検査機能の統合に明確に反対した。この質問に対する各州の見解はほぼ統一されていた。ここでは，ミネソタ

州銀行監督官の回答を見ておこう。すなわち，「監督・検査機関の統一は理論的には妥当であるかもしれないが，われわれの判断では賢明でも実際的でもない。多くの連邦機関に存在する監督機能は，特定の異なる目的に適合するよう設計されている」からである[48]。

同州銀行監督官は銀行検査機関に関しても，その統一を拒否する。第1の理由は，下記のように，検査機能の分権化を正当化したことである。すなわち，「各連邦機関は研究と経験をもとに，その検査機能を大幅かつ賢明に分権化してきた。例えば，連邦準備制度の検査官は各連邦準備銀行に所属し，彼らの給与は各〔加盟〕銀行から受け取り，それら諸銀行の経営に少なくとも第1に説明責任を負っている。広大なわが国には特殊な利害をもつ諸地域と，何十年も特定の方法でアプローチしてきた問題がある。各連邦準備区の検査官のトレーニングは，各地区の銀行検査の一般的問題だけでなく特殊な問題にも賢明に対処できることを証明してきた」[49]。

第2の理由は，検査権限を州政府から分離することは地域の「特殊な必要性や目的を看過」することになるからである[50]。そして第3の，最大の反対理由は銀行設立に関わる州権，あるいは二元銀行制度の存続を左右するからである。回答書は次のように言う。

> より重要でより根本的な反対は，次の事実にある。すなわち，被保険銀行になるため，それに留まるために，あるいは要求払預金を受け入れるために，州法銀行の権限を維持する条件として州法銀行にそうした規制を課すことは，わが連邦政府の基本概念に全く反するという事実である。要求払預金を保有する全銀行に適用される，かかる制定法は明らかに，州法銀行や二元銀行制度を完全に破壊する。かかる立法は，技術的に容易でまた合憲であるにしても，公共の福祉（public welfare）やわが国の政府に関する理論に悉く反するものであり，とりわけニーズを開拓し充すことで地域の銀行が主に築き上げてきた，小規模な地方のビジネスの領域で，わが国民の銀行便益を大きく制限するものと確信する。[51]

ただし，一部の州銀行監督官は，他の質問に対する回答で異なる意見を表明した。ノースカロライナ州の初代銀行監督官フッド（Gurney P. Hood, 在任期間1931-51年）は，連邦銀行監督・検査機関の統一に反対するが，連邦預金保険

制度の被保険銀行のそれに関しては賛成した[52]。その上で,「1921-33年の貴州の銀行倒産は,銀行監督の不適切な方針や慣行がかなりの原因であったと考えるか……」[53] との質問に対して,フッドは次のように議論を展開する。

統一検査手続きと統一報告書 (call report) 様式の採用に関する合意は,連邦監督諸機関と各州の銀行監督部局との間でも達成された。しかし,連邦「通貨監督官,連邦準備制度,数州の銀行監督官はこの合意の完全な実施を断念または拒絶した。通貨監督官は最重要の負債項目(劣後負債……)を除いて,営業報告書様式の公表を許可した。連邦準備制度は,統一検査様式のすべてを採用したのではなかった。数州の銀行監督官は,消極的監督 (negative supervision) という旧式の考えに明白に固執した」[54]。

さらに,監督機関の「誠意ある協力」の欠如と営業再開を遅らせる「消極的監督」を是正すべく,フッドは以下の勧告をする。すなわち[55],

1.〔連邦〕通貨監督局は廃止し,その職務と職員はFDICに移行する。
2.州法加盟銀行を検査する連邦準備制度理事会の権限はFDICに委任し,理事会の検査職員はFDICに異動させる。
3-4.〔略〕
5.国法銀行,連銀加盟州法銀行,連銀非加盟FDIC被保険銀行,州法銀行の代表からなるFDIC諮問委員会 (Advisory Council) を創設する。
6-7.〔略〕
8.州銀行局は毎年,すべてのFDIC被保険州法銀行の検査を行い,必要に応じて特別検査・追加検査を行う権限を持ち,被保険銀行のすべての検査報告書の写しがFDICに提供される。
9.上記が完成すれば,わが国の全監督手続きは完全に統合される。

以上のように,フッドは州政府の銀行特許・監督権は維持しながら,連邦預金保険公社 (FDIC) の被保険銀行すべてに対する監督・検査の権限を集中させることを是とした。なぜなら,「被保険銀行が健全性を維持できなければ,FDICは崩壊する。もしFDICが崩壊すれば,この国の銀行の私的所有は終焉することになる」[56] からであった。

フッドの提案は全国州法銀行監督者協会の統一見解を形成することはなかっ

たが，しかし，各州の銀行監督官が共通して強い危機感を抱いていたことも事実であった。全国州法銀行監督者協会のある幹事は，同協会の年次大会で，「州当局が監督の形態を公共の需要に対応させることができなければ，われわれはすべての銀行監督権限の引き受け先を連邦政府に求めなければならない」と訴えた。アメリカ銀行協会会長ヘインズ（Robert M. Hanes）はこの発言を受けて，州政府が党派的に銀行監督官を任命することや，銀行監督官の任期が短いこと，銀行監督官や検査官の給与が低いことによる人材不足を指摘していた[57]。

5) 銀行家団体

最後に，銀行家団体の見解を検討しよう。アメリカ銀行協会の主張は明確で，連邦銀行監督機関の統一は理論的には有り得るとしても，「ワシントンの現在の一般的な組織形態を維持することが望ましい」[58]。その理由は，第1は「歴史的」なもので，現在の銀行監督体制は銀行制度と相互に調整し合いながら成長してきたからである。第2は，「効率性の観点」でも現在の組織を維持することが望ましい。それは連邦準備銀行もFDICも，自らの銀行検査にもとづく情報が有益であるからである。第3に，「監督部局が官僚的で専制的になる危険は，すべての権限が一ヶ所に集中する場合に，常により大きくなる。現在の3機関の権限の分散は，状況の変化に対して新しい方法や調整を試みるための大きな柔軟性と機会を与える」からであった[59]。

アメリカ銀行協会はまた，連邦準備制度が懸念する，規制の緩い銀行設立準拠法への銀行の転換はもはや重要ではないと強調する。**表4-4**に示されるように，1920年代と比較して1930年代は，国法銀行と州法銀行の間の設立特許法の変更も，州法銀行の連邦準備制度からの脱退も減少した。実際，1939年には13行が国法銀行から州法銀行に転換したが，それは同年末に営業する商業銀行数14,534の0.2%にも満たない。さらに，1933年銀行恐慌以前の61銀行の銀行制度の変更と統合のケースを調査したところ，「国法から州法に特許変更した僅かに13の銀行が，連邦の監督からの離脱をその判断の根拠とした。これらの銀行の何行かは，州の監督官の要求の方が緩やかであると答え，その他は国法銀行検査官の勧告を受諾する意思がなかったと答えた」[60]。

表 4-4 銀行設立準拠法の変更と州法銀行の連邦準備制度加盟・脱退 (1921-1939 年)

年	設立準拠法を変更した銀行数		州法銀行の連邦準備制度加盟・脱退	
	国法→州法	州法→国法	加盟銀行数	脱退銀行数
1921	65	8	204	19
1922	122	5	95	13
1923	75	19	66	29
1924	26	15	41	26
1925	105	18	40	39
1926	23	21	32	59
1927	33	15	29	26
1928	17	20	23	40
1929	27	36	27	42
1930	36	18	18	41
1931	8	19	23	20
1932	7	8	23	13
1933	23	18	237	6
1934	32	4	125	5
1935	9	12	38	3
1936	9	18	70	7
1937	19	16	58	6
1938	6	12	49	5
1939	13	12	85	4
合計	655	294	1,283	403

出典）American Bankers Association, Special Banking Studies Committee, *The Answers of the American Bankers Association : In Reply to Part 9 of the Questionnaire of the Committee on Banking and Currency of the United States Senate*, New York, April 1941, p. 75.

　準備市銀行協会の意見も，アメリカ銀行協会とほぼ同じであった。第1は，連邦準備制度理事会は「連邦機関の権限の分離や重複と，その結果としての混乱や遅れ」の危険性を提起したが，そうした問題は「諸機関の調整を漸進的に改善」することで回避できる。第2は，「既存の権限の分散に由来する重複や機構的な不都合に勝る，他の重大な考慮すべき事柄」がある。すなわち，「そうした機関の主要機能が設立特許や監督政策を支配することになれば，……最終的にはわが国の銀行制度の均衡を撹乱する」というものであった[61]。

　さらに，コミュニティ銀行の典型をなす合衆国貯蓄貸付連盟も，貯蓄貸付組合の領域での監督機関の統一は不要であると断言する。すなわち，「連邦貯蓄貸付組合と州貯蓄貸付組合という二元制度は，同様の銀行制度のケースのよう

に，州の特許で経営する組合が多数あることから，連邦監督法をすべての被保険貯蓄貸付組合に統一的に適用すべきでないという優れた根拠」を示している。続けて，「二元制度の正当性のひとつは，各機関が州または連邦のどちらの監督下で，コミュニティに最善の貢献ができるかどうか」を選択できることにあると強調した[62]。

III. 巨大銀行持株会社の支店網と金融監督機関

　連邦準備制度理事会は，複雑に絡み合った連邦・州政府諸機関による銀行監督・検査体制を，大恐慌以降における新たな公共性（信用管理政策）を主張して連邦準備制度の下に統合しようとした。これに対して財務省（通貨監督官）や各州銀行当局，そして銀行団体の多くは銀行の旧来からの公共性を楯に激しく抵抗していた。しかし，他面でモーゲンソー財務長官もまた，銀行設立・監督制度を巧みに利用しながら金融市場のモンスターとして登場しつつあった巨大銀行を支配下に置こうとして奮闘していた。最後に，この両者の闘いに焦点をあて，銀行監督・検査体制のもうひとつの側面を検討する。

　1890年代以降，巨大企業体制の形成にともない金融センターの大銀行は支店銀行制への関心を急速に高めたが，法改正は政治的に困難を極めた。大銀行の「金融独占」に対する批判が地方銀行や世論においても急速に高まったからであった。しかし，企業合同運動の進展の結果，1900年代初頭になっていくつかの州——ミシガン州，ニューヨーク州，カリフォルニア州——が一般銀行法のなかに支店銀行制を導入し始めた。国内支店総数は1900年に199にすぎなかったが，1920年の1,281から1930年には3,522のピークに達し，その後減少に転じてから1935年には3,155に停滞している[63]（前掲**表1-4**参照）。

　また，支店開設を法規上で許可する州が増加し，**表4-5**に示すように，1924年には16州，1936年までには34の州が何らかの形で支店開設を許可した。ところが，同じ表から支店開設を法規上で禁止する州もまた増加し，1929年には22州が禁止していたことがわかる。これは，1927年マクファーデン法が州法銀行の支店開設が認められている州に限って，国法銀行が本店所在地内で

表 4-5　州政府の支店銀行政策（1924-1936 年）

	1924年12月	1929年12月	1932年5月	1936年6月
Ⅰ. 法規で支店を許可する州	16	19	23	34
A. 州全域で許可	9	9	9	17
B. 特定地域のみ許可	7	10	14	17
(1) 本店所在郡を越えて許可	1	1	3	9
(2) 本店所在郡内に限る	1	2	6	6
(3) 本店所在都市内に限る	5	7	5	2
Ⅱ. 法規で支店を禁止する州	17	22	18	9
Ⅲ. 支店開設の明文規定のない州	15	7	7	5
合　　計	48	48	48	48

出典）"Branch Banking in the United States," 3rd ed., July 29, 1937, p. 39, in Board of Governors of the Federal Reserve System, *Legislation, Major Speeches and Essays, and Special Reports, 1913-1960*, Microfilm, Frederick, Md.: University Publications of America, 1983, Reel 15.

の支店開設を認められると規定したことから，これら諸州は急遽，支店開設の禁止を明文化したことに由来した。

しかしながら，こうして支店銀行制が抑制されると複数の銀行を経営する「チェーン銀行」制や，それらを持株会社によって制度化した「グループ銀行」制が登場し，とりわけ後者が重要性をもち始めた。銀行持株会社の起源は旧く，1820年代のニューヨーク州まで遡る。20世紀に入ってからは国法銀行が多店舗経営と業務多角化のために州法銀行を子会社として保有する「複数銀行持株会社」が発展し，支店銀行制の代替または支店開設の準備段階として用いられた[64]。

表 4-6 は，1936 年末における主要（銀行）持株会社を示したものである。これらの大半がマクファーデン法成立後に組織され，巨額の預金量を誇っていることがわかる。なかでも，カリフォルニア州のバンク・オブ・アメリカは支店銀行制とグループ銀行制の両者を並行して展開した，巨大銀行の典型的事例である。この銀行は A. P. ジアニーニらが 1904 年にサンフランシスコを拠点に，資本金 30 万ドル（1/3 払込）で設立した州法銀行，イタリア銀行に始まる。1909 年のサンノゼ支店開設が，この銀行の州全域にまたがる支店網の出発点となった。1920 年代初頭の支店網拡大の主要手段は，他の独立銀行の吸

収・合併であった。カリフォルニア州法は銀行による他銀行の株式購入を禁じていたので，当初は取締役らが個人の立場で他銀行の株式を買収する方法を取っていたが[65]，1917年に「株主補助会社（Stockholders Auxiliary Corp.）」[66]を設立し，これを介して銀行株を買収した後，支店に転換する方法に移行した。

　イタリア銀行は1919年，支店銀行の継続を保証されて連邦準備制度に加盟した。ただし，これによって同銀行の新支店開設は連邦準備局の許可が必要となり，この手続きが遅れ気味となったことから，株主補助会社を活用した支店網の拡大はむしろ拍車がかかった。マクファーデン法は一般に，支店銀行制を禁止した法律として理解されることがある。しかし，イタリア銀行にとっては支店網を一挙に拡大する好機となった。同法は，取引当事者双方の銀行が同じ市内に本店を持つ場合，国法銀行は他の銀行を吸収でき，しかも同法成立以前にこの方法で獲得した支店を存続できると規定した。イタリア銀行はこの規定を利用して，同法成立直前にアメリカ・リバティ銀行を併合し，同法が成立した1927年2月27日に，通貨監督官と連邦準備局がイタリア銀行の国法銀行化（Bank of Italy N. T. & S. A.）を承認した。この段階で，同行は資産6.75億ドル（全米第3位），276支店を有する巨大支店銀行となった[67]。

　他方で，同行の持株会社は1925年に買収したサンフランシスコ・フレンチ・アメリカン銀行を母体に吸収合併を展開した。1928年12月にはカリフォルニア・アメリカ銀行に再編され，州法銀行としては全米第2位の銀行（預金3.58億ドル，138支店）に成長した。すなわち，国法銀行として支店銀行網を拡大するイタリア銀行と，連邦準備制度に加入せず，マクファーデン法にも拘束されない，州法銀行として支店網を拡大し続けるカリフォルニア・アメリカ銀行，この2つの巨大銀行が同じ持株会社のもとに存在した。両行は1930年11月に合併してアメリカ銀行（Bank of America N. T. & S. A.：資産11.7億ドル）を組織し，マクファーデン法により合併できない57支店と持株会社トランスアメリカ社（Transamerica Corp.）所有の7銀行が州法銀行（Bank of America, 資産0.6億ドル）を組織した（図4-2参照）。トランスアメリカ社は1934年から近隣諸州にも支店網を拡張し，1936年末までにはネヴァダ州に1銀行28支店，オレゴン州に1銀行8支店を開設した（図4-3参照）。その結果，この持株会

表 4-6 主要な(銀行)持株会社(19

持株会社名(主要銀行名)	所在都市	法人化年	保有銀行数		
			計	国法銀行	連銀加盟州法銀行
トランスアメリカ社(アメリカ銀行)	サンフランシスコ	1928	11	7	1
オールド・コロニー信託アソシエイツ(ファースト・ナショナル銀行)	ボストン	1928	13	—	—
マリーン・ミッドランド社(マリーン信託会社)	バッファロー	1929	18	3	8
ファースト・バンク・ストック社(ファースト・ナショナル銀行・信託会社)	ミネアポリス	1929	78	59	1
ノースウェスト・バンコーポレーション社(ノースウェスタン・ナショナル銀行・信託会社)	ミネアポリス	1929	92	57	3
ウィスコンシン・バンクシェア社(ファースト・ウィスコンシン・ナショナル銀行)	ミルウォーキー	1929	16	10	1
アングロ・ナショナル社(アングロ・カリフォルニア・ナショナル銀行)	サンフランシスコ	1928	10	9	1
ショーマット・アソシエイツ(ショーマット銀行)	ボストン	1928	7	—	—
シチズン&サザン持株会社(シチズン&サザン・ナショナル銀行)	サバナ	1928	7	3	0
バンクオハイオ社(バンクオハイオ・ナショナル銀行)	コロンバス	1929	14	11	3

注1) 1935年末の国内金融機関の順位を示す。
出典) "Group Banking in the United States," 2nd ed., September 30, 1937, pp. 13, 84, 96 ; "Branch Banking in the Governors of the Federal Reserve System, *Legislation, Major Speeches and Essays, and Special Reports, 1913*–Reel 15.

社は計6銀行(国法銀行3行,連銀非加盟州法銀行3行)を介して511支店を保有したのである[68]。

トランスアメリカ社の規模は例外的に大きいとはいえ,これら銀行持株会社は既に支店銀行網の拡張,銀行集中の主要形態になっていた。**表 4-6**に示されるように,上位の銀行持株会社は全米屈指の預金規模を誇っている。地域的には,銀行持株会社の預金保有額は太平洋岸3州が最も高く38.3%を占め,続いてニューイングランド6州が34.2%,北西部7州で25.0%,山岳8州が23.4%で,ニューイングランドを例外として,農村地域で高くなっている(全米平均で13.7%)[69]。

単店舗主義の伝統を脅かすこうした広域支店網の構築もまた,「公共の利益」

第4章　銀行監督・検査体制と二元銀行制度——179

36年末）

連銀非加盟銀行	支店数	支店・銀行の所在州数	貸付・投資額[1]（$1,000）	預金額（$1,000）	順位[1]
3	511	5	1,313,541	1,488,462	4
—	45	1	500,201	687,854	9
7	63	1	385,593	435,203	37
18	6	5	301,105	411,660	40
32	18	7	312,582	409,769	50
5	12	1	206,830	275,432	—
0	18	2	171,505	221,769	29
—	17	1	122,882	194,086	—
4	12	2	74,468	113,440	—
0	12	1	84,252	102,644	—

United States," 3rd ed., July 29, 1937, Appendix, pp. xxiii-xxiv, in Board of
1960, Microfilm, Frederick, Md.: University Publications of America, 1983,

のもとに進められた。カリフォルニア州銀行監督官がアメリカ銀行の合併を認める際にも，公共の便益を強調した。しばしば「支店銀行は，その金を残らず大都市に送ってしまう」と非難されるが，アメリカ銀行の場合，「事実は，この主張と反対」で，1930年に同銀行100支店が，地方預金の70％以上をその地方に貸し出していた。同行によれば，預貸率も高く，ユバ・シティで169％，キング・シティで174％であった[70]。こうした事実を背景に，同行は「農民の利害」を主張して，ニューディール政策の重要な柱を激しく非難した。

　ローズヴェルト政権は全国産業復興法（NIRA）体制のもとで，金融業界にもカルテル体制を試みた。1933年銀行法と同じ日に成立したNIRAのもとで，

図4-2　トランスアメリカ社の組織（1936年12月末現在）

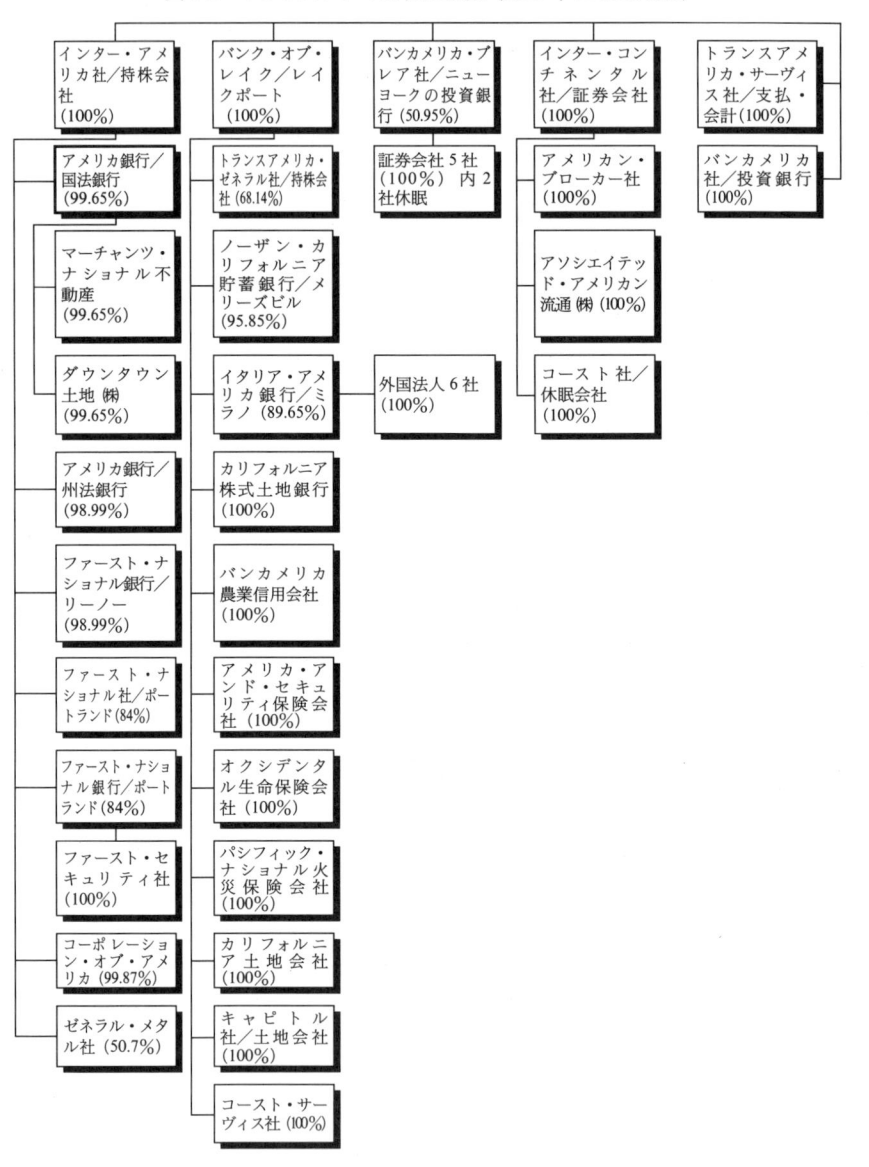

第1階層（トランスアメリカ社直下）

- インター・アメリカ社／持株会社 (100%)
- バンク・オブ・レイク／レイクポート (100%)
- バンカメリカ・ブレア社／ニューヨークの投資銀行 (50.95%)
- インター・コンチネンタル社／証券会社 (100%)
- トランスアメリカ・サーヴィス社／支払・会計 (100%)

インター・アメリカ社／持株会社 (100%) の傘下

- アメリカ銀行／国法銀行 (99.65%)
- マーチャンツ・ナショナル不動産 (99.65%)
- ダウンタウン土地㈱ (99.65%)
- アメリカ銀行／州法銀行 (98.99%)
- ファースト・ナショナル銀行／リーノー (98.99%)
- ファースト・ナショナル社／ポートランド (84%)
- ファースト・ナショナル銀行／ポートランド (84%)
- ファースト・セキュリティ社 (100%)
- コーポレーション・オブ・アメリカ (99.87%)
- ゼネラル・メタル社 (50.7%)

バンク・オブ・レイク／レイクポート (100%) の傘下

- トランスアメリカ・ゼネラル社／持株会社 (68.14%)
- ノーザン・カリフォルニア貯蓄銀行／メリーズビル (95.85%)
- イタリア・アメリカ銀行／ミラノ (89.65%)
- カリフォルニア株式土地銀行 (100%)
- バンカメリカ農業信用会社 (100%)
- アメリカ・アンド・セキュリティ保険会社 (100%)
- オクシデンタル生命保険会社 (100%)
- パシフィック・ナショナル火災保険会社 (100%)
- カリフォルニア土地会社 (100%)
- キャピトル社／土地会社 (100%)
- コースト・サーヴィス社 (100%)

バンカメリカ・ブレア社／ニューヨークの投資銀行 (50.95%) の傘下

- 証券会社5社 (100%) 内2社休眠
- 外国法人6社 (100%)

インター・コンチネンタル社／証券会社 (100%) の傘下

- アメリカン・ブローカー社 (100%)
- アソシエイテッド・アメリカン流通㈱ (100%)
- コースト社／休眠会社 (100%)

トランスアメリカ・サーヴィス社／支払・会計 (100%) の傘下

- バンカメリカ社／投資銀行 (100%)

注1）（ ）内の%は，トランスアメリカ社が支配する当該法人の株式所有比率を示す。
　2）トランスアメリカ・グループ各銀行は全体で511支店を所有し，内アメリカ銀行（国法銀行）は465支店を設置した。
　3）トランスアメリカ社はまた，以下の支配権を所有した。セントラル銀行（カリフォルニア州オークランド），タコマ・ナショナル銀行（ワシントン州），オレゴン州の小規模銀行3行。さらに，ナショナル・シティ銀行（ニューヨーク）の10%の株式，コマース信託会社（モンタナ州カンザス・シティ）の12.5%の株式を所有した。

出典）"Group Banking in the United States," 2nd ed., September 30, 1937, p. 44, in Board of Governors of the Federal Reserve System, *Legislation, Major Speeches and Essays, and Special Reports, 1913-1960*, Microfilm, Frederick, Md.: University Publications of America, 1983. Reel No. 15.

第 4 章　銀行監督・検査体制と二元銀行制度──181

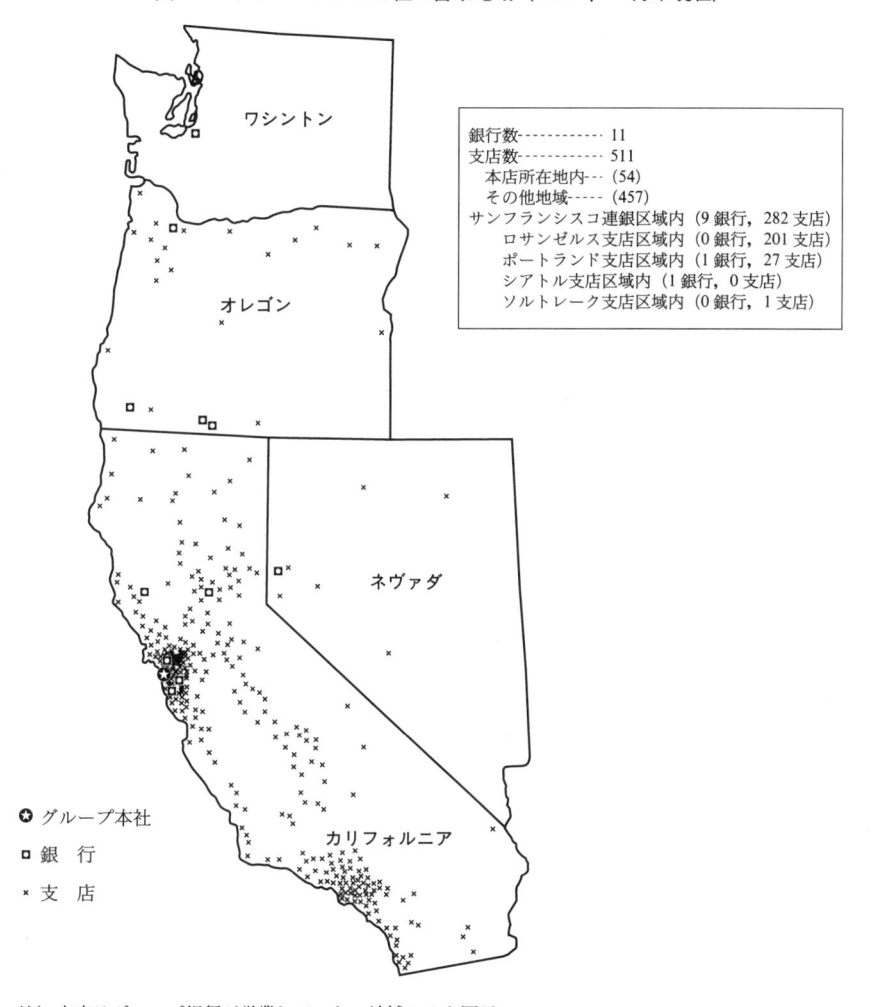

図 4-3　トランスアメリカ社の営業地域（1936 年 12 月末現在）

銀行数‥‥‥‥‥ 11
支店数‥‥‥‥‥ 511
　本店所在地内‥‥ (54)
　その他地域‥‥‥ (457)
サンフランシスコ連銀区域内（9 銀行，282 支店）
　　ロサンゼルス支店区域内（0 銀行，201 支店）
　　ポートランド支店区域内（1 銀行，27 支店）
　　シアトル支店区域内（1 銀行，0 支店）
　　ソルトレーク支店区域内（0 銀行，1 支店）

◎　グループ本社
□　銀　行
×　支　店

注）支店はグループ銀行が営業していない地域のみを図示。
出典）"Group Banking in the United States," 2nd ed., September 30, 1937, p. 43, in Board of Governors of the Federal Reserve System, *Legislation, Major Speeches and Essays, and Special Reports, 1913-1960*, Microfilm, Frederick, Md.：University Publications of America, 1983, Reel No. 15.

（商業）銀行・投資銀行・相互貯蓄銀行・貯蓄貸付組合はそれぞれの団体コード（規約）を制定し，金利・手数料・最低賃金・営業時間などに関するカルテル体制を作り上げた。しかしながら，大多数の銀行の熱意にもかかわらず，まもなく一部の銀行から反対の声があがった。コード・マニュアルの作成と前後して，アメリカ銀行は小切手振出枚数に比例する手数料の徴収に関する協定は小額預金者，とりわけ農民には小切手の振出が不可能になるほどの不利益をもたらし，また公益に反し，復興計画の主要目的にも反するとして，痛烈に反対を表明した[71]。こうした批判が重なって，手数料協定に関する銀行コードは結局1934年末に崩壊し，コード体制自体がNIRAの違憲判決によって1935年には破綻した。

　アメリカ銀行による政府批判はその後，財務長官モーゲンソーとの激しい対立を引き起こすことになった。モーゲンソーは，アメリカ銀行の会長ジアニーニを西部の農業改革運動の敵対者であるとみなし，また同行のような銀行持株会社の力を恐れていた[72]。敵対関係の発端は1937年に，カリフォルニア州選出のマッカドゥー上院議員が支店銀行制を緩和する法案を提出したのに対して，財務長官があらゆる手段を講じてこれを封じ込めようとしたことにあった。第1に，財務省・通貨監督官はアメリカ銀行の支店開設申請に対して，銀行検査を通じて同行の財務内容の不健全性と配当金支払いの差し止めを要求した。執拗な圧力を受けて，ジアニーニは1940年1月9日の定時株主総会で，同行が州法銀行に転換する可能性を表明した。すなわち，「モーゲンソー氏が，今後とも，諸君の銀行を窮地に陥れようとして，その地位を独断的に利用しつづけることが認められるようならば，われわれは，諸君に，州法銀行への転換を考慮していただくよう提案するかもしれません。連邦預金保険公社や，連邦準備制度の一員であるためには，必ずしも，国法銀行であらねばならない，ということはないのであります」[73]。

　アメリカ銀行の州法銀行転換の可能性の表明は，現実味も社会的反響も高かった。株主総会に先行して，同行頭取マリオ・ジアニーニ（Mario Giannini）は州法銀行転換後も連邦預金保険制度および連邦準備制度に留まることができることを密かに探りだした後，通貨監督官デラノ（Preston Delano）に対して転換申請書類一式を請求していた。その結果，銀行持株会社・巨大支店ネット

ワークの解体を目論んだモーゲンソー側は結局，1940年2月，アメリカ銀行に増資や持株会社融資の圧縮などを約束させただけで決着せざるをえなかった[74]。実際，前掲表4-4に示されるように，国法銀行から州法銀行への転換は1920年代に急増し，1930年代にもなお少なからず行われていた。連邦準備制度からの脱退は1920年代後半に増加したが，1930年代に入るとほぼ影を潜めた。これは大恐慌・銀行恐慌のなかで銀行側が連邦準備銀行に最後の貸し手としての機能を期待したことの表れと見るべきであろう。

おわりに

以上のように，連邦銀行監督機関の統合プランに対する各種利害関係者の見解を検討してきたが，この計画の主導者である連邦準備制度を除いて，利害関係者のほとんどが強い難色を示していた。まず，監督機関はそれぞれの管轄権確保の立場から現状維持に固執した。統一が不可欠な場合を想定してもなお，通貨監督官（財務省）は既存の監督機関とは別個の機関の設置を主張し，連邦準備銀行はすべての監督・検査機能の連邦準備銀行への統合を強調した。各州銀行監督官は，銀行監督はもちろん検査機関の統一すら拒絶した。銀行の監督と検査の両機能の分離は二元銀行制を否定するとみなしたからであった。

財務省（通貨監督官）も各州銀行監督官も，また，それ以上に地方銀行を中心とする銀行家団体は連邦銀行監督・検査機関の統合に激しく抵抗し，二元銀行制度の維持を声高に主張していた。それゆえ，連邦準備制度はこうした状況を認識して，二元銀行制度を形式的に維持しながら，銀行監督・検査機能の連邦準備制度への一元化を試みたのであった。したがってアンケート調査における一定範囲内での回答を分析する限りでは，少なくとも連邦準備制度のプランが実現する可能性は少ないように見えた[75]。

他方で，各州銀行監督部局も銀行団体もまた，銀行の公共性の高まりから危機感を強めていたことも事実であった。とりわけ，連邦準備制度が銀行の公共性を強力に主張したのは通貨・信用政策の領域であった。第Ⅰ節での銀行の公

共性と銀行監督・検査の目的に関する考察で明らかにしたように，信用量の調節と連邦財政への支援で連邦準備理事会と財務省（また各州銀行監督官）では見解を異にし，また連邦準備銀行との間ですら共通理解を欠く面があった。

したがって，複雑に入り組んだ銀行設立・監督機構を連邦準備制度理事会が整理・統合しようとしていたまさにその時期，アメリカ銀行を中心とする銀行持株会社は諸立法・諸規制の網の目を巧みにくぐり抜け，また財務省に対して公然と叛旗をひるがえしながら，他銀行の吸収合併を繰り返してそのネットワークの拡大を図ることができた。1980年代以降，グローバル化と金融の自由化のなかで銀行持株会社による支店網の拡大は一気に進展するが，その原型は既にニューディール期に萌芽を持っていたのである。

［注］

1) 平井規之『大恐慌とアメリカ財政政策の展開』岩波書店，1988年。
2) 高山洋一『ドルと連邦準備制度』新評論，1982年。
3) さしあたり，毛利良一「30年代の変動相場制とアメリカ為替安定基金――『管理された変動相場制』の一経験」大阪市立大学『経営研究』第135号，1975年，91-113頁を参照。なお，楠井敏朗は近著（『アメリカ資本主義とニューディール』日本経済評論社，2005年）で，金準備法による為替安定基金の創設を通貨＝信用政策に対する「財務省管理」の復活と捉えている（101-102頁）。本書では，こうして「復活」した財務省と連邦準備制度との間の通貨金融政策をめぐる論争とその実態を一次史料に基づいて解明しようとしている。
4) Milton Friedman and Anna J. Schwartz, *A Monetary History of the United States 1867-1960*, Princeton : Princeton University Press, 1963, pp. 620-621 ; Benjamin H. Beckhart, *Federal Reserve System*, New York : American Institute of Banking, 1972 ［ベンジャミン・H. ベックハート『米国連邦準備制度』矢尾次郎監訳，東洋経済新報社，1988年，250頁］; Margaret G. Myers, *A Financial History of the United States*, New York : Columbia University Press, 1970 ［マーガレット・G. マイヤーズ『アメリカ金融史』吹春寛一訳，日本図書センター，1979年，411頁］。
5) アンケート調査の質問項目に関しては U.S. Senate, Committee on Banking and Currency, *National Monetary and Banking Policy : Questionnaire Relative to S. Res. 125*, 76th Congress, 3rd Session, Washington : GPO, 1940 を参照。商務省および連邦預金保険公社（FDIC）の回答書の所在は不明である。州政府（銀行局）に関しては，マサチューセッツ，ニューヨーク，ミシガン，ミネソタ，ノースカロライナ，オクラホマ，モンタナに関しては回答書を入手したが，フロリダ，カンザス，ワシントン，ニューメ

キシコについては未見である。他の州に関しては存在を確認していない。
6) U.S. Senate, Committee on Banking and Currency, *op. cit., National Monetary and Banking Policy*, p. 13.
7) 国法銀行の監督を考察したものに以下がある。Thomas P. Kane, *The Romance and Tragedy of Banking : Problems and Incidents of Governmental Supervision of National Banks*, New York : Bankers Pub., 1923 ［ケーン『米國銀行業の悲劇』三上太一訳，文雅堂，1927年］; Guy Fox, "Supervision of Banking by the Comptroller of the Currency," in Emmette S. Redford ed., *Public Administration and Policy Formation : Studies in Oil, Gas, Banking, River Development and Corporate Investigations*, Austin : University of Texas Press, 1956.
8) Treasury Department, "Replies to Questions Submitted by the Senate Committee on Banking and Currency with Reference to the National Monetary and Banking Policy," unsigned and undated [probably late 1940 or early 1941], Section I, A. General, No. 1, pp. 1-3, Harry Dexter White Papers, Box 6, Item 17. a, Seeley G. Mudd Manuscript Library, Princeton University.
9) Ibid., I-A-1, pp. 2-3.
10) Board of Governors of the Federal Reserve System, "Answer to the Questionnaire Relative to S. Res. 125," Revised Answer, II-A-1, February 17, 1941, p. 1, Records of the Federal Reserve System, RG 82, Box 123.
11) Board of Governors, "Answer to the Questionnaire," II-A-1, February 17, 1941, p. 2.
12) Presidents' Conference of the Federal Reserve Banks, Legislative Committee, "(Answer to) Questionnaire," Section VI, A. General, No. 1, undated, p. 1, in Board of Governors of the Federal Reserve System, *Legislation, Major Speeches and Essays, and Special Reports, 1913-1960*, Microfilm, Frederick, Md. : University Publications of America, 1983, Reel No. 18.
13) Ibid., II-A-1, p. 2.
14) 州法銀行の監督に関しては，以下が比較的詳しい。George E. Barnett, *State Banks and Trust Companies, Since the Passage of the National-Bank Act*, Washington : GPO, 1911.
15) U.S. Senate, Committee on Banking and Currency, *National Monetary and Banking Policy, State Bank Supervisors*, Section I, General, No. 7.
16) Joseph E. Perry, Commissioner of Banks to Robert F. Wagner, February 14, 1941, Commonwealth of Massachusetts, Office of the Commissioner of Banks, "Reply to the Questionnaire Relative to S. Res. 125," February 14, 1941, Records of Committees Relating to Banking and Currency, RG 46, Box 139. 同じ指摘は，オクラホマ州銀行監督官の指摘にもある（Linwood O. Neal, Bank Commissioner of Oklahoma to Senator Robert F. Wagner, February 21, 1941, Records of Committees Relating to Banking and Currency, RG 46, Box 139)。なお，全国州法銀行監督者協会は1902年，情報交換を目

的に創設された州法銀行監督者の全国組織で，現在もなお，二元銀行制度の保護と促進を目的に掲げ，州法銀行会員を含む団体「州法銀行監督者会議（Conference of State Bank Supervisors：CSBS）」として活動している（http://www.csbs.org/）。

17) New York State Banking Department, "Reply to the Questionnaire Relative to S. Res. 125," I-7, 1941, pp. 16-17, Records of Committees Relating to Banking and Currency, RG 46, Box 140.

18) State of Minnesota, Commissioner of Banks, "Reply to the Questionnaire Relative to S. Res. 125," I-7, March 18, 1941, p. 1, Records of Committees Relating to Banking and Currency, RG 46, Box 139 ; State of North Carolina, Commissioner of Banks, "Reply to the Questionnaire Relative to S. Res. 125," I-7, December 31, 1940, p. 2, Records of Committees Relating to Banking and Currency, RG 46, Box 139 ; State of Oklahoma, Banking Department, "Reply to the Questionnaire Relative to S. Res. 125," I-7, February 21, 1941, p. 12, Records of Committees Relating to Banking and Currency, RG 46, Box 139 ; State of Michigan, Banking Department, "Reply to the Questionnaire Relative to S. Res. 125," I-7, March 4, 1941, p. 1, Records of Committees Relating to Banking and Currency, RG 46, Box 139.

19) New York State Banking Department, op. cit., "Reply to the Questionnaire Relative to S. Res. 125," I-7, pp. 17-18.

20) 須藤功『アメリカ巨大企業体制の成立と銀行——連邦準備制度の成立と展開』名古屋大学出版会，1997年，145頁を参照。

21) American Bankers Association, Special Banking Studies Committee, *The Answers of the American Bankers Association : In Reply to Part 9 of the Questionnaire of the Committee on Banking and Currency of the United States Senate*, New York, April 1941, p. 27.

22) 1863年の国法銀行法は9都市（ボルティモア，ボストン，シカゴ，シンシナティ，ニューオーリンズ，ニューヨーク，フィラデルフィア，プロビデンス，セントルイス）を準備市と指定し，地方銀行よりも高い必要準備率を設定した。以降，新たな準備市が追加指定されたり，また指定から外されたりする場合もあった。

23) Joseph J. Schroeder, *They Made Banking History : The Association of Reserve City Bankers, 1911-1960*, Chicago : Rand McNally, 1962, p. xv.

24) Association of Reserve City Bankers, "Answer to the Questionnaire on National Monetary and Banking Policy," Chicago, March 11, 1941, pp. 2-4, in Board of Governors of the Federal Reserve, *op. cit., Legislation, Major Speeches*, Reel No. 18.

25) Schroeder, *op. cit., They Made Banking History*, pp. 1-2.

26) Association of Reserve City Bankers, op. cit., "Answer to the Questionnaire on National Monetary and Banking Policy," II-A-1, p. 16.

27) United States Savings and Loan League, Board of Directors, "Memorandum and Reply to the Questionnaire Relative to S. Res. 125," October 19, 1940, p. 1, Records of

Committees Relating to Banking and Currency, RG 46, Box 140. この団体は1890年代に全国の貯蓄金融機関のリーダーのフォーラムとして出発し，1929年にボドフィッシュ（Morton Bodfish）を専務理事（報告書提出時は副理事長）に招請したことで，全国的な産業団体となった。David L. Mason, *From Buildings and Loans to Bail-Outs: A History of the American Savings and Loan Industry, 1831-1995*, Cambridge: Cambridge University Press, 2004, p. 269.

28) United States Savings and Loan League, Board of Directors, op. cit., "Memorandum and Reply to the Questionnaire Relative to S. Res. 125," I-A-1, p. 5.
29) 連邦住宅貸付銀行理事会（FHLBB）は1932年7月22日の連邦住宅貸付銀行法（Federal Home Loan Bank Act）により設立され，連邦貯蓄貸付制度（Federal Savings and Loan System）と連邦貯蓄貸付保険公社（Federal Savings and Loan Insurance Corporation）の監督権限をもった。United States Savings and Loan League, "Memorandum and Reply," Section I, F. Relations among Supervisory Agencies, No. 1, p. 12.
30) Mason, *op. cit., From Buildings and Loans to Bail-Outs*, p. 269.
31) 「監督責任と信用政策の責任は区別されるが，実際の効果的な監督政策と信用政策の間に矛盾があってはならない」と強調する。Board of Governors, "Answer to the Questionnaire," II-A-2, February 17, 1941, p. 2.
32) "Revision in Bank Examination Procedure and in the Investment Securities Regulation of the Comptroller of the Currency," *Federal Reserve Bulletin*, Vol. 24, No. 7, July 1938, pp. 563-566.
33) 以上の経緯について詳しくは，本書第3章を参照。
34) U.S. Senate, Committee on Banking and Currency, *op. cit., National Monetary and Banking Policy*, p. 36.
35) Board of Governors, "Answer to the Questionnaire," II-H-1, February 21, 1941, pp. 1-2.
36) わが国でも，1927年の金融恐慌を契機に金融危機発生防止（LLR）や金融システムの安定性確保などの「構造的規制」を進めたが，1930年代に入ると「インフレ対策あるいは戦時金融動員という新しい課題」に移行したとされる。伊藤正直「昭和初年の金融システム危機——その構造と対応」安部悦生編『金融規制はなぜ始まったのか』日本経済評論社，2003年，第4章，189-190頁。
37) Board of Governors, op. cit., "Answer to the Questionnaire," II-H-1, p. 3.
38) Board of Governors, op. cit., "Answer to the Questionnaire," II-H-2, February 24, 1941, p. 1.
39) Treasury Department, op. cit., "Replies to Questions Submitted by the Senate Committee on Banking and Currency with Reference to the National Monetary and Banking Policy," III-1, p. 1.
40) Ibid.
41) Ibid., III-2, p. 1.

42) Presidents' Conference of the Federal Reserve Banks, Legislative Committee, op. cit., "Questionnaire," VI-1, p. 1.
43) Ibid., VI-1, pp. 6-7.
44) Ibid., VI-1, p. 7.
45) 検査基準の統一に関しては，第3章第I節を参照。
46) Ibid., VI-1, pp. 8-9.
47) Ibid., VI-1, pp. 12-13.
48) State of Minnesota, Commissioner of Banks, op. cit., "Reply to the Questionnaire Relative to S. Res. 125," VII-1, p. 1.
49) Ibid., VII-1, p. 2.
50) Ibid., VII-1, p. 2.
51) Ibid., VII-2, p. 1.
52) State of North Carolina, Commissioner of Banks, op. cit., "Reply to the Questionnaire Relative to S. Res. 125," VII-1, 2. フッド (Gurney P. Hood) については，以下も参照。North Carolina State, Office of the Commissioner of Banks Organization and History (http://www.nccob.org/NCCOB/AboutUs/history.htm).
53) U.S. Senate, Committee on Banking and Currency, *op. cit., National Monetary and Banking Policy*, p. 69.
54) State of North Carolina, Commissioner of Banks, op. cit., "Reply to the Questionnaire Relative to S. Res. 125," I-3, pp. 4-5.
55) Ibid., I-3, pp. 5-6.
56) Ibid., I-3, p. 7.
57) "A Program for State Bank Supervision," *Banking : Journal of the American Bankers Association*, Vol. 32, April 1940, p. 89. ワグナー委員会のアンケート調査に回答するにあたって，アメリカ銀行協会は「特別銀行調査委員会（Special Banking Studies Committee）」を設置し，また多くの会員（1,000名超）にアンケート調査を実施した。その際の会員のコメントで最も重要な特徴のひとつとして，「検査官個人の性格や能力が監督に対する銀行のリアクションに大きく影響」した点が指摘されている。Gurden Edwards, "Bank Supervision Experience," *Banking : Journal of the American Bankers Association*, Vol. 34, No. 1, July 1941, p. 46.
58) American Bankers Association, Special Banking Studies Comittee, *op. cit., The Answers of the American Bankers Association*, II-F-1, p. 64.
59) *Ibid.*, II-F-1, pp. 64-65.
60) 以上は，連邦準備制度に関して特許法の変更が銀行監督の効果を妨害したか，との質問に対する回答である。*Ibid.*, III-A-4, pp. 75-76.
61) Association of Reserve City Bankers, op. cit., "Answer to the Questionnaire on National Monetary and Banking Policy," II-F-1, pp. 37-38.
62) United States Savings and Loan League, Board of Directors, op. cit., "Memorandum

第 4 章　銀行監督・検査体制と二元銀行制度——189

and Reply to the Questionnaire Relative to S. Res. 125," II-F-1, p. 12.
63) また，以下も参照。"Branch Banking in the United States," 3rd ed., July 29, 1937, Table 5, p. 48, in Board of Governors of the Federal Reserve System, *Legislation, Major Speeches and Essays, and Special Reports, 1913-1960*, Microfilm, Frederick, Md.: University Publications of America, 1983, Reel 15.
64) 1931年末のグループ銀行数 978 社のうち，834 社は支店開設が禁止された州で設立されたものであった。"Group Banking in the United States," 2nd ed., September 30, 1937, Table 2, p. 15, in Board of Governors of the Federal Reserve System, *Legislation, Major Speeches and Essays, and Special Reports, 1913-1960*, Microfilm, Frederick, Md.: University Publications of America, 1983, Reel 15. また，以下も参照。佐々木仁「20世紀初期におけるシカゴ地方のチェイン・グループ銀行」『名城商学』第24巻第4号，1975年3月，141-164頁。
65) Marquis James and Bessie Rowland James, *Biography of a Bank : the Story of Bank of America N. T. & S. A.*, New York: Harper & Brothers, 1954 [マーキス・ジェームズ，ベシー・R. ジェームズ『バンク・オブ・アメリカ——その創業と発展』三和銀行国際経済研究会訳，三和銀行国際経済研究会，1960年，95-96頁]。
66) 株主補助会社は 1927 年に社名をナショナル・バンキタリ社 (National Bankitary Co.) に変更，1930 年には新設のコーポレーション・オブ・アメリカに吸収された。"Group Banking in the United States," op. cit., p. 37.
67) ジェームズ他前掲『バンク・オブ・アメリカ』254-258頁。
68) "Group Banking in the United States," op. cit., p. 40.
69) Ibid., Table 13, pp. 88-89.
70) ジェームズ他前掲『バンク・オブ・アメリカ』327頁。連邦準備制度理事会の資料によれば，1935年末の預貸率はユバ郡では単店舗銀行の 22.0% に対して支店銀行が 44.5% であったが，キング郡ではそれぞれ 38.6% と 29.1% で逆転していた。他方，都市部のサンフランシスコでは単店舗銀行の 41.1% に対して支店銀行が 65.4%，ロサンゼルスではそれぞれ 36.9% と 46.6% であり，都市部では支店銀行がより多く貸し出していたことがわかる。"Branch Banking in the United States," op. cit., Appendix III, pp. xxx-xxxi.
71) 小切手振出手数料については，たとえば，平均 100 ドル以下の小切手勘定で，10 枚をこえる小切手の振出にはそれぞれ 4 セントの手数料を徴収することになった。*Commercial and Financial Chronicle*, Vol. 137, November 4, 1933, pp. 3230-3231.
72) John M. Blum, *From Morgenthau Diaries, Year of Crisis, 1928-1938*, Boston, 1959, pp. 345, 427.
73) ジェームズ他前掲『バンク・オブ・アメリカ』597頁。
74) 同上書，596-600頁。
75) アメリカと同様に，激しい銀行恐慌に見舞われたドイツでは資本取引や貿易関係の統制化が先行し，1934年12月にはライヒ信用制度法を成立させ，逸早く「統一的な監督制度の確立と厳しい信用業務規制によって厳格な検査・監督体制」を実現した。加藤國

彦「1931年ドイツ金融恐慌と金融制度改革――金融規制から金融統制へ」安部悦生編,前掲『金融規制はなぜ始まったのか』第2章,112頁。

第5章　戦時期における連邦準備制度理事会の改革構想
　　　　──ワグナー委員会調査から立法化プログラムへ──

はじめに

　連邦上院銀行通貨委員会の全国通貨政策に関するアンケート調査が1940年5月に開始され，同年末には，連邦準備制度理事会は連邦準備銀行総裁（会議）と連邦諮問委員会と協同で特別議会報告書を提出し，超過準備問題を処理するための権限，租税による防衛費増額などに関する法改正を要請した。「強力な中央銀行機構」[1]のための法整備の要請は，しかし，議会からもホワイトハウスからも支持を得ることはできず，ワグナー委員会調査とともに空中分解してしまった。

　しかし，第3章で分析したように，財務省や連邦準備制度理事会など一部を除き，実はアンケート調査回答書の多くが1941年2月までに委員会に提出されていた。しかも，この調査を議会に働きかけた連邦準備制度理事会は，回答書の作成に着手すると同時に，回答案との擦り合わせの中から1940年末の特別議会報告書に沿った「立法化プログラム」の作成をも開始し，1941年夏まで両者の完成度を高める改定作業を行っていた。1935年銀行法制定後に改めて浮上した連邦準備制度理事会による通貨金融システムの再編構想は戦後へと持ち越され，その重要な一端は1951年の財務省と連邦準備制度理事会との金融政策をめぐる合意＝「アコード」へと帰結する。この「アコード」の歴史的意義を解明するためにも，連邦準備制度理事会のアンケート調査回答書と「立法化プログラム」の作成過程との関係，それらの一応の到達点を示しておかねばならない。

　第4章で既に，銀行監督・検査体制に関する問題認識を，アメリカ金融史に固有の「二元銀行制度」の視角から連邦および州の監督諸機関，銀行家団体等

のアンケート調査回答書に焦点をあてて詳細に検討した。連邦準備制度理事会が1935年銀行法を経て集権的に実現しようとした通貨信用政策は，実は財務省や連邦預金保険公社，さらには州銀行当局による政策と齟齬を来たすことが分析から明らかとなった。こうした多様な規制機関の存在を歴史的背景として支えていたのが「二元銀行制度」であった。それはまたカリフォルニアの巨大銀行持株会社による支店銀行ネットワークの展開を生み出すエネルギー源でもあった。

　本章では通貨信用政策に焦点を移して，ワグナー委員会アンケート調査に対する回答書の分析を行う。ただし，第3章で明らかにしたように，ワグナー委員会調査に対する財務省の否定的な対応によって，財務省の回答書は通貨監督官のそれに限られたという事情から[2]，本章の分析は連邦準備制度理事会の回答書類に限定される。以下，第I節ではワグナー委員会アンケート調査回答書と「立法化プログラム」の作成過程を概観し，第II節では，「立法化プログラム」がもっぱら国内金融システムの範囲内に収められていたため，国内金融政策を中心に理事会の制度改革案の詳細を検討する。第III節では，ワグナー委員会アンケート調査回答書における外国為替等の国際金融政策に関する連邦準備制度理事会の立場を明らかにし，最後に，連邦準備制度理事会の戦後の通貨金融政策プランの全体像を展望する。

I. 連邦準備制度理事会の回答書と法改正案の作成

　1940年7月3日，理事会スタッフ——モリル（Chester Morrill），サーストン（Elliott Thurston），パリー（Carl E. Parry），ポールガー（Leo H. Paulger），ゴールデンワイザー——は「予定される銀行立法の問題点を再検討」し，現行法の変更すべき事柄を洗い出す作業を行った。このスタッフ報告書はワグナー委員会によるアンケート調査の質問項目におおよそ対応して作成されたが，何よりも理事会での検討のたたき台であった[3]。その後，理事会での検討を踏まえて，1940年12月2日に再度，理事会スタッフによる「立法化プログラム」の全体像が明らかにされた[4]。上級スタッフには新たに3名，スミード（E. L.

Smead), ワイアット (Walter Wyatt), クレイトン (Lawrence Clayton) が加わるとともに，アンケート調査の全質問項目の回答案作成者には上級スタッフに加えて，調査部門を中心に銀行運営，法務，検査，証券などの部局からも動員され，総勢32名に達した[5]。また回答案作成にあたっては法律や経済，金融などの専門用語を使わないこと，『銀行研究』(*Banking Studies*) やその他の連邦準備制度理事会の公刊物以外の参考文献は利用しないこと，9月30日を締切りとすることなど，細かな留意点が指示された[6]。

1940年7月の立法化プログラム草稿は大きく6項目から構成された。すなわち，I. 加盟銀行準備の管理，II. 全被保険銀行の包括，III. 連邦準備制度の公的性格の増進，IV. 連邦準備制度理事会における財務省の代表権，V. 連邦監督諸機関の統合，VI. その他，である。これが1941年12月立法化プログラム草案では細分化されて，「全商業銀行の統一的待遇」，「工業融資」，「支店銀行，グループ銀行，チェーン銀行」の3項目が追加された。見られるように，連邦準備制度の作業はほぼ国内金融政策に限定されていた。

これを受けて1940年12月には，年明けの1月6日からスタッフ作成の回答草稿をもとに理事会メンバーと上級スタッフによる討議を開始することが決まった[7]。この間もインフォーマルな議論が行われており，理事会議長秘書官チェスター・モリルの上級スタッフ宛のメモによれば，ランサム理事[8]は「特定の勧告の実現性，プログラム全体と国防情勢との関係」を考慮すること，特に立法化「プログラムは国防との関係で，政府のより効率的な管理の方向」を示す必要があると強調した。また，エクルズ議長は「銀行構造の簡素化」を，シムザック理事[9]は「責任のあるところに権限を統合」すべきであると注意を喚起した[10]。1月10日までには，「ワグナー委員会質問書に対する回答草案に添付する立法化プログラム」[11]の理事会による暫定的結論は完成した。

その後は，調査項目間の重複などのチェック等が行われ，1月31日に「250項目の結論，優先事項，提言，政策（措置）の趣旨説明からなる」理事会スタッフのコメントが用意された。これをもとに回答書の最終草案を作成することになったが，その際，ランサム理事はスタッフ間の合意を形成するため，次の点に注意を喚起した。すなわち，①「すべての回答は1940年12月末のFRB議会報告書に合致すること」，②「プログラムは現実をよく踏まえ，した

がって政権が支持し,議会の通過」が見込める内容であること,③連邦準備制度成立時の理念である「集権化と分権化を結合する連邦のプラン」であること,「今日も将来も,われわれ全員の最大の関心事は国防である」点を意識することであった[12]。

後述するように,ランサムは2月1日,上記の目的で250項目の勧告・結論を16の主要テーマに還元した文書を用意した。2月4日はこれを参考にしながら,理事会の最終方針が決定された。その後は個別の質問項目に対する回答の改訂作業が進められ,特に国際金融関係項目については1941年8月11日まで行われていたことが確認できる。

II. 国内金融政策に関する「立法化プログラム」

連邦準備制度理事会は,ワグナー委員会アンケート調査に対する回答書を用意する一方で,独自の「立法化プログラム」を作成した。以下,1940年7月3日および12月2日の立法化プログラム草案を列記し,その上で1941年2月4日に理事会が決定した最終方針を項目ごとに確認する[13]。

1) 連邦準備制度の公共的性格の増加

はじめに,連邦準備制度の公共的性格に関係して6項目に亘る方針が提起され,それぞれに理事会の結論が出された。第1に,連邦準備銀行は加盟銀行に対して,連邦準備銀行株式の額面価額を未払配当金とともに返済し,株式を廃棄する。理事会はこの方針を承認した。ただし,マッキー(John K. McKee)理事[14]は「他の重要な事項の法改正を犠牲にする」との理由から反対した。第2に,免許税は次の3つの選択肢から決定する。(1)免許税なし;(2)最初に一括,一定額の免許税;(3)最初に一括ではなく,準備銀行の資本金がある特別水準を超えたときに有効となる免許税である。理事会は3つの代替案を承認した。第3に,現行の加盟銀行が選出する6名の取締役は,現取締役の任期満了時点で,大規模銀行,中規模銀行,小規模銀行に区分される全被保険銀行が選出する。第4に,現役の銀行家は連邦準備銀行の取締役として不適格とす

る。以上の方針に関して，理事会は両者を統合して承認した。第5の，理事会に対して規則に基づき，連邦準備銀行取締役の連続的再任を制限する権限を付与する方針は承認された。しかし，第6の連邦公開市場委員会の権限を理事会に移行するとの方針は，理事会によって否決された。なお，連邦準備銀行の委員選出方法を変更してニューヨーク連銀およびボストン連銀が全体を代表すべきとの提案が出されたが，最終的に変更は見送られた。

2）準備金の管理

　準備金の管理については，以下の7項目の方針が提起された。第1に，(a)超過準備を約7億5,000万ドルに削減するまで現行の必要準備率を引き上げ，準備金を理事会が管理できるようにする。(b)将来，理事会は公共の利益に反しない限り，超過準備の増加に対応して準備率を引き上げることを可能とする打開策を定める。また，理事会が3つの銀行クラスのすべての必要準備率を変更する権限を認める。これらの方針は理事会によって承認された。第2に，法定必要準備率を全商業銀行（すべての要求払預金保有銀行）に適用する。また，当該銀行のすべては被保険銀行であることを要求する。この方針も理事会は承認したが，全商業銀行の預金保証に関する規定は，残りの立法プログラムが決定されるまで延期するとした。

　第3に，必要準備率の引き上げにより，あるいは現行準備率が適用されることで準備金不足となる銀行は，罰則金利ではあるが，理事会が決定する一定期間，一定金利で不足状態を継続できる。ただし，準備金不足時の貸付に関する取締役の負債を廃止し，準備金不足の期間は配当できないとの規定を盛り込む。第4に，手元現金は商業銀行の必要準備率の一部に組み入れる。第5に，手許現金および連邦準備銀行預け金は，預金保険賦課金の基礎となる総預金額から控除する。以上の方針は，理事会によってすべて承認された。しかし，第6の，理事会の承認または指示を条件として，連邦準備銀行が超過準備に利子を支払う権限を与えることを検討する。この権限の明示的な規制は時期尚早だが，景気拡大の減速が望ましい場合に利用されるとの方針は，理事会によって削除された。最後に，外国の中央銀行および政府の全預金は連邦準備銀行に預託されることを要求する権限を，理事会に付与するとの方針は承認された。

3）大統領と財務長官の通貨権限 (monetary powers)

　最も先鋭的な衝突の可能性を秘めた，通貨権限をめぐる財務省や大統領府との関係については5項目の方針が示された。ただし，この議論のはじめに，立法化プログラムは1940年末に理事会が提出した特別議会報告書の範囲を広げることができるとの合意が形成された。

　第1の方針は，(1)外国銀に関する限り，財務省の銀購入権限は廃止する。(2)財務省証券の発行権限も銀購入相当額に制限する。これによって造幣益15億ドルの銀証券の発行権限を撤廃する。この方針を理事会は承認したが，併せて，国内銀の購入も中止することになった。長時間の議論のなかで，ランサム理事は非常に重要な質問項目なので回答には慎重を期するべきと発言したのに対して，エクルズ議長は次のように示唆した。すなわち，この提案が法制化される唯一の方法は，必要準備率の引き上げと引き下げを要求する権限に加えて，必要準備率に関する理事会の決定に対する拒否権を大統領，または財務長官に与えることである。このような拒否権は，緊急時に漫然と付与された大統領および財務長官の通貨に関する権限の撤廃が条件である。立法化プログラムが準備された後，この質問書の回答が議会に送られる前に，財務長官と財務省の代表者ホワイトやコクラン（H. Merle Cochran）[15]，自身と理事2名を加えた会合をもち，理事会と財務省が大統領に説明することで合意形成ができないか確かめたい，というものである。

　第2の方針は，大統領が財務省に30億ドルのグリーンバックスの発行を命じる権限を撤廃するもので，理事会によって承認された。第3の方針は，安定化基金を利用して政府証券市場の売買操作をする財務省の権限を撤廃するもので，これも承認された。その上で，以下の勧告をすることになった。すなわち，(a)安定化基金の融資は，理事会との協議後になされる，(b)安定化基金のオペレーションは理事会との協議を必要としない，(c)安定化基金による公開市場操作は理事会の承認のもとに行われる。ただし，この点に関してランサム理事は「否」を投じた。

　第4の方針は，銀ドルの銀含有量を減少させる大統領の権限を撤廃する（1941年12月2日に追加された項目）こと，第5の方針は，金ドルの（金）含有量を減少させる大統領の権限を撤廃することで，理事会はこの2つの方針を承

認した。なお，これらの目的は大統領や財務長官から権限を取り去ることではなく，「連邦通貨権限に関する状況を整理すること」であると確認された。

4）全商業銀行の統一的待遇

　理事会が最優先の検討事項のひとつとしてきた，いわゆる「全銀行統合プログラム」に関連した諸方針である。第1に，全商業銀行（全要求払預金保有銀行）の連邦預金保険制度への加入を要求するとの方針は，立法化プログラムに入れるべきでなく，残りの立法プログラムが決定されるまで延期するとの結論を得た。第2の方針は，全商業銀行が被保険銀行となることを要求されるとすれば，連邦準備制度の準備規定に従い，連邦準備制度の借入その他の便宜にアクセスできるが，割引や融資には適格要件や強制的な罰則を伴うというものである。理事会は，預金保険に関する部分を削除した上で，この方針を承認した。なお，マッキー理事は，必要準備率と連邦準備銀行の融資が被保険銀行にのみ適用・供与されるべきであると反対した。

　第3に，連邦法の持株会社と子会社の条項を全商業銀行に拡大するとの方針は承認された。そして第4に，国法銀行に適用されるものであろうと，州法銀行あるいはその両者に適用されるものであろうと，不必要な制限はすべて排除されるべきで，必要な規制は全商業銀行に適用する。この方針について理事会は，立法化プログラムとしては削除するが，理事会が議会聴聞会に臨む前に，スタッフがこの問題を詳細に検討することになった。

　最後に，小切手や為替の取立手数料に関する以下の方針である。すなわち，本法律の導入以前のある確定期日前に取立手数料を請求していた全銀行は，取立手数料を請求し続けることを，現在取立手数料を課していない銀行にはその請求禁止の継続を許可する（これにともなう法改正は，(a)取立手数料の請求が認められている銀行は連邦準備銀行に対しても請求すること，また，(b)連邦準備銀行が小切手を取立てのために受け取った銀行に請求し直すことを要求できる，との修正である）。この方針は承認されたが，ここでもマッキー理事は反対を表明した。

5) 連邦監督機関の統合

　連邦監督機関の統合に関しては，以下の方針が示された。銀行を管轄する3つの主要な連邦機関，すなわち連邦準備制度理事会，（財務省）通貨監督官，連邦預金保険公社はひとつの連邦銀行当局に統合する。この統合機関は，現在復興金融公社によって保有される被保険銀行の優先株と債券，そして銀行融資を買い取り，銀行に免許状を付与する財務省（通貨監督官）の権限は廃止するというものであった。

　この方針に関して，ランサム理事によれば，理事会議長は大統領の再組織化権限のもとで連邦銀行監督機関の効果的な統合の可能性に関するプランを準備している。それゆえスタッフは，議長の描くプランに従って（アンケート調査の）質問に対する回答を書き換え，その回答草案の変更点をまず議長とマッキー理事に，その後に他の理事に提出すること，復興金融公社の優先株や融資権限に関しては立法化プログラムから削除することになった。なお，財務省の銀行営業免許に関する権限の廃止に理事会は合意した。

6) 工業融資

　次に，商工業融資に関する方針である。連邦準備銀行が商工業企業に融資する権限（連邦準備法第13条b項）は，5年を超えない期間，運転資本の供給を目的に，実質的に「大手」企業以外にも多くの方法で拡大するが，これは復興金融公社による緊急的工業融資権限の終了を条件とするというものであった。

　この方針に関して，理事会はエクルズ議長の以下の提案を承認した。すなわち，復興金融公社には鉄道業融資，輸出入銀行を経由した融資，巨額の特殊な防衛融資，商品信用融資などの大口の特別融資の権限が，そして連邦準備銀行には小規模融資の権限が与えられることである。これは，連邦準備銀行が地域の状況を熟知し，独自にあるいは地域銀行と協力して融資するのに適した立場にあるからである。連邦準備銀行のこの融資権限は，定められた金額を超えるべきでなく，もし議会が第13条b項の緩和を含むこれらの修正を欲しない場合には，第13条b項を撤廃し，連邦準備銀行は負うことのできない責任を回避する。

　これに対してドレイパー（Ernest G. Draper）理事は[16]，連邦準備銀行の融資

限度を500万ドルに設定すべきであると提案した。エクルズ議長は上限をもっと下げるべきで，大口融資が必要ならば複数の連邦準備銀行が共同でできないかと提案した。銀行家出身のランサム理事はこれらすべての勧告に反対し，連邦準備制度の工業融資権限の撤廃に賛成した。

7）銀行預金保険

　連邦預金保険制度のあり方に関して，理事会は次のような方針を検討した。第1に，商業銀行（小切手用預金を受け入れる全銀行）はすべて被保険銀行となるとの方針には立法化プログラムの残りの部分が決定されるまで，結論を延期するとした。その上で，第2に，保険金は被保険銀行の全預金（5,000ドル以下の預金だけでなく）に拡大する。第3に，連邦預金保険公社が支払い手段を欠く場合，何らかの方法で財務省が預金者に支払をする。以上の方針に関して，理事会は法律の変更は行わないとした。ただし，シムザック理事は後者の決定に反対した。最後に，預金保険の査定の基礎を計算する場合に連邦準備銀行への預金は控除されるとの方針は，手許現金に関する部分を除いた上で，承認した。

8）支店銀行，グループ銀行，チェーン銀行

　単店舗主義を理念とする銀行制度にもかかわらず，多様な方法で銀行店舗の地理的拡大が進行している実態は第4章III節で明らかにした。連邦準備制度理事会は，「どの州で支店銀行が認められるかという域外限度の範囲は州が決定するという原則を認識した上で」，以下の方針を検討した。

　第1に，国法銀行，連邦準備制度加盟州法銀行，および被保険州法銀行は州法の許可する範囲内で支店を保有できる，との現行の連邦法の要件を除去する。この方針について，理事会は「連邦法の要件」を「連邦法の必要資本金規定」に修正して承認した。第2に，州法の認める範囲内で，銀行（商業銀行）は連邦監督当局の承認を得て支店を保有できるとの方針について，理事会は立法化プログラムからは削除すべきだが，（アンケート調査には）概ね現行の回答で対処すると結論した。最後に，グループ銀行およびチェーン銀行に関する現行の連邦法を改定し，支店銀行制が合法でない州ではこれらの制度を禁止する

との方針が検討された。理事会は，公益とみなされる一定の例外を設けた上で，これ以上のグループ銀行やチェーン銀行の拡大を阻止し，現在の状況で凍結する。しかし，適当な当局の承認を得て，グループ内やチェーン内の銀行が支店を開設することを妨げるべきではないと決定した。

なお事前のコメントでデービス（Chester C. Davis）理事は[17]，以上の項目に関する決定は立法化プログラムに含めず，またアンケート調査への回答もこの決定に従うべきであるとして，以下のように主張した。すなわち，(1)支店銀行制が州内のどの範囲内で許可されるかは州が決定し，(2)国法銀行の支店開設は，連邦準備銀行の本店および支店の区域に限られる。さらに，ランサム理事は，そうした説明は立法に関する勧告とみなされるとして，立法化プログラムに含めるべきでない，との見解を表明した。

9）その他

その他，連邦準備制度の組織，連邦準備券，裁量的規制，証拠金所要率，財務諸表や政策決定の公開など，10項目の方針が検討対象となった。

第1に，一定の監督および管理機能を分権化する権限を理事会に与えるとの方針である。これはひとつには，個別商業銀行と直接関係する連邦準備制度の実際的機能をできる限り連邦準備銀行に置くためであるとされ，理事会はこれを承認した。第2は，理事会メンバーに関する方針で，(a)14年の全任期期間を満了した後に，理事会メンバーの再任を禁止する現行規定を廃止する。(b)理事会メンバーは申請により，連邦準備制度退職年金制度の加入者となるというもので，理事会の最終案ではともに削除された。第3に，連邦準備銀行の取締役会会長と連邦準備代理人（Federal Reserve Agent）の職務を分離するとの方針は承認された。

第4は，連邦準備券に関する方針である。すなわち，(a)連邦準備銀行券に対する担保要件を撤廃する。しかし，準備銀行の特定総資産を発券の基礎とするなど，法令上の最高発行限度額を規定する。理事会はこれを承認した。ただし，マッキー理事は以下の理由で反対した。この勧告は現行法の規定のいかなる変更も含まないと理解できるが，それは実際に流通銀行券に対して40％の金証券準備が維持され，また発行銀行券が各連邦準備銀行の資産に対する第1

順位の優先抵当権であるからである。(b) 上に勧告した担保要件が廃止されない場合，合衆国政府債務の担保としての適格性に関する期限（1941年6月）を撤廃する。これも理事会によって承認された。(c) 自行の連邦準備券を他の連邦準備銀行に支払うことを禁止する規定を撤廃する。この点について理事会は，連邦準備銀行が望むならば，現行の手続きに従うことを承認した。そして，(d) 各連邦準備銀行が連邦準備券の償却のため合衆国財務省に償却基金を維持する規定を廃止する。この方針は，アンケート調査の回答書に含めることで承認された。

第5。銀行持株会社関連を含む多くの連邦銀行法は，法文の明確化，運用の改善，改正の実施，また理事会の管理権限の拡大のために改定する。加えて，これら諸立法を首尾一貫し，論理的な区分にするとの方針について，理事会は以下のように結論した。すなわち，(a) 連邦銀行法の法典化は望ましいが，法律に基づく運用の明確化と改善を目的とする現行法の改正は銀行構造の根本的変更に依存し，また(b) 持株会社法を制定する。

第6。監督当局の裁量的権限を改善するため，監督当局は民事手続きによって違反銀行を提訴する権限だけでなく，当該銀行の配当金支払いの禁止または配当金の減額を命じる権限を持つ。この方針に関して理事会は，銀行は配当金支払いの意図を監督当局に届け出ることを要しないが，監督当局が，配当金支払いが不適当であると通知した後はいかなる配当も違法とする法律を制定すると決定した。

第7。証拠金所用率に対する理事会権限に関連して，1934年証券取引法の一部を明確化し，修正する。この方針について，ドレイパー理事は証拠金所用率に関するアンケート調査の回答を編集し，立法化に対する勧告が必要かどうかを決定するよう要請した。

第8。銀行に対して財務諸表の公表を要求する連邦銀行法の規定は廃止する。ただし，商業銀行（被保険銀行）が任意に財務諸表を公表する場合は，監督当局に提出した報告書と同一の内容とする。この点については，デービス理事が財務諸表の公表に関するアンケート調査の回答案を示すことになった。他方で，第9。理事会や連邦公開市場委員会が実施した政策的措置（理由や投票を含めて）の記録を，年報で公表することは廃止する方針に関して，理事会は

これを削除することにした。

　最後に，加盟銀行の購入する全証券は市場性を条件とするとの連邦法規定を修正し，以下の場合には銀行の証券取得が可能であることを明確にする。すなわち，銀行が債務者から直接に証券を受け取って信用を延長することは，それが貸付の形態であるならば合法である。理事会は，これを立法化プログラムの一部とはしないが，アンケート調査の回答では，理事会が通貨監督官の規制発令権の撤廃を要望し，またその理由を示すことに決定した。

　以上，連邦準備制度理事会によるワグナー委員会アンケート調査回答書と独自の立法化プログラムに着目し，1941年2月段階における理事会の立法化プログラムについての結論を軸に見てきた。本節を結ぶにあたって，第1に立法化プログラムで提起された国内信用政策を確認し，第2に同プログラムから削除された問題の意味を問い，最後に国際金融政策に関係する問題を立法化プログラムの点から確認する。

　前章での検討との重複を避けねばならないが，準備金の管理（第2項第1，第2），全商業銀行の統一的待遇（第4項）など，二元銀行制度を形式的に維持しながらも何とか銀行監督機能（第5項）と信用政策（第3項）を連邦準備制度理事会に統合しようとしていることが確認できる。そして，これらの目的を達成するために，加盟銀行の出資による株式会社形態を脱却して連邦準備銀行が銀行の所有物であるとのイメージを払拭し（第1項），復興金融公社と分業しつつ商工業融資を拡大（第6項）しようとの意図が読み取れる。

　しかし，たとえ形式的にでも二元銀行制度を存続させることは，連邦準備制度理事会による体系的・論理的な立法化プログラムの立案に大きな制約となった。確かに，財務省（通貨監督官）の国法銀行に対する営業免許付与・監督権限の撤廃，大統領・財務省による銀購入，グリーンバックス（政府紙幣）発行，ドルの平価切り下げ権限の撤廃や為替安定基金操作の制限などで，若干の異論はあるものの，理事会全体としての合意形成があった。だが，連邦準備制度非加盟の州法銀行の存続を認めたまま全商業銀行の連邦預金保険制度への加入を図り，これら諸銀行の（全）預金を連邦政府が保証し，また連邦準備銀行のサーヴィスを提供することへの合意形成は難しく，立法化プログラムの完成

は遅れた（第2項第2，第4項第1，第7項第1，第2，第3，第8項第2）。

　また，連邦準備制度内部の組織問題が立法化プログラムに影響を及ぼしていた。ひとつは連邦公開市場委員会の位置づけであり，全権限を理事会に集中させようとの計画は断念せざるをえなかった（第1項第6）。また，理事会およびFOMCの政策的措置の公表廃止もプログラムから排除された。これはおそらく，ニューヨーク連邦準備銀行の年報問題と密接に関係していた。1940年1月5日，ニューヨーク連銀のハリソン総裁とヤング（Owen D. Young）[18]取締役はワシントンで連邦準備制度理事会理事らと会議を持った。エクルズ議長は前年のニューヨーク連銀の年報が政府の租税政策や歳出政策を公然と批判したことを理事の多くが問題視しており，「年次報告書はコメントのない事実の議論に限定」し，連邦準備制度への批判を回避して欲しいと要請した。エクルズら理事会が連邦準備制度の国有化を招きかねないリスクを回避すべきと論じたのに対して，ハリソンは意見の相違があったにしても自由に意見を表明することの重要性を指摘し，ヤングはさらに踏み込んで，「地域システムはワシントンにある中央銀行システムのために抑圧されており，ワシントンへのこれ以上の集権化から連邦準備制度を守る最善の方法は〔連邦準備〕銀行の自立性を可能な限り許容することである」と主張した。また「理事会は行政機関としてワシントンにあり，したがって政権や他の政府部局を批判しにくい」（ヤング）との意見がだされ，結局，「報告書の公刊を継続するが，取締役全員がその責任を負うこと，連邦準備制度全体の地位を危険にさらす問題の議論を回避するよう十分に配慮すべきこと，理事会はニューヨーク連銀の年次報告書の承認・不承認に責任を負わない」ことで決着した[19]。これらの問題は，戦後に国債管理政策をめぐる財務省との政策論争において再現される問題でもあった。

　最後に，国際金融に関連した立法化プログラムに関する理事会の結論を確認しておこう。まず財務省および大統領による銀購入権限，銀ドルの銀含有量および金ドルの金含有量の変更権限の廃止である（第3項第1，第4，第5）。為替安定基金による証券売買操作権限の廃止（第3項第3）を含めて，これら大統領（財務省）の権限は連邦準備政策の独立性を制約する重要な事柄であった。それゆえ，エクルズ議長は必要準備率に関する最終的決定権または拒否権を，大統領または財務長官に委ねるとの修正案を用意し，ホワイトハウスとの協議

を提案したのである（第3項第1）。さらに，超過準備問題との関連で，理事会は外国中央銀行・政府の全預金を連邦準備銀行に集中させようとした。しかし，1941年2月3日の立法化プログラム案文書までは民間外国銀行をもその対象としており，しかもまた，国内商業銀行の外国人預金に異なる準備率を適用することを予定していた[20]。これらが最終的に削除された経緯は示されていないが，次節では立法化プログラムでは触れられなかった国際金融に関するアンケート調査に対する理事会の回答案を検討する。

III. 連邦準備制度理事会の国際通貨政策構想

　連邦準備制度理事会はワグナー委員会アンケート調査の回答文書の作成と並行して1941年2月，独自の立法化プログラムを作成しつつあった。しかし，ワグナー委員会調査には存在した金本位制や外国為替政策に関する項目は立法化プログラムからは欠落していた。したがって，理事会はこれら国際金融政策を当面の責任ある独自の政策課題とは見ていなかったことになる。しかしながら，理事会が直面した超過準備問題は国際通貨・金融問題を考慮することなくして実効性ある解決は難しく，ここに財務省の通貨・財政政策への依存・対立関係の原形があったのである。また第6章で検討するように，戦後のブレトン・ウッズ体制における内外金融の調整機関として創設される「国際通貨金融問題国家諮問会議（NAC）」の一構成部局としての役割を理解する上でも，アンケート調査回答文書に戻って，ニューディール金融制度改革後の連邦準備制度理事会の国際金融に関する認識を確認しておかねばならない。

1）金政策と資本輸出

　第I節で見たように，ランサムは理事会による立法化プログラムの方針決定会議を前に，ワグナー委員会アンケート調査の回答案の修正作業を担当するスタッフに向けて，プログラムと回答を作成する際の枠組みを提示した。まず，このランサム・メモから金政策に関する理解を確認しておこう。

わが国の信用政策は，経済安定が遵守されるべきとするならば，もはや基本的に金準備によって支配されることはない。金本位制は相対的に安定し均衡の取れた世界経済において機能するに過ぎず，それ自体が均衡や安定をもたらすことはない。国際金本位制のフル稼働を望ましいものにするような世界情勢が再び到来するかは疑問である。理事会は通貨の自由な金交換に反対である。金の輸入または購入の禁止は現在の情勢では勧められない。金流入の削減に向けての最大の貢献は，アメリカの購買力の急速な拡大である。戦争が続く間は，現行の金政策を継続することが望ましい。金購入は，〔ドル〕ポジションを強化することで合衆国と協力する諸国を助け，したがって商品輸入を通じて合衆国の雇用維持の手助けとなる[21]。

見られるように，現在の情勢と金購入政策の継続を前提としてではあるが，国際金本位制の再建を展望することなく，協力関係にある諸国への支援と輸出拡大効果が強調されている。

では，ワグナー委員会調査の回答案では金政策はどのように位置づけられたか。委員会の質問項目は多方面に，より具体的に展開しているが，回答案の全項目は調査統計課国際部門を統括していたガードナー（Walter R. Gardner）が担当した[22]。回答はワグナー委員会の質問に依存するため，連邦準備制度の理解を正確に引き出すことには多くの困難がともなう。とはいえ，ガードナーの金本位制の現状と展望に関する回答はランサム・メモを踏襲し[23]，記述内容が詳しくなっている。例えば，ランサム・メモでは金購入政策を継続することの効果は説明不足であるが，回答案では戦時中は武器貸与協定の外にある諸国はアメリカから金で自由に商品を購入できなくなること[24]，また関税障壁の引き下げと弾力的な金政策がドル為替相場を輸入に有利な方向に導き，国内購買力の拡大が外国からの輸入の増加と，輸出市場の追求なしに国内消費の増加を導くことなどの利点を説明した[25]。

次に，「国際通貨体制において金の最終的な復帰と無制限の保有が期待される場合，アメリカへの金流入を減少させる方法として適切なものはどれか」との質問に対して，委員会が予め用意した方法のうち，理事会は以下については否定的な回答を示した[26]。すなわち，(b)財務省による金購入支払い価格の引き下げ；(c)公開市場での一定額の金購入；(e)外国政府に保有アメリカ証券の

清算要求；(h)財務省の金購入価格と金売却価格のスプレッドの拡大；(i)貨幣用金のみの購入；(k)紙幣と預金の金兌換に関する国際協定，以上である。

　他方，「(a)金輸入の禁止および政府購入の中止」に関しては，現況では，「武器貸与計画や他の信用協定によって建設的な目的を持つ諸国に適正なドルを供給しない限り，金輸入の禁止は得策ではない。しかしながら，戦後は極端な形をとらないこの種の政策が，金本位制の復帰に好ましい世界情勢を醸成する適切な方策になる」と見ている。同様に，「(d)特定諸国からの金購入」も，「金価格がグループの内と外で異なり，金本位制の信頼に一定の緊張を与える」としながらも，この方法は否定しない。「(j)為替管理」については，従来，「金流入を完全に停止させるために利用されてきた。しかし，完全な為替管理は，金本位制が提供しようと企図した自由で安定的な為替市場とは正反対のものである。おそらく，他の取引を自由にしたまま資本移動のような特定の国際取引に影響を及ぼすことを企図する選択的管理は，資本流入による金蓄積の大幅な抑制にかなり上手く適用できる」と，留保付で評価した。

　そして，理事会が全面的に評価した方法は，「(f)関税表の引き下げ」および「(g)外国貸付の拡大」である。前者は「商品輸入と金流入の中断」に好ましい効果を与える。後者は「利付きで返済しなければならないため，長期的には金流入の減少にほとんど効果がない。しかし，諸外国の輸出力を恒久的に強化し，限られた期間内で，金を代替することによって金本位制の運用に大きく貢献する。通貨安定と多くの国民経済の再建があれば，資本移動は一般に建設的となる。……おそらく，国際情勢は当面，建設的な民間外国投資の一般的回復には不利である。しかし，カナダ向けのようなこの種の融資の一部は持続するであろう。また政府借款は，合衆国が特殊な利害をもつ諸国──例えばラテン・アメリカ諸国──の輸出能力を支援し構築するように策定されるなら，金本位制に復帰する道を用意するであろう」。

　以上，連邦準備制度理事会は弾力的な金政策を含めた「選択的為替管理」の手法を評価しつつ，アメリカの商品輸入と民間資本輸出の拡大が，金を利用した国際通貨体制の再建に貢献するものとして評価した。その際，過渡期に限り，また利害関係諸国に限定したとはいえ，政府借款の果たす役割を強調した点も看過できない。

2）固定為替相場制か変動為替相場制か

　国際金本位制の完全な再建を許容する世界情勢を展望できず，それゆえ弾力的な金政策を含めた「選択的為替管理」を重要な政策とみなすにしても，連邦準備制度理事会はどのような国際通貨システムを想定していたのであろうか。ワグナー委員会の質問項目，「固定為替相場と変動為替相場の長所と短所は何か」に対する回答から探りだしてみよう[27]。

　ガードナーは「変動為替相場とは変動がある程度管理され，ゆえに秩序ある為替相場を意味すると仮定」し，「管理されない為替相場が日々，広範で不規則な動きをすることは勧めることはできない」と前置きする。ワグナー委員会は貿易や資本移動に始まり，為替投機や国際通商関係など，多様な項目に対する両制度の評価を要求しているが，ここでは主要項目に限定して回答の特徴をいくつか検討したい。

　まず貿易量，貿易業者，資本移動への影響に関しては，安定的な為替相場に利点があるとはいえ，3-6ヶ月以上の長期取引を除いて，「輸出業者または輸入業者が先物市場を通じて不利な為替相場から自衛できるのであれば，変動為替相場の影響を受けることはほとんどない」(a)と見る。さらに，次のように変動相場制の利点を指摘する。「変動相場は一国の国際収支の変化に対して，おそらく固定相場よりも密接に調整され」(b)，「流動資本の投機的移動は変動為替相場によって助長される。為替変動がもっぱら一方向的であれば，弱い通貨に対する投機が発生する。相場が一定水準で変動する傾向があるならば，安定化を促す性格の投機が発展する」(e)。

　次に，「外国為替投機は変動為替相場の条件下で増加し，固定為替相場のもとでは減少する。しかし，為替相場を維持する国家の能力が疑問を呼ぶときには，逃避資本の移動は固定為替相場制のもとですら起こる」(g)。それゆえ，「比較的安定した世界情勢のもとで自国の不況期にビジネスを刺激し，好況期に抑制することが許されるという事実は，固定為替相場を通貨政策が導くのと同方向に動作させる。この状況で，固定為替相場制は通貨政策の効率的な管理に好都合な環境とメカニズムを創りだす」(h)。「密接な国際通商関係は為替相場が安定的なときに最もよく発展する」が，「固定的な国際為替構造を追求する政策は，大国が為替市場に対する通貨の大幅な過小評価によって国内経済を

刺激する試みを不可能にする。この種の行動は小国も可能であろうが，大国にとっては問題を解決するよりもむしろ問題を発生させる」(i)として，固定為替相場に基づく国際通商関係の問題点を浮かび上がらせる。

ところで，ワグナー委員会は「長期的な為替相場安定の必要条件」に関する質問を用意していた。理事会はこれに対して，国民経済と為替相場のリンクの適切な調整，安定的で持続的な資本移動，世界経済の安定的・同調的な律動などの条件を示した上で，戦争と深刻な不況に喘ぐ現在の世界情勢ではこれらの条件を欠くと指摘する[28]。その場合，戦時中の「諸外国の為替規制」はやむをえないとして，「戦後の世界で，金の利用なしに，あるいは自国の生産設備を利用する手段としてだけ金を利用する広範な為替管理地域が存在することは，無制限の金購入政策を無益でしかも危険にする。この状況では，金によって安定化される国際自由為替市場体制を再建する望みを持ち続けることはできない」と理事会は展望する[29]。では，理事会はどのような国際通貨体制を展望するのであろうか。

3）国際通貨と為替管理

ワグナー委員会は，望ましい為替制度とそれを実現するための国際協定を含めた政策は何かを問うた[30]。理事会は，「長年の世界情勢からみて，国際的な固定為替相場制は実際的ではないようである。しかし，良好な経済均衡が諸国間に——特に合衆国との協力を望む諸国に——実現すれば，相当の期間，比較的自由な為替市場で実質的な相場安定を維持することは，金の運用を通じて達成できることを証明できる」として，金を利用した固定為替相場制の再建を展望する。

理事会は続ける。この目的の実現には「わが国への金流入ではなく金流出に転ずる輸入超過に向けての国際取引の方向転換」が必要であるが，しかし，アメリカの輸入拡大のみでは不可能なので，「関税引き下げ，輸出補助金の除去，外国為替相場引き下げの意図，これらすべてがこの目的に貢献する」。貿易収支の再調整に加えて，アメリカへの資本流入を中断させる手段，例えば「外国人預金に対する特別準備率，外国人の証券所得やキャピタル・ゲインに対する高率課税，直接的管理の実施ですら」検討する価値がある。「アメリカの外国

投資を復活させることもひとつのステップであり，米州銀行（Inter-American Bank）もそうした効果がある」。

「米州銀行」は1938-1939年頃から財務省のホワイトらが構想していたもので，加盟国への直接融資や民間投資保証による経済開発の支援，通貨安定の促進，ドル地域における決済の支援を目的とした。米州銀行構想は結果的には頓挫したが，戦後のブレトン・ウッズ機関（IMF・IBRD）に帰結する1942年のホワイト案にその機能・機構が受け継がれたと評価されている[31]。ワグナー委員会も米州銀行とドル・ブロックに対する理事会の理解を問い質した。理事会の回答案によれば，「共通通貨は貿易や金融取引を促進し，西半球諸国が合衆国ドルで相互にビジネスを営むならば，あるいはこれら諸国通貨が合衆国通貨に対して自由で安定的であれば，疑いなく西半球の結束に助けとなる」。しかし，この目的を達成するには南米諸国の国際収支問題——「輸出で十分なドルを獲得できるか」——を解決する必要があり，米州銀行は合衆国への輸出を拡大し，合衆国商品の輸入依存を低下させるために生産物の開発資金を融資し，国際収支の短期的混乱を防止する短期融資を実現することで貢献する。だが，南米諸国が独力で安定的為替システムを維持することができないならば，「南米での米州銀行の高度に建設的な役割を証明することにはならない」として，やや突き放した側面もある[32]。

他方，同盟国ではなく，戦中・戦後のヨーロッパやアジアの交戦国における通貨崩壊にアメリカはどう備えておくべきかとの質問に対しては，次のように答える。すなわち，「真の危険は，外国諸通貨の崩壊にあるのではない。それは経済の調整不良にあり，通貨の崩壊はひとつの兆候に過ぎない。実際問題として，こうした調整不良は過度の通貨切り下げよりも為替管理政策を招く傾向にある」。実際，国際貿易情勢の変化に対処するため国内経済の大きな調整は避けられないが，そうした調整は「強力で拡張的な国内経済を持つならば，かなり容易に達成できる」と見る[33]。

しかし，理事会の為替管理に対する見通しは厳しかった。持続的な為替管理が正当化される状況を問われた理事会は，①国際収支が他の方法では回復しないとき，②為替管理の採用から得られる国益がそのコスト——直接的な監督のコストと，慣れ親しんだ慣習と正規の競争的プロセスの混乱によるコストの両

者——を上回るときであると回答した。為替管理は「広範な領域で市場の弾力的な調整——その持続的なプロセスは，正常な状況ではより世界の生産性の拡大に向けて働く——を破壊」する傾向がある。だからといって，為替管理を全面的に否定するのではなく，理事会は「世界貿易が広範な為替規制に直面した1932年以降に増加」し，また「ほとんどの国は戦後も暫くは為替規制を放棄しそうもない」と冷静に評価する[34]。

為替政策に過重に依拠して国際収支の短期的均衡を維持しようとする試みは，為替市場に「無秩序な動き」を引き起こすとの認識からすれば[35]，連邦準備制度理事会は為替安定基金をどのように位置づけるのであろうか。理事会によれば，為替安定基金の当初資金はすべて金の形態で，外国為替市場でドルを支持するためだけに使用されるものであった。ところが，ドルを支持する必要がなくなり，反対に為替を低く抑えるため，莫大な金購入が必要となった。流入する金は財務省が購入し，この金購入操作は金証券信用を使って，代理機関であるニューヨーク連邦準備銀行で極秘に行われる。安定基金は実際上，「外国の金の売り手と財務省本体との間の媒介者」の役割を果たした[36]。

合衆国の為替安定基金は，売買する金量と価格に関して完全な裁量権を行使するイギリスの為替平衡勘定のそれとは違って，オファーされるすべての金を固定価格で購入する。理事会は，アメリカもその国際的責任を果たすためには，「イギリスの為替平衡勘定と同様の弾力的な金政策に基づく弾力的な為替政策」を採用すべきであると主張する。ただし，安定基金の一部を合衆国の証券に投資するような，国内信用分野における権限は必要でないと釘を刺す。先述のように，当初の基金の資金はすべて金であったから，こうした権限の行使は連邦準備制度加盟銀行準備を不可避的に増加させる。実際は，これまでこの権限はほとんど行使されてこなかったが，もし大規模に行使されるならば，連邦準備制度による重要な公開市場操作に匹敵するものとなる。こうした権限はドルの為替価値の安定化には必要でなく，またその使用は銀行システムに対する重要な相殺効果を伴うので，完全に撤廃すべきであると強調した[37]。

おわりに

　ワグナー委員会アンケート調査に対する回答案と並行して，連邦準備制度理事会は1940年末の特別議会報告書で要請した法改正を，「立法化プログラム」として草案化する作業を進めた。回答案と立法化プログラムの間には，連邦準備制度に加盟しない州法銀行を含めた全銀行に連邦預金保険制度を適用することが可能か否かをめぐって意見の相違があった。二元銀行制度の歴史を連邦議会の場で，果たして法改正によって消滅・転換できるかという現実的課題に直面したからである。さらに，公開市場操作や財務省為替安定基金の売買操作代理機関であるニューヨーク連邦準備銀行を中心とする各連銀の連邦準備制度組織内での位置づけ，それに起因する金融政策の整合性に関わる問題も将来の課題として残された。しかし，当面の法改正の対象に上りえない課題もまたワグナー委員会調査の回答書のなかに窺うことができた。国際通貨金融に関わる財務省・為替安定基金の政策との調整と，戦後の国際経済の展望に関わる問題がそれであった。

　財務省（通貨監督官ではなく）の回答書がワグナー委員会に提出されなかったのと同様に，連邦準備制度の回答書もほとんど完成していたにもかかわらず最終的に委員会には提出されなかった。戦争末期の1945年1月，行政再編法案との関係で大統領行政府予算局職員がこの回答書資料の提供を求めに連邦準備制度理事会を訪ねたとき，エクルズ議長は「戦争〔が始まったこと〕と理事会が質問表の回答を提出しなかったため」に委員会は計画を完成できなかったと釈明した。その上で，エクルズは「金融諸機関の構造や運営の改善」を調査するには大いに適切かつ有益であると賞賛する一方で，これら回答書がもはや「現在や将来の経済状況やニーズには旧くておそらく不適切」となっていることを認めている[38]。残された課題は，戦後の新しい環境のもとで形を変えて出現することになる。

[注]

1) Sidney Hyman, *Marriner S. Eccles, Private Entrepreneur and Public Servant*,

Stanford: Stanford University Press, 1976, p. 275.

2) ホワイト文書には，着手しかけの財務省の回答書が収められている。Treasury Department, "Replies to Questions Submitted by the Senate Committee on Banking and Currency," unsigned and undated [probably late 1940 or early 1941], Harry D. White Papers, Box 6, 17. a, Princeton University, Seeley G. Mudd Manuscript Library.

3) Staff to Board of Governors, "Banking Legislation," July 3, 1940, pp. 1-4, National Archives, RG 82, Records of the Federal Reserve System, Box 123. 正式文書（Marriner S. Eccles Papers, MS 178, Box 8, Folder 5, Manuscripts Division, J. Willard Marriott Library, University of Utah）には，ワグナー委員会アンケート調査質問番号が付されていないが，内容はまったく同一である。

4) Staff Committee to Board of Governors, "Replies to Wagner Questionnaire," December 2, 1940, pp. 1-16, Records of the Federal Reserve System, RG 82, Box 123.

5) 個別回答執筆者の割振りは 1940 年 8 月 24 日の文書で確認できる。"Wagner Questionnaire Assignment," August 24, 1940, Records of the Federal Reserve System, RG 82, Box 122.

6) "General Plan of Answers to Wagner Questionnaire," August 27, 1940, Records of the Federal Reserve System, RG 82, Box 122. なお，"Banking Studies" は以下の文献を指す。Members of the Staff Board of Governors of the Federal Reserve System, *Banking Studies*, Washington: Board of Governors of the Federal Reserve System, 1941.

7) Chester Morrill to Each Member of the Board, December 27, 1940, Records of the Federal Reserve System, RG 82, Box 123.

8) ランサムはフルトン・ナショナル銀行（アトランタ）上級副頭取から 1936 年 2 月 3 日に理事に就任し，1940 年 8 月 6 日理事会副議長に任命された（在任中の 1947 年 12 月 2 日死去）。

9) シムザックは大学教授，銀行重役，シカゴ市検査官を経て 1933 年 6 月 14 日理事に就任し，1961 年 3 月 31 日まで在任した。

10) Chester Morrill to Goldenweiser, January 1, 1941, Records of the Federal Reserve System, RG 82, Box 123. 同様のメモは上級スタッフ全員に届けられた。

11) Morrill to Draper, January 10, 1941, Records of the Federal Reserve System, RG 82, Box 123.

12) Ronald Ransom to Chester Morrill, January 31, 1941, pp. 1-2, Records of the Federal Reserve System, RG 82, Box 123.

13) Staff Committee to Board of Governors, op. cit., "Replies to Wagner Questionnaire," December 2, 1940, pp. 1-16; Morrill to Draper, January 10, 1941, Attachment: "Decisions Reached by Members of the Board on the Program of Legislation Prepared in Connection with the Answers to the Wagner Questionnaire," pp. 1-7, Records of the Federal Reserve System, RG 82, Box 123.

14) マッキーは国法銀行の破産管財人，復興金融公社（RFC）検査局長から 1936 年 2 月

3日に理事に就任した（1946年4月4日辞任）。
15) ホワイトは財務省通貨課長（1938-1945年），財務次官補（1945-1946年），コクランは財務長官技術次官補（1939-1941年），国際通貨基金副専務理事（1953-1973年）を務めた。
16) ドレイパーは全国労働関係委員会，商務次官補を経て1938年3月30日に理事に就任（-1950年9月1日）。
17) デービスはアイオワ州の小作農のもとに生まれ，大学卒業後，新聞や雑誌の編集者，モンタナ州農務労働長官，木材・食料会社（Maizewood Products Corp.）執行副社長，農業調整局（AAA）理事を経て，1936年6月25日に連邦準備制度理事会理事に就任（-1941年4月15日）。その後，セントルイス連銀総裁も務めた。
18) ヤングはGE取締役会長でニューヨーク連銀取締役（1923-1940年）を兼務した。
19) George L. Harrison, "Annual Report of Federal Reserve Bank of New York," January 8, 1940, pp. 1-7, Office Memoranda, Vol. VII, George L. Harrison Papers, Archives of the Federal Reserve Bank of New York.
20) Morrill to Draper, January 10, 1941, Attachment, p. 2.
21) Ronald Ransom to Chester Morrill, "Wagner Questionnaire," February 1, 1941, Box 123, pp. 5-6, Records of the Federal Reserve System, RG 82, Box 123.
22) ガードナーの詳細な経歴は不明であるが，Ernest G. Draper and Walter R. Gardner, "Goods and Dollars in World Trade," *Federal Reserve Bulletin*, November 1944, pp. 1049-1053を執筆し，戦後はIMF創設とともに異動した。
23) たとえば，以下の回答を参照。Walter R. Gardner, I-G-4, I-G-5, Revised Answer, August 6, 1941, in Board of Governors of the Federal Reserve System, "Answer to the Questionnaire Relative to S. Res. 125," Records of the Federal Reserve System, RG 82, Box 123. なお，I-G-4などはワグナー委員会アンケート調査の質問番号を示す。詳しくは，以下を参照。U.S. Senate, Committee on Banking and Currency, *National Monetary and Banking Policy : Questionnaire Relative to S. Res. 125*, Washington : GPO, 1940, pp. 21-39.
24) Gardner, op. cit., I-I-4, Revised Answer, July 21, 1941, pp. 1-2.
25) Gardner, op. cit., I-G-4, p. 2.
26) Gardner, op. cit., I-H-7, Revised Answer, August 6, 1941, pp. 1-8.
27) Gardner, op. cit., I-I-1, Revised Answer, July 21, 1941, pp. 1-7.
28) Gardner, op. cit., I-I-2, Revised Answer, July 21, 1941.
29) Gardner, op. cit., I-I-4, Revised Answer, July 21, 1941, pp. 2-3.
30) Gardner, op. cit., I-I-5, Revised Answer, July 21, 1941, pp. 1-2.
31) Kevin M. Casey, *Saving International Capitalism during the Early Truman Presidency : the National Advisory Council on International Monetary and Financial Problems*, New York : Routledge, 2001, p. 35, note 14.
32) Gardner, op. cit., I-I-6, Revised Answer, July 21, 1941. しかし，「南米諸国の外国為替

安定を促進する」手段としての米州銀行の役割に関する回答では，高い評価と期待が示された。Gardner, op. cit., I-I-7, Revised Answer, July 21, 1941, pp. 4-5.
33) Gardner, op. cit., I-I-8, Revised Answer, July 21, 1941.
34) Gardner, op. cit., I-I-10, Revised Answer, July 21, 1941, pp. 1-2.
35) Gardner, op. cit., I-I-12, Revised Answer, July 21, 1941, p. 2.
36) なお，為替安定基金は購入金の一部を財務省本体に売却し，保有する金をときどき外国からの購入金で置き換えている。貨幣用金ストックは公式の記録では，基金が財務省に対して最初に売却したときに増加する。しかし，実際の金取得は基金が外国人から金を購入したときであり，この金取得は基金が金を財務省本体に売却したときに初めて判明する。Gardner, op. cit., I-I-17, Revised Answer, July 21, 1941, p. 1. しかも，ニューヨーク連銀で行われる基金による売買操作に関するデータが連邦準備制度理事会に来ていなかったため，1936年10月に理事会は財務省に情報提供を申し入れた。Lauchlin Currie, "Recent Developments in International Monetary Relations," October 22, 1936, Attachment: "Apropos of the Joint Meeting with the Treasury on Tuesday, October 13," October 10, 1936, pp. 1-5, Records of the Federal Reserve System, RG 82, Box 274.
37) Gardner, op. cit., I-I-17, Revised Answer, July 21, 1941, pp. 1-2.
38) M. S. Eccles to Harold D. Smith, January 20, 1945, Marriner S. Eccles Papers, Box 4, Folder 8. なお，エクルズのこの表現は，予算局が連邦準備制度をも対象とする行政組織の改革にこの資料を利用しようとしていたことも影響したと思われる。

第6章 戦後対外通貨金融政策と国際通貨金融問題国家諮問会議
―― ヨーロッパ決済同盟の創設 ――

はじめに

　第2次世界大戦後のアメリカ通貨・金融政策に関する研究は大別して，第1にIMF体制成立の起点を，第2に東西冷戦体制の起源を究明しようとする視点からなされてきた。そして近年は，冷戦体制崩壊後のソ連・東欧諸国の経済改革問題について，西ヨーロッパ諸国の戦後復興から歴史的教訓を導こうとの関心が高まっている。

　これら諸研究が明らかにしているように，ブレトン・ウッズ体制の成立からマーシャル・プランの開始，そして「ヨーロッパ決済同盟（EPU）」の創設とその解体に至る時期は，多くの論争を提起するほどにダイナミックであり紆余曲折した過程であった。アメリカによる戦後世界経済の再編原理をめぐっては，以下のような論争が提起された。すなわち，それがブレトン・ウッズ体制に見られるように，「多角的アプローチ」（または「グローバリズム」）に基づくものか，あるいは米英金融協定やマーシャル援助などに見られるような「二国間アプローチ」（または「リージョナリズム」）に基づくものかを対立点とした。国際通貨問題に焦点をあてるならば，「ユニバーサル・アプローチ」と「キー・カレンシー・アプローチ」の対立である。前者の立場をとる論者たちは，多国間協定に基づいて設立された「国際通貨基金（IMF）」および「世界銀行（IBRD）」をめぐる各国間の協議によって，各国通貨の平価・交換性・安定性（＝国際収支の一時的または基礎的不均衡の調整）を達成しようとした点を評価した[1]。ところが後者は，IMFやIBRDの資金不足，イギリスのポンド圏堅持政策や欧州諸国の予想を上回る戦後混乱は，米英金融協定やマーシャル援助など，上記アプローチとは異なる二国間援助・基軸通貨再建方式を当初から

アメリカ側に要求した点を強調する[2]。しかし，戦後過渡期という特殊状況を重視する研究者からは，グローバリズムとキー・カレンシー・アプローチ（またはリージョナリズム）との間のリンク（＝併存）が指摘されることになった[3]。さらにまた，戦後アメリカのグローバリズムに基づく諸政策に関しては，冷戦体制への移行とも相俟って，マーシャル援助（やその枠組みのもとで創設されたEPU）の西ヨーロッパ経済の統合に与えた影響が高く評価されてきたが[4]，しかし近年の研究は，むしろアメリカの政策の限界が西ヨーロッパの経済統合に帰結したと強調する[5]。

戦後アメリカの対外政策をめぐる錯綜した議論は，世界経済の再建過程で採用された多様な対外政策の実態を反映している。しかし，他面で，ブレトン・ウッズ協定に帰結した戦後アメリカの世界経済再建構想とその実現過程で試みられた実際の政策との乖離に目を奪われてしまい，しばしば両者を混同して理解したことにも，その原因のひとつがあるのではないか。実際，米英金融協定もマーシャル援助も，EPUの創設もまた，ブレトン・ウッズ体制の実現を最終目標として採用された過渡的政策ではなかったのか[6]。こうした問題意識から本章では，IMF・IBRDという国際通貨金融システムの組織化を通じて戦後世界市場の統合を図ろうとしたアメリカの構想が，なにゆえに米英金融協定やEPUの創設・展開を経由せざるをえなかったのか，その結果として西ヨーロッパの経済統合――実際には，その土台としての欧州の通貨政策協調――に与えた影響を，アメリカ対外通貨金融政策に関する閣僚会議（NAC）の議論に焦点をあてながら検討する。

I. 国際通貨金融問題国家諮問会議の創設と連邦準備制度

アメリカの戦後国際通貨構想は財務省主導で開始され，まずはホワイト案として結実した[7]。1930年代大恐慌期の通貨金融政策を起点とするこの戦後構想は，外国為替の安定と外為取引の自由化を国際機関（＝国際通貨基金）によって管理し，「多角主義」を一挙に実現し，また超国家的権限をもつ「世界中央銀行」を設立しようとするものであった。ここでは，「基金」と「銀行」は車

の両輪として構想されていた。他方で，イギリスの再建構想はケインズ案へと具体化したが，「多角主義」の実現を債権国アメリカの「拡張主義的圧力」を通じて支えようとした点にイギリスの通貨戦略の核心を見ることができる。

　ところが，ホワイト案は（またケインズ案も）米英両国で批判・修正を受けることになった。まず，イギリス側の批判は，ホワイト案のもつ金本位制的性格に批判が集中した。具体的に，平価の固定的性格や資金の不足などは，イギリスの拡張主義的政策に反するとみなされたからである。他方，アメリカ側の批判はケインズ案の拡張主義的性格や規制の強さに対してなされた。またホワイト案を含めて，国際収支・為替相場調整を市場によってではなく人為的に行うことにも反発が強かった。

　こうした批判を受けて，1943年9-10月の英米交渉の場で，ホワイト案は次のような修正を施された。第1は，「世界銀行」の機能は民間投資の回収を保証する「保証基金」に縮小された。これはホワイト自らがアメリカの金融主権の放棄や過剰な資金負担に対する議会の批判を恐れて当初の機能を縮小したとされるが，とくにケインズが戦後過渡期の長期資金の負担をアメリカに求めたことも関係していた。第2に，3年間に限って為替管理の継続を認めること，第3に，稀少通貨条項（scarce-currency clause）を設けて，加盟国に稀少通貨国（＝アメリカ）からの輸入を差別する権利を認めること，第4に，一定の条件で「基金」からの自国通貨による他国通貨（＝アメリカ・ドル）の購入を認めたことであり，これは国内経済の拡張を重視してケインズに歩みよったものであった。アメリカ財務省にとって，「ブレトン・ウッズは，戦後におけるソ連・イギリス両国との継続的な協力のための経済的基盤」[8]であり，世界経済を拡大均衡に導く機構としてIMF・IBRDを構想した。しかし，当初の理想主義（＝「ニューディールの国際化」）や「世界経済の拡大均衡」構想は，後にアメリカおよびイギリスの双方で，国民的諸利害から縮小を余儀なくされる。

　第5章でもワグナー委員会調査への回答文書を通して検討したように，連邦準備制度理事会は戦後国際通貨体制再建への協力姿勢を示したものの，その再建プロセスに積極的に関与することはなかった。戦時国債に起因する潜在的インフレと闘うため，エクルズ議長は銀行制度の統合問題に没頭していた[9]。しかし，ニューヨーク連邦準備銀行は副総裁ウィリアムズ（John H. Williams）

を中心に，既に1937年初頭には英米を軸とする主要国の通貨協力による国際通貨機構の構築を主張し，ウィリアムズはブレトン・ウッズの主要な批判者の1人となっていた[10]。

連邦準備制度理事会が戦時期および戦後の国際金融問題に関心を強めたのは，ニューヨーク連銀総裁アラン・スプロール（Allan Sproul）が1943年5月1日付の手紙で，政府の国際金融政策の形成に，とりわけ軍事占領地域の金融問題に連邦準備制度が関与すべきであると提言したことに始まる。この要請に対してエクルズ議長は8月9日，「連邦準備制度と再占領問題」と題するメモを作成・送付した[11]。このメモでエクルズは，国際金融問題に対する1920年代以降の連邦準備制度の政策，戦時期からの連邦政府諸機関の関与——ニューヨーク連銀は派遣軍への送金や占領地での貯蓄銀行業務・保険業務に協力していた——を詳細に示した上で，連邦準備銀行や理事会の経験豊かな人材をこれに活用し，また新設の再占領問題に関する部局間組織への参加要請を国務省から取り付ける必要性を強調した[12]。

こうした理事会の消極的な姿勢を批判して，9月24日付のエクルズ議長宛の手紙でスプロール総裁は戦後，国際金融問題における連邦準備制度の役割が低下していることの問題点を次のように説明した[13]。スプロールによれば，その原因は第1に，連邦準備制度が民間銀行に支配されているとみなされ，政府が他省庁に権限を与えていること，第2に，ストロング総裁時代にニューヨーク連銀が国際金融問題を支配したことで，これに対する理事会の敵意にあった。理事会は連邦準備銀行や理事会の経験豊かな人材の活用を強調するにもかかわらず，連邦準備銀行に招集がかかることはない。現在は「民間銀行が連邦準備制度を支配している」との汚名をすすぐことよりも，「民間企業と政府の協力」が今後の主要問題を解決する指針となるように努めることが重要である[14]。

終戦間際の1945年2月になって，ニューヨーク連銀総裁スプロールの提案を契機に，理事会はようやく海外ミッションの編成作業を開始した。その理由は，第1に，連邦準備制度の外国中央銀行との関係が増加したことである。既に1920年代から，ニューヨーク連銀が賠償委員会や国際決済銀行設立への非公式の関与，またヨーロッパの各国中央銀行への訪問を行ってきたが，近年は

理事会スタッフに対しても南米諸国からの訪問要請，そして連合国占領政策への非公式な人材派遣要請が増えていたからである[15]。連邦準備制度がこれら諸国の金融立法，中央銀行政策，銀行検査，調査，国内業務などの改善やそのための貸付を支援することで，「外国経済に由来する国内信用の混乱を軽減」しようとしたのである。これらの目的を達成するため理事会は，一方で国務省や財務省などとの協議が必要となり，他方で組織の責任者として，他連銀の公開市場操作や財務省の為替安定基金操作の代理機関であるニューヨーク連邦準備銀行と，海外ミッションの範囲と目的を統一する必要が出てきた。これが第2の理由であった[16]。

その後，シムザック理事作成のメモをもとにスタッフによる議論が行われ，その結果1945年3月29日，エクルズ議長宛に「連邦準備制度の海外ミッション」メモが提出された。これによれば，ミッションの基本方針は，第1に連邦準備制度の海外活動は理事会の支持のもとに統合されること，第2に連邦準備制度の役員および職員の海外活動は理事会の事前の承認および信任状を必要とし，ミッション終了後に報告書を理事会に提出すること，第3に海外ミッションの要員は個別の必要と目的に従い理事会および連邦準備銀行が出すことである[17]。この方針の下，連邦準備制度の海外ミッションは2つに分類された。第1のミッションは，ニューヨーク連邦準備銀行の帳簿で運用されているコルレス勘定（他行勘定）に付随する事項，第2は国際分野の通貨金融政策に関するより広い事項である。前者はニューヨーク連銀が担当し，後者は理事会，ニューヨークおよび他の連銀が人員を派遣することになった。

1945年5-8月に，理事会スタッフ9名，ニューヨーク連銀スタッフ9名，フィラデルフィア連銀スタッフ1名，そしてエクルズ議長，シムザック理事，スプロール総裁からなるグループが3回の会議をもった。同年11月20日の議事録によれば，以下の主要な海外ミッションが検討された。①パンアメリカン信託会社──メキシコ銀行によるニューヨーク所在の同社支配権の購入問題で，協議の結果，メキシコ銀行が同社の支配権を分離することで決着した。これは国内市場における外国公的機関の資産に対する連邦準備制度の管理に関わる問題であった。②ドミニカおよびグァテマラ──両国の通貨金融立法の改正に際しての連銀専門家の派遣要請であり，承認された[18]。③輸出信用保険

——上院中小企業委員会からの要請に基づいて中小企業に対する輸出信用保険の導入問題が検討され，委員会に報告書を提出した。④輸出入銀行[19]——連邦準備制度が商業銀行に対して輸出入銀行の便益に目を向けさせる方法が検討された。⑤引き受け——加盟銀行の手形および為替手形の引き受けに関する規制を，状況の変化に対応して修正すべきかが検討された。

そして最後に，⑥国際通貨基金と世界銀行に関する連邦準備制度の機能と運営——最近のグループの主要議題で，ガードナーとニューヨーク連銀が強い関心を示した事項である。ニューヨーク連銀による両機関に対する預金機能の要求，両機関の所在地としてのニューヨークとワシントンの相対的利点，両機関および外国銀行に対する現行の連邦準備銀行の融資権限，そして国際通貨金融問題国家諮問会議の機能と権限などが討議された。

他方，財務省は終戦間際（1945年）に「財政政策の統合に関する財務長官メモ」を纏め，戦後過渡期の財政資金確保および計画的な国債償還，さらに「合衆国が引き受ける国際的責任」を果たすため，「連邦政府の財政金融問題の管理」を強化し，「連邦財政運営の全分野に関して管理・調整部局」を再編成することを計画していた[20]。この計画で財務省は，連邦政府の3つの領域に影響を及ぼそうとした。すなわち，第1は連邦準備制度理事会や連邦公開市場委員会，証券取引委員会を典型とする通貨・信用市場における政策形成であり，第2は大統領の予算教書，そして第3に，商務・農務・内務・郵政・連邦預金保険公社（FDIC）などの金融関係プログラムである。そしてその際，財務省の影響力は3つのアプローチ，すなわち①財務省による管理への参加，②財務省への機能の集権化，③政策委員会を通じた財務省の管理，を想定した。

具体的には，①管理への参加に関しては，まず(a)財務長官が連邦準備制度理事会のメンバーに復帰し代替案を提示する権限をもち，(b)財務長官が理事会のメンバーとして連邦公開市場委員会に参加する。(c)証券取引委員会（SEC）の機能と権限は連邦準備制度理事会に移すというものであった。次に②財務省への機能の集権化は，大統領府予算局の機能を財務省に，連邦準備制度理事会・FDIC・連邦住宅金融金庫（FHLBA）・農業金融局（FCA）の銀行検査・保険・金融機能のすべてを財務省通貨監督官に，FDICは解散してその機能と権限を通貨監督官に，郵便貯金制度を財務省に移すことである。最後

に，③政策委員会を通じた財務省の管理とは，工業・農業・住宅・海運・対外金融分野の委員会において財務長官が議長に就任し，また拒否権を行使することで各分野の財政政策に対して影響力を行使しようとするものである。「対外金融委員会（Committee on Foreign Financial Affairs）」に注目すれば，国務省外国経済局，米州問題調整局等の財政活動を含めることを想定していた。

見られるように，FDICやSECの廃止，全銀行監督機能の通貨監督官への吸収など，連邦準備制度理事会などの他省庁・機関と真っ向から対立する構想であった。しかし，戦後の平時経済への再転換に向けた行政府再編法案の提出を前にして，連邦準備制度理事会もまた，通貨監督官やFDICのほぼ全機能を理事会に移行する構想を練り上げていたのであり[21]，ここには1930年代半ばから続く財務省と理事会の確執を反映していた。したがって，対外金融政策と国内金融政策の調整問題は財務省が主導権を握ったとはいえ，連邦準備制度理事会や国務省など関係省庁との協力的関係の中で進めねばならなかった事情を窺うことができる。

ところで，アメリカ議会におけるブレトン・ウッズ協定の批准（1945年7月「ブレトン・ウッズ協定法」）にあたって，ブレトン・ウッズ諸機関にアメリカの国益をいかに反映させるかが問われた。その結果，まず第1に，IMFと世界銀行のアメリカを代表する総務（最高意思決定機関である総務会への代表者）を兼任させることで，両機構の機能を調和・統合すること，また「国際通貨金融問題国家諮問会議（National Advisory Council on International Monetary and Financial Problems：NAC）」を設置し，アメリカの対外経済政策の調整と「国益」の一体化をはかり，協定の主要条項の表決に際してはアメリカ議会の承認を必要とすることが規定された。第2に，アメリカのブレトン・ウッズ諸機関代表は，IBRDに対して通貨安定のための長期貸付権限を与え，またIMFの機能を通貨安定化のための短期操作に限定するよう誘導すること，さらに同協定批准国に対してはアメリカによる借款を可能にすることなどであった[22]。

NACは財務長官（ヴィンソン［Frederick M. Vinson］），国務長官（バーンズ［James F. Byres］の代理として国務次官クレイトン［William L. Clayton］），商務長官（ウォーレス），連邦準備制度理事会議長（エクルズ），輸出入銀行総裁（クローリー）から構成された，財務長官を議長とする閣僚委員会である（図6-1

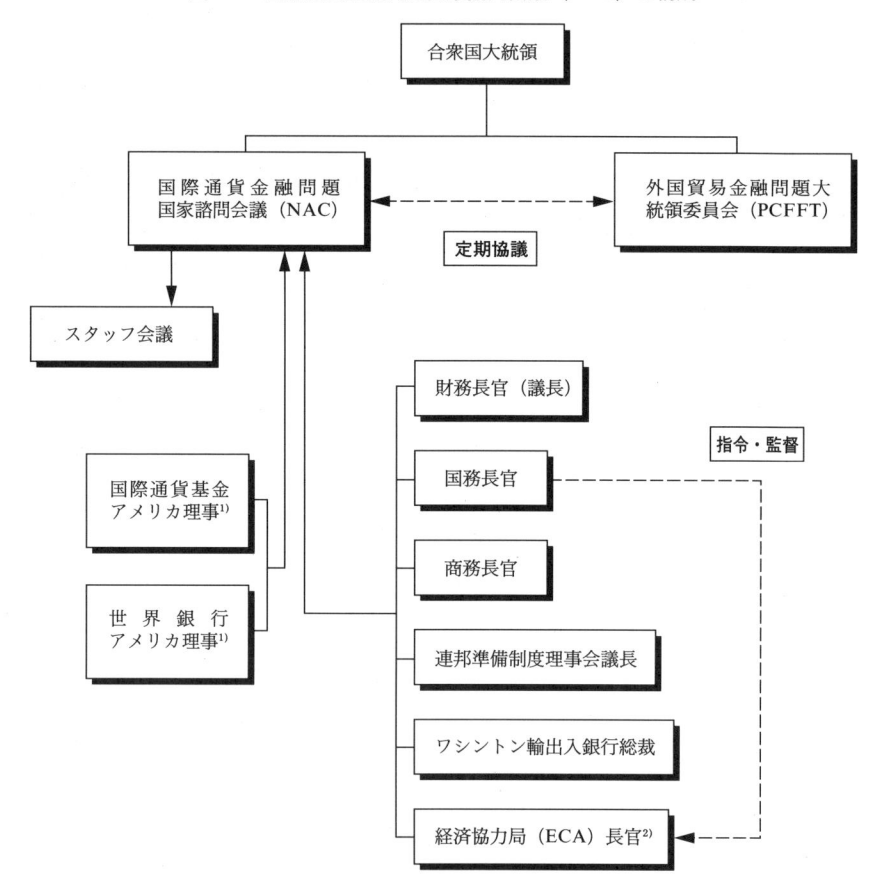

図 6-1　国際通貨金融問題国家諮問会議（NAC）の構成

```
                         ┌─────────────┐
                         │  合衆国大統領  │
                         └──────┬──────┘
              ┌─────────────────┴─────────────────┐
    ┌─────────────────┐                  ┌─────────────────┐
    │  国際通貨金融問題   │ ←---定期協議---→ │  外国貿易金融問題大 │
    │ 国家諮問会議（NAC）│                  │ 統領委員会（PCFFT）│
    └─────────────────┘                  └─────────────────┘
            │
    ┌───────────────┐
    │   スタッフ会議   │
    └───────────────┘

    ┌───────────────┐    ┌─────────────────┐
    │  国際通貨基金    │    │  財務長官（議長）  │
    │ アメリカ理事1)   │    └─────────────────┘       指令・監督
    └───────────────┘    ┌─────────────────┐
    ┌───────────────┐    │    国務長官      │ - - - - - - ┐
    │   世界銀行      │    └─────────────────┘            │
    │ アメリカ理事1)   │    ┌─────────────────┐            │
    └───────────────┘    │    商務長官      │            │
                         └─────────────────┘            │
                         ┌─────────────────┐            │
                         │連邦準備制度理事会議長│            │
                         └─────────────────┘            │
                         ┌─────────────────┐            │
                         │ワシントン輸出入銀行総裁│           │
                         └─────────────────┘            │
                         ┌─────────────────┐            │
                         │経済協力局（ECA）長官2)│- - - - - - ┘
                         └─────────────────┘
```

注 1)　国際通貨基金と世界銀行のアメリカ代表理事は NAC に定期的に出席するが，投票権は持たない。
　 2)　ECA 長官の参加は，欧州復興法成立後。
出典)　NAC, *Meeting Minutes*, No.1, Aug. 21, 1945, p. 1, Records of the National Advisory Council on International Monetary and Financial Problems, General Records of the Department of Treasury, RG 56；油井大三郎『戦後世界秩序の形成——アメリカ資本主義と東地中海地域 1944-1947』東京大学出版会，1985 年，36-37 頁；島田巽『マーシャル・プラン』朝日新聞社，1949 年，第 4 図，143 頁。

参照)。NACは1945年8月21日，その最初の委員会を開催し，以降は週1回のペースで会議をもった。事務局は財務省通貨調査局が担当し，NACスタッフ委員会（議長は財務省通貨調査局長）はNAC構成全部局と証券取引委員会の技術的専門家で構成され，通常は事前に各議題を検討して，政策方針などの提言を付してNACに報告書を提出した。[23]

これらブレトン・ウッズ協定の批准において重視すべき点は，対外援助を含めて，アメリカの対外通貨金融政策の最終的な調整・統一をNACのもとで確保しようとしたことである。これはIMF・IBRDなどのブレトン・ウッズ諸機関による政策決定の場を，事実上，アメリカに引き戻すものであった。以下，EPU創設に至るアメリカの対欧州通貨金融政策の過程をNACの議論から検討する。

II. ヨーロッパ援助とNACの政策調整

1) 対英・対仏援助

戦後のイギリスは，自由貿易体制の復活にではなく，まずは外国貿易の管理・スターリング地域の結合を強化する方向に向かった。これに対してアメリカは，イギリスにブレトン・ウッズ協定を早期に批准させかつ「国際貿易機構(ITO)」構想を受け入れさせることによって，スターリング地域の弱体化とドルを基軸とする戦後世界経済体制の確立を構想した[24]。こうしたアメリカの政策は，1945年12月3日調印の米英金融協定に帰結した。

米英金融協定は，ニューヨーク連銀副総裁ウィリアムズの提起した「キー・カレンシー」アプローチへの転換であったとされる。その理解は，イギリスにスターリングの国際的役割を引き受けさせるために，巨額の借款をアメリカが提供することにあった。つまり，イギリスは借款に基づき多角的貿易政策を実施することによって国際的資本市場としてのロンドンを復活させ，アメリカと共同して国際金融秩序の共同管理を行おうとするものであった。とりわけ，ロンドン金融市場は，二国間貿易協定その他のナショナリズム的政策の代替物を提供し，「避け難い戦後のドル不足がドル信用による貿易金融を不可能にする

との認識から，スターリング信用は不可欠」[25]であるとした点が重要であった。

　米英金融協定は第1に，対英純債権200億ドルを棚上げにし，余剰軍事物資の払下げ・未納入武器貸与物資の支払いとして6億5,000万ドルのみを返済すること（イギリスの不動産購入および対英教育計画に支出される），第2に，37億5,000万ドルの巨額借款を年利2%で，5年間の据え置き後50年間で償還すること。第3に，この見返りとして，(a)協定発効後1年以内に，イギリスはポンド地域諸国との為替取り決めを完了し，域内のドル・プール制を廃止し，また域内各国が経常取引で取得したポンドやドルの交換性を回復すること，(b)アメリカからの輸入に対する支払いやアメリカ居住者が経常取引で取得したポンド残高の使用に際して，為替管理を行わないこと，(c)1946年以降，アメリカからの輸入に対する差別的数量制限を廃止することが盛り込まれた。

　しかし，貿易自由化への効果や対外援助急増への懸念などから，アメリカ議会での米英金融協定法の通過は1946年7月までずれ込むことになった。かかる米英金融協定の意義に関しては，冷戦体制やアメリカの戦後世界経済再建アプローチの転換の起点をめぐって多くの論争が展開されてきたが，重要なことは米英金融協定によるポンドの交換性回復とスターリング地域の解体がアメリカの戦後構想（ブレトン・ウッズ体制）の実現にとって決定的に重視された事実そのものにある。実際，NACにおける米英金融協定の議論では，以下に見る対仏借款問題と比較するならば，もっぱら経済的な側面が強調された。

　アメリカ議会における米英金融協定法案の審議と並行して米仏経済金融協定交渉が行われ，同協定は1946年5月28日に調印された。この協定は，第1に「フランス経済の再建および近代化」のために，1945年の輸出入銀行による5億5,000万ドルとは別に（**表6-1**参照），新たに6億5,000万ドルの借款を年利2%で，5年間の据置後30年間で償還すること——その他を含め，総額13億5,000万ドル，内1,500万ドルまでを現物返済で，また1,000万ドルまでを公定レートのフラン通貨による返済を可とし，その返済金はフランスからの輸入およびフランスの教育計画に支出されること。第2に，「ドイツからの適切な石炭供給の確保」に関してフランスを援助すること。第3に，これに対してフランスは「世界の貿易・通貨制度」を確立するために協力することなどが盛り込

表 6-1　ワシントン輸出入銀行の緊急復興援助計画[1]

(100万㌦)

	1945年9月13日	1945年9月18日
ベルギー	100	100
フランス	315	550
オランダ	100	100
オランダ領東インド	100	100
ソ　連	1,000	1,000

注1) 解放戦災諸国 (Liberated and War-Devastated Countries) に対する援助計画。
出典) NAC, Minutes of Meeting, No. 2, September 13, 1945, p. 1 ; No. 3, September 18, 1945, p. 1, Records of the National Advisory Council on International Monetary and Financial Problems, General Records of the Department of Treasury, RG 56.12.1.

まれた[26]。

　米仏経済金融協定をめぐる米仏交渉は1946年3月下旬から10週間にわたって行われたが，NACでは激烈な論争が展開された。すなわち，ヨーロッパの工業的ニーズがドイツによって確保されない場合には，フランスおよびイギリスによって確保されねばならず，フランスへの石炭供給が決定的な問題であることには合意が見られた。しかしながら，クレイトン国務次官が対仏借款のもつ政治的重要性を指摘して，6月2日に予定されたフランス第2次憲法制定議会選挙の前に急ぎ協定の締結を求めたのに対して，ニューディール政策を継承するウォーレス商務省長官およびエクルズ連邦準備制度理事会議長らは猛反発した。NAC議長を務める保守的なヴィンソン財務長官が，中国やソ連やポーランドへの借款のもつ政治的性格を持ちだしても，なお批判は収まらなかった。結局，クレイトンが対仏借款の意義から政治的理由を外してもよいと譲歩することで，ひとまず決着した[27]。

　この時期におけるアメリカ対外援助の性格は，複雑な様相を呈していた。輸出入銀行による対イタリア借款問題もNACにおける対仏借款と同様の議論から延期されていた。しかしここでは，ホワイトやエクルズが政治的借款である点を認めていたのに対して，ヴィンソンはビジネス・ベースでなされるべきであると主張していた[28]。対仏借款に戻れば，同時に懸案となっていた対ソ10億ドル借款との間の優先問題に関しては，ソ連がこれを東欧問題と切り離すことを要求したことなどから，アメリカ議会が輸出入銀行に追加借款の権限を認

めた後に検討することになり，事実上，対仏借款が優先された[29]。このように，NACの議論から見て，この時点では対仏援助への米ソ関係の影響を過大視することはできないが，しかし，グローバルな世界経済再建構想の実現に向けて，NACでは弾力的政策が追求され始めていたことに留意したい。

2）ポンド危機と戦後構想

1947年7月15日，米英金融協定に従ってイギリスはポンド・スターリングの自由交換を再開した。しかし，わずか数週間後の8月20日，ドル準備の大量流出を招くというポンド危機に直面して，イギリスは再びポンドの自由交換性を停止し，ドル地域からの輸入制限の実施に追い込まれた（**表6-2**参照）。このポンド危機の発生について，スナイダー（John W. Snyder）財務長官はダルトン（Rt. Hon. Hugh Dalton）英大蔵大臣への手紙のなかで，「多角的決済制度の再建にともなう当然の危難」[30]とみなしてはいたが，しかし，アメリカの構想する為替管理の撤廃，貿易自由化がこの段階ではきわめて困難であることをも知らしめるものであった。

1947年のポンド危機は為替，とりわけポンド為替を調整するというIMFの基本的機能を問題にしたにもかかわらず，IMFの機能強化へ向けての行動を引き起こすことはなかった。さらに，交換性停止後のイギリスの国際収支ポジションは，ブレトン・ウッズ機関ではなくマーシャル援助や平価調整によって支えられた。IMFは1948年4月5日のいわゆる「ERP決定」によって，ヨーロッパ復興計画参加（ERP）諸国には融資しないとの厳格な姿勢を堅持していた。NACもまた，IMFの「資金を保護するため」に，「特別な状況を除いては」ヨーロッパ復興計画参加諸国には融資しないことを政策方針としていた[31]。しかしながら，国務省および経済協力局（Economic Cooperation Administration：ECA）は，ヨーロッパ内貿易を維持するため

表6-2 イギリスの通貨準備[1]
（100万ドル）

年月日	通貨準備
1945年12月31日	2,476
1946年 6月30日	2,301
1946年12月31日	2,696
1947年 6月30日	2,410
1947年12月31日	2,079
1948年 6月30日	1,920
1948年12月31日	1,856
1949年 6月30日	1,651
1949年 9月17日	1,340
1949年12月31日	1,688
1950年 3月31日	1,984

注1）金，米ドル，カナダ・ドル。
出典）『国際決済銀行第20回年次報告』実業之日本社，東京銀行調査部訳，1951年，第100表，237頁。

にマーシャル援助資金を利用する必要性を承認していた。また，イギリスの金およびドル準備は1949年9月以降に急増するが（**表6-2参照**），それはドル地域からの輸入制限やスターリング地域のドル収益の増加に加えて，マーシャル援助に基づいてECAから配分された援助の全額を通貨準備に加えることができたからであった[32]。

戦後の西ヨーロッパ諸国の国際収支問題が当面は，マーシャル援助によって支えられたにしても，アメリカが構想したブレトン・ウッズ機構を軸とする世界経済再建構想を軌道に乗せることの困難は米英金融協定の破綻で白日の下に晒されていた。しかも，主要基軸通貨の再建を先行させる米英金融協定の締結それ自体が，多国間協定に基づく為替安定を追求する戦後構想の原則を揺るがしかねない性格をもっていた。しかし，アメリカの戦後構想そのものが破綻したわけではなかった。政策当局はマーシャル援助を契機として，IMFの機能を一時的に歪めることになったとしても，戦後構想の実現という最終目標の実現に向けてあえて戦略の修正を選択したのである。1949年のヨーロッパ的規模での為替調整と翌年に成立するヨーロッパというリージョナルな貿易決済システム（ヨーロッパ決済同盟［European Payment Union：EPU］）の創設は，アメリカの政策当局の戦略変更を示すもうひとつの重要な出来事であった。

EPUは，IMF資金の利用を拒否されたERP諸国が援助（見返り）資金をヨーロッパ間貿易決済の再建に利用する試みから出発した。そして，この目的を達成するには欧州各国が実勢に見合った為替相場を採用して為替管理の緩和を図ることが必要となり，ヨーロッパ規模での為替相場の大幅な再調整が行われた（**表6-3参照**）。EPUというリージョナルなサブ・システムが果たしてユニバーサルなIMF機構と両立可能なのか，あるいは安定的な為替レート・平価を見出すためには，IMFの原理である各国間の協議のほかに市場機能の利用が不可欠であるのか。以下，EPUの成立過程をNACにおける関係部局の政策調整に焦点を当てながら詳細に検討し，アメリカの戦後構想実現の曲折を明らかにしたい。

3）多角的通貨相殺協定の成立

ポンド危機後には，IMFに加盟するも平価取決めをしていないフランスの

表 6-3　OEEC 諸国の為替調整（1949 年 9 月）

	公表年月日	通貨単位	対米ドル相場（セント）		切り下げ率
			新レート	旧レート	
スウェーデン	9 月 18 日	クローナ	0.193	0.278	30.6%
デンマーク	9 月 18 日	クローネ	14.478	20.838	30.5%
アイスランド	9 月 20 日	クローナ	10.705	15.411	30.5%
アイルランド	9 月 18 日	ポンド	280.000	403.000	30.5%
ノルウェー	9 月 18 日	クローネ	14.000	20.150	30.5%
イギリス	9 月 18 日	ポンド	280.000	403.000	30.5%
オランダ	9 月 20 日	ギルダー	26.316	37.695	30.2%
ギリシア	9 月 22 日	ドラクマ	0.007	0.010	30.0%
西ドイツ	9 月 29 日	マルク	23.810	30.000	20.6%
ポルトガル	9 月 19 日	エスクード	3.478	4.000	13.1%
ベルギー	9 月 21 日	フラン	2.000	2.282	12.4%
フランス	9 月 20 日	フラン	0.286	—	—

出典）International Monetary Fund, *Annual Report of the Executive Directors*, Washington : IMF, 1951, Appendix ; Graham L. Rees, *Britain and the Postwar European Payments Systems*, Cardiff : University of Wales Press, 1963, Table 11, p. 93.

「変動為替相場（floating exchange rates）」政策（「一種の複数レート [a type of multiple rate]」制）が，NAC の重大な課題となった。国務次官補ソープ（Willard L. Thorp）はフランの安定化に繋がるなら変動為替相場も有益であると見たが[33]，IMF は政治的理由でフランス案を受け入れるべきではないと主張し，またエクルズ議長は弾力的運用の必要性は認めるが，IMF が「国家主権を規制すべきものとして計画された」（強調は引用者）と主張して，ソープと対立した[34]。最終的に，1948 年 1 月，フランスは IMF 資金の利用を拒絶された[35]。

しかし，これはフランスに決定的な困難をもたらすものではなかった。既に前年 12 月 17 日，「1947 年対外援助法」が成立し，マーシャル・プランの中間援助として 5 億 2,200 万ドルの緊急的贈与をフランス，イタリア，およびオーストリアに供与することが決定していたからである[36]。1947 年 7 月 12 日，欧州 16ヶ国はマーシャル・プランを受け入れるべく，パリで欧州復興会議を開催して「欧州経済協力委員会（CEEC）」を設置した。翌 1948 年 1 月には第 80 連邦議会第 2 会期でマーシャル援助の審議が再開され，ギリシア・トルコ援助法などを包括して「1948 年対外援助法案」が 4 月 2 日に議会を通過し，翌日

表6-4 アメリカの対 OEEC 諸国援助（1947-1955 年）

(100万㌦)

暦　年	軍事援助	その他の援助			輸入寄与率[1]
		贈　与	長期借款	合　計	
1947	43	627	3,737	4,364	24%
1948	254	2,866	1,213	4,079	22%
1949	170	3,951	503	4,454	26%
1950	463	2,775	180	2,955	19%
1951	1,112	2,317	84	2,401	11%
1952	2,151	1,453	453	1,906	9%
1953	3,435	1,138	172	1,310	6%
1954	2,313	1,018	105	1,123	5%
1955	1,593	800	74	874	4%
合　計	11,534	16,945	6,521	23,466	13%

注1) OEEC 諸国の財・サービス輸入に占めるアメリカ（その他の）援助の比率（%）を示す。
出典) Robert Triffin, *Europe and the Money Muddle : From Bilateralism to Near-Convertibility, 1947-1956*, New Haven : Yale University Press, 1957, Table 12, p. 317.

には大統領の署名を得て成立した。この間，3月15日にパリで欧州復興会議が開催され，4月16日に当初の16ヶ国および西ドイツにより欧州経済協力協定が調印された。これによって，CEECは「欧州経済協力機構（OEEC）」に改組され，アメリカ側のマーシャル援助実施機関である「経済協力局（ECA）」のもとでヨーロッパ復興計画は本格的に開始されることになった（表6-4参照）。

ECA長官ホフマン（Paul G. Hoffman）を加えたNACは[37]，マーシャル援助の実施に伴う対外通貨金融政策の調整にあたることになった。NACは既に，CEECが欧州復興計画原案（＝一般報告書）を作成する段階からヨーロッパ間決済問題を議論していた[38]。1947年8月17日の会議では，CEECがIMF専務理事ギュット（Camille Gutt）に対して，同委員会の金融委員会（Financial Committee）への出席を招請してきたが，これはおそらく，「詳細は誰も知らないが，噂されているヨーロッパ通貨同盟（European currency union）」に関係していることが明らかにされた。IMFアメリカ理事兼専務理事代理オーヴァビー（Andrew N. Overby）[39] は，CEEC決議のコピーを紹介した。すなわち，CEECは，「ヨーロッパ貿易が欧州参加諸国間の決済の困難によって妨げられないようにするため，……ヨーロッパの支払協定を緩和する」

ことを計画したが，そこでIMFは，「通貨改革の諸方策およびヨーロッパ間支払協定の漸進的緩和に関して諸国にアドヴァイスする」ために，設置を予定している「金融委員会」への出席を要請されたのであった。NACでは，連邦準備制度理事会統計調査部長クナップ（J. Burke Knapp）が，オランダの財務官（financial attaché）からいわゆる「特別計画」のコピーを入手したが，「きわめて不十分かつ生彩のない」ものであったと論評した。スナイダー財務長官は，専務理事が招請を受け入れることには重大な疑義はあるが，NACとしては明確な立場を示すべきでないと発言し，議論はそこで打ち切られた。

再び「ヨーロッパ通貨同盟」がNACの議題として取り上げられたのは，1947年10月9日のスタッフ会議であった[40]。国務省スタッフはベルギー，フランス，イタリア，ルクセンブルグ，オランダの5ヶ国が「赤字を二国間協定の形式に分類して相殺する，会計基準に基づく清算機構を創設する原則に合意した」ことを明らかにした。さらに，情勢を次のように報告した。すなわち，イギリスは「非自動的基準で相殺するものであってもこの種の機構に参加する意志はない」。しかし，なおドアは開かれており，10月15日にパリで開催される専門家会議以降に他の諸国にも拡大すること，非自動的相殺よりもむしろ自動的相殺を原則とすること，そしてアメリカの援助を要請する方向にあることであった。そのため，スタッフ会議はパリ会議の結果を待つことになった。

スタッフ会議はまた，欧州復興計画における通貨安定化借款（stabilization loans）問題を議論していた。これは，CEECがその一般報告書で，IMF協定が定める通貨の交換性を実現する財源として，金およびドル準備の回復のためにおよそ30億ドルの通貨安定化借款を要求したことに関係していた[41]。IMFスタッフは，ロンドン会議でのクレイトン国務次官の発言を紹介した。すなわち，クレイトンは「合衆国は多角的清算計画（multilateral clearing plan）を支持しないし，それにコミットもしない」と主張し，続けて「合衆国が準備金回復のために20-30億ドルを提供すれば，参加諸国はこれら基金の一部を清算同盟に利用できるだろう」とも述べた。このようにクレイトンは，「清算同盟と〔通貨〕安定化借款」とを分離していなかったのである[42]。

結局，アメリカ側の対応が不明確なままで1947年11月18日，前述の5ヶ国によって「多角的通貨相殺協定（Agreement on Multilateral Monetary Compensation)」が締結された。この協定は，国際決済銀行（BIS）を代理人として[43]，毎月，協定締結国は自動的に，その他「臨時」加盟国は任意に，その二国間収支尻を相殺（「第1類の相殺」）するものであった。この操作では，諸国が「連鎖環」状に配列され，各国ともその前者に対しては債務を負うが，その後者に対しては逆に債権を持つ。連鎖の最後の国は最初の国に対し債権を持つことになって，この連鎖環が完結するものであった。さらに協定は，一定の連鎖環を構成する国々の一部について，その残高を増加させたり，新たに残高を発生させたりするような操作を行う「第2類の操作」を設定した。この相殺の効果はきわめて大きかったが，第2類の操作は第1類の単純な相殺とちがって，相殺に関する「連鎖環」に含まれる諸通貨のうち，少なくとも1通貨の振替可能性を明確に前提としたため，各国の二国間支払協定・外国為替管理と真っ向から対立するものであった[44]。

したがって，この協定では締結国以外のCEEC諸国はいかなる自動的相殺も行う意志はなく，さらにイギリスをはじめ参加諸国のほとんどは「第2類の操作」を行う現実的基盤を持たなかった。アメリカの協定への参加は結局，公式には要請されなかった[45]。NACは，この協定を「自助への重要な努力」として歓迎するが，しかし「合衆国が多角的清算同盟から生ずる純債務残高を決済するという特殊な目的にドル〔援助〕を利用させることは好ましくない」として放置した[46]。その結果，諸国は二国間交渉とドルの減少に繋がるリスクを管理しようとし，自動的に多角的相殺の対象となる範囲はきわめて限定されてしまった。

「多角的通貨相殺協定」が締結された当日のNAC会議では，国務省はヨーロッパ通貨同盟の創設ではなく，むしろ通貨「安定化借款」の重要性を強調していた[47]。スナイダー財務長官はこれに賛意を示したが，オーヴァビーはIMFの役割を変えてしまうものであると批判し，ハリマン（William A. Harriman）商務長官は「安定化借款」を議会に要求することは「欧州復興計画全体を傷つける」と忠告した。結局，「安定化借款」の規模は15億ドルに留めること，またこの借款を議会に要求する前に議会の指導者と交渉することが決定された。翌日の会議では，「安定化借款」に関する財務長官と議会指導者との交渉結果が報告された[48]。その結果，1948年対外援助法案には「安定化借款

に関するいかなる提案も」含まれていないが，参加諸国の安定化の諸要件が達成されたならば，本法案が成立する1948年以降に，補足的立法によって「財務省の安定基金を増額し，この目的のために利用する」ことを了承した。しかし，そのときまでには，国務省とECAは別の方向に進んでいた。

III. ヨーロッパ間貿易決済機構の模索

1）ヨーロッパ間決済および相殺協定の成立

1948年5月，「ブリュッセル協定（Brussels pact）」の5ヶ国蔵相は再び，「多角的通貨相殺協定」を拡充して，「IMF資金およびECAのもとでの贈与ベースで供与される援助の見返り資金」を利用するプランをアメリカ側に提案した[49]。しかしながら，IMFは同年4月5日，29億ドルに減少していたIMF資金の枯渇を恐れて，欧州復興計画（ERP）参加諸国によるIMF資金の利用を認めない，いわゆる「ERP決定」を下していた[50]。

ブリュッセル提案を受けた5月11日のNACスタッフ会議では，財務省がヨーロッパ間決済問題の検討を促した。すなわち，前年末に合衆国政府は「ドルを利用するCEECの提案を押し潰し，CEECはERPが立法化されるまではこの問題を議論しない」ほうがよいと忠告を受けていたが，ERPが成立したことから，この問題を「とりわけIMF資金の利用との観点から」再考すべきであるとした。しかし，財務省・IMF・商務省はアメリカの援助資金およびIMF資金の利用には否定的見解を示した。ECAもまた，ブリュッセル提案は漠然としすぎており，とくに「ドイツ，スイス，スウェーデン，ポルトガルがIMFからドルの引出しができないために，他の参加諸国への輸出で問題」となることから，この提案は「合衆国が考えている種類の計画ではない」と発言した。他方，国務省はひとり，「見返り資金の利用はERPの梃子」となり，「域外調達（offshore procurement）はヨーロッパ間貿易の流れをよくする」ものであるから，この時点で提案を排除すべきではなく，むしろ「ヨーロッパを激励すべきである。ヨーロッパは二国間信用を大いに必要としている」と支持を表明した。最終的に，NACはハリマンECA欧州特別代表への

電報で，ブリュッセル提案では域外調達と見返り資金の利用は可能であるが，IMF資金の利用は「困難な政策問題」があること，したがってOEECはよりよい計画を策定するよう指示したのである[51]。

ブリュッセル提案に否定的見解を示す一方で，ECAは同時に，ヨーロッパ間貿易・決済を促進するための見返り資金の活用を独自に探っていた。1948年5月29日のNACスタッフ会議で明らかにされたECA計画の概要は，次のようなものであった。

(1) 参加諸国は，提案される清算制度に障害にならない既存の債務を決済する。(2) おそらく連鎖環型ではなく基金型の交換所を設立する。(3) 参加諸国は，比較的小規模の新規クレジットを供与し，ECAは過去の貿易パターンに基づいて貸越の一定比率を金融する。この多角清算制度では，ECAが貸越の70％を金融する協定が結ばれる。この援助には上限が設定され，上限は予想される赤字に関連している。想定される純赤字額に関して，債務国に対する赤字の配分は金融的に弱い国にはより大きな配分が，金融的に強い国にはより少ない配分が受けられるよう加重平均を基礎になされる。……実際の貿易パターンが当初の推定から相当離れた場合には，域外調達を増加させることが必要となる[52]。

ECA案は，「多角的通貨相殺協定」における「連鎖環」型相殺機構を「基金」型のそれに転換した上で，「第2類の操作」にECA資金を利用しようとするものであった。このECA構想に対して，ホフマン長官は「完全に満足」であると発言したが，連邦準備制度理事会のシムザック理事はIMF資金の利用がないため，「おそらくブリュッセル諸国はそれに合意しない」のではないかと疑問を示し，IMFや輸出入銀行も消極的な評価を与えた[53]。さらに，6月2日のスタッフ会議で財務省は，「金融的手段でヨーロッパ貿易を管理しようとするシャハト的計画（Schachtian plan）」を想起させると批判した[54]。

その後，ECAは当初案に修正を加えた上で，7月8日のNACスタッフ会議で再びプランの説明を行った。修正ECA案は，「信用ラインの多角化」，「自動的相殺」，「域外調達」，そして「IMF資金の利用」を強化するものであった。スタッフ会議の議論で注目すべきは，第1に，ECAがIMFにヨーロッパ間決済における中央銀行の役割を期待したのに対して，IMF側は目的

表6-5 ECAの域外調達（1948年4月3日－12月1日）

(単位：100万㌦)

	金額
マーシャル援助非参加国	1,163.8
西半球諸国	(内訳)
カナダ	593.4
ラテン・アメリカ	353.3
東欧諸国	31.6
その他諸国	185.5
マーシャル援助参加国	245.0
合　計	1,408.8

出典) U.S. Economic Cooperation Administration, *Report to Congress*, Washington : GPO, 1949, Table 1, p. 195.

に反するものであり，むしろベルギーによる信用供与の拡大を図るべきであると拒否したことである。これに対してECAは，ベルギーはインフレ圧力を回避しつつ鉄鋼生産設備を増強するという「大規模投資計画」を抱えており，IMF資金の利用による補完がなければ，追加的信用を他の欧州諸国に供与することはできないと説明した。しかし，IMFの態度は変わらなかった。第2は，国務省が「自動的多角相殺」の問題点を指摘したことである。つまり，イギリスはA類の清算（＝第1類の相殺）には参加するが，B類の清算（＝第2類の相殺）には参加しないであろう。とすれば，相殺はきわめて限定されると国務省は指摘し，さらなる修正を要請した[55]。

第3に，ECAは既に一部で実施している「域外調達」を全ERP諸国に適用することによって，ヨーロッパ間貿易決済問題を解決しようとしたことである。マーシャル援助商品の大部分はアメリカ国内で調達すべきものとされたが，それが不可能あるいは好ましくない商品に関しては，アメリカ以外から域外調達された。**表6-5**に示されるように，マーシャル援助資金によって中東から石油を購入してERP諸国に供給することで，中東とERP諸国に同時に援助の効果を与えることができた。まさに，マーシャル援助資金の枠内で決済問題に対処しようとするのが域外調達の手法であった。実際，ECAは域外調達先にERP諸国を加えることで，1948年第3四半期には，ERP諸国に対して2億4,500万ドルの資金を「追加的配分」として供与した[56]。

1948年7月25日にパリで開催されたOEEC会議には，ホフマンの要請を受けてイギリスはクリプス（Sir Stafford Cripps）蔵相，フランスはレイノー（P. Reynaud），マイエル（R. Mayer）の新旧蔵相，ベルギーはスパーク（Paul-Henri Spaak）首相らの代表を派遣して，ヨーロッパ間貿易決済計画の骨子に合意した。すなわち，債務国に対する条件付援助（＝マーシャル援助総額に含ま

れる)の割当と,当該債権国による債務国に対する援助相当額の自国通貨による借款供与によって,債務国はドルを媒介せずに債権国から輸入できることになる。また,債務国に対しては債務見積額を限度として,債権国の通貨をECAの間接援助資金として引き出す権利を与えることがその骨格であった[57]。

しかし,これは計画の基本原則の合意にすぎず,内容の詳細は課題として残されたままであった。イギリスおよびスカンジナビア諸国はヨーロッパ間決済案になお一定の留保を示しているが,財務省のガンター (John W. Gunter) によれば,「借款協定と同じ罠」に嵌まっており,イギリスはこれを「決済の問題ではなく貿易の問題」と見ていた[58]。NACでは,連邦準備制度理事会が「ERP諸国がこの計画を実施する利益はその不利益に勝る」として,計画に理解を示し始めていた。これが幸いして,各省1名からなる作業グループを設置し,原理的問題を煮詰めることとなった。

ECAおよびNAC作業グループが直面した問題からはIMF資金の利用問題は既に遠のきつつあり,残された問題は3つに絞られていた。すなわち,①「短期債務を蓄積する仕組み」の策定,②「追加的信用が供与される的確な形態」の決定,そして③「計画に対するスターリング地域の関係」であった。ヨーロッパ間貿易における二国間の債権・債務が相殺されるとすれば(相殺操作の頻度が①の問題),その後に,特定諸国には「構造的な赤字」が残ることになる(その資金援助が②の問題)。OEECおよびECAは,既に7月末には,ヨーロッパ間貿易決済を促進する手法を「域外調達」から「間接援助」による方法に転換しつつあった[59]。すなわち,OEEC内貿易の債権国に対してドルを直接に供与するが,それはその債務国に対する双務的黒字額を自国通貨で贈与することを条件とする方法であった。

より重要な問題は,この計画へのスターリング地域の関係(③の問題)であった。ECAは,この問題を次のように理解していた。すなわち,「ヨーロッパ諸国は,イギリスが受容できる方法でスターリング地域を取り扱おうとしている。スターリング地域に関して,イギリスは次のように言うであろう。すなわち,(a)スターリング地域の通貨統合は破壊されるべきではなく,取引はロンドンを通じて行われるべきであり,そしてロンドンを経由する全スターリン

グ地域の受払いに差別があってはならない。(b) スターリング地域は，イギリスが大陸貿易黒字で獲得するドルを上回る額をこの計画から獲得すべきである。〔したがって〕スターリング地域問題とは，アメリカがこの決済計画を通じて，イギリス以外のスターリング地域に対する〔ERP〕参加諸国の赤字を金融する用意があるかということである」[60]と。

ECAはこの時点で既に，イギリスとスターリング地域を「ひとつのユニット」として，計画されているヨーロッパ間決済協定に組み入れようとしていた。だが財務省は，ERPの範囲を超えているとの疑念を表明し，連邦準備制度はさらに，このプランは「ロンドンにおけるスターリング取引の管理を継続させ，ドル支出へのブレーキ」となると批判した。

8月17日のNAC会議では，結局，スターリング地域とドイツ米英占領地区（バイゾーン）の問題をさしあたりは棚上げにして，ヨーロッパ間貿易決済案の支持を次のような政策方針のもとに決定した[61]。すなわち，

(1) NACは，(a) ヨーロッパの未決済信用の蓄積，(b) ヨーロッパ間貿易金融のための新規クレジット・ラインの設定，(c) 他の方法では金融できない根本的貿易を促進するため，合衆国援助の適正な配分を承認する。
(2) しかしながら，NACは以下の留意点を管理機構（ECA）に対して喚起する。
　(a) 見返り資金の利用を，ヨーロッパ間貿易金融を目的とする合衆国援助再配分のための不可欠な部分として再確認する。
　(b) 少なくとも10億ドルの合衆国援助が，借款および保証の形態で供与される。
　(c) 1948年4月5日のIMFによる「ERP決定」を再確認する。
　(d) いかなるヨーロッパ間貿易決済計画の実施にも，ヨーロッパ間貿易の完全な自己金融への着実な前進のための規定を盛り込む。
(3) NACは，この四半期に，ERP債権国から基本財を購入するERP債務国に対して合衆国援助の追加配分を供与する方法を検討し，また他の手法が失敗した場合には，「域外調達」の手法を利用することを勧告する。

以上のNAC政策方針をもとに，10月16日に第1次「ヨーロッパ間決済および相殺協定」は調印された。この計画成立の第1の鍵は，ホフマン長官が，この計画はOEECが主体的に策定し，したがって「現実的な経済協調への直

接的刺激剤であり，またそうした方向への第一歩である」と積極的に評価したことにあった。さらに第 2 の鍵は，この計画に一貫して消極的姿勢を示してきた連邦準備制度理事会のシムザックが，「提案された措置がヨーロッパ間貿易を促進することで ECA の全体的目的を促すのであれば，この提案を進めることは望ましい」と理解を示したことにあった[62]。

ヨーロッパ間決済および相殺協定は，ERP 援助を受けないスイスとポルトガルを除いて，全加盟国が月ごとに自動的に行われる「第 1 類の相殺」に合意し，また「第 2 類の相殺」にマーシャル援助資金を利用したことによって，前年の多角的通貨相殺協定を一段と発展させるものであった。しかしながら，第 2 類の相殺は「ある程度，通貨の振替を必要とし，かつ関係諸国のうち 1 国の勘定残高を増加せしめることになる関係上，この操作を受諾するかどうかは従来通り任意とされ，各国それぞれの一般的為替政策に一任」[63] された。ECA も認識していたように，ここに協定の限界があった。第 1 は，戦後復興期に一般化した二国間支払協定のもとで発生する赤字額を推定して，それを根拠に債務国への引出権を設定したため，実際の貿易パターンは当初の予想から乖離する可能性があった。第 2 は，第 2 類相殺の任意性は協定加盟諸国，とりわけイギリスによる為替管理の緩和をもたらさない可能性である。そして第 3 は，一度 ECA 援助額と引出権が設定されれば，各国には貿易均衡を達成するインセンティブが働かず，むしろ管理強化の可能性すらあったからである[64]。

それゆえ，ECA はヨーロッパ間決済計画を成功裡に導くためには，① 各国内における通貨・金融の安定化，②現実的な為替相場の採用，③ヨーロッパ域内貿易拡大のための協調的な通商政策の採用，そして④相互貿易を促進するための関税同盟または経済同盟の結成，域内金・外為トランスファーを節約する外国為替準備のプールを提案せざるを得なかった[65]。ECA にとって，ヨーロッパ諸国の為替レート問題はきわめて重要なものとして出現することになったのである。

2) 第 2 次「ヨーロッパ間決済および相殺協定」と 1949 年の為替調整

第 1 次「ヨーロッパ間決済および相殺協定」は 1949 年 5 月 1 日までにこれを継続するか否かを考慮すると規定したが，協定成立後すぐに，ECA は

OEEC 諸国の為替管理問題に着手した。IMF 体制の確立とマーシャル・プランの実施の双方から，アメリカは OEEC 諸国に為替管理政策の緩和を求めることになった。

1948 年 11 月 10 日，NAC スタッフ会議で ECA は，ヨーロッパの為替レート問題を広く議論することを提案した[66]。すなわち，①為替レート問題を扱う場合の「手続きの問題」と，②為替レートについて「なすべき実際の問題」を，できるだけ早く解決する必要がある。とりわけ「スターリングのドル為替レート問題は他のすべてに優先する問題であり，調査はこの問題から着手すべきである」と発議した。

まず前者の手続き問題に関して，国務省は「ヨーロッパ諸国の復興活動を調整する機能のひとつとして，ヨーロッパ為替レート会議を招集するよう OEEC に対して圧力を加えるべき」であると提案した。なぜなら，「為替レート問題が世界のどの地域においてもリージョナルな問題として取り扱われることは望ましくない」のであって，「IMF が為替レート交渉のための適切な国際的フォーラムであり，これら諸問題が・ユ・ニ・バ・ー・サ・ル・な性質のものでまた・グ・ロ・ー・バ・ル・な重要性を持つという，確立された立場を維持することはわが国政府にとって望ましい」（強調は引用者）からであると。ECA もまた，「この問題は援助計画の再考のなかから生じた」ものであり，「ある国が無分別な為替レート政策を続けるならば，援助を停止する必要がある」とさえ主張した。

ヨーロッパ間決済計画の問題から為替調整を提起された IMF は，逆に欧州諸国が「基金の管理から逃げ出した」ことを問題にした。「英・伊協定では，イタリアは 50％の市場でスターリングを支持する約束をし，クロス・レートをもたらした」が，これは IMF の預かり知らぬところである。それゆえ，IMF が全責任を持つのでない限り，「ヨーロッパ間決済計画と為替レートに関しては危険性がある」と主張した。これに対して ECA は，国際通貨「基金を最終的決定の場」と見ているとして IMF の参加を要請した。IMF と同一歩調をとってきた財務省もまた，ヨーロッパの為替レート問題から IMF を切り離すべきではなく，むしろ「基金の管理のもとで」ヨーロッパ間決済計画を進めるべきであるとの方向に転換していた。その結果，ようやく IMF は再考の価値があると発言した上で，「同様の問題は極東でも起こっており，リージョナ

ルな決済計画が真剣に議論されている。ラテン・アメリカでも，同様の発展が可能である」と付け加えた。

　手続き問題は，最終的には，IMF の専門家が OEEC に直接参加すべきであるとの財務省の主張と，IMF パリ事務局長トリフィン（Robert Triffin）を議論に介在させるべきであるとの連邦準備制度理事会の示唆を受けて，IMF は参加を決断するとすれば，最初からそのようにすると受諾した。そして，OEEC はアメリカの圧力がなければ受け入れないであろうとの ECA の示唆により，スタッフ会議は何らかの行動をとるときには，「二国間ベースか基金を通じてか，何れにしても合衆国のイニシアチブでなされる」ことで合意を見た。

　為替調整の実際問題に関しては，ECA は「スターリングが長期的視点で過大評価されているか否か，もしそうであるなら，レートはいつ変更されるべきか」について意見を求めた。国務省は「スウェーデンがスターリングの動向を知るまでは変更を考慮するのは時期尚早であると，フランス首相が発言した事実」に言及し，その上で「スターリング・レート問題が解決するまでは，他の諸国がそれぞれの為替レート問題をまともに考慮することはできない」と発言した。しかし，財務省は否定的であった。すなわち，「近い将来，つまり 1949 年 6 月までは，イギリスがわずかでも為替レートの変更を考慮すると想定することは非現実的」である。なぜなら，イギリスは競争力の衰退を為替レートの切り下げによって解決しようとはせず，むしろ「1931 年の為替レート切り下げは，世界市場をめぐる競争戦で勝利をもたらさなかった」と反論するからである。さらに，財務省はスターリングの過大評価を容認した。「……ある程度の通貨の過大評価は，復興計画の後半の段階よりもその初期段階で正当化される。合衆国は異常な復興輸入を予想しており，またヨーロッパの生産増大の維持を，一般的に正当化される国際収支均衡の状態よりも重視」していると。

　以上の議論は，これまでの主張とまったく逆転していた。確かに，ECA はヨーロッパ間決済計画を基礎とする ERP 計画を第一義的課題として，これを妨げているスターリングの過大評価とイギリスの為替管理を問題視した。具体的には，ECA は「ヨーロッパ間決済および相殺協定」において設定された引出権を，OEEC 諸国間で自由に振り替えさせようとしていたが，主要な引出権設定国であるイギリスがスターリングの切り下げと「ドルへのニーズ」の増

加を恐れて反対していることを重視した[67]。国務省・ECA はリージョナルなヨーロッパ間決済機構の構築を意図して IMF の「ユ・ニ・バ・ー・サ・ル・な・性・質・」と「グ・ロ・ー・バ・ル・な・重・要・性・」を強調したが，それはかかるリージョナルなサブ・システムを IMF 機構のなかに埋め込もうとしたからであった。しかしながら，財務省・IMF はそうしたサブ・システムを認めようとはしなかった。

　NAC スタッフ会議特別作業グループは，ECA パリ代表部などとの密接な協力のもとに為替レート問題を検討していった。その成果の一部は，トリフィンら IMF スタッフによる「IMF のヨーロッパ版」構想を生みだしたが，私的な覚書として OEEC に提出されただけで，IMF では「適切な議論を経ていない」として拒絶された[68]。しかし，トリフィン案提出を契機に，「ヨーロッパ間決済および相殺協定」の更新をめぐる交渉は本格化した。4月に入ると，ホフマンら ECA は為替レート調整問題を主要な「交渉手段」として利用した[69]。一連の交渉によって5月までには，ホフマンは引出権の25％は従来どおり二国間で処理するが，残る75％の引出権を自由に振替可能とする妥協案を練り上げ，OEEC 決済委員会の技術小委員会レベルの合意を取り付けていた。

　アメリカの経済成長停滞へのリアクションとして，イギリスの国際収支赤字が問題化した。1949年6月半ばまでに，対外準備はポンド価値の維持に不可欠とされた20億ドルを大幅に下回り，その後もさらに減少していった（前掲表6-2参照）[70]。かかる危機的状況に直面して設定されたアチソン（Dean Acheson）国務長官，ダグラス（Lewis W. Douglas）駐英大使，ベヴィン（Ernest Bevin）英大蔵大臣との会談では，イギリス側はポンド切り下げをめぐるアメリカの画策を非難するとともに，交渉の延期さえ表明した。しかしまた，イギリスはポンド危機の根本的原因を理解しており，アチソンによれば，ベヴィンは「イギリスのコストが高すぎ，またイギリスの労働および産業における相対的不効率性の要因が重要であるという事実」を強調した。その上で，アチソンは米英関係の重要性を次のように強調した。「年初以来，西側諸国は政治的・軍事的分野で重要な第一歩を踏みだした。われわれは西側の統合を強固にする上で紛れもない前進をした。ロシアは西側の結束の強化をきわめて深刻に受けとめており，この結束はドイツの非常に困難な状況に速やかに反映し

た。……イギリスの経済状態の悪化が政治的・軍事的分野で得られた成果をいかなる点でも損なうべきでない」と[71]。

　6月28日のNAC会議では，イギリスとフランスの両国が，「為替管理地域 (soft currency area) 内の貿易障壁の削減」をOEECに提案したことが主要議題となった[72]。フランスは，OEEC域内に限定したプランを，イギリスはスターリング地域をも含めたプランを提出した。スタッフ会議は「ヨーロッパの貿易障壁の削減は正しい方向への第一歩である」と評価したが，同時にいくつかの決断をNACに迫るものであった。第1は，貿易障壁の削減の範囲をOEEC諸国に限定するか否か，第2は，平価切り下げを英仏案承認の前提条件とするか否か，第3は，6月末日をもって失効する「ヨーロッパ間決済および相殺協定」に対するアメリカの態度を英仏案に関連させるか否か，最後に，米英金融協定第9条（対米貿易に対する差別的数量制限の禁止条項）をいかに扱うかであった。ホフマンらECAは英仏案を積極的に評価したが，財務次官補マーチン (William M. Martin, Jr.) は，イギリスは「他のスターリング地域にリトル・マーシャル・プランを行っているが，それはイギリスの収入を超えた生活をすることである」と非難した。

　以上の英仏案を受けて，スナイダー財務長官は英仏から事情を聞くために渡欧することになり，6月30日のNAC会議では，政策方針が議論され，決定された[73]。まず為替調整に関しては，ヨーロッパ諸国による国内価格および費用の削減に加えて，「ドル地域でのヨーロッパの輸出競争力を強化しまたヨーロッパのドル収入を増やすには，ヨーロッパの為替相場の調整は重要な一歩」である。また貿易障壁削減の範囲とヨーロッパ間決済計画に関しては，次のように結論した。「合衆国はOEEC諸国間の貿易障壁の削減とより効率的な資源配分に寄与するヨーロッパ経済の効果的な経済統合を，そのステップが世界的規模での多角貿易とグローバルな通貨交換性の回復のために企図された計画の一部であるという条件で，継続的に支持」する。そして，「ヨーロッパ内の貿易決済計画の適切性は，他の通貨地域，とりわけドル地域との貿易・決済に関してヨーロッパ諸国がとる措置に照らして」判断すべきこと。つまり，イギリスのスターリング地域を含めた貿易差別削減案には，当面，アメリカは態度を留保することにした。というのも，「ヨーロッパから輸入される商品への制限

の緩和には，これら緩和処置が個々のスターリング地域に拡張されない限りは，イギリスは参加しない」と主張していたこと，また連邦準備制度理事会のシムザックが指摘したように，「為替レートを再調整する努力が同時に，貿易障壁の削減に向かう」[74]と見たからであった。さらに，米英金融協定第9条問題には，長期的観点から修正交渉に応ずる用意はあるとの立場をとった。

　かかるアメリカの基本的姿勢を受けたと思われるが，7月1日のOEEC理事会では，第2次「ヨーロッパ間決済および相殺協定」の基本原則に合意が見られた。すなわち，全引出権および条件付援助の25%は振替可能（＝多角化）とするが，残る75%はドルへは交換されないこと，また対欧州貿易黒字が対西半球黒字を約2億ドル上回るベルギーの黒字に関しては，一部は条件付援助を含むERPドル，一部はベルギーによる追加的借款供与によって賄われるとの内容であった[75]。

　第2次「ヨーロッパ間決済および相殺協定」の正式調印は，しかし9月7日を待たねばならなかった。なぜなら，7月1日の合意にはアメリカ側の要求したOEEC諸国の平価切り下げが含まれていなかったからである。7月のスナイダー財務長官の渡欧は，その事情聴取という目的からして，英仏との間に何らの妥協を見出すことはなかった[76]。イギリスおよびスターリング諸国は既に25%の対米輸入の削減を実施していたが，しかし，スターリングの切り下げの回避は困難な状況にあった。実際，帰国後最初のNAC会議でスナイダー議長は，平価切り下げ問題に関する米英加による3国間交渉が9月6日からアメリカで開始されることを，その当面のスケジュールとともに発表した[77]。さらに，アメリカ大使館・財務省スタッフがイギリス側と協議の上，既に専門家による研究グループがワシントンで組織され，問題の背景と議題の枠組みの設定で一定の成果，すなわち政策方針ができあがっていることも紹介された。すなわち，為替レート，金価格の引き上げ，IMF・輸出入銀行など公的金融機関の役割に関する政策方針であった。

　まず為替レート問題に関してNACは，ヨーロッパ諸国の為替レートの全般的変更は不可欠であるが，そのためには一定の猶予期間とある種の移行措置が必要であるとした。すなわち，「現在の為替レートのパターンはきわめて複雑な為替管理と貿易管理の枠組みのなかで発展した」ものであるため，中長期的

に適切な為替レートを予測することは困難である。したがって，ヨーロッパ諸国が平時経済への移行期に「弾力的な為替レート政策」を採用し，多様な「自由市場」を経験し，その上で「為替レートの同時的な再調整」をするか，あるいは「一部諸国がごく短期間に為替調整を行い，その後の一定期間，他の諸国が調整を延期」する。これは「長期にわたって為替レートの均衡を達成する最善の機会を提供する」ものであり，IMFはこうした「為替レートの変動期間」を認めた上で，「為替レート調整を議論する適切なフォーラム」を設けるべきであると。議論のなかでは，「イギリスが適切な国内政策を採用しない限りは，平価切り下げの効果は否定的」であり，「イギリスが自発的に為替調整をすべきこと」が，連邦準備制度理事会やスナイダー議長によって強調された。何よりも注目すべきは，安定的な為替レートを見出すためには各国間の協議に加えて，市場の力を一時的に利用しようとする政策の必要性が認識されたことであった[78]。

次に，金価格の引き上げ問題はイギリスおよびカナダが交渉の過程で持ちだしたものであり，金価格の引き上げは既存金ストックのドル価値の増大，金の増産を刺激することによって，「潜在的なヨーロッパのドル資産を増加させる」ことを意図していた。しかしNACは，ヨーロッパの対西半球赤字に対するアメリカの援助と金価格の引き上げは無関係であり，「ドルの長期的価値に対する公的信認という効果を混乱させ，国内信用政策に困難をもたらす」として，明確な拒否方針を示した[79]。最後に，公的金融機関によるイギリスおよびスターリング地域に対する支援に関しては，IMF資金に関するERP決定を確認するとともに，「現在のスターリング地域のドル危機に対処する目的」では，IMF・IBRDおよび輸出入銀行の資金の利用（英自治領および英植民地における一部プロジェクトを除く）はいずれも不適切であるとした。さらに，マーシャル援助の後半段階では為替「安定基金」の活用の可能性が残されていたが，これについてもNACは，貿易収支の均衡と国内通貨の安定が達成された後の問題として拒否した[80]。

9月7日から始まる米英加3国交渉を前にして，NACはヨーロッパ諸国の手から平価切り下げを除くほとんどの手段を排除していった。実際，国務省での交渉に入るや否や，協議は暗礁にのりあげた。最終的に，交渉終結後の12

日に覚書が交わされたが，クリプス蔵相とベヴィン外相はポンドの切り下げ，コスト削減，インフレ抑制，輸出再興のための計画を表明し，アメリカはイギリスおよびスターリング地域からの輸入拡大，米英金融協定第9条の延期，「ロンドンにおけるスターリング残高の蓄積を処理し，海運および石油取引に関するイギリスのドル支出を削減する方法を調査するため，3ヶ国による継続的組織」を設置することなどで合意が得られた[81]。その後，13日から開催されたIMF・IBRD年次総会では，クリプス蔵相にかわる代理の出席のもとで英平価の切り下げが決定された。ワシントン交渉終結から6日後の1949年9月18日，クリプス蔵相はポンドの30.5%の切り下げを発表し，ヨーロッパ諸国もまたほぼ同率の再調整を行った（前掲**表6-3**参照）[82]。

以上のように，ECA主導のヨーロッパ間決済機構の推進はヨーロッパ諸国の為替再調整へと帰結したが，それはヨーロッパ間貿易決済システムの再建を阻害している為替管理政策を，IMFのユニバーサルかつグローバルな機構を利用して排除しようとしたものであった。それはまた，IMF・財務省によって拒絶されたとはいえ，ヨーロッパにおけるIMFのサブ・システム構築を意図するものでもあった。

IV. ヨーロッパ決済同盟の創設とNACの政策調整

1) EPU構想とNACの政策方針

1949年9月の為替調整の直後には，NACの政策方針に示されたごとく，ベルギーなど一部諸国が為替相場を平価に固定する方向にではなく，むしろ市場に任せて自由に動かす方針をとったため，1931年の事態を想起させ，為替調整は失敗に帰したとの不安が一部に浸透した。しかし，9月21日のNAC会議では，ヨーロッパ諸国の為替レートの調整経過が検討され，スナイダー議長は，わが国の新聞の見出しが導こうとしているような「世界市場の大混乱の根拠」は何もなく，「明らかに，力強く回復している」と判断した。実際，1950年初頭までには，為替調整前から始まっていたアメリカ経済の好況への反転などに助けられて，市場には楽観的気分が見られた[83]。

第 6 章　戦後対外通貨金融政策と国際通貨金融問題国家諸問会議——245

　OEEC 諸国の為替レート調整は，グローバルな自由貿易および通貨交換性の回復にではなく，まずはヨーロッパというリージョナルな「ヨーロッパ決済同盟（EPU）」の創設へと向かった。EPU 計画の直接の契機は，1949 年 10 月 31 日の OEEC 理事会の閣僚級会合で，ECA 局長ホフマンが，マーシャル援助の終了後に想定される危機的ドル不足と貿易・決済の閉塞状態を打開するには，「単一ヨーロッパ市場」の創出，「経済統合による西ヨーロッパにおける拡張的経済の建設」以外にないと，あらためて強調したことにあった。すなわち，ヨーロッパの経済統合という目的を達成するためには，「国民的財政・金融政策の協調」を確保し，なお不十分な為替相場の調整を「IMF の全般的な監督」のもとで行い，さらに貿易・決済の一時的不均衡から各国の対外準備を防衛するために，ドル援助の利用と各国の通商政策・慣行の協調が必要であると主張したのである[84]。

　ヨーロッパの経済統合を誘導した ECA・国務省の政策的意図は，外交的にはドイツの復興をフランスの安全保障と調和させ，かつイギリスをドイツに対するカウンター・バランスとして確保しようとする対ソ政策にあった。経済的には，アメリカの伝統的な連邦主義は，ニューディール期に国家の調整的・管理的機能を強化する政策的枠組み（ニューディール総合 [New Deal synthesis]，ネオ・キャピタリズム [Neo-capitalism]）を構築したが，ECA はこの枠組みをヨーロッパにおいて再構成しようとした。その場合，個別国家の経済主権の一部は，経済計画・管理を行う超国家的機関によって制約される統合市場のなかに融合されることになる[85]。ホフマン演説では，「西ヨーロッパおよびその海外領土全体」という大ヨーロッパの統合を想定した。同時に，その目的に合致する限りで少数諸国による「密接な経済調整」も重視したが，小規模なヨーロッパ・レベルの中央銀行・通貨・基金の創設構想ではなく，現実的な ERP の枠組みによる決済同盟案が選択されていった。

　他方で，ヨーロッパ諸国は当初，イギリスがドル地域以外の世界に交換性通貨たるポンドを拡大しようとしたことに脅威を抱き，ロンドンに保有するポンド残高の移転によってではなく，「二国間収支尻の決済に基づく多角的システム」をヨーロッパ内に創出することを意図した。ヨーロッパにとって，「EPU は多角主義とアメリカの干渉とを回避する手段」[86] として位置づけられてい

た。しかしイギリスは，当初から為替管理の変更を要求されることやスターリング地域崩壊への恐れから，ヨーロッパ間決済機構への参加に否定的であった。そのため EPU 交渉と並行して，1949年9月の平価切り下げの際に設置された「米英加3国委員会（Tripartite ABC Committee）」のもとで，英米財務当局は50億ドル規模の「米英通貨同盟（Anglo-American Currency Union）」の可能性を追求していた[87]。しかし，アメリカ側が1945年米英金融協定の遵守を厳格に求めたことから頓挫し，1950年4月までには，イギリスは EPU 交渉へと引きつけられていった[88]。

ECA 長官補佐官ビッセル（Richard M. Bissell, Jr.）が EPU 計画——この段階では，「ヨーロッパ清算同盟（European Clearing Union）」と呼ばれた——を NAC スタッフ会議の場に持ちだしたのは，1950年1月5日のことであった。ビッセルは NAC に対して，① EPU と IMF との関係，② EPU にスターリング地域を含めるか否か，③ EPU 設立にあたって必要となる資金に関して，追加的立法措置が必要か否か，④ EPU によって達成される諸機能，そして ⑤ 既存の決済協定およびヨーロッパにおけるその他通貨同盟計画との関係を検討するよう要請したのであった[89]。

スタッフ会議草案は1月19日の NAC 会議に諮られ，その概要が議論された。まず，事務局長グレンディニング（C. Dillon Glendinning）が計画の要点を，次のように説明した[90]。第1に，「ヨーロッパ清算同盟」案はマーシャル援助計画をある程度超えるものである。つまり，「リージョナルな通貨組織を設立するもので，IMF がグローバルな原理で遂行する諸機能の一部を含めて，地域的に達成しようとする。当該同盟は，ERP 参加諸国に加えて，スターリング地域のような通貨圏に属する諸国をも含める。また，イギリスの制度における振替可能諸国も，当該計画の調整しだいで含める」。また，「清算同盟」にはアメリカの金融的支援が含まれており，対外援助法を修正することが望ましい。なぜなら，この計画はマーシャル援助終了後を睨み，「政治的にも経済的にも，西ヨーロッパの緊密な統合を考慮した広範な計画の一部として」（強調は引用者）練り上げられたからであると。

したがって，第2に，「清算同盟」計画が欧州の統合に適切であるか否か，また多角的貿易決済を推進する IMF, GATT, ITO のような国際機関との関

係が問題となる。グレンディニングによれば，「ITO 憲章は諸国が関税同盟の結成を宣言する場合には，地域的ベースでの差別〔的措置〕を許容している」ことから，清算同盟の創設は可能である。しかし，IMF 非加盟国は IMF との協議に先立って清算同盟への参加を確約してはならず，「リージョナルな通貨機構が望ましいとすれば，IMF が協議の場を用意することが適切」である。したがって，当該計画が「完全な統合」を導くか否か，諸国にその意思があるか否かが現実的な問題であった。第 3 に，「清算同盟」へのアメリカの資金的援助に関しては，3 つのレベルが想定された。すなわち，① 本質的には条件付援助と同じだが，参加諸国の「構造的赤字」を金融するためのドル支出，② 債務国が赤字の増加に比例してドル支払額を増やし，債権国が黒字の増加に比例してドル受取額を減らす，「自動的」メカニズムのドル援助，そして ③ 国際収支ポジションを調整するために債務国に融資する，IMF に類似した「回転資金 (revolving fund)」へのドル援助であった。

第 4 に，グレンディニングによれば，「もっとも困難な問題は当該計画にイギリスを組み込むことが不可欠である」と考えられることから発生する問題であった。すなわち，「イギリスは今日まで，為替サイドでは，スターリング地域および振替可能勘定諸国を超えて大陸諸国に譲歩するポジションにはないとの立場をとってきた。このことは，欧州清算同盟がヨーロッパ統合のための合理的な手段たりうるか否かという問題を提起する」と。

以上の概要説明の後に，ホフマン長官はこれが ECA による「3 度目の決済計画」であり，またアメリカ政府の希求するヨーロッパ貿易の自由化を達成するための「魅力的な計画」であることを強調した。またビッセルは，IMF の批判的見解を予期して，欧州清算同盟を否定するならば IMF の有効性をも損なうこと，さらに OEEC 以外のスターリング諸国が同盟に参加することはないが，しかし，「他のスターリング諸国との決済が入り込んで，イギリスのネット・ポジションの一部となる」と補足した。

その後の議論では，まず IMF のサザード (Frank A. Southard, Jr.) が批判を展開した。すなわち，第 1 に，この計画は「ドル〔決済〕貿易を恒久的に差別する強力な為替管理地域の創出を阻止するための中心的手段としては，きわめて弱々しい葦である。その多くが食糧・原料生産国であるスターリング諸国を

同盟に含めることは，リスクを減少させるよりも増加」させる。第2に，この計画をアメリカが援助することは，「わが国が問題解決に国際的アプローチよりもむしろリージョナルなアプローチを好んでいると思わせ，世界の他の諸国を誤って導く危険を冒す」ことになる。実際，「ラテン・アメリカやモスレム諸国を含めて，世界の他の地域でもきわめて特殊な清算同盟の提案があり，これらの提案がその地域で適切であるとは思われない」のと同様に，清算同盟がヨーロッパでは意味があるとは簡単には言えないと主張した。

清算同盟が為替管理地域の創出に帰結するとの批判は，マーチン財務次官補，輸出入銀行のガストン（Herbert E. Gaston），農務次官ラブランド（Albert J. Loveland）によっても展開された。さらに，商務省のブライズデル（Thomas C. Blaisdell, Jr.）は，ヨーロッパの一部の国は「他の種類のコンビネーション」を模索していることから，同盟にイギリスを入れることには疑念があり，むしろ「IMFとの関係を維持できる清算同盟案」に修正すべきであると示唆した。連邦準備制度理事会のシムザックもまた，イギリスとスターリング地域を同盟に参加させることは，政治的にも経済的にも困難であると指摘した。

こうした批判に対して国務次官補ソープは，恒久的機構は「ヨーロッパ連邦（federation in Europe）」であり，この方向への運動は強まりつつあること，また清算同盟の暫定的性格は，IMFの目的と競合するというよりはむしろ補完的であると反論した。さらに，ホフマンは計画の技術的側面を問題にしたくないとした上で，「もし復興の技術的側面を解決できない結果としてヨーロッパに第2の崩壊が起こるならば，ヨーロッパは再び共産主義プロパガンダの恰好の餌食となり，合衆国は軍事国家となり，財政均衡を確保する機会はなくなる」として，ヨーロッパの政治的危機を強調した。スナイダー議長は，「合衆国を周辺に切り離したまま同盟を創設して，これらヨーロッパ諸国がドルを獲得する機会は得られるのか」と疑問を述べた上で，議論をスタッフ会議でさらに煮詰めることとした。

その後，マーチン財務次官補を議長とする幹部クラスによる検討の結果，1月23日のNAC会議には，早くも政策方針案が提示された[91]。一部の懸案事項を残しつつも，そこには相当部分での合意が見られた。決定された政策方針の概略を示せば，次のごとくであった。すなわち，

① 清算同盟の運営は，合衆国および他の IMF 加盟国の負う責務と衝突すべきではない。
② リージョナルな原理に基づく清算同盟の創設は，他の加盟国（グループ）による可及的速やかな完全通貨交換性への移行（および密接な統合）を妨げるべきではない。
③「自動的」原則によるドル決済の規定を設け，清算同盟に対する債務国のドル純支払いは，少なくとも清算同盟から債権国へのドル純支払いに等しいものとする。
④ 清算同盟が非自動的原則で債務国へ借款を与えるような基金には，合衆国はいかなる援助もしない。
⑤ しかしながら，ECA は清算同盟の勧告に基づく個別諸国への援助の配分を，清算同盟に対する諸国の支払ポジションを考慮して修正しうる。
⑥ IMF が判断を下し，またその見解を表明する合理的な機会を持ち，それらが合衆国政府によって検討されるまでは，IMF に関する問題を含む〔清算同盟による〕勧告に対して，ECA はいかなる決定も行わない。
⑦ 通貨問題に関する清算同盟による勧告と IMF による勧告との不一致に合衆国が巻き込まれることを回避するため，合衆国は清算同盟の管理に参加しない。これは ERP 存続期間における同盟への合衆国オブザーバーの参加，また合衆国の援助する基金の利用に対する合衆国の拒否権を排除しない。
⑧ 合衆国は欧州清算同盟における IMF の関心を完全に理解する。また IMF は，IMF と欧州清算同盟との間で解決すべき関係の検討を迅速に進める。第 1 段階として，現在，清算同盟案を討議している OEEC 特別委員会に IMF 代理人の参加が招請されるよう，合衆国は提案する。

以上の政策方針における最大の論争点は，ECA が参加諸国への援助の配分を，清算同盟に対するその支払ポジションを考慮して修正できるとした点（⑤）に，IMF が反発したことにあった。サザードは，加盟国の国際収支ポジションに関する IMF の金融政策に ECA が関与することを問題としたのに対して，ビッセルは IMF が関与した後に起こる問題（⑥）であると説明した。ホフマンは，ECA が通貨・財政を含めて参加諸国の復興に全責任を持つ「暫定的機関」であること，ヨーロッパの経済的統合によってロシアの侵攻を防ぐことができ，また清算同盟は「OEEC と非常に似たもので，それはヨーロッ

パに責任を与えるように考案された」ことを強調した。

最終的に，ECA がこの種の問題を自動的に NAC に提起し，その後で IMF に問題を提起することで決着した。ただし，マーチン財務次官補は，この清算同盟案が「ヨーロッパの統合と貿易自由化の方向に作用することにはいくつかの疑念」があることを表明した。

2）EPU 創設交渉と NAC の政策方針

EPU 創設へ向けての交渉は 1950 年 3 月以降，以上の NAC 政策方針に基づき，EAC・国務省とヨーロッパ諸国のあいだで本格的に開始された。IMF は，1 月の理事会で，リージョナルな決済機構は通貨交換性を達成すべきで，閉鎖的な通貨圏に向かうべきでないこと，決済における金・ドルの比率を増加させるべきことを方針として，4 月から 6 月に専務理事らがパリに赴き OEEC 諸国との交渉に臨んだ。だが，ERP 決定や IMF 非加盟国の問題に直面して失敗し，結局，IMF は EPU 管理委員会にオブザーバーとして参加しただけで，その後の理事会では議論すら行われなかった[92]。

この間の EPU 創設交渉における最大の問題は，イギリスおよびスターリング地域の扱いであった。既に見たように，NAC 政策方針でもこの点が留保されていた。イギリスは，EPU 計画との関係では，ポンドの国際通貨としての再復活に重きをおいた。つまり，イギリスは対ヨーロッパ黒字を 2 国間交渉における発言力の強化とみなし，それら 2 国間決済にポンド・スターリングを用いようとした。しかしながら，ヨーロッパ諸国はドルとの交換性を持たないポンドによる決済を受け入れないようにしていた[93]。それゆえ，イギリスは EPU 計画に対して，以下の 4 つの留保条件を提示した。すなわち，① EPU が唯一の決済通貨となることは国際通貨としてのスターリングの地位を破壊すること，② 1 年を超えるバランスの金決済はかつての厳格な金本位制を想起させること，③ 金流出先（国）からの輸入に差別待遇する権利を留保すること，④ 加盟国の国内政策に介入するような強大な権限を EPU に付与すべきではないことであった。結果的に，イギリスはスターリングに「特別な地位（関係）」を与えるよう示唆したのであった[94]。

確かに，アメリカもまた西ヨーロッパ諸国も，ポンド・スターリングが実際

にはEPU計画のなかで「特別な地位」にあることは認識していた。これまでヨーロッパ諸国によってポンドは広く決済・準備通貨として利用され，相当額のポンドが蓄積されてきたからであった。しかし，イギリスもまた対外準備が危機的水準に低下してスターリング地域解体の危機に瀕し，1949年のポンド平価の切り下げ後は国際通貨としての信頼性も低下していたから，当初の拒絶の姿勢のみを貫くことは現実的ではなかった[95]。さらに，EPUへの参加はイギリスにとって二重の利益があった。第1に，スターリングをヨーロッパの多角的決済システムにリンクさせることから得られる直接的利益であり，第2に，スターリング・ブロックの解体を要求するアメリカの圧力をある程度緩和できるという間接的な利益である[96]。このためイギリスは，スターリングをEPU内での決済通貨として認めることを条件として，限定的なEPU計画への参加を提案した。

アメリカおよび西ヨーロッパ諸国は，当初は協定の主旨に反するとしてイギリスの提案を拒絶していた。しかし，アメリカはヨーロッパ経済の再建には域内貿易決済の障壁を除去することが不可欠であり，またイギリスおよびスターリング地域をEPUに包摂してイギリスに役割を分担させることが必要であると見た[97]。実際，その後の交渉過程では，イギリスはポンドのEPU内での「特別な地位」を増大させることも，またEPUを通じて金流出なしに信用を拡大するという希望も放棄せざるを得なかった。しかしながら，イギリスは1億5,000万ドルの援助に加えて，EPU加盟国がポンドを準備通貨として利用し，また純債務ポジションに陥ったときにポンド残高を利用することを認めさせた[98]。これによって，EPU計画はイギリスの意図にかなり適した形に修正されていった。

EPU交渉がほぼ決着した後，6月29日のNAC会議では交渉の経過が報告され，EPUに対するNACの最終的スタンスが議論された[99]。まず，事務局長グレンディングが交渉結果における問題点を，次のように整理した。合衆国の当初の基本方針は，「ヨーロッパ内貿易障壁のいっそうの削減」と，「ヨーロッパ諸通貨をよりハードにし，またより広い多角的パターンのヨーロッパ統合へと導くために，当該システムに金決済形態の安全装置を提供」することであった。しかし交渉過程で，イギリスはシステムへの金決済の導入を嫌い，

「より広い信用領域とより長期の信用」を要求し，逆にベルギーは高度な通貨の「厳格性，短期信用，むしろタイトな信用制度」を要求した。その結果，「構造的赤字」の金融には3億ドル，（決済パターンに依存するが）金決済の不要な信用として4億ドルが供与され，また金決済の導入に関する段階的拡大が盛り込まれた。しかしながら，信用部分の規模を一定とすれば，「初年度の同盟の運営では，大きな金決済の見込みはない」ことが明らかになった。

ECAのフォスター（William C. Foster）もまた，最終交渉で問題となった5項目のうち，引出権の完全な譲渡，数量制限や関税の除去による貿易自由化，差別的慣行の排除，そしてヨーロッパの統合に関しては前進したが，貿易の均衡化への合理的なインセンティブに関しては不十分であることを認めた。しかし，交渉担当者の判断としては「建設的な前進」であり，通貨の「完全な交換性への移行」を促すものと評価した。

ところが，ホフマンの欠席したこの日の会議で，財務省・IMFはこの問題点を激しく非難した。マーチン財務次官補は，「われわれがラテン・アメリカやその他に反対している恒久的な地域的組織の方向にヨーロッパを近づける」ものであるとして，政策方針の見直しを主張した。IMFのサザードは，EPUのカバーする領域を問題にした。すなわち，世論やラテン・アメリカ諸国の圧力に対して，IMFは「EPUの身代わり」となっており，「EPUの外側にある広大なイギリス，フランス，そしてベルギーの植民地を維持する実際的な方法は何もない」と[100]。スナイダー議長もまた「スターリング地域」を強化するものであると非難し，商務省のブライズデルは，当初の政策方針からの逸脱は重要な問題ではないとしながらも，ベルギーによるドル地域に対する差別を受け入れたことを問題にした。

こうした非難の嵐に対して，ビッセルは「IMFがヨーロッパやスターリング地域で成果を上げることを妨げることはない」し，EPU計画には「スターリング地域が含まれ，決済条件がスターリング地域よりもハードな決済地域を提供する」こと——経常的に金ないしドルで支払われるべき決済の割合を評価すべきこと——を強調した。さらに，ベルギーによる対ドル地域差別はOEEC側が強く迫った結果であり，ECAの誘導によるものではないと弁解した。スナイダー議長は「EPUはブレトン・ウッズ協定の責務から加盟諸国を

第6章　戦後対外通貨金融政策と国際通貨金融問題国家諮問会議——253

解放するために利用されるべきではない」と釘をさし，シムザック理事は，NACによる半年ないし1年以内でのEPUの再検討を提案した。最終的には，ECAのフォスターが年末の時点で再検討することを約束して決着した。

　NACは国内通貨および金融の安定，現実的な為替相場の採用，一定の通商政策への追従，さらにはNACによる定期的なレビューを前提条件にしてEPUの創設を承認した。こうしたNAC内部での妥協の成立には，イギリスのEPU加盟が決定的な役割を果たした。キー・カレンシー・アプローチの提唱者ウィリアムズは，OEEC事務局長マルジョラン (Robert Marjolin) に招請されてパリに滞在していたとき，ECA局長ホフマン宛に長文の報告書（1948年11月23日付）を提出した。そのなかでウィリアムズは，欧州間決済案に賛成するとはいえ，それはあくまでも「過渡的性格」であるにすぎず，またヨーロッパ統合はアウタルキーを強化するだけで意味がないと批判していた[101]。

しかし，EPUに拒絶反応を示していた財務省・IMFサイドも，ECAの積極的働きかけとイギリス側の譲歩によって，「EPUおよびスターリング地域によって代表される多角的決済制度がドル地域を含む世界的規模の制度に統合される」[102]可能性を，ここで判断したのであった。

　EPUは双務的な純債権・債務を多角的に相殺し，その交換尻をEPUに対する純債権・債務に転換しようとする機構であった。ただし，EPUに対する純債権・債務の累積に歯止めをかけるために，加盟国に金・ドル決済を義務づけるための基準となる限度額，すなわち「クオータ」を，1949

表6-6　EPU加盟国へのクオータ配分
（100万㌦＝100万ユニット）

加盟国	クオータ	クレジット額[2]
スターリング地域[1]	1,060	636
フランス	520	312
ベルギー	360	216
オランダ	330	198
西ドイツ	320	192
スウェーデン	260	156
スイス	250	150
イタリア	205	123
ノルウェー	200	120
デンマーク	195	117
ポルトガル	70	42
オーストリア	70	42
トルコ	50	30
ギリシア	45	27
アイスランド	15	9
合　計	3,950	2,370

注1）アイスランドを除く。
　2）クオータの60パーセント。
出典）U.S. Economic Cooperation Administration, *Report to Congress*, Washington : GPO, 1950, p. 28 ; Robert Triffin, *Europe and the Money Muddle : From Bilateralism to Near-Convertibility, 1947-1956*, New Haven : Yale University Press, 1957, p. 325.

表 6-7　EPU における当初の金・クレジット決済比率

クオータ の範囲	赤字額の決済形態[1]		黒字額の決済形態[1]	
	金	クレジット	金	クレジット
0-20%	0	100	0	100
20-40%	20	80	50	50
40-60%	40	60	50	50
60-80%	60	40	50	50
80-100%	80	20	50	50
累積額	40	60	40	60

注1）黒字または赤字のパーセントを示す。
出典）U.S. Economic Cooperation Administration, *Report to Congress*, Washington: GPO, 1950, p. 28; Robert Triffin, *Europe and the Money Muddle: From Bilateralism to Near-Convertibility, 1947-1956*, New Haven: Yale University Press, 1957, p. 325.

表 6-8　EPU 理事会の構成（1950-1952 年）

理事名	選出国（経歴等）	役職等
カルリ（Guido Carli）	イタリア（IMF 理事，イタリア為替管理局理事）	議　長
カルヴェ（Pierre Calvet）	フランス	副議長
エリス=リース（Hugh Ellis-Rees）	イギリス（大蔵省）	副議長
ハトソン（Sigmund Hartogsohn）	デンマーク（1951 年選出，デンマーク銀行）	
キージング（F. A. G. Keesing）	オランダ（1951 年選出，大蔵大臣）	
マンゴルト（Hans Karl von Mangoldt）	西ドイツ	
ポスツマ（Suardus Posthuma）	オランダ（1952 年選出，オランダ銀行理事）	
ロッシー（Paul Rossy）	スイス	
ウォルド（Knut Getz Wold）	ノルウェー（1952 年選出）	
アンジョー（Hubert Ansiaux）	OEEC ヨーロッパ間決済委員会議長（ベルギー国立銀行理事）	オブザーバー
ハヴリーク（Hubert F. Havlik）	アメリカ政府代表	オブザーバー
コノリー（Frederick G. Conolly）	国際決済銀行エージェント	オブザーバー

出典）Jacob J. Kaplan and Günther Schleiminger, *The European Payments Union: Financial Diplomacy in the 1950s*, New York: Oxford University Press, 1989, p. 95.

年の域内取引額の15％に設定した（**表6-6**参照）。たとえば，ある国の赤字額がクオータの20-40％であるとき，当該国はその20％を金・ドルで決済せねばならず，他方，ある国の黒字額がクオータの20％を超えるときには，当該国はその50％を金・ドルで受け取る（**表6-7**参照）。こうして加盟国は，債権・債務をある限度までEPUに累積できる一方で，クオータに対する累積純債務の比率が上昇したときには，金・ドル決済の割合を段階的に増加させることで，EPUは加盟国の赤字に節度を求めた。

　通貨の自由交換性と全経常勘定取引の中央銀行間の自動的決済を実現しようとしたEPU構想は，地域的・暫定的性格という点で決定的な違いがあるとはいえ，自由な多角的貿易決済機構を実現するためのケインズのビジョンを想起させた[103]。EPUという地域的決済機構がIMFと決定的に異なる点は，EPU加盟国が基金への原拠出を行わず[104]，5億ドルのマーシャル援助基金とアメリカの拒否権とによって支えられ，また方向づけられた点にある——ただし，アメリカは直接的な関与はしなかった（**表6-8**参照）。援助額の内3億5,000万ドルの大部分は，対EPU構造的赤字国に予め贈与・借款として供与され，クオータよりも先に利用される。正確には，EPUに対する構造的債権国と想定される諸国にアメリカが条件的援助を供与し，これら諸国がこれをEPUに贈与する。そしてEPUは，これを構造的債務国に贈与するという形をとった。残りの1億5,000万ドルはEPUの特別な困難に備えてECAに保持され，EPUの最終的準備の機能を果たすものであった。

おわりに

　マーシャル援助のもとで創設されたEPUは，多くの危機的状況に直面しながらも，ヨーロッパ域内外貿易の拡大と通貨交換性の回復をもたらすことによって，グローバルな多角貿易・決済を実現していった（**表6-9**参照）。最終的には，1958年にEPUは解散し，EPU加盟諸国は1961年にIMF8条国への移行を果たした。EPUの解散と同時に，1955年8月に調印済みの「ヨーロッパ通貨協定（EMA）」に基づき，OEEC加盟諸国間の通貨協力は継続されること

表6-9 ヨーロッパ間未決済バランスの推移（1948-1958 財政年度）

(100万ユニット＝100万ドル)

	1948-49[1]	1949-50	1950-51	1951-52	1952-53	1953-54	1954-55	1955-56	1956-57	1957-58	1950-58	累積純残高[2]
フランス	−201	203	194	−602	−417	−149	115	−180	−969	−576	−317	−2,900
イギリス	62	16	604	−1,476	371	107	136	−327	−225	−317	−267	−1,396
トルコ	6	−84	−64	−96	−50	−94	−38	−27	−36	−50	−14	−469
イタリア	215	90	−30	194	−223	−210	−225	−125	−94	−219	73	−420
ノルウェー	−103	−115	−80	21	−59	−61	−70	−27	41	−78	−30	−342
ギリシア	−90	−143	−140	−83	−28	−40	−27	40	5	7	−49	−317
デンマーク	−19	−8	−68	46	−17	−92	−94	4	−43	10	−1	−255
ポルトガル	−93	0	59	28	−23	−19	−59	−33	−38	−54	−37	−177
オーストリア	−71	−87	−104	−38	42	106	−103	−6	23	−4	24	−61
アイスランド	0	0	−7	−6	−4	−5	−2	−4	−3	−3	−9	−43
スイス	0	0	11	158	85	73	10	−66	−83	−189	20	20
スウェーデン	82	75	−59	284	−44	−37	−104	6	111	−30	11	137
オランダ	−147	−107	−270	477	139	−42	84	−62	−36	86	181	557
ベルギー[3]	268	302	236	509	−33	−55	80	222	14	153	66	1,192
ドイツ	91	−141	−281	584	260	518	296	584	1,336	826	350	4,473

注1）9ヶ月間の数値を示す。
2）1950年7月1日-1958年12月27日現在の累積純残高を示す。
3）The Belgium-Luxembourg Economic Union.
出典）1948-49, 1949-50年度：Jacob J. Kaplan and Günther Schleiminger, *The European Payments Union : Financial Diplomacy in the 1950s*, New York : Oxford University Press, 1989, Table 3, p. 128；1950-51年度以降：European Payments Union, *Final Report of the Managing Board*, Paris : Organisation for European Economic Co-operation, 1959, Table 1, p. 36.

になった。この協定は2つの主要な柱によって構成された。すなわち，第1に「ヨーロッパ基金（European Fund）」であり，これはEPUから引き継がれた資金などをもとにして，加盟国の国際収支危機に対処するための短期クレジットの供与を目的とした。第2に，「多角決済制度（Multilateral System）」であり，これは加盟国通貨の切り下げに際して，当該通貨の公的残高に旧レートでの決済を保証することによって，通貨投機を緩和することを目的としていた[105]。EMAはEPUから受け継いだ重要な資産であり，ヨーロッパにおける協調的な通貨金融政策の基礎を築いた。

　戦時期からEPU諸国の為替管理撤廃に至るまでのアメリカ国際通貨金融政策を振り返って，まず注目すべきことは，ホワイトやケインズによる当初の構想の重要な部分がブレトン・ウッズ協定に反映され，またその構想の実現が一貫して追求されつづけたことである。米英金融協定や米仏経済金融協定，マー

シャル援助やヨーロッパ決済同盟などの政策を個別的に重視するならば、当初の構想の挫折とアプローチの転換として理解すべきであろう。しかしながら、ヨーロッパ決済同盟の創設・解散までを一貫して考察するならば、IMF・IBRDを軸とするアメリカ戦後構想の実現への固執が浮かび上がってくる。当初の構想の崩壊を恐れつつも、NACがEPUというリージョナルな、事実上のIMFのサブ・システムを暫定的に創設することを是認したにしても、その最終的目標は放棄されることはなかった。このことは、当初の構想の非現実性や過渡期に採用されたアプローチの違いを超えて評価すべきではないだろうか。

アメリカの対外通貨金融政策としてのEPU創設は、戦後ヨーロッパ経済の再建に重要な影響を与えた。ミルワードは、「アメリカのヨーロッパを再建する力の限界が〔ヨーロッパの〕経済的相互依存の再建に現れた」と評価した[106]。他方で、ホーガンはむしろ積極的に、ヨーロッパへのケインズ的財政・金融政策の輸出であり、ヨーロッパのネオ・キャピタリズム再生のための「ニューディール計画」という重要な政策——しかし、その成果は十分でなかった——であったという[107]。ストレンジは、ポンド地域諸国を「対ドル差別クラブ」と名づけ、イギリスがEPU創設の「最大の受益者」であり、「ヨーロッパの他の工業諸国が自国の物的な再建に懸命になっているときに、イギリスはこのEPUを新たな資金源にできた」と見ている[108]。

アメリカが戦後再建構想を実現する過程であらゆる努力を試みてきたことは、既に明らかであろう。再建のそれぞれの段階で多くのアプローチを追求せざるをえなかったという点で、アメリカの戦後再建政策には重要な限界があった。EPUの創設は、そうした限界の表れであるとともに、同時にそれを克服しようとする試みでもあった。アメリカ、イギリス、ヨーロッパ諸国に固有の構想との対立・緊張関係のなかでEPU構想が生みだされ、米ソ関係の悪化に象徴される冷戦体制の開始によって確かなものとなった。しかしながら、EPUがヨーロッパに協調的思考の枠組みを創出した「ひとつのパイオニア的革新」であるとともに、ヨーロッパの経済統合に寄与したとすれば、それはアメリカの描いた戦後世界経済構想とヨーロッパ諸国のプランとの一致点を示していた。EPUは、ヨーロッパにおける貿易障壁の削減、決済の多角化、協調的な経済政策をもたらすとともに、また市場統合の基礎を築いたからである。

イギリスの目的がヨーロッパ経済の統合ではなかったにしても，イギリスのEPU加盟によって，その経済再建・通貨交換性の回復というアメリカ側の最大の目標を達成することができたからである。

　ブレトン・ウッズ構想において，貿易の自由化を促すために通貨・金融は国際的に組織化されねばならなかったとすれば，EPUの創設とIMFによるその包摂は同じ軌道の延長線上にあった。しかしながら，EPUが解散してIMFが本格的に軌道にのる1960年代には，既にIMFはその土台を掘り崩されつつあった。ブレトン・ウッズはこの意味で第1のパラドックスであったとすれば，その成功としてのヨーロッパの経済復興は第2のパラドックスであった[109]。しかし，そのときにはもはや，アメリカにとっては戦後構想におけるブレトン・ウッズの枠組みは有益でも国民的利益でもなくなっていた。

[注]

1) 古典的研究としては，Richard N. Gardner, *Sterling-Dollar Diplomacy : The Origins and the Prospects of Our International Economic Order*, New York : McGraw-Hill, 1969, 1st 1956 [リチャード・N. ガードナー『国際通貨体制成立史――英米の抗争と協力』村野孝・加瀬正一訳，上・下巻，東洋経済新報社，1973年].

2) John H. Williams, *Postwar Monetary Plans*, Oxford : Basil Blackwell, 1949. 最近のわが国では，以下の研究がある。油井大三郎『戦後世界秩序の形成――アメリカ資本主義と東地中海地域1944-1947』東京大学出版会，1985年；山本栄治『基軸通貨の交替とドル――「ドル本位制」研究序説』有斐閣，1988年。山本は，ドルを基軸通貨として機能させるためにとられた，アメリカ政府の海外軍事支出・援助の役割を強調した。

3) Harold James, "The IMF and the Creation of the Bretton Woods System, 1944-58," in Barry Eichengreen ed., *Europe's Post-war Recovery*, Cambridge : Cambridge University Press, 1995；本間雅美『世界銀行の成立とブレトン・ウッズ体制』同文舘，1991年など。しかし，全く異なるアプローチが併存するとの論理を再び批判して，牧野裕（『冷戦の起源とアメリカの覇権』御茶の水書房，1993年）は，英米金融協定以降アメリカはキー・カレンシー・アプローチに完全に転換したと主張する。より包括的な研究史整理は，以下を参照。牧野裕「ブレトンウッズ体制」上川孝夫・矢後和彦編『国際金融史』有斐閣，2007年，第4章。

4) Jacob J. Kaplan and Günther Schleiminger, *The European Payments Union : Financial Diplomacy in the 1950s*, Oxford : Clarendon Press, 1989 ; Michael J. Hogan, *The Marshall Plan : America, Britain, and the Reconstruction of Western Europe, 1947-1952*, Cambridge & New York : University Press, 1987.

5) Alan S. Milward, *The Reconstruction of Western Europe, 1945-1951*, London: Methuen, 1984; Barry Eichengreen, *Reconstructing Europe's Trade and Payments: The European Payments Union*, Manchester: Manchester University Press, 1993; Eichengreen ed., *op. cit., Europe's Post-war Recovery*.
6) 紀平英作（『パクス・アメリカーナへの道――胎動する戦後世界秩序』山川出版社，1996年）は，この点を慎重におさえているが，しかしなお，その叙述はブレトン・ウッズ協定の「非現実性」を強調する。EPUを扱ったわが国の研究としては，以下がある。平岡健太郎『国際決済機構』日本評論新社，1959年，第4章；鈴木武雄「EPUの八年半――戦後西欧通貨史の一断面」中村常次郎・大塚久雄・鈴木鴻一郎編『世界経済分析 脇村義太郎教授還暦記念論文集 I』岩波書店，1962年；奥田宏司「アメリカのIMF体制構築戦略の変容」川端正久編『1940年代の世界政治』ミネルヴァ書房，1988年，第4章；菅原歩「ヨーロッパ域内決済機構の発展過程」京都大学経済学会『調査と研究』第22号，2001年。
7) アメリカの戦後国際通貨構想については，さしあたり以下を参照。本間雅美前掲『世界銀行の成立とブレトン・ウッズ体制』序章・第1章；秋元英一「ハリー・デクスター・ホワイトと戦後国際通貨体制の構想」千葉大学『経済研究』第12巻第2号，1997年，173-210頁；Fred L. Block, *The Origins of International Economic Disorder: A Study of United States International Monetary Policy from World War II to the Present*, Berkeley: University of California Press, 1977.
8) Alfred E. Eckes, Jr., *A Search for Solvency: Bretton Woods and the International Monetary System, 1941-1971*, Austin: University of Texas Press, 1975, p. xi.
9) Sidney Hyman, *Marriner S. Eccles, Private Entrepreneur and Public Servant*, Stanford, Calif.: Graduate School of Business, Stanford University, 1976, p. 301.
10) J. H. Williams, "International Monetary Organization and Policy," in Federal Reserve Bank of New York, International Monetary Organization and Policy, January 12, 1937, pp. 19, 24-26, George L. Harrison Papers, Binder 77, Rare Book and Manuscript Library, Columbia University; Allan H. Meltzer, *A History of the Federal Reserve*, Chicago: University of Chicago Press, Vol. 1, 2003, p. 585.
11) M. S. Eccles to Allan Sproul, August 9, 1943, Attachment, "The Federal Reserve System and Reoccupation Problems," Allan Sproul Papers, F. 4087, Archives of the Federal Reserve Bank of New York.
12) M. S. Eccles to Allan Sproul, August 9, 1943, Attachment, Ibid., pp. 11-12.
13) Allan Sproul to M. S. Eccles, September 24, 1943, Attachment "Federal Reserve System and Reoccupation Problems," Allan Sproul Papers, F. 4087, Archives of the Federal Reserve Bank of New York.
14) Allan Sproul to M. S. Eccles, September 24, 1943, Attachment, Ibid., pp. 1-2.
15) ニューヨーク連銀からヤング案にはバージェス（Randolph Burgess），ドーズ案にはモーガン（Shephard Morgan），賠償支払業務にはトーマス（Woodlief Thomas）が，

BISにはクレーン (J. E. Crane) が，欧州諸中央銀行にはノーク (L. W. Knoke) とジョンソン (N. O. Johnson) が派遣され，他方，理事会からは1932年ロンドン開催の中央銀行統計会議にはゴールデンワイザー (E. A. Goldenweiser)，1933年ロンドン経済会議にはガードナー (Walter R. Gardner) が出席した。Hammond, op. cit., "Foreign Missions of the Federal Reserve System," March 29, 1945, p. 1, Marriner S. Eccles Papers, Box 31, Folder 2, Manuscripts Division, J. Willard Marriott Library, University of Utah.

16) M. S. Szymczak, "Draft of Letter from Eccles to Sproul," February 27, 1945, Marriner S. Eccles Papers, Box 31, Folder 2.

17) Hammond, op. cit., "Foreign Missions of the Federal Reserve System," March 29, 1945, p. 1.

18) ドミニカにはウォリック (Henry Wallich)，グァテマラにはグローヴ (Grove)，両プロジェクトの監督者にトリフィン (Robert Triffin) が派遣された。

19) アメリカ輸出入銀行 (Export-Import Bank of the United States : EXIM Bank) は，不況期の雇用創出を目的に1934年コロンビア特別区法に基づいて設立され，1945年輸出入銀行法で対ソ貿易の円滑化を目的とする独立政府機関として，その地位を確立した (1968年アメリカ輸出入銀行に名称を変更)。戦前については，斎藤叫「ワシントン輸出入銀行の生成と展開 (1934-41) ──1930年代に於けるアメリカ資本主義の対外関係に関する一考察」中央大学『商学論纂』第19巻第3号，1977年，97-141頁を参照。

20) "Memorandum of the Secretary of the Treasury Regarding Unification of Fiscal Policy," 1945, unpaged, unsigned, undated, Harry D. White Papers, Box 6, 21. b, Seeley G. Mudd Manuscript Library, Princeton University Library.

21) "Reorganization of Federal Banking Agencies," October 5, 1945, unsigned, Marriner S. Eccles Papers, Box 4, Folder 8. 1945年に議会は，大統領に対して2年間，行政府再編案を提出する権限を与えた。これは1939年行政府再編法にほぼ類似し，議会に同一決議で拒否権を発動すること，既存行政機関の全機能を廃止・移転することを禁止した。Ronald C. Moe, "The President's Reorganization Authority : Review and Analysis," *CRS Report for Congress*, March 8, 2001, pp. 3-4.

22) 堀江薫雄『国際通貨基金の研究──世界通貨体制の回顧と展望』岩波書店，1962年，「ブレトン・ウッズ協定法」条文，351-356頁を参照。

23) Kevin M. Casey, *Saving International Capitalism during the Early Truman Presidency : The National Advisory Council on International Monetary and Financial Problems*, New York : Routledge, 2001, pp. 64-67. F. ヴィンソンはケンタッキー州議会議員，連邦巡回裁判所判事，経済安定局長を経て財務長官に就任した。H. ウォーレスは（ハイブリッド・コーン社［Hi-bred Corn Company］）の創立者で，1940年に副大統領に就任，W. L. クレイトンは著名な国際綿花取引ブローカー出身で1944年末に国務省経済担当次官補に就任した。1945年12月，L. クローリーに代わってウィリアム・マーチンが総裁に就任した。セントルイスの証券ブローカー (A. G. Edwards & Sons) のパートナーとして成功し，1931年に弱冠31歳でニューヨーク証券取引所理事長に就

任 (-1941 年 4 月)。1945 年 11 月輸出入銀行総裁に任命され，後述のように，1946 年 2 月に財務次官補，1949 年 12 月世界銀行アメリカ理事を兼務し，1951 年 3 月 21 日連邦準備制度理事会議長となる (-1970 年 1 月 30 日)。Robert P. Bremner, *Chairman of the Fed : William McChesney Martin, Jr. and the Creation of the Modern American Financial System*, New Haven : Yale University Press, 2004 を参照。

24) 油井大三郎前掲『戦後世界秩序の形成』第 1 章を参照。

25) Block, *op. cit., The Origins of International Economic Disorder*, p. 52 ; U.S. House, *Loan to the United Kingdom, Message from the President of the United States Transmitting for the Consideration of Congress, the Financial Agreement Entered into between the United States and the United Kingdom, January 30, 1946*, 79th Congress, 2nd Session, Washington : GPO, Document No. 429, 1946, pp. 4-8.

26) NAC Minutes, No. 30, May 28, 1946, Attachment B-D. Staff Minutes を含めて，史料所在は Records of the National Advisory Council on International Monetary and Financial Problems, General Records of the Department of Treasury, RG 56. 12. 1.

27) NAC, Meeting Minutes, No. 22, April 25, 1946, p. 2 ; No. 23, May 5, 1946, pp. 3, 6-7 ; No. 24, May 6, 1946, pp. 3-4 (スタッフ会議議事録 [Staff Minutes] とも，Records of the National Advisory Council on International Monetary and Financial Problems, General Records of the Department of Treasury, RG 56. 12. 1 に所在). 牧野裕前掲 (『冷戦の起源とアメリカの覇権』116 頁) は，「対仏借款の批判論はクレイトンによって押し切られた」とするが，NAC ではクレイトンが譲歩した。

28) NAC, Meeting Minutes, No. 15, March 15, 1946, p. 4.

29) NAC, Meeting Minutes, No. 24, May 6, 1946, p. 3.

30) NAC, *Report of Activities for 1949*, Washington : GPO, 1949, p. 23.

31) J. K. Horsefield, *The International Monetary Fund 1945-65*, Vol. I, Washington : IMF, 1969, pp. 218-220 ; NAC, Staff Minutes, No. 115, March 11, 1948, pp. 2-4.

32) マーシャル援助見返り資金はノルウェーでも金融安定化に使われたが，フランス・西ドイツ・オーストリア・ギリシア・ベルギーでは，もっぱら産業の復興および開発に投下された。NAC, *op. cit., Report of Activities for 1950*, p. 14.

33) NAC Minutes, No. 79, January 6, 1948, pp. 9-14.

34) NAC Minutes, No. 80, January 19, 1948, pp. 1-3.

35) Horsefield, *op. cit., The International Monetary Fund*, Vol. I, p. 202.

36) マーシャル・プランに関しては，以下を参照。廣田功・森建資編『戦後再建期のヨーロッパ経済——復興から統合へ』日本経済評論社，1998 年 (特に，第 8 章「戦後アメリカ対外政策の経済的背景」萩原伸次郎執筆)；河崎信樹・坂出健「マーシャルプランと戦後世界秩序の形成」京都大学経済学会『調査と研究』第 22 号，2001 年。

37) ホフマンは，自動車会社 (Studebaker Corp.) 社長の経歴を持つ。また，商務長官ハリマン (1943-46 年まで駐ソ大使) は ECA 欧州特別代表に転出し，ソーヤー (Charles Sawyer) が商務長官に就任した。なお，ECA の組織図と人事については，以下を参

照。ECA, *A Report on Recovery Progress and United States Aid*, Washington : GPO, 1949, pp. 128, 133, 136-140.

38) 以下，NAC Minutes, No. 70, August 12, 1947, pp. 6-7.

39) 1947年7月，ハリー・ホワイトの後任としてIMFアメリカ理事となり，1949年2月から1952年1月までは専務理事代理となった。前職は財務長官特別補佐官，ニューヨーク連銀副総裁であった。Horsefield, *op. cit., The International Monetary Fund*, Vol. I, p. 164.

40) 以下，NAC Staff Minutes, No. 91, October 9, 1948, p. 4.

41) 一般報告書に関しては，島田巽『マーシャル・プラン――米国の対外援助政策』朝日新聞社，1949年，215-269頁を参照。

42) NAC Staff Minutes, No. 91, October 9, 1948, pp. 4-6.

43) BISは，ブレトン・ウッズ会議で採択された決議で解散を勧告されていたが，NACはヨーロッパ諸国の要求を受け入れ，IMF・IBRDの機能と競合しないと判断して，1948年4月にその存続を決定した。NAC Minutes, No. 93, April 21, 1948, pp. 7-8 ; NAC Staff Minutes, No. 120, April 15, 1948, p. 2.

44)『国際決済銀行第18回年次報告』東京銀行調査部訳，実業之日本社，1949年，241-242頁。

45) Kaplan and Schleiminger, *op. cit., The European Payments Union*, p. 24.

46) NAC Minutes, No. 73, November 8, 1947, p. 10.

47) NAC Minutes, No. 73, November 8, 1947, p. 6. スタッフ会議で連銀は，安定化基金は参加諸国の均衡の達成を待つべきであると述べ，IMFはその「完全なバイパス」を創ろうとするものだと非難した。NAC Staff Minutes, No. 92, October 17, 1947, pp. 2-4.

48) NAC Minutes, No. 74, November 19, 1947, pp. 7-9.

49) Hogan, *op. cit., The Marshall Plan*, pp. 165-166. この案は，ベルギー国立銀行理事・IMF理事であるアンジョー（Hubert Ansiaux）の名をとってアンジョー・プラン（Ansiaux Plan）と呼ばれた。

50) Horsefield, *op. cit., The International Monetary Fund*, Vol. I, pp. 218-220. NACスタッフ会議では，ERP諸国のIMF資金の利用は，IMFを「凍結」させるか「ERPの付属物」にしてしまうとの議論が，財務省や国務省などから出された。NAC Staff Minutes, No. 115, March 11, 1948, pp. 2-4.

51) NAC Staff Minutes, No. 127, May 11, 1948, pp. 2-4.

52) NAC Staff Minutes, No. 131, May 29, 1948, p. 2.

53) NAC Minutes, No. 95, May 27, 1948, pp. 3-4.

54) NAC Staff Minutes, No. 132, June 2, 1948, p. 2.

55) NAC Staff Minutes, No. 139, July 8, 1948, pp. 2-10.

56) ECA, *op. cit., A Report on Recovery Progress*, 1949, pp. 195, 209-210.

57) 島田巽前掲『マーシャル・プラン』176-177頁，Hogan, *op. cit., The Marshall Plan*, p. 168 ; ECA, *op. cit., A Report on Recovery Progress*, 1949, p. 210.

58) 以下，NAC Staff Minutes, No. 141, July 22, 1948, pp. 2-6.
59) NAC Staff Minutes, No. 141, July 22, 1948, p. 4.
60) 以下，NAC Staff Minutes, No. 144, August 5, 1948, pp. 2-6.
61) NAC Minutes, No. 103, August 17, 1948, pp. 2-5.
62) NAC Minutes, No. 108, October 7, 1948, pp. 2-3. その後,「第2類操作」に対するアメリカの援助は，贈与ベース (grant-grant basis) で行われることが合意された。NAC Staff Minutes, No. 155, October 8, 1948, p. 6.
63) 『国際決済銀行第19回年次報告』1949年，323頁。本報告書には，当該協定の全文が収録されている。
64) ECA, *op. cit.,* A Report on Recovery Progress, 1949, pp. 212-215. また，鈴木武男前掲「EPUの八年半」15-16頁を参照。
65) ECA, *op. cit.,* A Report on Recovery Progress, 1949, pp. 215-216.
66) 以下，NAC Staff Minutes, No. 160, November 10, 1948, pp. 2-8.
67) Kaplan and Schleiminger, *op. cit., The European Payments Union,* p. 25.
68) ヨーロッパ内の貿易決済に，マーシャル援助資金とIMF資金とならんでヨーロッパ内信用を利用しようとするもの。Triffin, *op. cit., Europe and the Money Muddle,* pp. 163-164; James, op. cit., "The IMF and the Creation of the Bretton Woods System," pp. 108-109; Horsefield, *op. cit., The International Monetary Fund,* Vol. I, pp. 222-223.
69) 対英交渉については，以下を参照。Hogan, *op. cit., The Marshall Plan,* pp. 223-235.
70) 『国際決済銀行第20回年次報告』1951年，第100表，237頁を参照。
71) NAC Minutes, No. 131, June 28, 1949, p. 2.
72) 以下，NAC Minutes, No. 131, June 28, 1949, pp. 2-5.
73) NAC Minutes, No. 132, June 30, 1949, pp. 3-5.
74) NAC Minutes, No. 135, August 25, 1949, p. 3.
75) Hogan, *op. cit., The Marshall Plan,* pp. 234-235, ベルギー問題に関しては，『国際決済銀行第20回年次報告』1951年，372-373頁を参照。
76) スナイダー長官と英仏側との会談については，以下を参照。Hogan, *op. cit., The Marshall Plan,* pp. 242-247.
77) ECAのフォスターは，「1年半前にヨーロッパにいたときには，諸国は絶望的状況で，われわれが示唆したことは何でも受け入れた。いまや何をすべきかについての彼ら自身の考えを持つほど復興し，そうした考えが常態化した時に，困難を引き起こした」と感想を述べている。NAC Minutes, No. 134, August 11, 1949, p. 5.
78) NAC Minutes, No. 134, August 11, 1949, p. 6, and Attachment A, United States Position on Exchange Rates.
79) NAC Minutes, No. 134, August 11, 1949, Attachment B, U.S. Position on Proposals for Increasing the Price of Gold.
80) NAC Minutes, No. 134, August 11, 1949, Attachment C, United States Position on Role of Public Lending Agencies.

81) Hogan, *op. cit., The Marshall Plan*, pp. 263-264. 詳しくは,『国際決済銀行第 20 回年次報告』238-240 頁を参照。
82) Graham L. Lees, *Britain and the Postwar European Payments System*, University of Wales Press, 1963, Table 11, p. 93.
83) NAC Minutes, No. 137, September 21, 1949, pp. 5-6. また,『国際決済銀行第 20 回年次報告』269-272 頁を参照。
84) "Text of Statement by Paul G. Hoffman," October 31, 1949, pp. 3-5, in D. Merrill ed., *Documentary History of the Truman Presidency*, Vol. 13, Bethesda, Md., University Publications of America, 1996, Doc. 45, pp. 655-661 ; Kaplan and Schleiminger, *op. cit., The European Payments*, pp. 28-33. 他方で Eichengreen, *op. cit., Reconstructing Europe's trade and Payments*, Chapter 3 は, イギリスとアイルランドを除けば, 1950 年には既に通貨の危機的状況は解消されていたと見る。また EPU の最終報告書が指摘するように, 1949 年までにはマーシャル援助などによって, 加盟諸国は数量規制の共同的緩和への基礎的諸条件を整備していたことも重要であった。European Payments Union, *Final Report of the Managing Board*, Paris : Organisation for European Economic Co-operation, 1959, p. 17.
85) Hogan, *op. cit., The Marshall Plan*, pp. 22-23.
86) James, op. cit., "The IMF and the Creation of the Bretton Woods System," p. 111.
87) NAC の推定では, 80-90 億ドルのロンドン残高がドルへ転換される可能性があり, 少なくともその半分が通貨準備や貿易金融以外の要因であると推定した。したがって, この額がポンドの交換性回復にとっての問題であった。NAC Minutes, No. 153, April 5, 1950, p. 4.
88) Kaplan and Schleiminger, *op. cit., The European Payments Union*, pp. 68-71.
89) NAC Staff Minutes, No. 213, January 5, 1950, p. 2.
90) 以下, NAC Minutes, No. 146, January 19, 1950, pp. 2-12.
91) 以下, NAC Minutes, No. 147, January 23, 1950, pp. 2-12.
92) Horsefield, *op. cit., The International Monetary Fund*, Vol. I, pp. 288-290.
93) Kaplan and Schleiminger, *op. cit., The European Payments Union*, pp. 26-27, 51-52.
94) "Britain's EPU Proposal," *Economist*, London, June 3, 1950, p. 1231 ; "Intra-European Payments ? II : Defects and Remedies," *Economist*, London, February 5, 1949, p. 249 ; Kaplan and Schleiminger, *op. cit., European Payments Union*, pp. 35-37, 52-53.
95) "European Payments Compromise ?," *Economist*, London, July 2, 1949, p. 32. また, 平岡健太郎前掲『国際決済機構』65-92 頁も参照。
96) Harry B. Price, *The Marshall Plan and Its Meaning*, Ithaca, N. Y. : Cornell University Press, 1955, p. 284.
97) Kaplan and Schleiminger, *op. cit., The European Payments Union*, pp. 59-60.
98) Albert O. Hirschman, "The European Payments Union : Negotiations and the Issues," *Review of Economics and Statistics*, Vol. 33, 1951, pp. 51-52 ; Kaplan and Schleimin-

ger, *op. cit., The European Payments Union*, pp. 73-74.
99) 以下，NAC Minutes, No. 158, June 29, 1950, pp. 2-12. 交渉過程で，NAC スタッフ会議にはベルギーの非公式案やイギリス案が紹介された。しかし，閣僚会議を含めてほとんど議論されることはなかった。NAC Staff Minutes, No. 231, April 21, 1950, p. 2 ; No. 235, May 12, 1950, p. 2. 交渉の最終段階では，6月25日の朝鮮戦争勃発も EPU 交渉に政治的影響を与えた。Kaplan and Schleiminger, *op. cit., The European Payments Union*, pp. 119-122.
100) ECA は，ヨーロッパ諸国のドル・ギャップを埋めるために，その海外領土をドル獲得の間接的源泉とみなしていた。Hogan, *op. cit., The Marshall Plan*, p. 326.
101) John H. Williams, "The Long-Term Program : Report to Robert Marjolin," pp. 20-23, in Merrill ed., *op. cit., Documentary History of the Truman Presidency*, Vol. 13, Doc. 42.
102) Raymond F. Mikesell, *United States Economic Policy and International Relations*, New York : McGraw-Hill, 1952, pp. 177, 190-191.
103) EPU が加盟国にクレジットを供与したときには，加盟国は同時に EPU の計算単位で表された債務証書を蓄積することになり，この EPU の計算単位はケインズの「バンコール」のような新しい国際通貨に類似していた。しかし，所有権移転の制約という点で純粋の通貨ではなく，バンコールとは異なる。Brian Tew, *International Monetary Co-operation, 1945-60*, London : Hutchinson University Library, 1960 ［ブライアン・テュー『国際金融入門──国際通貨協力の理論と現状』傍島省三監修，永島清・片山貞雄訳，東洋経済新報社，1963年, 115頁］.
104) テュー前掲『国際金融入門』118頁。
105) テュー前掲『国際金融入門』132-134頁；平岡健太郎前掲『国際決済機構』第4章7節。
106) Milward, *op. cit., The Reconstruction of Western Europe*, p. 224.
107) Hogan, *op. cit., The Marshall Plan*, p. 236.
108) Susan Strange, *Sterling and British Policy : A Political Study of an International Currency in Decline*, London & New York : Oxford University Press, 1971 ［ストレンジ『国際通貨没落過程の政治学──ポンドとイギリスの政策』本山義彦ほか訳，三嶺書房，1989年, 86-89頁］.
109) Philip G. Cerny, "American Decline and the Emergence of Embedded Financial Orthodoxy," in Philip G. Cerny ed., *Finance and World Politics : Markets, Regimes and States in the Post-hegemonic Era*, Aldershot, Hants : Edward Elgar, 1993, p. 165.

第7章 「アコード」の成立と金融システムの再編
―― 連邦準備政策の独立性をめぐって ――

はじめに

　2001年3月4日，連邦準備制度は50歳の「独立記念日」を祝っていた。連邦準備法成立が1913年で，連邦準備銀行の開業が翌年であることを思い浮かべた読者には奇異に感じるであろう。あるいは，ニューディール期の金融制度改革が戦後の枠組みを作り上げたと理解している読者も同じであろう。実は1951年の同じ日，第2次世界大戦以降，連邦準備制度が実施してきた国債価格支持政策から解放される「合意」，すなわち「アコード」が財務省との間に成立したのである。これは同日の財務長官と連邦準備制度理事会議長による共同声明に明らかなように，「公債管理と通貨政策が政府の財政資金を円滑に調達すると同時に，公債の貨幣化（monetization）を最小限にするという共通の目標を推進することに関して，財務省と連邦準備銀行は完全な合意に達した」[1]とするものであった。
　リッチモンド連銀発行の雑誌が「アコード50周年，財務省・連邦準備関係の諸問題」と題する特別号を組んだことにも示されるように[2]，今日，規制緩和とグローバリゼーションを推し進めるアメリカ経済の中心的機関たる連邦準備制度にとって，アコードは記念碑的事件であったに違いない。事実，掲載された諸論文には「連銀とホワイトハウスの対決」，「現代的連邦準備制度」の創出といった表現が散見される。しかしながら，アコード成立の歴史的意義の重要性を認めた上で[3]，なおニューディール期の金融制度改革（1935年）から戦後期に至る連邦準備の信用政策と戦後政策構想の軌跡をたどることで，アコード以前に，少なくとも戦争開始（＝戦時財政）前から連銀が信用政策の独立性の課題を認識し，また模索していた歴史的事実に則してアコードの持った意義

と限界を再検討しなければならない。

　連邦準備制度は1935年銀行法によって，その戦後へと継承された制度上の枠組みを完成した。すなわち，連邦預金保険制度の恒久化，法定必要準備率（必要準備率と略記することもある）操作権限の獲得，連邦準備政策の同理事会（連邦公開市場委員会）への集権化を達成した。これらの制度改革によって「管理通貨制度」の，あるいは「財政革命」の基盤ないしは制度的枠組みは整えられた。では，その後の連銀政策はこれまでどのように理解されてきたのであろうか。

　第3章で検討したように，1937年不況に直面して「スペンダーズ」たるエクルズ連邦準備制度理事会議長らが1938年4月に，モーゲンソー財務長官ら財政均衡論者に勝利することで，「アメリカの財政政策が伝統的観念の呪縛から解放」された[4]。しかしながら，このいわゆる「財政革命」の論理的帰結だけを見れば，戦後の「アコード」まで連邦準備政策が表舞台に登場することはない。すなわち，完全雇用と経済安定を最優先課題として，財政政策と信用政策の協調関係が形成されたのである。ところが，戦時中からの連邦準備制度による国債価格支持政策は戦後に物価安定化政策へとその重心を移し，「アコード」に帰結したとするのが内外における通説的理解であったように思われる[5]。

　エクルズのいわば一貫したスペンダーズとしての位置づけに異議を唱えたのは，ティンバーレイクの研究であった。すなわち，当初エクルズは「積極財政主義者」であったが，大戦初期には拡張的財政・金融政策から反インフレ政策に重点を移していたのであって，しかもアコードの成立に決定的に重要な役割を果たしたのであると[6]。だが，ティンバーレイクの議論は必ずしも新しいものではない。たとえば，1940年にエクルズの公式文書を編纂したヴァイスマンによれば，「インフレ論者」のレッテルはエコノミストが貼ったものであって，実のところエクルズは，1937年段階で既にインフレ論者の詭弁を論駁する立場にあった[7]。さらに近年の研究は，エクルズ議長のプラグマティズムと彼を理論的に支えたとされる同理事会エコノミストのラクリン・カリーに着目し，彼の貨幣数量説からの影響を考慮している[8]。

　他方，バックの研究（1950年）によれば，「完全雇用への復帰，準備の収縮，

戦争初期のインフレによって、低い金利コストで資金を借り入れたい財務省の願望とインフレ抑制のために銀行準備と通貨量を引き締めようとする伝統的中央銀行政策との間に徐々に摩擦が発生し」、「1942-43年までには、準備当局は財務省・連邦準備〔当局〕間の協議において強力な反インフレ方策を主張するようになっていた」（図7-1参照）[9]。わが国では、高山が当時のクロフォードの議論を参照しつつ、アメリカ的管理通貨制度の確立過程を考察し、財政政策と金融政策との間に出現する理論的矛盾を展望した。管理通貨制度の成立によって新たな金融政策（公開市場操作・準備率操作を軸とする選択的金融統制）が登場するが、他方でそれは、財政政策に対する連邦準備政策の「受動的役割」を特徴づけた。すなわち、ウォーバーグやケメラーら「健全通貨論者」による「通貨独裁」批判にもかかわらず、結局1937年には、「大勢は管理通貨に傾斜し、健全通貨の主張を圧倒」することで、財務省の大量の国債発行によるインフレーション進行の可能性、それに起因する連邦準備制度との「対抗的関

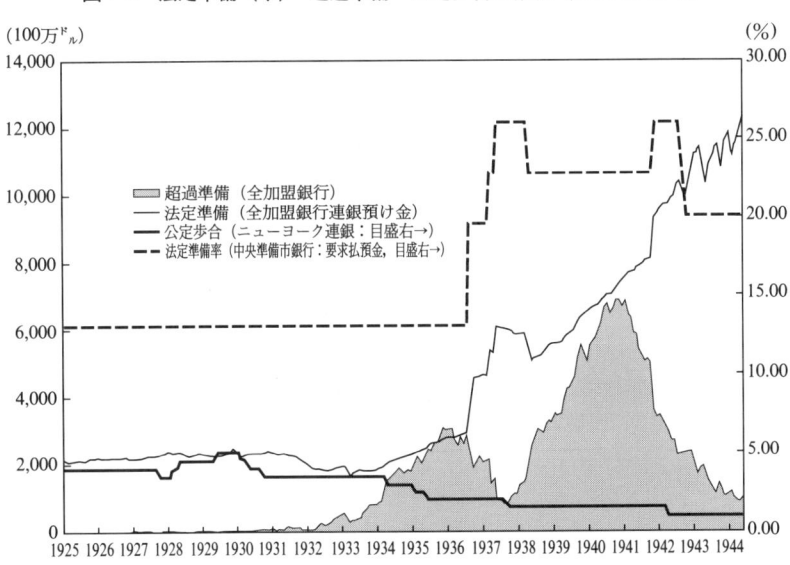

図7-1 法定準備（率）・超過準備・公定歩合の推移（1925-1944年）

出典）National Bureau of Economic Research, Macrohistory Database, m13009, m14064, m14086a, b, Chapter13：Interest Rates, Chapter14：Money and Banking 〈http://www.nber.org/databases/macrohistory/contents/〉.

係」の出現を示唆したのである[10]。

 それゆえ，連邦準備制度理事会（理事会と略記することもある）の金融制度改革要求はむしろ1937年不況以降に激しさを増し，1939年の連邦議会上院でのワグナー委員会調査の開始に帰結した。クリフォードはこれを高く評価し，「提起された調査が完了していたならば十中八九，連邦準備制度はそうした洞察力を備えたであろう。強力な権限を持ち広い視野に立って，連邦準備制度は1940-50年代の財務省と協力して良好な運営に備えることができたであろう」と述べる[11]。しかしながら，ヨーロッパでの開戦でワグナー委員会は調査への関心を失ってしまい，クリフォードもまたこの調査の内容に立ち入ることをしなかった。

 本書第4章および第5章で詳細に検討したように，ワグナー委員会による「全国銀行通貨政策」調査は連邦政府のみならず州政府を含めて，分散した金融規制諸機関を連邦準備制度の信用政策に調和させるべく，規制諸機関の権限を，連邦準備制度を軸に整理統合しようとした連邦準備制度理事会と連邦議会（ワグナー委員会）の共同的試みであった。しかも，この調査は戦後のアコードへと至る財務省と連邦準備制度の通貨金融政策の主導権をめぐる論争の理論的・政策的な起源をなすものでもあった。以下，未完に終わったワグナー委員会史料の分析結果を踏まえて，戦中から戦後のアコード成立に至る経緯とその意義を総括することにしよう。

I. 国債固定金利構造の形成から戦後構想へ

 第2次世界大戦が勃発したことで，エクルズら連邦準備制度理事会が議会に持ち込んだ管理通貨制採用後の抜本的な金融制度改革，すなわち連邦準備政策構想は消滅したかに見えた。実際，財務省のみならず連邦準備制度も上院銀行通貨委員会も武器貸与法案や戦時財政案件に没入せざるをえなかった。

 しかし，1940年12月時点では，理事会は連邦諮問委員会と連銀総裁会議の同意の下，議会にインフレ圧力の増加を警告し，準備率を2倍（中央準備市銀行52%，準備市銀行40%，地方銀行28%）にまで引き上げる一方，この準備率

操作を連銀非加盟銀行にまで適用する権限，大統領（財務省）の金・銀価格引き下げ権限および30億ドルの合衆国紙幣（グリーンバックス）発行権限の放棄などを要求した。さらに，財務省のもつ他の裁量権限を撤廃すること，また財政支出の大部分を租税で確保し，完全雇用のための財政赤字を最小限にすることも要請した[12]。しかし，財務省その他の反対で実現することはなかった[13]。

こうした財務省の財源確保の手段を拘束しようとする連邦準備制度の試みは財務省などの政府機関との軋轢を生み出し，間もなく連邦準備制度側に譲歩を強いる結果となった。1941年4月24日付の財務省との交渉メモによれば，連邦準備制度はインフレ抑制に配慮しつつ，「財務省の決定する方法と規模に従って国債流通のために参加し，国債市場の安定化を引き受け，またその目的のために公開市場操作に従事する」ことを表明した[14]。

日本との開戦からまもなく，1942年2月，財務省は国債（連邦政府債）の金利構造（rate structure）の固定化（90日の最も短い国債金利を3/8％，20-25年の最も長い国債金利を2.5％）を連邦準備制度に提案した[15]。アメリカの戦費調達は租税が40％（イギリスやカナダは50％），残り60％は借入で，その内の40％は銀行制度から調達した[16]。**表7-1**に示されるように，国債発行残高は1941年末に572億ドル，1942年末には1,069億ドルと急増した。

連邦準備制度は，戦争期間中は財務省の要請を引き受けることを決断した。1942年4月30日には財務省との間で合意が形成され，連邦準備制度は国債の金利構造に上限を設け，財務省短期証券（TB）金利を3/8％，債務証書を7/8％，10年物国債は2％，それ以上の長期国債金利は2.5％に維持することを公約した。これは「ペッグ（peg）」と呼ばれ，戦時中は財務省が国債の売出しに失敗しないように，売出しキャンペーン中は債券利回りの低位・安定を保証し，売れ残りが出たならば連銀が制限なしに買い取るというものであった[17]。同時に，国債の満期期間に比例した利回り（金利構造）の固定化も「公益（public interest）」によって正当化された。すなわち，①政府借款のコストを引き下げ，②利回り上昇を期待した見込み購入者の躊躇を回避させ，③価格変動による損失を減らして（＝市場の無秩序な変動を抑制して）投資家の証券保有を奨励し，④証券購入による銀行利潤の上昇を制限しようとした[18]。

戦後国際通貨体制に関する構想は，国務省が先行して1942年3月にレオ・

表 7-1　国債発行残高とその形態（1940-1953 年）

(単位：10億ドル)

年末	合計	公募債 (Public issues)								特別発行 (Special issues)[9]
		市場性国債					財務省投資債券[6]	非市場性国債		
		財務省証券[1]	債務証書[2]	中期国債[3]	長期国債[4]			貯蓄債券[7]	納税貯蓄債券[8]	
					銀行購入可能[5]	銀行購入不能				
1940	44.3	1.3	—	6.2	28.2	—	—	3.2	—	5.4
1941	57.2	2.0	—	6.0	33.6	—	—	6.1	2.5	7.0
1942	106.9	6.6	10.5	9.9	44.5	4.9	—	15.1	6.4	9.0
1943	164.0	13.1	22.8	11.2	55.6	12.6	—	27.4	8.6	12.7
1944	228.1	16.4	30.4	23.0	66.9	24.9	—	40.4	9.8	16.3
1945	275.2	17.0	38.2	23.0	68.4	52.2	—	48.2	8.2	20.0
1946	256.7	17.0	30.0	10.1	69.9	49.6	—	49.8	5.7	24.6
1947	252.2	15.1	21.2	11.4	68.4	49.6	—	52.1	5.4	29.0
1948	249.2	12.2	26.5	7.1	62.0	50.0	—	55.1	4.6	31.7
1949	254.0	12.3	30.0	8.2	55.3	50.0	—	56.7	7.6	33.9
1950	253.2	13.6	5.4	39.3	44.6	50.0	—	58.0	8.6	33.7
1951	255.7	18.1	29.1	18.4	41.0	36.0	12.1	57.6	7.5	35.9
1952	264.0	21.7	16.7	30.3	58.9	21.0	12.5	57.9	5.8	39.2
1953	271.5	19.5	26.4	31.4	63.9	13.4	12.0	57.7	6.0	41.2

注1) Treasury bills (TB) 満期1年以下の短期国債。
　2) Certificate of Indebtedness：第1次世界大戦以降に緊急避難的に発行された満期1年以内の短期債券。その後，無利子・償還期版を確定しない政府債務証書で，連邦準備制度（ニューヨーク連邦準備銀行）にこれを振り出して借り入れに利用されている。
　3) Treasury notes：満期2年-10年以下の中期国債。
　4) Treasury bonds：満期10年-30年の長期国債。
　5) グラス＝スティーガル法第16条に基づいて連銀加盟銀行の引受・購入が認められている証券。
　6) Convertible bonds：財務省投資債券シリーズB。アコードに基づき市場性国債と1対1の比率で交換・発行される。
　7) 1935年，少額貯蓄の推進・国債保有層の拡大を目的に発行された記名式国債で，認定された機関から直接債券を買い，認定された機関でのみ換金できる。
　8) Tax and Savings series notes：事業会社の納税予定金やその他の一時留保金運用のために発行され，満期3年。
　9) 社会保障等の信託基金にのみ利用される。
出典) Board of Governors of the Federal Reserve System, *Federal Reserve Bulletin*, January 1954, p. 64.

パスボルスキー構想が，また同年5月にはH. D. ホワイトによる財務省の原案（「連合国為替安定基金および連合国復興開発銀行設置に関する予備的提案」）が作成された。戦後の新国際通貨体制の構築に対する連邦準備制度の関与は，ニューヨーク連銀のウィリアムズやニューヨークのファースト・ナショナル銀行頭取レオン・フレーザーらのキー・カレンシー・アプローチを除けば，財務省のホワイト構想に追従するものであった。一方，エクルズら連邦準備制度理事会

第7章　「アコード」の成立と金融システムの再編　　273

は，むしろ戦後の国内通貨・金融システムのあり方に強い関心を払っていた。

　理事会や連邦公開市場委員会（FOMC）の政策を各連銀の取締役に浸透させようと，1943年末には，各連邦準備銀行取締役会長（総裁ではない）会議の開催が計画された[19]。エクルズ議長は「エコノミスト委員会，取締役会長，総裁，理事会の間の連結」を，まずは「調査研究」のなかで実施しようとした。ニューヨーク連銀総裁スプロールは「われわれの領域を余りに狭く限定」しようとしていると，これに激しく反発した。そして，戦後は「直接的な金融調節が経済的安定の実現においてかつてなく大きな役割を果たす」ことになるのであり，「戦後は金融政策が財政政策に埋もれる」とは限らないと指摘した[20]。

　他方で，1944年2月末には連邦準備銀行総裁会議側が「理事会，各連銀の取締役会長と総裁」による年1回の総会の開催を提案し，理事会側と非公式に折衝することで合意を見た[21]。翌日の折衝では，エクルズ議長とエヴァンス（Rudolph M. Evans）理事は「取締役会長会議（Chairmen's Conference）」の開催を示唆し，スプロールも同意した。しかし，スプロールは，取締役会長会議は連邦準備制度に関する政策を採択すべきではなく，各連銀の取締役会に持ち帰って議論すべきであると条件をつけた[22]。結局のところ，戦後の再転換における連銀の役割に関する議題がニューヨーク連銀や理事会側から用意され，連銀取締役会長会議は1944年4月24日に開催されることになった[23]（非公式組織を含めた連邦準備制度の組織については，図7-2を参照）。そこでスプロール総裁は，財政政策と信用政策の関連を取り上げ，「中央銀行あるいは中央銀行制度が政府の一般的金融・財政政策と対立して信用政策を実行できるとの考えは神話」であると述べた上で，「財務省は連邦準備制度を下部機関，二流行政部門とみなすことを止め」，持続的繁栄の実現という偉大なる事業のためのパートナーと見るべきであると強調した[24]。

　1944年11月，アメリカ産業会議（National Industrial Conference Board）での講演でエクルズ議長は，「戦時の物価統制と割当制」を「適切な量の民生品が利用できるようになるまで」継続し，インフレーションを回避すべきであると強調した[25]。そして1945年7月，連邦準備制度は財務省との間で，国債（1年以内満期）担保の銀行借入に対する優遇割引率の引き上げ交渉を開始したが，モーゲンソーの強い反対にあって実現しなかった[26]。しかし，同年7月

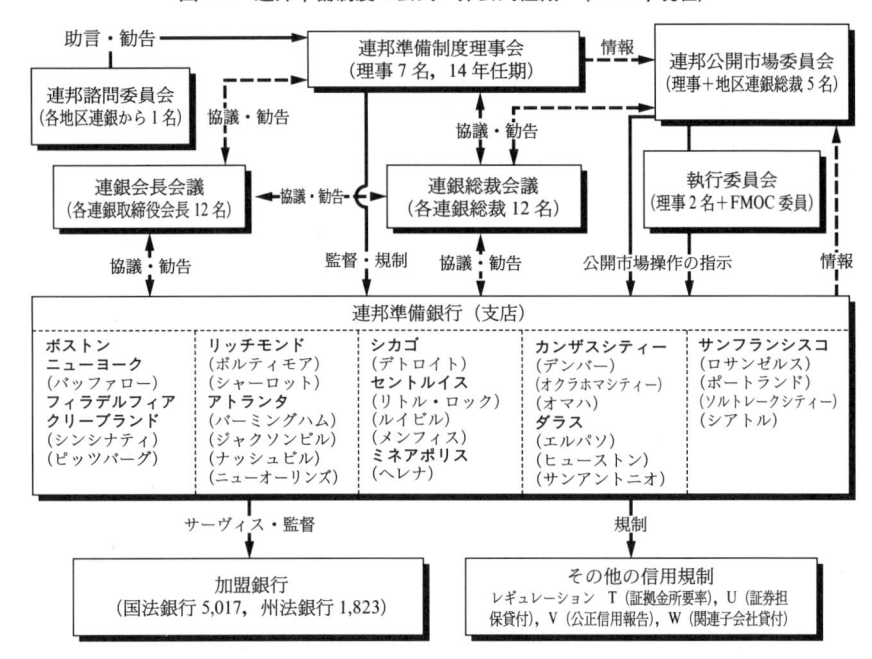

図7-2　連邦準備制度の公式・非公式組織[1]（1945年現在）

```
助言・勧告                    情報
┌──────────┐ ──→ ┌──────────────┐ ──→ ┌──────────────┐
│ 連邦諮問委員会  │     │ 連邦準備制度理事会 │     │ 連邦公開市場委員会 │
│(各地区連銀から1名)│ ←┈┈│ (理事7名，14年任期) │ ┈┈→│ (理事＋地区連銀総裁5名)│
└──────────┘     └──────────────┘     └──────────────┘
                協議・勧告  協議・勧告                ↓
      ┌──────────┐        ┌──────────┐   ┌──────────┐
      │ 連銀会長会議  │←協議・勧告→│ 連銀総裁会議  │   │ 執行委員会   │
      │(各連銀取締役会長12名)│   │(各連銀総裁12名)│   │(理事2名＋FMOC委員)│
      └──────────┘        └──────────┘   └──────────┘
       協議・勧告       監督・規制  協議・勧告   公開市場操作の指示  情報
```

連邦準備銀行（支店）					
ボストン	リッチモンド	シカゴ		カンザスシティー	サンフランシスコ
ニューヨーク	(ボルティモア)	(デトロイト)		(デンバー)	(ロサンゼルス)
(バッファロー)	(シャーロット)	セントルイス		(オクラホマシティー)	(ポートランド)
フィラデルフィア	アトランタ	(リトル・ロック)		(オマハ)	(ソルトレークシティー)
クリーブランド	(バーミンガム)	(ルイビル)		ダラス	(シアトル)
(シンシナティ)	(ジャクソンビル)	(メンフィス)		(エルパソ)	
(ピッツバーグ)	(ナッシュビル)	ミネアポリス		(ヒューストン)	
	(ニューオーリンズ)	(ヘレナ)		(サンアントニオ)	

サーヴィス・監督　　　　　　　　　　　規制

```
┌────────────────┐     ┌────────────────────────┐
│ 加盟銀行            │     │ その他の信用規制            │
│(国法銀行5,017，州法銀行1,823)│     │ レギュレーション T (証拠金所要率)，U (証券担│
│                │     │ 保貸付)，V (公正信用報告)，W (関連子会社貸付)│
└────────────────┘     └────────────────────────┘
```

注1）実線の ──→ は法令上の公式の関係を，破線の ┈┈→ は非公式の関係を示す。
出典）M. S. Szymczak, "The Federal Reserve in World War II," p. 4, in Board of Governors of the Federal Reserve System, *Legislation, Major Speeches and Essays, and Special Reports, 1913-1960*, Microfilm, Frederick, Md.: University Publications of America, 1983, Reel No. 7 [As published, in two parts, in the July and August 1945 issues of *The Burroughs Clearing House*, Detroit].

23日にはモーゲンソーに代わってヴィンソンが財務長官に就任し，翌1946年2月20日には雇用法（Employment Act of 1946）が制定されるなか，エクルズ議長は同年1月，「借入資金がこれ以上証券市場取引に流入することを阻止する」目的で，証拠金所要率を100％に引き上げた[27]。さらに4月，理事会の承認のもと連邦準備銀行は，財務省の反対を押し切って国債担保の銀行借入に対する優遇金利の撤廃を決定した。これに対して財務省は，結果的に了承した形になった。

1946年10月10日の物価統制政策の終了を前にして，既に6月頃から物価上昇が始まっていた[28]。同年末のTB発行残高170億ドルの内147億ドルを連

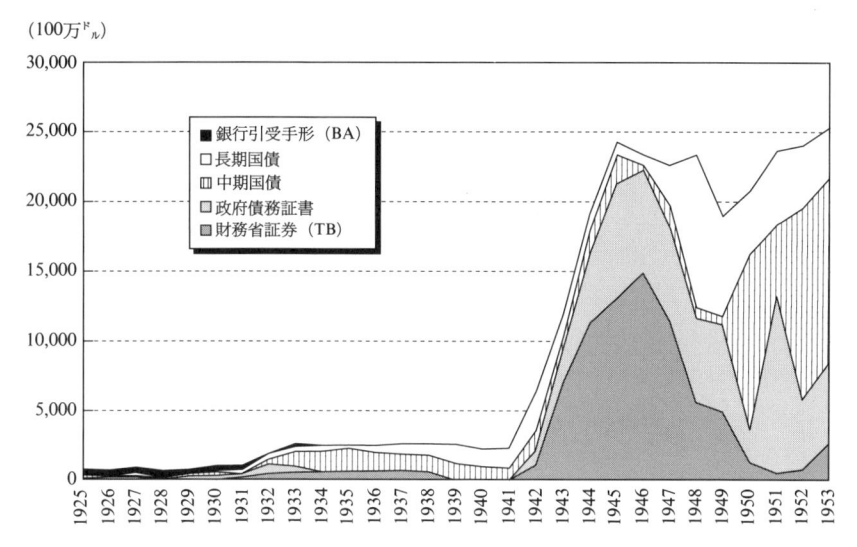

図 7-3 連邦準備銀行の保有証券（1925-1953 年）

（100万㌦）

凡例：
- 銀行引受手形（BA）
- 長期国債
- 中期国債
- 政府債務証書
- 財務省証券（TB）

出典）Ann-Marie Meulendyke, *U.S. Monetary Policy and Financial Markets*, New York : Federal Reserve Bank of New York, 1989, pp. 22, 40, Table 1, 2.

邦準備制度が保有していたが（前掲表 7-1 および図 7-3 を参照），翌 1947 年 7 月 10 日，連邦準備制度は，3/8％の TB 公示レートを終了させ，国債市場金利の引き上げによって TB の魅力を高める決断をした。だが金利構造の固定（ペッグ），とくに長期国債 2.5％はなお支持していた[29]。

国債市場金利政策をめぐる財務省との摩擦は，1948 年 1 月 22 日，エクルズの議長職満了の 9 日前に，トルーマン（Harry S. Truman）大統領がエクルズの再任拒否を表明する事態に発展した。1 月 27 日の手紙のやり取りでは，トルーマンはエクルズに副議長として理事会に留まるよう要請しエクルズも受諾していたが，結局実現することなく，エクルズは 1951 年 7 月 14 日まで一理事として理事会で影響力を行使することを選択した[30]。エクルズはこの再任拒否について，アメリカ銀行の巨大持株会社の所有者 A. P. ジアニーニに対する連邦準備制度の独占調査が大統領選挙に悪影響を与えると，トルーマンが判断したためであると推測している。しかし，実際はホワイトハウスが，エクルズが公債市場の支持を継続しないと見ていたためと言われる[31]。

後任のマケイブ（Thomas B. McCabe）議長の下，1949年6月28日，FOMCは財務省の承認のもと金融緩和政策（国債買いオペ）に変更した。一方で，「相対的な固定金利パターン」（ペッグ）を維持せざるをえないことについては，「信用の利用可能性を増加すべきときに市場から準備金を吸収する好ましくない効果を与えた」[32]と指摘した。マケイブ議長は同年12月3日の両院合同経済小委員会（ダグラス委員会）で，これは連銀が「およそ10年近く金融政策が着せられていた拘束衣を脱いだことを意味する」と証言したが[33]，この拘束衣からの解放は財務省を含めて，全関係者の合意する一面的なものに過ぎなかった[34]。実際，財務省の計算によれば，1949年中の国債利払いは57億ドルにのぼり，0.5％の金利上昇は財務省に125億ドルの負担増を課すと見られ[35]，したがってまた，財務省の連邦準備に対するペッグ維持の要求はむしろ強まる傾向にさえあった。こうしたなかで，ダグラス（Paul H. Douglas）[36]小委員長は財務省と理事会の緊張関係を取り上げて理事会を擁護した。つまり，財務省と理事会の両者は1946年雇用法の示す基準に従うべきであり，さらに理事会は「信用のコスト」に責任を持ち，この点で財務省は連銀の政策に協調する必要があると述べて，連邦準備制度を支持した[37]。

II. アコードの成立──国債固定金利構造の解除

　1950年6月25日，朝鮮戦争が勃発（-1953年7月27日停戦）するなかで，国債固定金利構造（ペッグ）の解除をめぐる財務省と連邦準備制度の対立は一段と激しさを増した。スナイダー財務長官[38]は連邦準備制度，なかでもニューヨーク連銀総裁スプロール[39]がインフレ対策として金融引き締め・金利引き上げの画策を指導していたと認識した[40]。スプロール総裁はFOMC副委員長として，委員長（理事会議長）と連携して金融政策にあたる立場にあった。確かに，エクルズも連邦準備制度の一定の独立性の維持に関してスプロールに同意し，マケイブ理事会議長もまたスプロールの意見に賛成していたが，ニューヨーク連銀は最も強く金利引き上げを主張した。
　1950年7月21日，ニューヨーク連銀は割引率引き上げを票決するが，ワシ

ントンの理事会はこれを拒絶した。同連銀は 8 月 3 日にもこれを繰り返すが，理事会は財務省との協議を理由に拒否を続けた。しかし，ついに 8 月 18 日，理事会は同月 21 日（月）からのニューヨーク連銀の割引率引き上げ（1.5%から 1.75%へ）を承認し，同時に，FOMC は銀行準備金を供給するための国債買オペを決定した。さらに，効果が薄い場合には銀行準備金の移動禁止を議会に要求すること（エクルズの発案），インフレ抑制のため増税を要請することを決議した[41]。

　ニューヨーク連銀の割引率引き上げが財務省側との協議を経ずに行われたため，ホワイトハウスとエクルズとの対立が激化し，財務省と連邦準備制度との間の協議は下位レベルでも行われなくなった。こうした事態を受けて，1951 年 1 月末，FOMC メンバーとトルーマンとの会議がもたれた。その 2 日後，大統領と財務長官のコメント——すなわち，①理事会は国債の安定化に協力すること，②現在の国債市場価格を支持すること——が発表されたが，その翌日にはエクルズの匿名の反論が新聞紙上に掲載された。その後，国債価格維持の保証に感謝する大統領によるマケイブ議長宛の手紙のコピーが，理事会メンバーに配布された。しかしながら，この手紙はまだマスコミには公表されておらず，エクルズらはこの手紙が大統領とマケイブによる言い逃れで，しかも真実を押し潰そうとするものであると推測した。ところが，FOMC の召集前にこの手紙が公表されたため，経緯を取材にきた記者に対してエクルズは，これが策略であることを FOMC の議事録を示して明らかにした[42]。ティンバーレイクはアコード成立に果たした事前的なエクルズの役割を強調したが，それはエクルズのこうした財務省・大統領への抵抗が議会に影響を及ぼし，財務省の議会工作を抑制したことを重視したからである[43]。

　1951 年 2 月 7 日，マケイブ議長はインフレ抑制のための緊急的な信用政策への理解を求める大統領宛の長文の手紙を認め，またスナイダー財務長官宛に緊急的な協議の申し入れを行い[44]，その後，財務省と連邦準備制度との協議が 2 月 10 日から断続的に試みられた。スナイダー財務長官が 11 日に目の手術で入院した後は，ウィリアム・マーチン財務次官補が財務省側の直接の交渉相手となった。フォーリー（Edward H. Foley）財務次官による要請（2 月 16 日）を受けて，2 月 20-23 日，両者スタッフによる協議が集中的に行われた[45]。その

成果は26日の大統領を交えた会議に結実することになる[46]。財務省は市場性国債 (marketable bond) を市場から回収し，2.75%とより利回りの高い非市場性国債と借り替えるにあたって，連邦準備制度が6月と12月の発行時に現行条件を維持するならば，短期金利の調整に関する連邦準備制度の提案を受け入れることを計画していた。両グループはこの議論を通して，財務省と連邦準備制度の間のいわゆる「確執」の最大の原因が「心理的」なものであり，「ドルの購買力がこれ以上に下落することに対する公衆の脅威」が重要であることを確認した[47]。その上で，この非市場性国債を流動化するため，財務省はそれを市場性の1.5%利付き5年国債と交換可能とし，この間，5年国債の価格支持を連銀に要請した。しかし，連銀は2億ドル以上の購入を約束することは拒否した[48]。このとき，財務省は流動化する国債の一部を買い占めるため，社会保障基金 (Social Security Trust Funds) を利用することには同意した[49]。

トルーマン大統領は同じ2月26日，経済政策関係閣僚の上位10人を招集した上で，「民間の信用拡大に対する必要な規制を行い，同時に国債市場の安定を可能にする方法」と「財務省と連邦準備制度の責任の重複の問題」を調査する目的で，財務長官，連邦準備制度理事会議長，国防動員局長ウィルソン (Charles Wilson)，および経済諮問委員長で構成する「特別委員会」を設置した。トルーマンは，この調査が行われている間は金利構造の変更をしないよう要請した[50]。つまり，国家的緊急時の間は現状を維持すべきとの財務省の主張に対する配慮であった。この4人委員会の委員長ウィルソンは10日-2週間で報告書をまとめようと考えていたが，実際は3ヶ月後の5月11日になった。というのは委員会任命の4日後，3月2日に財務省と連邦準備制度との間に事実上，「アコード」が成立した（公表は4日）からである[51]。4人委員会報告書は結局，連邦準備制度に対する法定必要準備率の緊急的・追加的な引き上げ権限の付与などを議会に勧告したに止まった[52]。

財務省と連邦準備制度との交渉は2月27日の夜，マーチン財務次官補の自宅で，マケイブ議長の補佐官リーフラー (Winfield Riefler) との間で再開され，28日朝からはマーチンと財政担当次官補バートレット (Edward F. Bartelt) との間で行われた。マーチン財務次官補は妥協点を見出そうとしていた。スナイダー財務長官も「安定的」国債市場の「安定的」なる語句は決して価格が変化

しないペッグとは見ていないと，マーチンは連邦準備制度側に指摘した[53]。さらに，マーチンはこの交渉の目的が「政府証券市場の安定性に信頼の欠如を引き起こすような市場心理を生み出すことなく，公債の貨幣化による銀行準備の創出を最小限にする」ことであると指摘し，同時に，このことは「正確なペッグ」を意味しているわけではなく，また「財務省が厳密なペッグを求めているとの報告は正確ではない」と補足した[54]。実際，財務省は連邦準備制度との論争を終結させることが市場の信頼を回復させ，2.5％の金利で債券を販売できるようにすると考えるようになっていた。

FOMCは3月1日，財務省との交渉過程を総括的に審議し，財務省側（マーチンとバートレット）との7項目の合意事項に関する最終的な確認を行った。すなわち，①国債発行にともなう銀行準備金の増加を最小限に抑えることを目的とすること，②2.5％利付き長期債券を市場から除去すること，③6月には発行済2.5％国債の額面を21/23上回る価格を，12月には額面を22/23上回る価格を支持すること（4月15日までの期間，2億ドルを限度とする），④年末まで，財務省との協議なしに割引率を変更しないこと，⑤2.5％利付き長期債の借換え期間を除いて，秩序ある市場は秩序ある条件の維持を意味しないこと，⑥公式声明は簡潔で，一般的・財政的・非政治的であるべきこと，⑦理事会は銀行信用の拡大を規制する追加的立法の迅速な実現への協力を求めること，であった[55]。議長補佐官リーフラーは，マーチンら財務省側との議論は③と⑤に集中したと感想を述べ，ニューヨーク連銀総裁スプロールは③が，財務省側にとって合意の困難な点であると指摘していた[56]。

3月3日，FOMCに財務省との「アコード」の声明内容が示され，最終的な審議が行われた。本章冒頭に示した共同声明の部分に加えて，2.75％利付国債への転換に関する財務省声明の部分が検討された。すなわち，①発行済2.5％利付長期国債（満期1967-1972年）と交換に，非市場性長期国債の新投資シリーズに借り換える，②新国債は2.75％の利付債券で，満期前の譲渡や償還は不能だが，満期前に市場性のある中期国債と交換するオプションを持つ，③新2.75％国債は保有者の連邦遺産税・相続税の支払いに使用できる，④新国債発行の目的は長期投資家に政府証券の保有継続を促し，現在の2.5％利付長期国債保有を整理することで，国債の貨幣化を最小限にする，というものであっ

た57)。新2.75%国債の市場での魅力を高めるため，財務省は1.5%利付の市場性5年国債との交換に応じることを，3月8日に公表した58)。

見られるように，3月1日付のFOMC 7項目合意にもかかわらず，連邦準備制度による2.5%国債の価格支持（③），現行の公定歩合維持（④）については，「アコード」の共同声明でも財務省単独の声明でもいっさい言及されなかった。3月3日のFOMCでは，マーチン財務次官補が③の合意事項を文書化しないことを要請したと報告された59)。しかし，より重要な議論がシムザック理事から出された。すなわち，シムザックは連邦準備制度理事会が求める銀行信用規制立法に財務長官が明確に同意するのか否かを問いただした。これに対してマーチン次官補は特別な言及はしなかったが，「理事会の感触 (feeling)」は分かっており，財務省の協力を盛り込んだ7項目の合意事項リストを財務長官に見せることを約束したと，リーフラー議長補佐官は発言した。しかし，シムザックは納得しなかったため，マケイブ議長は「できるだけ早急にマーチン氏に話をする」と約束し，「アコード」の承認を取り付けた60)。

エクルズ理事も借換えプログラムが市場に予断を与えかねないとして，懸念を表明した。しかし，「より弾力的な市場への，より高い自由度をもつ連邦準備制度の公開市場政策へ向けてのきわめて重要な第一歩」であるとして，エクルズは妥協の重要性を強調した。最後に，マケイブ議長が，今回の合意の最大の期待はそれが「連邦準備制度と財務省との関係の新たな時代を特徴づける」ものであると締めくくって，FOMCは「アコード」を全会一致で承認した61)。

しかしながら，財務省と連邦準備制度との抗争は財務省側の一方的な妥協で決着したわけではなかった。交渉過程でスナイダー財務長官は，2月26日，マケイブ議長とはこれ以上一緒に仕事することはできないとトルーマン大統領に直訴したのである。マケイブも同日，財務省の協力なしに職務を遂行することはできないとして，辞任の手紙をトルーマンに渡した。ただし，マケイブの後任は理事会の受け入れる人物であることを条件として提示した62)。スナイダーは後年の聞き取り面談のなかで，ニューヨークの銀行家らがスプロールに金利引き上げ圧力をかけ，スプロールがさらにマケイブに圧力をかけたと述懐している63)。

III. アコード後の連邦準備政策——「特別小委員会」報告

　トルーマンは1951年3月9日，スナイダー財務長官の意見を受け入れてマケイブ理事会議長の辞表を正式に受理した。そして後任には，証券取引委員会 (SEC) 委員長マクドナルド (Harry A. McDonald) を提案した[64]。しかしながら，マクドナルドがシムザック理事と同じ連邦準備区（連邦準備法はこれを禁じている）であったため，スナイダーが腹心のマーチン財務次官補を推薦し，マケイブ議長もマーチンを受け入れたことから，正式に政権側候補者となった。トルーマンは事前にマーチンと面談し，金利を安定化させ国債の額面割れを回避するように要求した。これに対してマーチンは，政府が責任ある財政金融政策を行わない限り不可能だとして拒絶した。大統領は再び最善を尽くすよう要求し，マーチンを候補者とした[65]。

　連邦準備政策に関する財務省との「アコード」を受けて，連邦準備制度は信用政策のルール作りに入った。3月17日，FOMCは「特別小委員会」を設置し，国債市場における公開市場操作の研究に着手した。その際，この特別小委員会は，「財務省からの独立の程度と実際の公開市場操作でこの自由を実現する適切な方法と，この自由に伴う責任と結果的に増加する説明責任」の2点に着目した。委員会は理事会議長，新任の理事ミルズ (Abbot L. Mills, Jr.)，そしてアトランタ連銀総裁ブライアン (Malcolm Bryan) の3名で構成され，また専任の技術コンサルタントとしてギャランティ信託会社副頭取クラフト (Robert H. Craft) が就いた。委員会の活動は1952年5-6月に始まり，報告書は1952年11月12日に提出された[66]。

　マーチン議長（3月17日就任-1970年1月末）のもと1951年4月上旬，国債価格の引き下げが行われた。FOMCは2.5%利付き自由公債 (Liberty bonds) の目安価格をペッグ時代の101と23/32から99に引き下げ，これを安定化のための買オペ基準と決定した。アコード成立から2週間のうちに連邦準備制度と財務省は，99の下限を支持するためにそれぞれ5億ドルの長期国債を購入した[67]。

　アコード成立後，公開市場政策を実施する過程で，古くて新しい問題が出現

した。1951年5月17日のFOMCで，マーチンが国債の潜在需要の程度を探るために公開市場操作デスクに2億5,000万ドルの操作を要請した。ところが，ニューヨーク連銀総裁スプロールはこれを拒絶した。マーチンはスプロールを説得したが，スプロールは政府証券の買オペが加盟銀行の準備金を増やし，したがって「政府証券市場における安定化操作は他の証券市場における個人利害の操作とまったく異なる」と主張して，マーチンを諫めたのである。この気まずい空気を変えたのがエクルズで，「市場の準備金を増やすリスクはあるが，提案された操作を試す価値はある」と発言した。スプロールに匹敵するエクルズの発言の重みは，投票結果に影響を与え，マーチンの提案は承認された[68]。

　ペッグ期間中，連銀の買オペレーションは準備金を銀行システムに強制的に供給することになり，そのため準備金で溢れた銀行は連銀から準備金を借りる必要がなくなり，連銀は銀行システムに影響力を与える重要なツールを失っていた。また，連銀の割引率を効果的に凍結したことから，ペッグはそれを短期金利に対する連銀の姿勢の指標として活用する能力を奪い取っていた。この問題を解決するため，マーチンとFOMCは1951年秋，連銀からの準備金借入の再建に着手した。公開市場買操作を減らすことで，連銀は銀行システムへの準備金供給を減らし，準備金をショートさせた個別銀行は連銀の「割引窓口」で準備金を借りることになった。1951年末までに加盟銀行の準備金借入額は10億ドルを超過したが，加盟銀行の連銀借入は18年ぶりの記録となった[69]。

　1953年度の連邦政府予算赤字は，朝鮮戦争にともなう軍事費で前年度の40億ドルから140億ドルに急増した。1952年5月，財務省は残りの自由公債を2.75％利付き非市場性国債と借り換える第2回目の提案をした。しかし，市場環境は厳しく，同じ金利で資金調達するには短期証券の発行に転換する必要が出てきたことから，トルーマンはマーチンを「裏切り者」呼ばわりしたとされる。アコードの成立とその後の「市場を基盤とする金利」への移行に，トルーマン政権指導者らの支持がどの程度重要であったかを確認することは容易ではない[70]。しかしながら，連邦準備政策の独立を求める闘いは既に1937年不況から開始され，戦時金融の要請に迫られてワグナー委員会調査が中断した後，エクルズら歴代理事会議長らの執拗な独立要求がアコードに帰結したと見るこ

とは十分に可能であるように思われる。

　アコード成立を受けてFOMC内に設置された特別小委員会は1952年11月，その報告書を提出した。報告書はFOMC全委員と同年12月29日にFOMC委員でなかった連邦準備銀行総裁の全員に配布された[71]。1953年3月4日のFOMCで，マーチン議長は自分も含めて財務省は，連邦準備制度が日常的にどれほど市場に依拠しているか認識できておらず，また実際「自由市場」に再び戻ることができるとは思えなかったと述懐した後[72]，報告書の勧告に関する審議に入った。

　第1は「財務省との関係」についての勧告。財務省に対してFOMCの信用政策，特に公開市場政策に関する情報を提供すること，要請があれば信用政策や国債管理問題を協議することなど，できる限り緊密に連携するとの勧告が示され，採択された[73]。第2は「公開市場委員会の組織」についての勧告。小委員会はFOMCの構造と組織に多くの問題点を見出した。すなわち，①公開市場操作業務に必要な予算の欠如，②FOMC直属スタッフの不在，③個別連邦準備銀行への管理機能の委任を指摘し，公開市場操作支配人が現在のようにニューヨーク連邦準備銀行を通じてFOMCに責任をもつ体制の是非を含めて，再検討するよう勧告した。だが，マーチン議長はこの問題の難しさを考慮して討議を見送ると提案し，全委員の賛同を得た[74]。

　第3の「市場との関係」については，討議の後に，以下の勧告が全会一致で採択された。すなわち，①公開市場操作の対象を（無秩序な市場の修正を除き）市場の「短期部分（short-end）」に限定する，②政府証券市場の価格・利回り構造の形成を支持するためではなく，介入は（無秩序な市場の修正を含め）通貨・信用政策の諸目的の遂行に限定する，③市場介入を短期部分に限定する政策の是非について研究を進める，④FOMC執行委員会に対する指示を，「政府証券市場の秩序ある状態の維持」から「無秩序な状態を修正すること」に変更する，⑤財務省の資金調達時に満期証券，入札前証券，発行済み証券の購入を抑制する，との勧告を採択した[75]。

　以上は効果的な通貨信用政策と公開市場操作を，もっぱら短期の財務省証券（TB）に対して行うこと（その後「ビルズ・オンリー［Bills Only］」政策と呼ばれた），さらに財務省の財政確保や既存の利回りパターンの維持のために操作し

ないこと，つまり「自由な」国債市場の確立を勧告したものであった[76]。また報告書は連邦準備制度と財務省との関係について，2つの異なる見解を議論した。ひとつには，連邦準備制度の責任と財務省の国債管理責任を理論的・実際的に分離することである。連銀の責任は「通貨・信用政策の形成と行使に厳密に制限」されている[77]。連銀は，国債市場における一種の警察機能だけを行使し，財務省は特別な扱いを受けるべきでない。他方で，いまひとつには，連邦準備制度と財務省の関係はより融和的で，それぞれの政策責任は分かれているが，「国債管理と通貨管理の問題は不可避的に混交」する関係でもあった[78]。

特別小委員会勧告の第4は，「ディーラーとの関係」である。小委員会は現在の「ディーラー資格制度」は厳格すぎるとして撤廃し，「政府証券のディーリング業務に実際に従事する個人や企業に，価格を主たる取り扱い基準」とするよう勧告し，FOMCはこれを異議なく承認した[79]。第5の勧告は公開市場操作勘定の「オペレーション技術」である。これらはペッグ時代の代替物で「市場のスムースな機能を混乱させている」として変更を要請し，FOMCはほぼ原案どおりに採択した。すなわち，(a)「消極的購入」は止め，市場での支持操作は「積極的な技術」をもって行うとの勧告は承認したが，「積極的な技術」の内容に関しては検討課題とした。(b)「委託売買」は廃止し，ディーラーとの取引勘定処理は原則として「純額ベース」とすること，(c) 財務省の借換え期間中にその権利が得られたなら，ディーラーからの購入はディーラーの地位を条件としないこと，(d) 現金ベースでディーラーが購入したTBの買い取り拒絶を廃止すること，(e) 買戻し条件が利用できる場合には，ノンバンク・ディーラーにも事前に適切な情報を提供すること，(f) 買戻し条件を定期的にノンバンク・ディーラーにも提供することである[80]。そして第5は「連邦準備報告書」の改善に関するもので，連邦準備銀行は買戻し条件付で保有される証券，連邦準備制度保有の特別債務証書，加盟行の週平均借入に関する週報を提供するとの勧告が採択された[81]。

連邦準備制度は組織内部の調整，あるいは巨大銀行の支配からの独立性というもうひとつの旧くからの難問に直面していた。上に見たように，特別小委員会報告書はFOMCの内部組織，特にFOMC本体とニューヨーク連邦準備銀行との関係を問題にしたにもかかわらず，FOMCは討議自体を見送らざるを

得なかったこと，ここに問題の難しさがあった。

　FOMC本体から全般的指揮を受託したのは「執行委員会 (executive committee)」であり，理事会議長，理事2名，ニューヨーク連銀総裁，他の連銀総裁1名で構成された[82]。執行委員会はFOMCの一般的指揮を特殊化し，ニューヨーク連銀の公開市場操作を通じて実行に移した。FOMC細則第5条(b)項は，執行委員会の機能を以下のように定めた。すなわち，①FOMCの採択した公開市場政策に従って公開市場取引の執行を指揮すること，②公開市場操作勘定に保有する政府証券その他を連邦準備銀行の間で配分すること，③FOMCメンバーに公開市場操作の全取引および政府証券その他の全配分・再配分に関する情報を提供すること，④FOMCの命じる公開市場操作に関するその他の機能・義務を実行することである[83]。

　こうした諸規則の下，ニューヨーク連銀副総裁は連邦準備制度の公開市場操作勘定の支配人であり[84]，総裁の監督のもと実際の取引を行っていた。特別小委員会はニューヨーク連銀に付与された威信と権限と責任の問題を取り上げ，その変更を提案したのである。すなわち，公開市場操作支配人がFOMC本体にだけ責任を持つようにすることであった。したがって，FOMCが予算とスタッフを持ち，ニューヨーク連銀が財務省と外国勘定のために行っている代理機能を連邦準備制度内の別の部署が行うことである。これらはFOMCが「政治的な圧力」と「銀行家の支配」から免れることを意図したもので，連邦準備制度の創設期の議論の再燃でもあった。現行の組織では公開市場操作は政治的圧力からは免れているが，同じように銀行家の支配からも免れる必要がある。そのためにはFOMCの全委員が公開市場操作のすべての重要事項に密接に関与すべきであるとされた[85]。

　連邦準備制度内で特別小委員会報告に最も強く反対したのはニューヨーク連銀総裁のスプロールであった。彼はまず，市場の短期的セクター（短期証券）に操作対象を限定することに疑問を呈した。次に，FOMCに対するニューヨーク連銀の影響力に関しては，小委員会が2つの誤った仮説に基づいて議論していると批判する。第1は，FOMCが政策決定機関であり，また（公開市場）操作組織でもあるという仮説である。しかし，「公開市場勘定は委員会規則のもとに，各連邦準備銀行の操作を調整し集権化する手段として創設され

た。経験が示すように，実際問題としてこれらの操作は，タイミングと影響力に関して密接に調整されねばならない。……ニューヨーク連邦準備銀行は政府証券の中心市場に位置する銀行であるがゆえに取引を実施する責任を委任され，役職者の1人がFOMCの承認のもとに当該勘定の支配人に任命されている」。それゆえ，連邦準備銀行以外に公開市場操作を担当させることは，連邦準備制度の法規からも「連邦的」構造からも離反することになる[86]。

　第2は，FOMCが各産業に対する弾力的通貨の供給，すなわち金融的均衡と経済安定を最高の行動基準で促進するとの仮説である。しかし，これはFOMCの責任ではなく連邦準備制度全体の責任である。そして，ニューヨーク連銀総裁がFOMC会議に偏った意見を持ち込むとの疑念があるとすれば，それは公開市場操作の実施と監督の仕事に携わるFOMC委員の誰についても言えることである。したがって，FOMCにおける現在のニューヨーク連銀の役割を排除し，別個の予算とスタッフを擁する公開市場操作部局を設置することは間違いである[87]。

　連邦準備制度内の権限調整に関する特別小委員会勧告は，1953年3月のFOMCでは決着を見ることはなかった。とはいえ，勧告が忘れ去られることはなかった。第1は，公開市場操作担当部局についてである。1956年にアカウント・マネージャ（勘定支配人）の人事権をFOMCに移すとの提案がなされた。しかし，理事会議長はこれは管理の問題ではなく技術的なもので，実際，上手く管理しているとの見解を示した。1958年4月にも，マーチン議長はニューヨーク連銀の操作はFOMCと理事会によって管理されているとの発言を繰り返している[88]。

　第2はFOMCとその執行委員会との関係である。1953年6月11日の委員会で，FOMC本体の信用政策を実施する方法に関して執行委員会に裁量を認める案件は，連銀総裁委員5名の多数で可決された。つまり，ビルズ・オンリー政策を否決したのである。連銀総裁らは，財務省の資金調達にあたっては短期国債（TB）以外の市場でも買い操作を認めるべきであり，さらに執行委員会に（加盟銀行）準備金の調整力のみならず投資環境への影響力を与えるべきであると考えたからであった。これに対して理事会側は公式には，ビルズ・オンリーの一般原則を採用することは執行委員会の負担を最小限にし，それは

アコードによって確認されたことでもあると主張した[89]。他方で，非公式には，長期国債金利に影響を与えるとなればFOMC執行委員会に対する政治的圧力が高まること，さらには基本原則がなければ実務を担当するニューヨーク連銀の支配力をむしろ強めることになると見ていた[90]。

しかし，次の9月24日のFOMCではニューヨーク連銀総裁ら総裁2名のみの反対で6月11日のFOMC決定は取り消され，裁量権は執行委員会から取り除かれた。その後1955年になって，FOMCは執行委員会を最終的に撤廃することになった[91]。

おわりに

連邦準備制度理事会議長マーチンは，1953年4月，「自由市場への移行」と題するデトロイト経済クラブにおける講演で，「特別小委員会」の包括的目標は連邦準備銀行の公開市場操作をもっと分かりやすくすることであると説明した。すなわち，「市場に参加している人々に連銀がどのように介入するか，いつ介入するか，介入の目的は何かについて熟知させる」ことである。財務省長期債券市場に対する連邦準備銀行のオペレーションの影響を最小化するため，連邦準備銀行は公開市場操作を財務省証券（TB）に限定する。連邦準備銀行の市場介入の頻度を減らし，国債市場における「秩序ある状態を維持する」ために引き受けた責任を「アコード」でもって終了させ，代わって「秩序のない状態を修正するため」というあまり押し付けがましくない責任に置き換えた[92]。公開市場操作の範囲をさらに限定し，連邦準備銀行は債券市場である種の価格や利回りのパターンを支持するためではなく，「準備金を供給または吸収する」ことだけを目的とした。こうして，連邦準備制度は「アメリカ経済と西側世界の経済の基本的要素」である市場，すなわち価格メカニズムへの移行を図ろうとしたのである[93]。

「特別小委員会」はまた，連邦準備制度の伝統的慣行からの実質的な離脱を勧告しただけでなく，ニューヨーク連邦準備銀行と同行総裁スプロールの影響力に対して直接的に挑戦した。連邦政府（＝財務省）と巨大銀行の影響力から

の中央銀行の独立は，アメリカ独立革命にまで遡る懸案事項であった。しかし，それはニューディール期に連邦準備制度理事会が獲得した中央集権的権限の不可避的な帰結でもあった。

表7-2は，エクルズからヴォルカー（Paul A. Volcker）に至る歴代の連邦準備制度理事会議長と大統領との関係を「調和」・「対立」・「移行」の3つのパターンに区分してその特徴を示そうとしたものである。ケトルによれば，連邦

表7-2　連邦準備制度理事会議長・大統領関係のパターン（1934-1985年）

議　長	調　和	対　立	移　行
エクルズ	1935-1945年 ニューディール- 第2次大戦		1934-1935年 1935年銀行法
エクルズ		1945-1948年 ペグ論争	
マケイブ	1948-1949年 ペグ論争		
マケイブ		1949-1951年 ペグ論争	
マーチン			1951-1956年 「風に逆らう」
マーチン	1956-1965年 「オペレーション・ツイスト1) と減税」		
マーチン		1965-1966年 ベトナム戦争	
マーチン	1966-1970年 ベトナム戦争		
バーンズ	1974-1978年 スタグフレーション（時どき対立）		
ヴォルカー			1979-1982年 マネタリズムの実験
ヴォルカー	1982-1985年 インフレ退治		

注1）長期国債の購入と短期国債の売却により長期金利構造に影響を与えようとする操作をいう。
出典）Donald F. Kettl, *Leadership at the Fed*, New Haven and London: Yale University Press, 1986, Table 3, p. 198を一部変更して作成。

準備制度理事会は「矛盾と不確実性とリスク」に満ち溢れた,困難な官僚制の世界であり,それゆえ理事会は「妥協しがたい要求を貫くには政治的に受容可能なコース」を進まねばならなかった。また,政治的転換や経済的変化が協調的関係を突如として対立的関係へと転換させることがあるため,理事会議長は極端な方法を避けながら微妙な境界線を歩むための権力と指導力を持たねばならなかった[94]。しかも,大恐慌や戦後インフレ,そして1970年代後半のスタグフレーションに直面して,エクルズやマーチン,そしてヴォルカーは政権との基本的な関係を変え,生き残りをかけてその機構や任務の見直しを図らねばならなかったのである[95]。

　本書ではエクルズからマーチンの初期までの連邦準備政策を検討したにすぎないが,「移行」期における政権との関係の変化,連邦準備制度の機構や任務の見直しの歴史過程をたどることができた。この時期,連邦準備政策は二元銀行制度や単店舗主義に起因する銀行構造の問題を一貫して抱えていたが,大恐慌対策から戦後のインフレ脅威や世界経済の再建問題に移行して,連邦準備制度は信用配分における市場機構と金融政策の役割をますます強調することになった。

　「アコード」問題がいよいよ最高潮を迎えようとしていた1951年1月30日,シュルツやフリードマンらシカゴ大学経済学部教員7名はエクルズ宛に「現行の金融政策の失敗」と題する声明を送付し,「民間部門がインフレーションの火に油を注ぐことを防止する」ために採用すべき金融政策が,「政府支出のインフレ圧力を相殺するために活用される」財政政策に比べて全く認識されていないと批判し,即座に保有国債の売却を提言した[96]。エクルズ理事はこれに答えて,1940年12月末の連邦準備制度の組織を挙げた特別議会報告書の時点と現在とでは事情が異なることを説明した。すなわち,特別議会報告書で「FOMCはこれら〔必要準備率〕を100%まで引き上げる権限」を要求したが——同大学グループがかつて「100%準備案」を進言したことを意識しての言及である——,戦後の経験を経て現在は,全銀行の準備率を相当程度引き上げる権限を理事会が持ち,また短期金利の弾力化に重点を置いていることを強調した[97]。しかし,こうしたシカゴ・グループの影響力が実際に連邦準備政策に反映されるのは,1960年代後半以降のインフレーションの昂進を経験してか

らのことになる。

[注]

1) *Federal Reserve Bulletin*, March 1951, p. 267. 公債所有者がそれを連邦準備銀行に売却することで貨幣を入手し（公債の貨幣化），その貨幣が新たに銀行準備を形成した場合，さらに数倍の信用拡張が可能となる。Benjamin H. Beckhart, *Federal Reserve System*, New York : American Institute of Banking, 1972 ［ベンジャミン・H. ベックハート『米国連邦準備制度』矢尾次郎監訳，東洋経済新報社，1988年，250頁］。
2) *Economic Quarterly*, Vol. 87, No. 1, 2001.
3) 両者の間の「合意」が強調されたことで，むしろ「相矛盾する目標」をいかに一致させるか，「誰が主人なのか，連邦準備か財務省か」という問題は未解決のまま残された。以下を参照。Robert L. Hetzel and Ralph F. Leach, "The Treasury-Fed Accord : A New Narrative Account," idem, "After the Accord : Reminiscences on the Birth of the Modern Fed," *Economic Quarterly*, Vol. 87, No. 1, 2001, pp. 33-55, 57-64.
4) 予算均衡化計画を破棄し，大統領は1938年4月14日，大規模なスペンディングの再開を訴える教書を議会に送った。「スペンダーズ」には「バランサーズ」（均衡予算によるビジネスの信頼と景気の回復政策）が対置される。平井規之『大恐慌とアメリカ財政政策の展開』岩波書店，1988年，144, 152-156頁。Henry Morgenthau, Jr., *The Presidential Diaries of Henry Morgenthau, Jr., 1938-1945*, April 12, 1938, pp. 3, 6-7, Paul Kesaris ed., Frederick, Md. : University Publications of America, 1981.
5) たとえば，以下を見よ。Milton Friedman and Anna J. Schwartz, *A Monetary History of the United States, 1867-1960*, Princeton : Princeton University Press, 1963, pp. 620-621 ; Margaret G. Myers, *A Financial History of the United States*, New York : Columbia University Press, 1970 ［マーガレット・G. マイヤーズ『アメリカ金融史』吹春寛一訳，日本図書センター，1979年，411頁］；小原敬士「マリナー・エクルズと連邦準備制度」『金融経済』第16号，1952年，47頁。他方，アイケングリーンらは戦後期の連邦準備制度の低金利が，銀行制度の崩壊に対する脅威から意識的に採用された「ターゲット・ゾーン」政策によるとして連邦準備制度の主導性を強調する。したがって，「アコード」の成立は戦後の混乱期における銀行制度崩壊のリスクが消滅したことを意味する。Barry Eichengreen and Peter Garber, "Before the Accord : U.S. Monetary-Financial Policy 1945-51," *NBER Working Paper*, No. 3380, 1990. なお，池島正興の近年の研究によれば，終戦間際から累積国債を経済安定化のために積極的に活用する「景気対策型」国債管理政策はインフレーションの現出を不可避としたが，「アコード」による国債価格支持政策によって累積国債の「過剰部分」が連邦準備銀行に吸収され，商業銀行保有が減少して，商業銀行が利潤獲得要求から支持政策の撤廃を強く要求したものである（『アメリカの国債管理政策――その理論と歴史』同文舘，1998年，第3章）。しかし，本書の主たる関心は「アコード」の成立を戦前期の通貨金融政策史に接続する

ことにある。

6) Richard H. Timberlake, "The Tale of Another Chairman," *The Region*, Federal Reserve Bank of Minneapolis, June 1999, pp. 33-35, 64-67. 同様の主張は，わが国でも早くから指摘されていた。小原敬士前掲「マリナー・エクルズと連邦準備制度」。他方で，マケイブ理事会議長の臆病な性格とFOMC委員の媚びへつらいを指摘し，ニューヨーク連銀総裁スプロールの果たした役割を強調した論考がある。Joseph L. Lucia, "Allan Sproul and the Treasury-Federal Reserve Accord, 1951," *History of Political Economy*, Vol. 15, No. 1, 1983, pp. 106-121.

7) Rudolph L. Weissman ed., *Economic Balance and a Balanced Budget : Public Papers of Marriner S. Eccles*, New York : Da Capo Press, 1973, 1st 1940, pp. xvi, 145.

8) David Laidler and Roger Sandilands, "An Early Harvard Memorandum on Anti-Depression Policies : An Introductory Note," *History of Political Economy*, Vol. 34, No. 3, 2002, pp. 524-525. わが国では，以下の研究がある。塩野谷九十九『アメリカ戦時経済と金融統制』同文舘，1943年，第2章。

9) George L. Bach, *Federal Reserve Policy-making : A Study in Government Economic Policy Formation*, New York : A. A. Knopf, 1950, pp. 138-139.

10) 高山洋一『ドルと連邦準備制度』新評論，1982年，254-256頁；Arthur Whipple Crawford, *Monetary Management under the New Deal : The Evolution of a Managed Currency System—Its Problems and Results*, New York : Da Capo Press, 1972, 1st 1940. 伊東政吉によれば，連銀は一貫して「景気の安定を自己の責任と考え，連邦準備政策の目的として物価安定を最も重視していた」(『アメリカの金融政策と制度改革』岩波書店，1985年，18頁)。だが，「1930年代において連邦準備が景気変動の緩和を自己の責任に入れていた」(同，16頁)ことが，政策にどのように反映されたかは吟味されねばならない。

11) A. Jerome Clifford, *The Independence of the Federal Reserve System*, Philadelphia, PA : University of Pennsylvania Press, 1965, p. 162.

12) Board of Governors of the Federal Reserve System, *Annual Report*, Washington : GPO, 1941, p. 69.

13) Jerome, *op. cit., The Independence of the Federal Reserve System*, pp. 170-173.

14) "Memorandum of Matters to Be Discussed with the Treasury," unsigned, April 24, 1941, p. 1, Marriner S. Eccles Papers, Box 9, Folder 3, Manuscripts Division, J. Willard Marriott Library, University of Utah.

15) Henry Morgenthau, Jr., *Morgenthau Diary*, Feb. 11, 1942, vol. 495, pp. 314-319, Microfilm, Bethesda, MD : University Publications of America, 1996 ; Donald F. Kettl, *Leadership at the Fed*, New Haven and London : Yale University Press, 1986, p. 59.

16) *Ibid.*, p. 60.

17) Morgenthau Diary, April 30, 1942, vol. 522, p. 226 ; Kettl, *op. cit., Leadership at the Fed*, p. 59 ; Clifford, *op. cit., The Independence of the Federal Reserve System*, p. 174.

18) *Ibid.*
19) Cheater Morrill, Secretary of the Board to Beardsley Ruml, Chairman of Federal Reserve Bank of New York, Dec. 8, 1943, Allan Sproul Papers, F. 4087, Archives of the Federal Reserve Bank of New York.
20) Sproul to Eccles, Dec. 17, 1947, pp. 1-3, Allan Sproul Papers, F. 4087.
21) "Relations between the Board and the Reserve Banks," Extracts from Joint Meeting of Board and Presidents, February 29, 1944, Allan Sproul Papers, F. 4087.
22) "Relations between the Board and the Reserve Banks," Extracts from Minutes of Presidents Conference, February 26-28, 1944, Allan Sproul Papers, F. 4087.
23) S. R. Carpenter, Secretary of Chairmen's Conference of the Board of Governors to Sproul, April 26, 1944, Allan Sproul Papers, F. 4087.
24) "Draft of the Statement," May 8, 1944, pp. 6-7, Allan Sproul Papers, F. 4087.
25) Marriner Eccles, "The Postwar Price Problem? Inflation or Deflation?," *Federal Reserve Bulletin*, December 1944, pp. 1156-1157, 1161. 37.5億ドルの米英金融協定（1945年）に関しても，エクルズはインフレ圧力を警戒していた。Marriner Eccles, "The Financial Agreement between the United States and Great Britain," *Federal Reserve Bulletin*, April 1946, p. 374.
26) Clifford, *op. cit., The Independence of the Federal Reserve System*, pp. 197-198.
27) Marriner Eccles, "Sources of Inflationary Pressure," *Federal Reserve Bulletin*, February 1946, p. 121.
28) Hugh Rockoff, *Drastic Measures, A History of Wage and Price Controls in the United States*, Cambridge: Cambridge University Press, 1984, p. 109.
29) Clifford, *op. cit., The Independence of the Federal Reserve System*, pp. 203-204; Kettl, *op. cit., Leadership at the Fed*, pp. 62-63.
30) ただし，4月15日にマケイブが議長に就任するまで，エクルズ臨時議長として職務を継続した。Sidney Hyman, *Marriner S. Eccles : Private Entrepreneur and Public Servant*, Stanford, Calif.: Graduate School of Business, Stanford University, 1976, pp. 334-337.
31) Kettl, *op. cit., Leadership at the Fed*, pp. 63-64.
32) *Federal Reserve Bulletin*, Vol. 35, July, 1949, p. 776.
33) U.S. Congress, Joint Committee on the Economic Report, Monetary, Credit, and Fiscal Policies : *Hearings before the Subcommittee on Monetary, Credit, and Fiscal Policies*, 81st Congress 1st Session, Washington: GPO, 1950, p. 471. とはいえ，マケイブは国債管理政策と金融政策の協調の必要性は残るとも言及した（p. 472）。
34) Clifford, *op. cit., The Independence of the Federal Reserve System*, p. 216.
35) Kettl, *op. cit., Leadership at the Fed*, p. 64.
36) シカゴ大学教授（1920-1949年，産業組織論）を経てイリノイ州選出の上院議員（民主党）に当選し（-1967年），同委員長を務めた。コブ=ダグラス型生産関数でも知ら

37) Timberlake, op. cit., "The Tale of Another Chairman."
38) 復興金融公社に勤務した後，セントルイスのファースト・ナショナル銀行副頭取，戦時動員局長を経て，1946年6月25日，連邦最高裁長官に転進したヴィンソン財務長官の後任となった（-1953年1月20日）。Bernard S. Katz and C. Daniel Vencill ed., *Biographical Dictionary of the United States Secretaries of the Treasury, 1789-1995*, Westport, Conn.: Greenwood Press, 1996, pp. 341-343.
39) 1941年1月1日，ハリソンの後任として総裁に就任（-1956年6月）した。
40) Jerry N. Hess, "Oral History Interview with John W. Snyder," Washington, D.C., May 28, 1969, pp. 1625-1626: Harry S. Truman Library ＜http://www.trumanlibrary.org/oralhist/snyder40.htm＞.
41) U.S. Board of Governors of the Federal Reserve System, *Minutes of Meetings of the Federal Open Market Committee, 1923-1975*, Frederick, Md.: University Publications of America, 1983（以下，*FOMC Minutes* と略記），August 18, 1950, pp. 13, 24-26; Clifford, op. cit., *The Independence of the Federal Reserve System*, pp. 232-233. さらになお，9月27日のFOMC執行委員会で，ニューヨーク連銀総裁スプロール，同副総裁ウィリアムズ，理事会エコノミストのリーフラーはインフレ対策としてもう一段の金利引き上げを主張した。Hetzel and Leach, op. cit., "The Treasury-Fed Accord," pp. 37-38.
42) Marriner S. Eccles, *Beckoning Frontiers : Public and Personal Recollections*, ed. by Sidney Hyman, New York: Alfred A. Knopf, 1951, pp. 491-495.
43) Timberlake, op. cit., "The Tale of Another Chairman."
44) McCabe to President, February 7, 1951, p. 2; McCabe to John W. Snyder, February 7, 1951, Marriner S. Eccles Papers, Box 62, Folder 4. 大統領宛の手紙でマケイブ議長は，戦時の国債増発とは違って，インフレ時の投資家層による市場性国債の売却と連銀の購入に対して政府の理解が欠けていると訴えた。
45) *FOMC Minutes*, March 1-2, 1951, p. 5. 財務省側はマーチンの他に，技術研究部長ハース（George Haas），財務担当次官補バートレット，連邦準備制度側は公開市場操作支配人・ニューヨーク連銀副総裁ラウズ（Robert Rouse），FOMCエコノミストのトーマス（Woodlief Thomas），議長補佐官リーフラーが交渉の任にあたった。"Report on Conversations at the Technical Level of Treasury and Federal Reserve System Representatives," unsigned, February 24, 1951, Marriner S. Eccles Papers, Box 62, Folder 5; Allan Sproul, "The 'Accord': A Landmark in the First Fifty Years of the Federal Reserve System," in Lawrence S. Ritter, *Selected Papers of Allan Sproul*, Honolulu: University Press of the Pacific, 2000, note 4, p. 63; Robert P. Bremner, *Chairman of the Fed : William McChesney Martin, Jr. and the Creation of the Modern American Financial System*, New Haven: Yale University Press, 2004, p. 76.
46) マーチンとリーフラーによって纏められた報告書の冒頭と末尾で，「技術レベルの研

究であって，交渉ではなかった」ことが確認された。"Report on Conversations at the Technical Level," op. cit., p. 1 ; *FOMC Minutes*, March 1-2, 1951, p. 7.
47) "Report on Conversations at the Technical Level," op. cit., pp. 3-4.
48) *FOMC Minutes*, March 1-2, 1951, p. 34 ; Hetzel and Leach, op. cit., "The Treasury-Fed Accord," p. 51.
49) Andrew F. Brimmer, "Andrew Brimmer Remembers William McChesney Martin Jr." Federal Reserve Bank of Minneapolis, *The Region* 12, September 1998.
50) U.S. Congress, Joint Committee on the Economic Report, *Monetary Policy and the Management of the Public Debt : Hearings before the Subcommittee on General Credit Control and Debt Management*, 82nd Congress, 2nd Session, Washington : GPO, 1952, (以下，*Patman Hearings* と略記), pp. 126-127 ; Sproul, op. cit., "The 'Accord'," p. 64.
51) Clifford, *op. cit., The Independence of the Federal Reserve System*, pp. 249-251.
52) "Report of the 4-Member Committee Appointed February 26, 1951," pp. 16-18, Marriner S. Eccles Papers, Box 62, Folder 11. 同委員会は，信用の法的規制にはあくまで反対し，安全保障上の財政拡大期に適切な財政・信用政策が効果的でない場合にはじめて信用・価格・賃金などの直接的管理を認めた (p. 18)。
53) *FOMC Minutes*, March 1-2, 1951, p. 13.
54) *FOMC Minutes*, March 1-2, 1951, pp. 14, 17.
55) *FOMC Minutes*, March 1-2, 1951, pp. 36-37.
56) *FOMC Minutes*, March 1-2, 1951, pp. 37-38.
57) *FOMC Minutes*, March 3, 1951, p. 7. なお，新国債の応募日など一部を省略した。
58) *Federal Reserve Bulletin*, March 1951, p. 267.
59) *FOMC Minutes*, March 3, 1951, pp. 8-10.
60) *FOMC Minutes*, March 3, 1951, pp. 9-11.
61) *FOMC Minutes*, March 3, 1951, pp. 11-13.
62) Bremner, *op. cit., Chairman of the Fed*, p. 77 ; Hetzel and Leach, op. cit., "The Treasury-Fed Accord," p. 51.
63) Hess, "Oral History Interviews with John W. Snyder," No. 1466-1469, interviewed on May 7. 1969.
64) 委員会最初の共和党委員長であった。マクドナルドはシカゴ大学法科大学院を2年で退学し，デトロイトで会社 (H. A. McDonald Creamery Co.) を経営，また投資銀行 (McDonald-Moore & Co.) にも参加した。"G. O. P. for SEC," *Time*, New York, Monday, Nov. 14, 1949. http://www.time.com/time/magazine/article/0,9171,934323,00.html）。
65) 3月21日には上院で承認された。Bremner, *op. cit., Chairman of the Fed*, p. 81.
66) Clifford, *op. cit., The Independence of the Federal Reserve System*, pp. 274-275. 特別小委員会は同日，報告書の公表をいったんは決定したが，連邦準備制度関係者から異議が出されて中止された。しかし，両院合同経済委員会はマーチン議長やニューヨーク

第7章　「アコード」の成立と金融システムの再編——295

連銀総裁スプロールの合意のもとに，同委員会聴聞会の付属資料として公表した。"Federal Open Market Committee Report of Ad Hoc Subcommittee of the Government Securities Market," in U.S. Congress, Joint Committee on the Economic Report, *Hearings on the United States Monetary Policy: Recent Thinking and Experience*, 83rd Congress, 2nd Session, Washington: GPO, 1954（以下，FOMC, *Report of the Ad Hoc Committee* と略記），pp. 257-331. なお，クリフォードによれば，報告書の公表はダグラス上院議員は支持したが，スプロール議長は難色を示したという。

67) Bremner, *op. cit., Chairman of the Fed*, p. 86.
68) この年の7月14日，エクルズは連邦準備制度理事会を離れた。*Ibid*., pp. 86-87.
69) *Ibid*., p. 88.
70) *Ibid*., pp. 90-91.
71) *FOMC Minutes*, March 4, 1953, p. 24.
72) *FOMC Minutes*, March 4, 1953, p. 25.
73) *FOMC Minutes*, March 4, 1953, pp. 27-29.
74) *FOMC Minutes*, March 4, 1953, pp. 29-30.
75) *FOMC Minutes*, March 4, 1953, pp. 41-42.
76) Clifford, *op. cit., The Independence of the Federal Reserve System*, pp. 275-278.
77) FOMC, *Report of the Ad Hoc Committee*, p. 270; Board of Governors of the Federal Reserve System, *Annual Report*, 1953, Washington: GPO, p. 89. また，ベックハート前掲『米国連邦準備制度』248-249頁も参照。
78) FOMC, *Report of the Ad Hoc Committee*, p. 270.
79) *FOMC Minutes*, March 4, 1953, p. 44.
80) *FOMC Minutes*, March 4, 1953, pp. 44-50. 加えて，(a)ディーラーとの取引の「基本原則」の策定，(b)ディーラー（早朝）会議の継続が必要であるなら，ディーラー側の主催とすること，(c)トレーディング・デスクがディーラーから得る情報に関しては顧客の特定化に繋がらないようにすること，(d)個別ディーラーのポジションや活動に関する情報は公開市場操作勘定支配人ではなく連邦準備制度責任者が収集し，同勘定支配人に開示すること，(e)ディーラーの1日の取引額を特定できるような情報の要求を止めること，などの勧告が採択された（pp. 50-54）。なお，公開市場操作業務の実態については，以下が詳しい。Ann-Marie Meulendyke, *U.S. Monetary Policy and Financial Markets*, New York: Federal Reserve Bank of New York, 1989 ［アンマリー・ミューレンダイク『アメリカの金融政策と金融市場』立脇和夫・小谷野俊夫訳，東洋経済新報社，2000年，第7章］。
81) *FOMC Minutes*, March 4, 1953, pp. 54-55.
82) 執行委員会はFOMC規則第3章第1条-第5条で規定され，ニューヨーク連銀総裁の委員選出は慣例によるものである。FOMC, *Minutes of Meeting of the Executive Committee*, March 18, 1936, p. 5, in Board of Governors of the Federal Reserve System, *Minutes of Meetings of the Federal Open Market Committee, 1923-1975*, Microfilm,

Frederick, Md. : University Publications of America, 1983.
83) FOMC, *op. cit., Minutes of Meeting of the Executive Committee*, March 19, 1936, p. 3.
84) ただし，毎年，FOMC の承認が行われていた。FOMC, *Report of the Ad Hoc Committee*, p. 281.
85) FOMC, *Report of the Ad Hoc Committee*, p. 282; Clifford, *op. cit., The Independence of the Federal Reserve System*, p. 280.
86) FOMC, *Report of the Ad Hoc Committee*, p. 324; Clifford, *op. cit., The Independence of the Federal Reserve System*, pp. 282-284.
87) FOMC, *Report of the Ad Hoc Committee*, pp. 325-327.
88) いずれも議会聴聞会での発言。Clifford, *op. cit., The Independence of the Federal Reserve System*, pp. 286-287.
89) Board of Governors of the Federal Reserve System, *Annual Report*, Washington : GPO, 1953, p. 96; Clifford, *op. cit., The Independence of the Federal Reserve System*, p. 288.
90) *Ibid.*, pp. 288-289.
91) *Ibid.*, p. 289.
92) FOMC, *Report of the Ad Hoc Committee*, pp. 284-285.
93) William M., Jr. Martin, "The Transition to Free Market," *Federal Reserve Bulletin*, April 1953, pp. 331-334.
94) Kettl, *op. cit., Leadership at the Fed*, p. 197.
95) *Ibid.*, p. 201.
96) Theodore W. Schultz to Marriner S. Eccles, "The Failure of the Present Monetary Policy," January 30, 1951, pp. 4-7, Marriner S. Eccles Papers, Box 62, Folder 1.
97) M. S. Eccles to Milton Friedman, February 7, 1951, p. 2, Marriner S. Eccles Papers, Box 62, Folder 1.

終　章　金融グローバル化と銀行構造の変化

はじめに

　21世紀に入って間もなく，総合エネルギー企業エンロン，通信企業ワールドコムを始めとする大企業の不正会計処理・証券詐欺事件が相次いで発覚した。こうした事態を踏まえて，アメリカ政府は2002年に「サーベンス＝オクスリー法」を制定した。この（株式）公開企業会計改革および投資家保護法は会計事務所・監査法人に対する監督機関の設置や監査法人の独立性の強化，財務情報の公開に関する経営者責任の明確化を実施したが，これはニューディール期の一連の証券規制に次ぐ大改革であると言われる。

　ニューディール期（＝世界大恐慌期）の通貨・金融制度改革，そして戦後のブレトン・ウッズ体制の構築はマーシャル・プランなど巨額の政府援助に支えられつつ，貿易と資本移動の自由化を推し進めた。しかし，インフレーションの昂進と市場金利の高騰は国際資本移動の統制を断念させ，ついに1970年代初頭，旧IMF体制の崩壊と国際通貨体制の再編（固定為替相場制から変動為替相場制への移行）を引き起こした。これは主要国の金融の自由化とグローバル化（市場統合の急展開）を一気に進展させ，市場を通じた資金配分を効率化する一方で，銀行経営に伴うリスクをいっそう複雑なものにした。従来の信用供与・金利変動・市場価格変動などに伴うリスクに加えて，従業員の不正行為からテロ被害なども含めた幅広い「オペレーショナル・リスク」への対応を要請することとなった[1]。IT革命の進展は金融取引技術を高度化・複雑化させ，たとえば，サブプライム・ローンのようなリスクの不透明化や個別金融機関の日常業務における不正行為が計り知れない規模の損失を発生させ，金融システム全体を危機に追いやりかねない状況を生みだしている。

金融グローバル化の直接的起点は旧IMF体制の崩壊にあったとされる。しかし，その後のグローバリゼーションの進展は，アメリカの世界政策目標の失敗ではなく，むしろ重要な成果としての一面を有していた。ニューディール期のまさに国家の市場介入によって銀行システムの再編が進行していた時代に，やがて金融グローバリゼーションとして展開するダイナミズムの源流が形成されつつあったのである。

グローバリゼーションに伴う金融革新はその過程で貯蓄金融機関と商業銀行の危機を誘発し，世界大恐慌期以来の金融規制の変革を促し，そして建国以来の「コミュニティ銀行」の伝統を危機に陥れた。アメリカの銀行は原則として支店開設を認めない「単店舗主義」あるいは「単一銀行制度」を採用することで，銀行預金を当該地域に再投資することを促すコミュニティ銀行であることを理念としてきたが，今やコミュニティ銀行は農業地域に残存する伝統的なそれに加えて，退職者村などを営業基盤とする「ライフスタイル型」，インナーシティのエスニック地域などを基盤とする「コミュニティ維持・復興運動型」などへと広がりを見せつつある[2]。

コミュニティ銀行の理念は大恐慌期の金融制度改革の際にも確認され，戦後アメリカの金融システムの骨格の一部を形づくってきた。しかし，コミュニティ銀行は連邦政府の規制だけで維持できるものでもなく，また大銀行・大企業とコミュニティ銀行・中小企業といった単純な対抗関係だけが存在したのでもなかった。ニューディールの時代，第4章第III節で検討したように，カリフォルニアの巨大支店銀行「アメリカ銀行（Bank of America）」は農民や中小企業の利害を主張して，財務省の推し進めるカルテル政策に徹底的に対抗した。その際，アメリカ銀行は連邦政府と州政府がそれぞれに株式銀行法を制定して，銀行の設立と監督に責任を持つ体制を利用して，州政府の制定する銀行法に基づいて設立される「州法銀行」と連邦政府の制定する銀行法（1863年国法銀行法）に基づく国法銀行を，支店銀行の拡大という経営戦略に従って自由に選択し，また変更した。こうして地域経済の自律性の支柱として主張された単店舗主義や二元銀行制度は，全国規模の巨大支店銀行の台頭をもたらすことで，皮肉にも広域支店網の構築を許す制度的な基盤となったのである。

グローバリゼーションは広大な支店網を構築し，銀行・証券業務などを兼営

する巨大持株会社の形成を促した。アメリカ銀行自体もグローバル化の荒波を受けて他行との合併（1998年）を余儀なくされたが，新生「バンク・オブ・アメリカ」はようやく念願の全国支店銀行網を完成させつつある。他方で，コミュニティ銀行喪失の危機に直面した地域住民や中小企業の激しい抵抗運動の結果，伝統的な単店舗主義とは異なる理念のもとに，金融機関の地域社会への貢献を誘導する金融規制や公的支援が重要性を増している。本書を終えるにあたって，以下ではこうした金融の自由化とグローバル化の過程を概観し，それによる銀行構造の変化と地域社会への影響を展望する。

I. 金融の自由化とグローバル化

1）変動相場制への移行

　金融市場のグローバリゼーションは1980年代に劇的に進展した。投資資金の国外調達はもはや途上国だけのものではなくなり，資本の移動は日夜の別なく，国際市場における短期利子率やその他の経済指標の格差にすぐさま反応した。このため金融のグローバル化は旧来の純粋な国内政策を国際相互依存の場に引き出し，G7（先進7ヶ国蔵相・中央銀行総裁会議）などによる国際的政策協調やバーゼル協定（銀行の自己資本比率）を用意することになった[3]。

　グローバルな金融市場が生み出された背景には，1970年代はじめに世界の主要国が固定為替相場制を放棄し，変動相場制に移行した事実がある。1973年以降は自由な需給関係がドルの価値を決めることになり，主要国は変動為替相場制（フロート）に移行した。1979年の第2次石油ショックの際に連邦準備制度は金利を引き上げたが，1960年代後半に国内金利の上限規制を利用してインフレを沈静化させたような効果は期待できなかった。アメリカの大手銀行や外国銀行はユーロ・ドル市場から資金を調達できたからである。

　フロート制のもとでは，各国政府は自国の競争力回復のための金融・財政政策をとる必要は必ずしもない。外国為替市場がその調整の役割を果たすからである。しかし，実際には1981年減税による大幅な財政赤字をファイナンスするため，財務省は巨額の借り入れを行った。さらに1980-82年，連邦準備制度

は政府の支持をえて断固たるインフレ抑制政策をとった。これらがアメリカの金利に上昇圧力を加え，アメリカと海外の金融市場との間の金利格差を拡大して，ドル需要の増加とドル高を誘発した。さらにドル高はアメリカの輸入には有利に，輸出には不利に作用したため貿易赤字を拡大した。フロート制のもとでは，財・サービスの動向は即座に国際金融市場に反映する。貿易赤字の蓄積はその補塡のための資本輸入を必要とする。1980年代の貿易赤字の累積は対外債務の累積に帰結し，アメリカは1985年ついに債務国へと転落したのである。

フロートへの移行によって各国通貨の変動は銀行や証券会社のみならず，貿易に携わる企業や一般の人々にも身近な問題となった。外国為替市場や短期金融市場がグローバル化した後に，1980年代には債券市場でも同じ過程が始まった。投資家はより高い利回りを，企業や政府はより安価な資金を，そして金融機関はより大きな仲介利潤を求めるようになった。その結果，世界の資本市場は統合化に向かった。1980年代にアメリカは世界から資金を調達することでコストを節約し，日本はアメリカに投資することでより高い利益を上げることができた。財・サービスの国際間取引が増大する限りは，そして為替相場が自由に変動する限りは，金融市場のグローバル化は各国の規制を乗り越えて進まざるをえない。国際市場における競争のルールもまた，各国国内市場へと波及せざるをえなくなる。

2）金融革新とS&L危機

アメリカの金融自由化は，貯蓄貸付組合（S&L）や商業銀行の倒産を誘引しただけではなく，それが引き金となって1991年には金融部門主導型の不況（金融不況）を引き起こした。そして金融市場は自由化の名の下に再編過程に突入することになる。

アメリカは金融自由化の母国である。その出発点はインフレーションの昂進にあった。1960年代末から1970年代にかけてインフレ率が上昇し，その変動も激しくなった。さらに，金利もまた同様の現象を示した。一方で，高率のインフレに直面して資金の貸し手がより高い金利を要求し，他方で，通貨当局はインフレを抑制するために金利の変動を黙認せざるをえなくなったからであ

る。こうして高金利と金利の不安定化は金融機関全体に対してリスクを高める要因となり，貯蓄金融機関の危機と金融機関の間の競争を引き起こすことになった。

インフレと金利の高騰・変動は企業や個人がそれに対処することを強制する一方で，一連の新しい金融商品の開発を導き，新たな競争の時代の幕を切り開いた。1970年代に市場金利が上昇したにもかかわらず，預金金利の上限規制のために銀行やS&Lの低金利に甘んじていた多くの投資家たちは，規制を受けない金融機関が強力な新型金融商品を開発するや否や，大挙して資金を移動させたのである。

証券会社の金融市場連動型相互信託（MMMF，後のMMF）は，主に短期の政府証券，企業のコマーシャル・ペーパー（CP）や譲渡性預金（CD）に投資された。当時，銀行の当座預金への利払いは禁止されていたが，1972年に導入されたMMMFは預金保険の対象外とはいえ，投資家にとっては事実上，利払いのある当座預金――したがって，小切手を利用できる――に等しかった。他方，企業側，とくに信用格付けをもつような大企業にとっては，無担保・短期の約束手形であるCPの公開市場での発行が容易になり，資金調達コストを引き下げた。CP市場自体は19世紀にすでに開発されていたが，1970年代に入って急成長した。MMMF残高も1979年末には800億ドル近くにまで急増した。さらに，相互貯蓄銀行の開発した利子付小切手振出勘定（NOW勘定）が全国的に普及して，銀行もまたより高い預金金利を提供できるようになった。こうして金融市場における競争の激化の結果，銀行やS&Lに課されていた預金金利の上限規制は1986年までに段階的に撤廃されていった。

資金が貯蓄者から投資主体に流れる経路には，銀行を経由するものに加えて，年金・投資信託ファンドなど金融仲介機関や金融証券市場を経由する流れもある。CPは証券市場を利用して資金が貸し手から借り手に直接流れるため，仲介機関が介在しない分だけ費用が節約されるという利点がある。さらに，その流動性の高さや，資金運用者にはリスク対策としての投資対象の多様化の利点もあるため，CP市場のほかにもモーゲージ（不動産抵当証券）やジャンク・ボンド（高リスク・高利回りの社債）などの市場が形成され，証券市場を利用した資金の配分が急速に発展した。

1970年代半ばに，まずはモーゲージ・ローンの証券化（セキュリタイゼーション）が進展した。政府支援企業が住宅モーゲージを保証し，その基準が統一されていたこと，あるいはモーゲージ保有銀行もそれを証券化することで預金保険プレミアムや資本コストなどの経費を節約できたからである。ひとたび証券化されてしまえば，伝統的なS&Lや銀行がモーゲージ貸付を保有し続ける意味は薄れてしまった。1988年末のモーゲージ証券の残高は8,100億ドルに達し，1990年までに家族用住宅ローンの3分の1がこの種の証券によってファイナンスされるようになっていた。

　1980年代半ばには投資銀行が，自動車ローンやクレジット・カード負債なども証券化した。こうした資産に裏づけられた証券残高は，1990年末までに700億ドルにまで達した。住宅ローンの場合とは違って，政府系機関の代わりに銀行がその証券の信用を補完して手数料収入を獲得した。CPの場合にも銀行は同種の信用を供与する場合が多いことから，証券化によって銀行が完全に業務から排除されることはない[4]。しかし，証券化の進展によって最も優良な顧客から銀行を離れだし，銀行やS&Lは安価な預金の獲得がますます困難になった。

　1970年代から1980年代初めにかけての金利の上昇と変動は，アメリカのS&Lを危機に陥れた。銀行が株式会社であるのに対して，S&Lは相互会社の組織形態をとり，地域の預金を集めてそれを住宅モーゲージに投資することを主な業務とした。市民に密接な業務であるがゆえに，政府の規制も手厚くなっていた。S&Lが資金を短期で調達し長期で投資するためには，政府が金利を安定化させかつ短期金利を長期金利以下に抑えておく必要があった。だが，インフレ抑制政策が最重要課題となったため，政府・連銀は金利の上昇とその変動を放置せざるをえなくなった。

　S&Lは市場金利の上昇にもかかわらず，預金獲得の面ではMMMFの挑戦を受け，さらに主要投資対象であるモーゲージの金利は長期に固定されていた。そのため，S&Lは短期変動金利の預金の受入れを強いられて，長期固定の抵当貸付金利との間にミスマッチを発生させ，夥しい数のS&Lが業務からの撤退，合併，あるいは政府の管理下に入った。1981年にはS&Lの7割が赤字に陥り，1970年に存在したS&Lのおよそ半分が1989年には姿を消してい

た。1982年以降に金利は低下したが、住宅保有者が既存の固定金利から低利の債務に借り換えたため、S&Lの健全性を回復させることはなかった。

これに対して連邦議会は、規制緩和と自由化によって対応した。1980年法（以下、主な金融制度改革法については前掲表1-2を参照）を制定してS&Lに商業用不動産に対する貸付や変動金利型住宅モーゲージ貸付などを認めた。この規制緩和は金利リスク負担の軽減と投資対象の多様化によって健全性を回復させる狙いであったが、逆に危機的状況に陥ったS&Lをリスクの高い業務に追いやることにもなった。個々のS&Lの財務状態とは無関係に預金保険料率が決定されるため、自己資本比率が低下すればするほどそのS&Lは高金利で大量の貯蓄を引きつけ、それをリスクは高いが高収益を見込めるジャンク・ボンドのような投資に向けた。なぜなら、失敗してもS&Lの所有者は失うものは何もなかったからである（モラル・ハザード）。1986-1995年に1,043行のS&Lが倒産した。この処理に預金保険（FSLIC）が利用され、1989年には整理信託公社（RTC）も創設されたが、結局、1999年末で処理費用は1,530億ドルに達したと推計されている[5]。

II. 銀行構造の変化

第2次世界大戦後の金融市場と金融政策の変化は、表終-1に示されるように、銀行構造の転換をもたらした。金融仲介機関の総資産に占める商業銀行のシェアは1950年の50.8％から1970年には37.4％、そして1990年には27.0％に低下した。S&Lのそれも1950年の5.7％から1970年には一時的に上昇（12.7％）したが、その後のS&L危機を経験して1990年には8.9％へと低落した。他方で、年金基金（1990年13.9％）や投資会社（同8.7％）のシェアは急速に拡大していった。

商業銀行は持株会社を活用して、地理的にも事業分野においても拡大戦略を推し進めた。1956年の銀行持株会社法は既得権をもつ場合を除いて、州境を越えた子会社銀行の保有は州法が明文化していない限りはこれを禁止し、また子会社の非銀行業務も禁止していた。だが、戦後も銀行支店数は着実に増加

表終-1 アメリカ金融仲介機関の資産構成の変化（1900-1990年）

(単位：%)

年	商業銀行	S&L	相互貯蓄銀行	生命保険	その他保険	ブローカー・ディーラー	年金基金	投資会社	金融会社	連邦政府系機関	信用組合	その他
1900	62.9	3.1	15.1	10.7	3.1	3.8	—	—	—	—	—	1.3
1929	50.4	5.6	7.5	13.3	4.2	7.6	1.5	5.6	1.9	1.7	—	0.7
1950	50.8	5.7	7.6	21.1	4.0	—	3.9	—	3.1	—	—	3.8
1970	37.4	12.7	5.7	14.5	3.6	—	12.2	3.5	4.5	3.4	1.1	1.5
1990	27.0	8.9	2.1	11.1	4.1	—	13.9	8.7	6.3	12.1	1.8	4.0

注1) 1970年および1990年は投資信託を示す。
出典：Eugene N. White, "Banking and Finance in the Twentieth Century," in Stanley L. Engerman and Robert E. Gallman eds., *The Cambridge Economic History of the United States*, Vol. III, Cambridge: Cambridge University Press, 2000, Figure 13. 3-4, 13. 7-9, pp. 747-8, 776-7, 787.

し，1975年までには1935年の10倍に，1999年には20倍に達した。反対に，銀行数は1957年には1935年の97%まで減少し，1974-1986年に1935年水準に回復するも，その後は急速に減少し，2002年には56%となった。

1956年法は傘下に銀行を1行しか保有しない「単一銀行持株会社」を規制の対象外としたため，業務多角化のために単一銀行持株会社の形態を採用するケースが1960年代以降，急速に増加した――1984年には銀行持株会社6,070社が，全銀行資産の88%を占めている。このため1970年の銀行持株会社法改正ですべての銀行持株会社に関して「銀行業と商業の分離」が行われ，一般的な保険引受・不動産ブローカー・商品取引などの業務が禁止された。とはいえ，銀行持株会社は参入先の州法が認めている場合，当該州の銀行を取得することはなお可能であった。しかし，1994年州際法が成立してマクファーデン法を撤廃し，ついに他州の銀行の買収と支店設置を認めた。1999年のグラム＝リーチ＝ブライリー法は，銀行業務と証券業務の分離を規定したグラス＝スティーガル法も撤廃した。ただし，同法が合併や統合による単一貯蓄金融持株会社の支配権獲得を違法とした点は，コミュニティ銀行の存続との関係で留意しておかねばならない。

金融の自由化・規制緩和の延長線上に，

全国的支店銀行制とユニバーサル・バンキングの展開を強調することは決して誤りではない。しかし，銀行持株会社を媒介とするアメリカ銀行の戦前の事例を確認したわれわれの前には，むしろ金融変革のダイナミズムの連続面が浮かび上がってくる。では，グローバリゼーションの後，アメリカの銀行はどのような変容を示したのか。以下，いくつかの事例を取り上げながら見てみよう。

金融自由化で規制の壁が取り払われたアメリカの銀行は，国内外の市場競争で失敗することはもちろん，成功することもまた脅威となるような矛盾（巨大化やグローバル化に伴うリスク）を抱えることになった。統合によってあらゆる銀行業務と金融サービスを供給することで国際競争力の維持をはかるユニバーサル・バンクへの動きは，マネー・センター銀行に特徴的である。今日，アメリカのマネー・センター銀行はシティバンクとJPモルガン・チェース銀行の2行に過ぎないと言われる。バンク・オブ・アメリカがこのカテゴリーから外れる理由は後述するが，さしあたり表終-2に示されるように，国内資産比率の高さがそれを物語っている。

アメリカ最大の銀行持株会社シティグループは，クレジット・カード・ローンやモーゲージを担保とする証券発行で自己資本比率を充実させ，またアメリカ最大のクレジット・カード発行者としての地位を確保した。同行は1998年10月にソロモン・ブラザース証券を買収したばかりの大手生命保険会社トラベラーズ・グループと合併し，銀行業務を中核に保険・証券・資産管理業務など，まさにユニバーサルな業務を展開する資産額で世界第2位（2001年末）の金融機関となった。JPモルガン・チェースとは違って，その後も同行は積極的な海外拡張戦略を展開している。表終-3に示されるように，同行の2002年度の総純利益139.9億ドルのうち海外事業は54.9億ドル（39.2％）を占め，部門別では消費者金融，企業金融・投資銀行，投資運用のなかで海外事業はそれぞれ35.9％（30.3億ドル），53.7％（20.2億ドル），24.6％（4.5億ドル）を占めている[6]。

マネー・センター銀行ではあるが，JPモルガン・チェースは国内銀行業務の拡充を重要な戦略としてきた。1991年末，金融中心地の大手銀行として発展途上国向けと不動産開発業者向けの不良債権を抱えて苦しんでいたケミカル銀行（総資産741億ドル）とマニュファクチャラーズ・ハノーバー銀行（同613

表終-2 連邦預金保険加入の上位商業銀行 (2005年9月末)

銀　　行	全米順位	銀行所在地 (州)	設立準拠法[1]	連結総資産 (100万ドル)	国内資産 (100万ドル)	国内資産比率	国内支店数	外国支店数	外国人所有比率
バンク・オブ・アメリカ	1	シャーロット (ノースカロライナ)	国法	1,057,298	967,251	91	6,246	173	0
JPモルガン・チェース銀行	2	コロンバス (オハイオ)	国法	1,008,426	626,459	62	2,798	113	0
シティバンク	3	ニューヨーク (ニューヨーク)	国法	704,616	308,818	44	388	329	0
ワコビア銀行	4	シャーロット (ノースカロライナ)	国法	477,994	452,874	95	3,190	6	0
ウェルズ・ファーゴ銀行	5	スーフォールス (サウスダコタ)	国法	380,109	379,083	100	3,706	2	0
ユー・エス銀行	6	シンシナティ (オハイオ)	国法	206,667	206,234	100	2,731	1	0
サントラスト銀行	7	アトランタ (ジョージア)	州法加盟	170,774	170,774	100	1,854	0	0
香港上海銀行アメリカ	8	ウィルミントン (デラウェア)	国法	145,949	135,155	93	413	5	100
ステート・ストリート銀行	9	ボストン (マサチューセッツ)	州法加盟	91,404	69,533	76	2	12	0
キーバンク	10	クリーブランド (オハイオ)	国法	87,574	85,709	98	1,155	1	0
バンク・オブ・ニューヨーク	11	ニューヨーク (ニューヨーク)	州法加盟	85,737	59,184	69	340	9	0
PNC銀行	12	ピッツバーグ (ペンシルヴェニア)	国法	84,742	83,027	98	926	0	0
リージョンス銀行	13	クリーブランド (オハイオ)	国法	71,186	70,898	100	417	0	0
ブランチ・バンキング銀行	14	ウィンストン・セーレム (ノースカロライナ)	州法非加盟	74,479	74,479	100	937	0	0

注1) 国法は連邦準備制度に強制加盟の国法銀行、州法加盟は連邦準備制度任意加盟の州法銀行、州法非加盟は連邦準備制度非加盟の州法銀行を示す。
出典) Board of Governors of the Federal Reserve System, Statistics : Releases and Historical Data, "Large Commercial Banks," September 30, 2005. 〈http://www.federalreserve.gov/releases/lbr/〉.

終　章　金融グローバル化と銀行構造の変化 —— 307

表終-3　シティグループの海外事業（2002年度当期純利益）

(単位：100万ドル)

		消費者金融部門[1]		法人金融・投資銀行部門		投資運用部門		合　計	
			(%)		(%)		(%)		(%)
	北　米[2]	5,399	64.1%	1,736	46.3%	1,367	75.4%	8,502	60.8%
海外	メキシコ	761	9.0%	210	5.6%	234	12.9%	1,205	8.6%
	西ヨーロッパ	613	7.3%	375	10.0%	4	0.2%	992	7.1%
	日　本	977	11.6%	97	2.6%	57	3.1%	1,131	8.1%
	アジア[3]	652	7.7%	662	17.6%	107	5.9%	1,421	10.2%
	南　米	−144	−1.7%	75	2.0%	22	1.2%	−47	−0.3%
	CEEMEA[4]	167	2.0%	596	15.9%	22	1.2%	785	5.6%
	海外計	3,026	35.9%	2,015	53.7%	446	24.6%	5,487	39.2%
	合　計	8,425	100.0%	3,751	100.0%	1,813	100.0%	13,989	100.0%

注1）消費者金融部門はカード事業・消費者金融・小売銀行業務，法人金融および投資銀行部門は資本市場・銀行業務，投資運用部門は生命保険および年金・資産運用に区分される。
　2）メキシコを除く。
　3）日本を除く。
　4）中東欧，中東，アフリカ。
出典）Citigroup, *2002 Annual Report*, Financial Information, 2003, p. 42.

億ドル）が合併した。この合併で成立したケミカル銀行は全米第2位に浮上し，店舗と人員の大幅な合理化を行った[7]。その後，1996年にはチェース銀行がケミカル銀行と合併して全米史上最大の銀行統合と話題になったのも束の間，2001年11月に，今度はJPモルガンがチェース・マンハッタン銀行と統合した。新生JPモルガン・チェース銀行はシティバンクに次ぐ全米第2位，世界で第9位の銀行となった[8]。実質的にはチェース・マンハッタン銀行による買収であったとされるこの統合の結果，**表終-4**に見られるように，同行は総収益296億ドルの26.2%を海外事業で確保したものの，73.8%は国内業務に依拠し，純利益（16.6億ドル）に至っては国内業務が82%を占めている[9]。

　既に見たように，銀行の州際業務は制限されていたが，実は当初から形骸化が進んでいた。1990年末で4つの州を除く，ほとんどの州が他州の銀行持株会社の保有を認めていたことから，持株会社を通じて他州の銀行を買収することができたからである。こうした銀行統合はスーパー・リージョナル銀行，すなわち巨大地方銀行の全国展開を活発化させた。スーパー・リージョナル銀行

表終-4 JPモルガン・チェース銀行の海外事業 (2002年度)

(単位:100万ドル)

		収益	%	経費	利益 税引前利益・損失	純利益	(%)
	国内	21,857	73.8%	19,802	2,065	1,363	82.0%
海外	アジア	1,900	6.4%	1,820	80	53	3.2%
	ヨーロッパ,中東,アフリカ	5,120	17.3%	4882	238	157	9.4%
	南米,カリブ海	685	2.3%	557	128	85	5.1%
	その他	42	0.1%	34	8	5	0.3%
	海外計	7,747	26.2%	7,293	454	300	18.0%
	合計	29,604	100%	27,095	2,519	1,663	100%

出典) J.P. Morgan Chase & Co., *2002 Annual Report*, 2003, p. 107.

は伝統的な企業金融やリテール銀行業務を中核にして，多数の州にまたがって銀行店舗を展開しながら地元密着型の経営を行う大銀行である。この代表的な銀行は，表終-2に示すトップランクの銀行群を占めるバンク・オブ・アメリカ（第1位），ワコビア（第4位），ウェルズ・ファーゴ（第5位）などである[10]。

1998年にネーションズバンクがアメリカ銀行と統合し，新生バンク・オブ・アメリカが東海岸から西海岸まで21州と首都ワシントンに銀行ネットワーク（4,334支店）を拡張した。その勢いは留まることなく，2004年に全米第7位の大銀行（1,500支店）フリート・ボストンを吸収し，ついに国内資産9,672億ドルの全米第1位の銀行に上りつめたのである。

ノースカロライナ州シャーロットを拠点とするネーションズバンクは，1982年にフロリダ州の小銀行を買収して以来，ひたすら統合路線を走ってきた。ノースカロライナ国法銀行が1991年にソブラン銀行（ジョージア州等）を統合してネーションズバンクを創設した後，マッコール（Hugh McColl）会長にも「巨大でグローバルなマネー・センター銀行」になろうとした時期があった。それは1994年法が州際銀行規制を撤廃した時期に照応する[11]。しかし，1996年に中西部・南西部9州に展開する巨大銀行持株会社（Boatmen's Bancshares）を買収したとき，同行は既にその巨大な利潤源泉の主軸を「消費者や小企業相手の旧式の支店銀行」に絞り込んでいた――マッコールはその前年，バンク・

オブ・アメリカとの合併を持ちかけ，「わが国最初の真の全米銀行」にしようと画策していた。ネーションズバンクの戦略・計画担当の上級副頭取ジェントリー（Frank Gentry）によれば，全国銀行になることの利点はまず，リスクの分散である。テキサスでのエネルギーや宇宙開発事業が不振になっても，フロリダの観光や不動産事業の好調がそれを相殺してくれる。次に，支店網の集中化である。膨大な数の事実上の支店に共通する経費を削減できるからである。最後に，資金量である。統合によって複雑化の一途にある事務・情報処理の機械化の経費や新たな商品開発費は，スーパー・リージョナル銀行でさえ不可能なほどに増大すると予想された[12]。

バンク・オブ・アメリカの経営戦略は，マネー・センター銀行から全米ネットワークの構築に転換した。ネーションズバンクがアメリカ銀行を実質的に併合したとはいえ，20世紀初頭からのアメリカ銀行の全国銀行支店網の構築という戦略と合致していた。2004年6月現在，同行は30州に5,811支店を所有し，大部分の州で預金シェアは上位数行のなかに入っている。旧アメリカ銀行が一時期，マネー・センター銀行の戦略をとっていたことから——結局は失敗したが——，その影響を受けて新銀行も**海外業務を展開している**。**表終-5**に示されるように，バンク・オブ・アメリカの2002年12月末の総資産6,133万ドルのうち海外事業資産は僅かに0.4%，海外事業純利益も全体の1.3%にすぎず，JPモルガン・チェース銀行の18%，シティグループの39.2%と比べて際立って低いことがわかる[13]。

表終-5 バンク・オブ・アメリカの海外事業（2002年度）

(単位：100万ドル)

		総資産		利　　益		
			%	税引前利益・損失	純利益	(%)
国　内[1]		611,100	99.6%	32,267	9,127	98.7%
海外	アジア	839	0.1%	410	278	3.0%
	ヨーロッパ，中東，アフリカ	1,163	0.2%	28	42	0.5%
	南米，カリブ海	225	0.0%	−321	−198	−2.1%
	海外計	2,227	0.4%	117	122	1.3%
合　計		613,327	100%	32,384	9,249	100%

注1) カナダの事業を含む。Bank of America, *2002 Annual Report*, 2003, p. 111.

III. 地域社会と銀行の公共性——コミュニティ銀行のゆくえ

　スーパー・リージョナル銀行の発展はコミュニティ銀行を危機に陥れ，国民生活に多大な影響を及ぼした。すなわち，①より高い預金金利を獲得できるようになる一方で，家族用住宅金融の専門機関としてのS&Lの公共的役割を終焉させたこと，②預金保険制度に市場原理を導入することで低所得者層と高所得者層の資産格差を拡大させたこと，③過疎地域における銀行（支店）閉鎖により銀行サービスを低下させたこと[14]，④農業や新設中小企業に対する銀行融資は一般的に高リスクであるため（新設企業の5年生存率は60％，10年生存率は33％程度とされる）[15]，農村や小企業の多い地方都市で資金調達問題を発生させたことなどである。

　しかしながら，コミュニティ銀行消失の予想にもかかわらず，その相対的な重要性はなお高い。資産額で1,001位以下の小銀行は，厳しい経営環境にもかかわらず，1985-2000年には純利子差益や資産収益率で大銀行を上回る良好なパフォーマンスを実現した[16]。小銀行は大銀行が非効率性ゆえに敬遠する戦略を展開した。すなわち，①「長期的関係」に依拠する中小企業向けの「関係指向型貸付 (relationship-based lending)」や②小規模農業向け貸付で強みを発揮し，他方で大銀行と比較して預金依存度が高いために，③中小預金者向けサービスを強化した。2000年6月には商工業貸付に占めるコミュニティ銀行のシェアは12.8％に過ぎなかったが，100万ドル以下の小規模貸付に限ればなお32.5％を維持した。同様に，農場抵当貸付では64.6％，10万ドル以下の貸付となるとシェアを82.6％に上昇させた。預金に関しても，コミュニティ銀行は預金全体の19.3％を，10万ドル以下の預金の23.5％を獲得した[17]。

　コミュニティ銀行の社会経済的役割の変化は，連邦準備制度などの銀行規制にも影響を及ぼした。コミュニティ銀行はもはや金融・決済のシステミック・リスクには重要な影響を及ぼすことはないが，中小企業や農業，また中小預金者との密接な関係ゆえに，金融規制機関の関心を高めた[18]。加えて，公民権運動や消費者運動の高揚と金融の自由化・グローバル化の地域社会への浸透を受けて，銀行の新たな役割が強調され，新たな金融規制が導入された。1970年

代に制定された一連の消費者保護立法——貸付条件明示法（1968年），信用調査公正報告法（1970年），平等信用機会法（1974年），住宅抵当貸付情報開示法（1975年），負債回収公正手続法（1977年），地域再投資法（1977年）——がそれである。

地域再投資法（CRA）は近年，最も注目度の高い連邦金融規制であり，金融機関が地域の，そして中低所得者の資金需要に適切に対応するよう求めたものである[19]。具体的には，貧困者が多いなどの理由で一定地域を「赤線引き（redlining）」して信用供与の対象外とする行為を禁じるものであった。当初は金融機関に対する実質的な強制力を欠いていたが，金利規制の撤廃後に発生した金融危機を経験してCRA規制は強化され，規制領域も住宅ローンから中小企業貸付や預金などの銀行サービスに拡張，あるいは焦点を移行しつつある[20]。S&Lの社会的役割を見直した1989年金融機関改革救済法では連邦準備銀行，通貨監督官（財務省），連邦預金保険公社などの規制当局が銀行の地域金融への貢献度を4段階評価（公表）して，銀行の新設や支店開設，他行の吸収・合併や連邦預金保険への加入などに際して考慮することになった。また，1994年州際法による州際支店の自由化にあたっては進出州ごとのCRA評価が導入され，1999年グラム゠リーチ゠ブライリー法では金融持株会社の証券・保険業務参入の条件として上位のCRA格付け取得を義務づけられた。

住民運動や消費者運動などの非営利団体はCRA制定のみならず，その後のCRAの強化・拡充に重要な役割を果たしてきた。これら非営利団体は銀行の地域貢献の不足を糾弾する一方で，協力関係にある銀行に対しては地域の金融ニーズに関する信頼できる情報源を提供し，また地域の顧客との貴重な仲介者ともなった[21]。しかし，銀行統合戦略を積極的に展開する金融機関との間に形成された密接な関係は銀行からの多額の寄付金に帰結した[22]。こうした関係に対する疑問から，1999年法は銀行と地域住民団体との覚書の公表を義務づけたが，透明性を増した非営利団体の役割はむしろ高まると見られている。

近年，連邦準備制度や連邦預金保険公社などの銀行規制当局はスモール・ビジネスの新しい範疇としてマイノリティ銀行（正確には，マイノリティ所有銀行[minority-owned banks]）がマイノリティ融資に果たす役割を重視している。**表終-6**によれば，女性所有銀行を含めたマイノリティ所有銀行は2006年9月末

で107行(内アジア系32.7%, アフリカ系29.0%に対して, ヒスパニック系16.8%, 女性所有6.5%), 総資産額809億ドル, 総預金額589億ドルにすぎない。しかし, 2003年と比較すれば, それぞれ1.68倍, 1.72倍に増加した。また, 連邦準備制度加盟銀行は47行にすぎず, 大半60行 (56.1%) は連銀非加盟の州法銀行である。

マイノリティ銀行の支援にもCRAが利用された。1995年にマイノリティ銀行のCRA遵守業務の負担を軽減(条件付の検査頻度の緩和)することで, その営業経費の増加を抑制しようとしたのである[23]。マイノリティ銀行は一般的に小規模で, 平均的銀行の総資産が7.09億ドルであるのに対して, マイノリティ銀行のそれは3.17億ドルと約半分にとどまる。しかも, マイノリティ銀行の92%は本社を大都市部に置いているため(その他の銀行は49%), 相対的に高い営業費が利潤を圧迫している[24]。

しかし, マイノリティ銀行は必ずしも小規模な単店舗銀行だけではない。2006年9月末にマイノリティ銀行の認可を受ける107行中最大の銀行は, ファーストバンク・オブ・プエルトリコ (FirstBank of Puerto Rico) であり,

表終-6 マイノリティ銀行 (2003-2006年)

	2006年	2005年	2004年	2003年
総資産額 (100万ドル)	80,888	76,529	66,365	48,038
総預金額 (100万ドル)	58,858	55,979	47,162	34,234
銀行数合計	107	118	118	113
アフリカ系所有銀行	31	32	31	30
女性所有銀行	7	8	8	9
ヒスパニック系所有銀行	18	20	20	18
アジア系所有銀行	35	41	42	40
先住民所有銀行	15	16	16	15
多人種系所有銀行	1	1	1	1
連銀加盟・連邦特許銀行	30	36	36	34
連銀加盟・州法銀行	17	17	17	16
連銀非加盟・州法銀行	60	65	65	63
合　　計	107	118	118	113

注) 各年とも9月30日のデータ。
出典) Board of Governors of the Federal Reserve System, Statistics : Releases and Historical Data, "Minority Owned Bank."〈http://www.federalreserve.gov/releases/mob/〉.

総資産164億ドル，1949年創設の連邦準備制度非加盟の州法銀行持株会社（59支店）である。総資産第2位（123億ドル）は，1961年にニューヨーク市で創設されたプエルトリコ系のバンコ・ポピュラー北アメリカ（Banco Popular North America）で，カリフォルニア，フロリダ，イリノイ，テキサス，ニュージャージー州に展開する連邦準備制度加盟の州法銀行持株会社（131支店）である。総資産第3位（108億ドル）はカリフォルニア州を拠点に1972年設立の中国系のイースト・ウェスト銀行（East West Bank）で，連邦準備制度加盟の州法銀行持株会社（68支店）である[25]。

しかしながら，マイノリティ銀行は総資産総額の増加にもかかわらず銀行数が僅かながら減少していることから，アメリカ銀行業界の一般的傾向と同様に統合化が進んでいる側面もある。銀行規制当局によるマイノリティ銀行の創業と存続の支援は，他方でこれら諸銀行の統合を促進する要因ともなり，銀行業のダイナミズムはここでも生み出されている。

おわりに

金融のグローバリゼーションに着目したとき，アメリカの銀行はどう変わったといえるのであろうか。グローバリゼーションのはるか前，現バンク・オブ・アメリカの前身アメリカ銀行（イタリア銀行）は，連邦政府主導で金融市場の組織化が進行していたまさにその時期，カリフォルニア州を拠点としながらこの銀行持株会社は諸立法・諸規制の網の目を巧みにくぐり抜け，また連邦政府高官に対して公然と叛旗をひるがえしながら，他銀行の吸収合併を繰り返してそのネットワークの拡大を図ることができた。これを可能にした要因には，銀行の設立・監督体制が州政府と連邦政府・諸機関に分権化されていた事実があった。単一銀行制度によるコミュニティ銀行の理念を制度化したはずのものが，実はその理念を内部から崩壊させうる機能を内在していたといえる。しかしながら，グローバル化以前のアメリカ銀行のネットワークは，カリフォルニア州全域とオレゴン州やネヴァダ州などごく一部に限られた。制度はやはり，歴史的に機能していた。

結局のところ，インフレーションの管理に失敗した連邦準備政策の結果として，金融のグローバル化と自由化が進展した。これによって銀行持株会社による支店網の拡大は一気に進展し，アメリカ銀行の創業者らが抱いた夢は実現にあと一息のところまで近づいた。アメリカ銀行の母体は他の銀行に吸収されてしまったが，それ自体がアメリカ金融市場のダイナミズムを示す格好の事例となった。他方で，金融市場の変化はコミュニティ銀行の伝統を危機に追いやった。しかし，その過程で出現した新しいタイプのコミュニティ銀行やマイノリティ銀行が分権的な金融監督規制機関の支援を受けつつ，市場システムとどの程度うまく共存できるのか，今後の展開に注目しなければならない。

[注]
1) Bank for International Settlements, Basel Committee on Banking Supervision, "Sound Practices for the Management and Supervision of Operational Risk," 2003, pp. 1-2. 〈http://www.bis.org/publ/bcbs96.htm〉.
2) 由里宗之『米国のコミュニティ銀行——銀行再編下で存続する小銀行』ミネルヴァ書房，2000年，167-168頁。
3) 以下，次を参照。須藤功「アメリカにおける地域社会と銀行——ニューディールから現代へ」明治大学政治経済学部創設百周年記念叢書刊行委員会編『アメリカの光と闇 国際地域の社会科学 I』御茶の水書房，2005年，120-124頁；地主敏樹『アメリカの金融政策——金融危機対応からニューエコノミーへ』東洋経済新報社，2006年，第7章。
4) 詳しくは，以下を参照。Linda Aguilar, "Banks and Nonbanks: The Competition Heats Up," *Bankers Magazine*, May/June 1992, pp. 31-38.
5) Timothy Curry and Lynn Shibut, "The Cost of the Savings and Loan Crisis: Truth and Consequences" *FDIC Banking Review*, Vol. 13, No. 2, December 2000, p. 33.
6) 2006年度の同行年次報告書によれば，総純利益215.4億ドルのうち海外事業は91.7億ドル（42.6%）と，2002年度と比較して1.4%増加した。Citigroup, *2006 Annual Report*, Financial Information, 2007, p. 17. 〈http://www.citigroup.com/citigroup/fin/data/k06c.pdf〉.
7) "A Survey of World Banking: Time to Leave," *Economist*, May 2, 1992, p. 23.
8) *American Banker*, July 12, 2002, p. 17. 積極的な統合戦略の結果，同行は以下の銀行グループで構成されている。J. P. Morgan, Chase Manhattan, Chemical, Manufacturers Hanover, Bank One, First Chicago, and National Bank of Detroit.
9) 2006年度の同行年次報告書によれば，総収益614億ドルのうち海外事業が26.2%（国内事業73.8%）と2002年度と比較してまったく変化がなく，純利益（144億ドル）

は海外事業が 24.9%（国内業務 75.1%）と僅かに増加した。Morgan Chase & Co., *2006 Annual Report*, 2007, p. 138.
10) *United States Banker*, December 1999, p. 19.
11) R. B. Avery, R. W. Bostic, P. S. Calem, and G. B. Canner, "Changes in the Distribution of Banking Offices," *Federal Reserve Bulletin*, 1997, p. 712 ; Alfred Broaddus, Jr., "The Bank Merger Wave : Causes and Consequences," *Economic Quarterly*, Vol. 84, No. 3, 1998, p. 4.
12) Saul Hansell, "Riches in Plain-Vanilla Banking," *New York Times*, October 2, 1996, pp. D1, D4.
13) 2006年度の同行年次報告書によれば，総資産1兆4,597万ドルのうち海外資産は10.9%，海外事業純利益は全体（211億ドル）の12.0%と急増している。Bank of America, *2006 Annual Report*, 2007, p. 150. 〈http://media.corporate-ir.net/mediafiles/irol/71/71595/reports/2006AR.pdf〉.
14) Rudolph A. Pyatt Jr., "Small Communities Should Count in Bank-Closing Calculations," *Washington Post*, August 21, 1997, E03 ; do, "Admitting to a Stalemate at the Crestar Brandywine Branch, *Washington Post*, September 4, 1997, E03.
15) David Osborne and Peter Plastrik, "Backing the Unbankable," *Washington Post*, September 14, 1997, W07.
16) なお，資産額101位までを中銀行，100位以上を大銀行と定義している。William F. Bassett and Thomas F. Brady, "The Economic Performance of Small Banks, 1985-2000," *Federal Reserve Bulletin*, November 2001, pp. 720, 727-728. なお，資産額10億ドル以下の小銀行の資産収益率を銀行規模別に比較すると，同3-10億ドル，1-3億ドル，1億ドル以下の順に低下する。William Keeton et al., "The Role of Community Banks in the U. S. Economy," Federal Reserve Bank of Kansas City, *Economic Review*, Vol. 88, No. 2, Second Quarter, 2003, Chart 5, p. 35.
17) Keeton et al., Ibid., pp. 24-29. 大銀行は「非個人的で取引指向型サーヴィス」に比較優位をもつ。
18) Thomas M. Hoenig, "Community Banks and the Federal Reserve," *Economic Review*, Federal Reserve Bank of Kansas City, Second Quarter 2003, pp. 5-14.
19) CRAが規定する中低所得住民（low-and moderate-income neighborhoods）とは，所得中央値の80%以下，2000年センサスでは全米で4万ドル以下の家計を指す。Joint Center for Housing Studies, *The 25th Anniversary of the Community Reinvestment Act : Access to Capital in an Evolving Financial Services System*, Cambridge, Mass. : Harvard University, March 2002, p. 3.
20) 高月昭年「銀行構造の変化と資金地元公平還元法の拡大」『証券経済研究』第20号，1999年7月，73頁。また，以下も参照。ジェームズ・キャンペン「銀行と地域社会，公共政策」ゲーリー・ディムスキほか編，原田善共監訳『アメリカ金融システムの転換──21世紀に公正と効率を求めて』日本経済評論社，2001年，第8章。

21) 高田太久吉「銀行と地域——米国「地域再投資法」をめぐる最近の動向」『中央大学企業研究所年報』第14巻I, 1993年7月, 90-91頁。
22) たとえば, 反レッドライニング団体の（グリーンライニング連合［Greenlining Coalition］）は, 1999年度にバンク・オブ・アメリカから21万ドル, ウェルズ・ファーゴ銀行から26万ドルなど, 金融機関から合計約90万ドルの寄付金を得ていた。Joint Center for Housing Studies, *op. cit., The 25th Anniversary of the Community Reinvestment Act*, Table 4.
23) 連邦準備銀行は, サブプライム・ローンなどマイノリティ銀行が特徴的に抱える諸問題に関する専門的知識や技術を提供するためのプログラムも実施している。Randall S. Kroszner, "Federal Reserve Initiatives to Support Minority-Owned Institutions and Expand Consumer Protection," Speech at the Interagency Minority Deposit Institutions National Conference, Miami, Florida, August 1, 2007. 〈http://www.federalreserve.gov/newsevents/speech/Kroszner20070801a.htm〉.
24) Donna Tanoue, Chairman of FDIC, "Remarks before the National Bankers Association, Chicago, Illinois," October 4, 2000. 〈http://www.fdic.gov/news/news/speeches/archives/2000/sp04Oct00.html〉.
25) Board of Governors of the Federal Reserve System, Statistics : Releases and Historical Data, "Minority Owned Bank." 〈http://www.federalreserve.gov/releases/mob/〉.

参考文献

一次史料（マニュスクリプト，政府文書）

Board of Governors of the Federal Reserve System, *Legislation, Major Speeches and Essays, and Special Reports, 1913-1960*, Microfilm, Frederick, Md.: University Publications of America, 1983

Board of Governors of the Federal Reserve System, *Minutes of Meetings of the Federal Open Market Committee, 1923-1975*, Microfilm, Frederick, Md.: University Publications of America, 1983

Coolidge, T. Jefferson. Papers. Franklin D. Roosevelt Presidential Library, Hyde Park, NY.

Eccles, Marriner S. Papers. MS 178, J. Willard Marriott Library, University of Utah, Salt Lake City, UT.

Harrison, George L. Papers. Rare Book and Manuscript Library, Columbia University, New York, NY.

Harrison, George L. Papers. Archives of the Federal Reserve Bank of New York, New York, NY.

Hayek, Friedrich A. von. Papers. Hoover Institution, Stanford University, Stanford, CA.

Means, Gardiner C. Papers. Franklin D. Roosevelt Presidential Library, Hyde Park, NY.

Morgenthau, Henry, Jr. Papers. Franklin D. Roosevelt Presidential Library, Hyde Park, NY.

Morgenthau, Henry, Jr. *The Diaries: Depression and New Deal, 1933-1939*, by Robert Lester, Microfilm, Bethesda, MD: University Publications of America, 1995

Morgenthau, Henry, Jr. *The Diaries: Prelude to War and War, 1940-1942*, by Robert Lester, Microfilm, Bethesda, MD: University Publications of America, 1996

Records of Committees Relating to Banking and Currency, Record Group 46, National Archives and Records Administration, College Park, MD.

Records of Harry Dexter White, Records of the Assistant Secretary Relating to Monetary and International Affairs, General Records of the Department of Treasury, Record Group 56, National Archives and Records Administration, College Park, MD.

Records of the Board of Governors, Records of the Federal Reserve System, Record Group 82, National Archives and Records Administration, College Park, MD.

Records of the National Advisory Council on International Monetary and Financial Problems, General Records of the Department of Treasury, Record Group 56, National Archives and Records Administration, College Park, MD.

Sproul, Allan. Papers. Archives of the Federal Reserve Bank of New York, New York, NY.

White, Harry Dexter. Papers. Seeley G. Mudd Manuscript Library, Princeton University, Princeton, NJ.

雑誌・定期刊行物

Federal Register, National Archives and Record Service
Federal Reserve Bulletin, Board of Governors of the Federal Reserve System
American Banker, New York

Bankers Magazine, New York
Commercial and Financial Chronicle, New York
Economist, London
New York Times, New York
United States Banker, New York, etc.
Washington Post, Washington, D.C.

欧語文献（政府刊行物，翻訳書，Web 資料を含む）

Aguilar, Linda, "Banks and Nonbanks: The Competition Heats Up," *Bankers Magazine*, May/June 1992

American Bankers Association, Special Banking Studies Committee, *The Answers of the American Bankers Association: In Reply to Part 9 of the Questionnaire of the Committee on Banking and Currency of the United States Senate*, New York: American Bankers Association, 1941

Anderson, Clay J., *A Half-century of Federal Reserve Policymaking, 1914-1964*, Federal Reserve Bank of Philadelphia, 1965

Avery, R. B., R. W. Bostic, P. S. Calem, and G. B. Canner, "Changes in the Distribution of Banking Offices," *Federal Reserve Bulletin*, 1997

Bach, George L., *Federal Reserve Policy-making: A Study in Government Economic Policy Formation*, New York: A. A. Knopf, 1950

Bank for International Settlements, *Annual Report*, 1936-1938, Basle: Bank for International Settlements, 1933 ［金融経済研究会編『国際決済銀行年次報告書』平田喜彦・安保哲夫訳，第 3 巻，日本経済評論社，1980 年］

Bank for International Settlements, Basel Committee on Banking Supervision, "Sound Practices for the Management and Supervision of Operational Risk," 2003, pp. 1-2. 〈http://www.bis.org/publ/bcbs96.htm〉

Bank of America, Annual Report, 2003, 2007. 〈http://media.corporate-ir.net/mediafiles/irol/71/71595/reports/2006AR.pdf〉

Barber, William J., *Designs within Disorder: Franklin D. Roosevelt, the Economists, and the Shaping of American Economic Policy, 1933-1945*, Cambridge & New York: Cambridge University Press, 1996

Barnett, George E., *States Banks and Trust Companies Since the Passage of the National Bank Act*, National Monetary Commission, Washington: GPO, 1911

Bassett, William F., and Thomas F. Brady, "The Economic Performance of Small Banks, 1985-2000," *Federal Reserve Bulletin*, November 2001

Beckhart, Benjamin H., *Federal Reserve System*, New York: American Institute of Banking, 1972 ［ベンジャミン・H. ベックハート『米国連邦準備制度』矢尾次郎監訳，東洋経済新報社，1988 年］

Benston, George J., "Does Bank Regulation Produce Stability? Lessons from the United States," in Forrest Capie, Geoffrey E. Wood eds., *Unregulated Banking: Chaos or Order*, Basingstoke: Macmillan, 1991

Benston, George J., *The Separation of Commercial and Investment Banking, The Glass-Steagall Act Revisited and Reconsidered*, Basingstoke: Macmillan, 1990

Berle, Adolf A. and Gardiner C. Means, *The Modern Corporation and Private Property*, New

York: Macmillan, 1932 [A. A. バーリー, G. C. ミーンズ『近代株式会社と私有財産』北島忠男訳, 文雅堂書店, 1958 年]
Bernanke, Ben S., *Essays on the Great Depression*, Princeton: Princeton University Press, 2000
Block, Fred L., *The Origins of International Economic Disorder: A Study of United States International Monetary Policy from World War II to the Present*, Berkeley: University of California Press, 1977
Bloomfield, Arthur I., *Capital Imports and the American Balance of Payments: A Study in Abnormal International Capital Transfers*, New York: Augustus M. Kelley, 1966 [A. I. ブルームフィールド『国際短期資本移動論』中西市郎・岩野茂道監訳, 新評論, 1974 年]
Blum, John M., *From Morgenthau Diaries*, Vol. 1, Years of Crisis, 1928-1938, Boston: Houghton Mifflin Co., Second printing, 1959
Board of Governors of the Federal Reserve System, *Banking and Monetary Statistics*, Washington: GPO, 1943
Board of Governors of the Federal Reserve System, *Annual Report*, 1934-53, Washington: GPO
Board of Governors of the Federal Reserve System, *Banking Studies*, Washington, D.C.: Board of Governors of the Federal Reserve System, 1941
Board of Governors of the Federal Reserve System, Statistics: Releases and Historical Data, "Minority Owned Bank." 〈http://www.federalreserve.gov/releases/mob/〉
Board of Governors of the Federal Reserve System, Statistics: Releases and Historical Data, "Large Commercial Banks," September 30, 2005. 〈http://www.federalreserve.gov/releases/lbr/〉
Bordo, Michael, and Anna J. Schwartz, "From the Exchange Stabilization Fund to the International Monetary Fund," *NBER Working Paper*, No. 8100, 2001
Bordo, Michael D., Barry Eichengreen, and D. A. Irwin, "Is Globalization Today Really Different than Globalization a Hundred Years Ago?," *NBER Working Paper*, No. 7195, 1999
Bordo, Michael D., Owen Humpage, and Anna J. Schwartz, "The Historical Origins of U.S. Exchange Market Intervention Policy," *NBER Working Paper*, No. W12662, November 2006
Boughton, James M., and Roger J. Sandilands, "Politics and the Attack on FDR's Economist: From the Grand Alliance to the Cold War," *Intelligence and National Security*, Vol. 18, No. 3, Summer 2003
Bremner, Robert P., *Chairman of the Fed: William McChesney Martin, Jr. and the Creation of the Modern American Financial System*, New Haven: Yale University Press, 2004
Brimmer, Andrew F., "Andrew Brimmer Remembers William McChesney Martin Jr." Federal Reserve Bank of Minneapolis, *The Region*, 12, September 1998
Broaddus, Alfred, Jr., "The Bank Merger Wave: Causes and Consequences," *Economic Quarterly*, Vol. 84, No. 3, Summer 1998
Burns, Helen M., *The American Banking Community and New Deal Banking Reforms, 1933-1935*, Westport, Conn.: Greenwood Press, 1974
Cargill, Thomas F., and Gillian G. Garcia, *Financial Deregulation and Monetary Control:*

Historical Perspective and Impact of the 1980 Act, Stanford, Calif.: Hoover Institution Press, 1982 [T. F. カーギル, G. G. ガルシア『アメリカの金融自由化』立脇和夫・蠟山昌一訳, 東洋経済新報社, 1983 年]

Casey, Kevin M., *Saving International Capitalism during the Early Truman Presidency: The National Advisory Council on International Monetary and Financial Problems*, New York: Routledge, 2001

Cecchetti, Stephen G., "The Future of Financial Intermediation and Regulation: An Overview," Federal Reserve Bank of New York, *Current Issues in Economics and Finance*, Vol. 5, No. 8, May 1999

Cerny, Philip G., "American Decline and the Emergence of Embedded Financial Orthodoxy," in Philip G. Cerny ed., *Finance and World Politics: Markets, Regimes and States in the Post-hegemonic Era*, Aldershot, Hants: Edward Elgar, 1993

Chaddock, Robert E., *The Safety-Fund Banking System in New York State, 1829–1866*, National Monetary Commission, Washington: GPO, 1910

Citigroup, Annual Report, Financial Information, 2003, 2007, ⟨http://www.citigroup.com/citigroup/fin/data/k06c.pdf⟩

Clarke, Stephen V. O., "The Reconstruction of the International Monetary System: The Attempts of 1922 and 1933," *Princeton Studies in International Finance*, No. 33, 1973

Clifford, A. Jerome, *The Independence of the Federal Reserve System*, Philadelphia, PA: University of Pennsylvania Press, 1965

Cooke, Thornton, The Insurance of Bank Deposits in the West, I, *Quarterly Journal of Economics*, Vol. 24, 1910

Cooper, Kerry, and Donald R. Fraser, *Banking Deregulation*, Cambridge, Mass.: Ballinger Pub. Co., 1984

Cooper, S. Kerry, and Donald R. Fraser, *Banking Deregulation and the New Competition in Financial Services*, Cambridge, Mass.: Ballinger Pub. Co., 1984

Crawford, Arthur W., *Monetary Management under the New Deal: The Evolution of a Managed Currency System—Its Problems and Results*, New York: Da Capo Press, 1972, 1st 1940

Currie, Lauchlin, "Causes of the Recession," reprinted by Byrd L. Jones, *History of Political Economy*, Vol. 12, No. 3, 1980

Currie, Lauchlin, "Desirable Changes in the Administration of the Federal Reserve System," Nov. 3, 1934, *Journal of Economic Studies*, Vol. 31, No. 3/4, 2004

Currie, Lauchlin, "The Economic Distribution of Demand Deposits," *Journal of the American Statistical Association*, Vol. 33, June 1938

Currie, Lauchlin, "The Keynesian Revolution and Its Pioneers: Discussion," *American Economic Review*, Vol. 62, No. 2, May 1972

Currie, Lauchlin, P. T. Ellsworth, and H. D. White, "Memorandum," edited by David Laider & Roger Sandilands, *History of Political Economy*, Vol. 34, No. 3, Fall 2002

Currie, Lauchlin, *The Supply and Control of Money in the United States*, Cambridge, Mass.: Harvard University Press, 1934

Curry, Timothy, and Lynn Shibut, "The Cost of the Savings and Loan Crisis: Truth and Consequences" *FDIC Banking Review*, Vol. 13, No. 2, December 2000

D'Arista, Jane W., *The Evolution of U.S. Finance*, Vol. I, Armonk, New York: M. E. Sharpe, 1994

Daly, Herman E., *Beyond Growth : the Economics of Sustainable Development*, Boston : Beacon Press, 1996 [ハーマン・E. デイリー『持続可能な発展の経済学』新田功・藏本忍・大森正之訳, みすず書房, 2005 年]

Dewey, Davis R., *State Banking before the Civil War*, National Monetary Commission, Washington : GPO, 1910

Draper, Ernest G., and Walter R. Gardner, "Goods and Dollars in World Trade," *Federal Reserve Bulletin*, November 1944

Drummond, Ian M., *The Gold Standard and the International Monetary System 1900-1939*, Basingstoke : Macmillan Education, 1987 [田中生夫・山本栄治訳『金本位制と国際通貨システム 1900-1939』日本経済評論社, 1989 年]

Dymski, Gary A., Gerald Epstein, Robert Pollin, ed., *Transforming the U.S. Financial System : Equity and Efficiency for the 21st Century*, Armonk, N. Y. : M. E. Sharpe, 1993 [ディムスキ, エプシュタイン, ポーリン編『アメリカ金融システムの転換——21世紀に公正と効率を求めて』原田善共監訳, 日本経済評論社, 2001 年]

Eccles, Marriner S., *Beckoning Frontiers : Public and Personal Recollections*, Sidney Hyman ed., New York : Alfred A. Knopf, 1951

Eccles, Marriner, "Sources of Inflationary Pressure," *Federal Reserve Bulletin*, February 1946

Eckes, Alfred E., Jr., *A Search for Solvency : Bretton Woods and the International Monetary System, 1941-1971*, Austin : University of Texas Press, 1975

Edwards, Gurden, "Bank Supervision Experience," *Banking : Journal of the American Bankers Association*, Vol. 34, No. 1, July 1941

Eichengreen, Barry ed., *Europe's Post-war Recovery*, Cambridge : Cambridge University Press, 1995

Eichengreen, Barry J., and Jeffrey Sachs, "Exchange Rates and Economic Recovery in the 1930s," *Journal of Economic History*, Vol. 45, December 1985

Eichengreen, Barry J., *Elusive Stability : Essays in the History of International Finance, 1919-1939*, Cambridge & New York : Cambridge University Press, 1990

Eichengreen, Barry J., *Golden Fetters : The Gold Standard and the Great Depression, 1919-1939*, New York : Oxford University Press, 1992

Eichengreen, Barry, and Peter Garber, "Before the Accord : U.S. Monetary-Financial Policy 1945-51," *NBER Working Paper*, No. 3380, 1990

Eichengreen, Barry, *Reconstructing Europe's Trade and Payments : The European Payments Union*, Manchester : Manchester University Press, 1993

European Payments Union, *Final Report of the Managing Board*, Paris : Organisation for European Economic Co-operation, 1959

Federal Deposit Insurance Corporation, *Annual Report*, Washington : Federal Deposit Insurance Corporation, 1940

Federal Deposit Insurance Corporation, *The First Fifty Years : A History of the FRIC 1933-1983*, Washington : GPO, 1983

Federal Reserve Bank of New York, *Annual Report*, New York : Federal Reserve Bank of New York, 1936

Feinstein, Charles H., Peter Temin, and Gianni Toniolo, "International Economic Organization : Banking, Finance, and Trade in Europe between the Wars," in Charles H. Feinstein ed., *Banking, Currency, and Finance in Europe between the Wars*, Oxford : Clarendon Press, 1995, Chapter 1

Fisher, Irving, *100% Money*, New York: Adelphi, 1935
Fox, Guy, Supervision of Banking by the Comptroller of the Currency, in Emmette S. Redford ed., *Public Administration and Policy Formation*, Austin: University of Texas, 1956
Franklin D. Roosevelt Library, *Historical Materials*, Franklin D. Roosevelt Library, February, 2003
Freedman, Milton, and Anna J. Schwartz, *A Monetary History of the United States, 1867-1960*, Princeton: Princeton University Press, 1963
Gallatin, Albert, *Considerations on the Currency and Banking System of the United States*, New York: Greenwood Press, 1968, 1st 1831
Gardner, Richard N., *Sterling-Dollar Diplomacy: The Origins and the Prospects of Our International Economic Order*, New York: McGraw-Hill, 1969, 1st 1956 ［リチャード・N. ガードナー『国際通貨体制成立史——英米の抗争と協力』上・下巻，村野孝・加瀬正一訳，東洋経済新報社，1973年］
Golembe, Carter H., "The Deposit Insurance Legislation of 1933: An Examination of Its Purposes," *Political Science Quarterly*, Vol. 76, No. 2, June 1960
Gras, Norman S. B., *The Massachusetts First National Bank of Boston, 1784-1934*, New York: Arno Press, 1976, 1st 1937
Hammond, Bray, *Banks and Politics in America: From the Revolution to the Civil War*, Princeton: Princeton University Press, 1957
Hansell, Saull, "Riches in Plain-Vanilla Banking," *New York Times*, October 2, 1996
Hansen, Alvin H., "Discussion of the Industrial Currency Situation," in National Foreign Trade Convention, *Official Report of the 23rd National Foreign Trade Convention*, New York, 1936
Hartwell, Ronald M., *A History of the Mont Pelerin Society*, Indianapolis: Liberty Fund, 1995
Hersey, Authur, "Historical Review of Objectives of Federal Reserve Policy," *Federal Reserve Bulletin*, April 1940
Hess, Jerry N., "Oral History Interview with John W. Snyder," Washington, D.C., May 28, 1969, pp. 1625-1626: Harry S. Truman Library ⟨http://www.trumanlibrary.org/oralhist/snyder40.htm⟩
Hetzel, Robert L., and Ralph F. Leach, "After the Accord: Reminiscences on the Birth of the Modern Fed," *Economic Quarterly*, Vol. 87, No. 1, Winter 2001
Hetzel, Robert L., and Ralph F. Leach, "The Treasury-Fed Accord: A New Narrative Account," *Economic Quarterly*, Vol. 87, No. 1, Winter 2001
Hirschman, Albert O., "The European Payments Union: Negotiations and the Issues," *Review of Economics and Statistics*, Vol. 33, No. 1, February 1951
History of Economic Thought Website, "Jacob Viner, 1892-1970." ⟨http://cepa.newschool.edu/~het/⟩
Hoenig, Thomas M., "Community Banks and the Federal Reserve," *Economic Review*, Federal Reserve Bank of Kansas City, Second Quarter 2003
Hogan, Michael J., *The Marshall Plan: America, Britain, and the Reconstruction of Western Europe, 1947-1952*, Cambridge & New York: University Press, 1987
Horsefield, J. K., *The International Monetary Fund 1945-65*, Vol. I, Washington: IMF, 1969
Horwitz, Morton J., *The Transformation of American Law, 1870-1960: the Crisis of*

Legal Orthodoxy, New York: Oxford University Press, 1992 [モートン・J. ホーウィッツ『現代アメリカ法の歴史』樋口範雄訳, 弘文堂, 1996年]

Huthmacher, J. Joseph, *Senator Robert F. Wagner and the Rise of Urban Liberalism*, New York: Athenaeum, 1968

Hyman, Sidney, *Marriner S. Eccles: Private Entrepreneur and Public Servant*, Stanford: Stanford University Press, 1976

International Monetary Fund, *Annual Report of the Executive Directors*, Washington: IMF, 1951

Irmler, Heinrich, "Bankenkrise und Vollbeschäftigungspolitik: 1931-1936," Deutsche Bundesbank, *Währung und Wirtschaft in Deutschland: 1876-1975*, Frankfurt am Main: F. Knapp, 1976 [ドイツ・ブンデスバンク編『ドイツの通貨と経済 1876〜1975年』上, 呉文二・由良玄太郎監訳, 東洋経済新報社, 1984年]

Jacoby, Sanford M., *Modern Manors: Welfare Capitalism Since the New Deal*, Princeton: Princeton University Press, 1997 [S. M. ジャコービィ『会社荘園制――アメリカ型ウェルフェア・キャピタリズムの軌跡』内田一秀ほか訳, 北海道大学図書刊行会, 1999年]

James, Marquis, and Bessie R. James, *Biography of a Bank: The Story of Bank of America N. T. & S. A.*, New York: Harper & Brothers, 1954 [マーキス・ジェームズ, ベシー・R. ジェームズ『バンク・オブ・アメリカ――その創業と発展』三和銀行国際経済研究会訳, 三和銀行国際経済研究会, 1960年]

James, Harold, "The IMF and the Creation of the Bretton Woods System, 1944-58," in Barry Eichengreen ed., *Europe's Post-war Recovery*, Cambridge: Cambridge University Press, 1995

James, John A., *Money and Capital Market in Postbellum America*, Princeton: Princeton University Press, 1978

Joint Center for Housing Studies, *The 25th Anniversary of the Community Reinvestment Act: Access to Capital in an Evolving Financial Services System*, Cambridge, Mass.: Harvard University, March 2002

Jones, Byrd L., "Lauchlin Currie, Pump Priming, and New Deal Fiscal Policy, 1934-1936," *History of Political Economy*, Vol. 10, No. 4, Winter 1978

Kane, Thomas P., *The Romance and Tragedy of Banking*, New York: Bankers Pub., 1923 [T. P. ケーン『米國銀行業の悲劇』三上太一訳, 文雅堂, 1927年]

Kaplan Jacob J., and Gunther Schleiminger, *The European Payments Union: Financial Diplomacy in the 1950s*, Oxford: Clarendon Press, 1989

Katz, Bernard S., and C. Daniel Vencill ed., *Biographical Dictionary of the United States Secretaries of the Treasury, 1789-1995*, Westport, Conn.: Greenwood Press, 1996

Keeton, William, et al., "The Role of Community Banks in the U.S. Economy," Federal Reserve Bank of Kansas City, *Economic Review*, Vol. 88, No. 2, Second Quarter, 2003

Kettl, Donald F., *Leadership at the Fed*, New Haven and London: Yale University Press, 1986

Kindleberger, Charles P., *The World in Depression 1929-1939*, London: Allen Lane, 1973 [C. P. キンドルバーガー『大不況下の世界 1929-1939』石崎昭彦・木村一朗訳, 東京大学出版会, 1982年, 136頁]

Knight, Frank H., Risk, *Uncertainty and Profit*, Boston & N. Y.: Mifflin, 1921 [F. H. ナイト『危険・不確実性および利潤』奧隅榮喜訳, 文雅堂書店, 1959年]

Knox, John J., *A History of Banking in the United States*, New York: A. M. Kelley, 1969, 1st 1903
Krooss, Herman E., ed., *Documentary History of Banking and Currency in the United States*, Vol. I-IV, New York: McGraw-Hill, 1969
Kroszner, Randall S., "Federal Reserve Initiatives to Support Minority-Owned Institutions and Expand Consumer Protection," Speech at the Interagency Minority Deposit Institutions National Conference, Miami, Florida, August 1, 2007. 〈http://www.federalreserve.gov/newsevents/speech/Kroszner20070801a.htm〉
Laidler, David, and Roger Sandilands, "An Early Harvard Memorandum on Anti-Depression Policies: An Introductory Note," *History of Political Economy*, Vol. 34, No. 3, Fall 2002
League of Nations, *Enquiry into Clearing Agreements, Geneva League of Nations, Monetary and Economic Conference, Draft Annotated Agenda, Submitted by the Preparatory Commission of Experts*, Geneva: League of Nations, 1933, 1935［国際連盟経済財務混合委員会『清算協定に関する考察』日本国際協会訳編，日本国際協会，1936年］
League of Nations, *International Currency Experience: Lessons of the Inter-war Period*, by Ragnar Nurkse, Geneva: League of Nations, 1944［R. ヌルクセ『国際通貨――20世紀の理論と現実』小島清・村野孝訳，東洋経済新報社，1956年］
League of Nations, *Minutes of the Second Committee*, Geneva: League of Nations, 1937
League of Nations, *Monetary and Economic Conference, Draft Annotated Agenda, Submitted by the Preparatory Commission of Experts*, Geneva: League of Nations, 1933
League of Nations, *Report of the Gold Delegation*, Geneva: League of Nations, 1931［国際連盟事務局東京支局『国際連盟金委員会最終報告書』国際連盟事務局東京支局訳編，国際連盟事務局東京支局，1932年］
League of Nations, *The Monetary and Economic Conference*, London, 1933, Geneva: Information Section, Secretariat of the League of Nations, 1933［日本国際協会『通貨経済会議の顛末』日本国際連盟協会・国際連盟東京支局訳，日本国際協会，1933年］
Leavens, Dickson H., *Silver Money*, Bloomington: Principia, 1939
Lees, Graham L., *Britain and the Postwar European Payments System*, University of Wales Press, 1963
Lucia, Joseph L., "Allan Sproul and the Treasury-Federal Reserve Accord, 1951," *History of Political Economy*, Vol. 15, No. 1, Spring 1983
Martin, William M., Jr., "The Transition to Free Market," *Federal Reserve Bulletin*, April 1953
Meltzer, Allan H., *A History of the Federal Reserve*, Vol. 1, Chicago: University of Chicago Press, 2003
Merrill, D. ed., *Documentary History of the Truman Presidency*, Vol. 13, Bethesda, Md.: University Publications of America, 1996
Meulendyke, Ann-Marie, *U.S. Monetary Policy and Financial Markets*, New York: Federal Reserve Bank of New York, 1989［アンマリー・ミューレンダイク『アメリカの金融政策と金融市場』立脇和夫・小谷野俊夫訳，東洋経済新報社，2000年］
Mikesell, Raymond F., *United States Economic Policy and International Relations*, New York: McGraw-Hill, 1952
Milward, Alan S., *The Reconstruction of Western Europe, 1945-1951*, London: Methuen, 1984

Moe, Ronald C., "The President's Reorganization Authority: Review and Analysis," *CRS Report for Congress*, March 8, 2001
Moore, James R., *A History of the World Economic Conference*, London, 1933, Ph. D. Dissertation, State University of New York at Stony Brook, 1972
Morgan, J. P., Chase & Co., Annual Report, 2003, 2007. 〈http://investor.shareholder.com/JPMorganChase/annual.cfm〉
Morgenthau, Henry, Jr., *The Presidential Diaries of Henry Morgenthau, Jr., 1938-1945*, Microfilm, Frederick, Md.: University Publications of America, 1981
Moure, Kenneth, *Managing the Franc Poincare: Economic Understanding and Political Constraint in French Monetary Policy, 1928-1936*, Cambridge & New York: Cambridge University Press, 1991 [ケネス・ムーレ『大恐慌とフランス通貨政策——ポアンカレ・フランの管理の経済的理解と政治的拘束，1926〜1936年』向井喜典ほか訳，晃洋書房，1997年]
Myers, Margaret G., *A Financial History of the United States*, New York: Columbia University Press, 1970 [マーガレット・G. マイヤーズ『アメリカ金融史』吹春寛一訳，日本図書センター，1979年]
National Advisory Council on International Monetary and Financial Problems, *Report of Activities*, Washington: GPO, 1949
National Bureau of Economic Research, "Macrohistory Database," m13009, m14064, m14086a, b, Chapter13: Interest Rates, Chapter14: Money and Banking 〈http://www.nber.org/databases/macrohistory/contents/〉
National Foreign Trade Council, *Official Report of the National Foreign Trade Convention*, New York: National Foreign Trade Council, Vol. 23-24, 1936-1937
National Industrial Conference Board, *The New Monetary System of the United States*, New York, by Ralph A. Young, 1934
New York State, Banking Department 〈http://www.banking.state.ny.us/index.htm〉
North Carolina State, Office of the Commissioner of Banks Organization and History. 〈http://www.nccob.org/NCCOB/AboutUs/history.htm〉
Officer, Lawrence, "Gold Standard," 2001. EH. Net Encyclopedia, edited by Robert Whaples. 〈http://eh.net/encyclopedia/article/officer.gold.standard〉
Osborne, David, and Peter Plastrik, "Backing the Unbankable," *Washington Post*, September 14, 1997, W07
Pasvolsky, Leo, *Current Monetary Issues*, Washington D.C.: Brookings Institution, 1933
Patinkin, Don, "Frank Knight as a Teacher," *American Economic Review*, December 1973 [D. パティンキン「教師としてのフランク・ナイト(II)」日本経済新聞社編集室訳，『季刊 現代経済』17，1975年3月]
Patinkin, Don, *Studies in Monetary Economics*, New York: Harper & Row, 1972
Phillips, Ronnie J., *Chicago Plan and New Deal Banking Reform*, Armonk, N. Y.: M. E. Sharpe, 1995
Polanyi, Karl, *The Great Transformation: the Political and Economic Origins of Our Time*, Boston: Beacon Press, 1957, 1st 1944 [カール・ポラニー『大転換——市場社会の形成と崩壊』吉沢英成ほか訳，東洋経済新報社，1975年]
Price, Harry B., *The Marshall Plan and Its Meaning*, Ithaca, N. Y.: Cornell University Press, 1955
Pyatt, Rudolph A., Jr., "Admitting to a Stalemate at the Crestar Brandywine Branch,"

Washington Post, September 4, 1997, E03

Pyatt, Rudolph A., Jr., "Small Communities Should Count in Bank-Closing Calculations," *Washington Post*, August 21, 1997, E03

Randall, Henning, C., *The Exchange Stabilization Fund : Slush Money or War Chest ?*, Washington, D.C. : Institute for International Economics, 1999

Redlich, Fritz, *The Molding of American Banking : Men and Ideas*, Part II, New York : Hafner, 1951

Rees, David, *Harry Dexter White : A Study in Paradox*, New York : Coward, McCann & Geoghegan, 1973

Rees, Graham L., *Britain and the Postwar European Payments Systems*, Cardiff : University of Wales Press, 1963

Rockoff, Hugh, *Drastic Measures, A History of Wage and Price Controls in the United States*, Cambridge : Cambridge University Press, 1984

Sandilands, Roger J., "Editor's Introduction," *Journal of Economic Studies*, Vol. 31, No. 3/4, 2004

Sandilands, Roger J., ed., "New Light on Laughlin Currie's Monetary Economics in the New Deal and Beyond," *Journal of Economic Studies*, Vol. 31, No. 3/4, 2004

Sandilands, Roger J., *The Life and Political Economy of Lauchlin Currie : New Dealer, Presidential Adviser, and Development Economist*, Durham, NC : Duke University Press, 1990

Sayers, Richard S., *The Bank of England, 1891-1944*, Cambridge & New York : Cambridge University Press [R. S. セイヤーズ『イングランド銀行 1891-1944年』(下), 日本銀行金融史研究会訳, 東洋経済新報社, 1979年]

Schroeder, Joseph J., *They Made Banking History : The Association of Reserve City Bankers, 1911-1960*, Chicago : Rand McNally, 1962

Soddy, Frederick, *Wealth, Virtual Wealth and Debt : The Solution of the Economic Paradox*, London : Allen & Unwin, 1926

Sproul, Allan, "The 'Accord'—A Landmark in the First Fifty Years of the Federal Reserve System," in Lawrence S. Ritter, *Selected Papers of Allan Sproul*, Honolulu : University Press of the Pacific, 2000

Stein, Herbert, *The Fiscal Revolution in America*, Chicago : University of Chicago Press, 1969

Steindl, Frank G., "The Monetary Economics of Lauchlin Currie," *Journal of Monetary Economics*, Vol. 27, Issue 3, June 1991

Steindl, Frank G., *Monetary Interpretations of the Great Depression*, Ann Arbor : University of Michigan Press, 1995

Steindl, Frank G., *Understanding Economic Recovery in the 1930s : Endogenous Propagation in the Great Depression*, Ann Arbor : University of Michigan Press, 2004

Strange, Susan, *Sterling and British Policy : A Political Study of an International Currency in Decline*, London & New York : Oxford University Press, 1971 [ストレンジ『国際通貨没落過程の政治学——ポンドとイギリスの政策』本山義彦ほか訳, 三嶺書房, 1989年]

Suto, Isao, and John A. James, "Savings and Early Economic Growth in the United States and Japan," *Japan and World Economy*, Vol. 11, April 1999

Sweezy, Alan, "The Keynesian and Government Policy, 1933-1939," *American Economic*

Review, Vol. 62, No. 2, 1972
Sylla, Richard, J. B. Legler, and J. J. Wallis, "Banks and State Public Finance in the New Republic: The United States, 1790-1860," *Journal of Economic History*, Vol. 47, No. 2, June 1987
Szymczak, M. S., "The Federal Reserve in World War II," *Burroughs Clearing House*, July and August 1945
Szymczak, M. S., "Development of Federal Reserve Banking," *Federal Reserve Bulletin*, December 1940
Tanoue, Donna, Remarks before the National Bankers Association, Chicago, Illinois, October 4, 2000. 〈http://www.fdic.gov/news/news/speeches/archives/2000/sp04Oct00.html〉
Temin, Peter, *Did Monetary Forces Cause the Great Depression ?*, New York: Norton, 1976
Temin, Peter, *Lessons from the Great Depression: The Lionel Robbins Lectures for 1989*, Cambridge, Mass.: MIT Press, 1989 ［ピーター・テミン『大恐慌の教訓』猪木武徳ほか訳, 東洋経済新報社, 1994 年］
Tew, Brian, *International Monetary Co-operation, 1945-60*, London: Hutchinson University Library, 1960 ［ブライアン・テュー『国際金融入門』傍島省三監修, 永島清・片山貞雄訳, 東洋経済新報社, 1963 年］
Timberlake, Richard H., "The Tale of Another Chairman," *The Region*, Federal Reserve Bank of Minneapolis, June 1999
Timberlake, Richard H., *Monetary Policy in the United States: An Intellectual and Institutional History*, Chicago: University of Chicago Press, 1993
Toniolo, Gianni, *Central Bank Cooperation at the Bank for International Settlements, 1930-1973*, Cambridge: Cambridge University Press, 2005
Triffin, Robert, *Europe and the Money Muddle: From Bilateralism to Near-Convertibility, 1947-1956*, New Haven: Yale University Press, 1957
U.S. Comptroller of the Currency, *Annual Report*, Washington: GPO, 1896, 1910
U.S. Congress, Biographical Directory 〈http://bioguide.congress.gov/biosearch/biosearch.asp〉
U.S. Congress, Joint Committee on the Economic Report, *Hearings on the United States Monetary Policy: Recent Thinking and Experience*, 83rd Congress, 2nd Session, Washington: GPO, 1954
U.S. Congress, Joint Committee on the Economic Report, *Monetary Policy and the Management of the Public Debt: Hearings before the Subcommittee on General Credit Control and Debt Management*, 82nd Congress, 2nd Session, Washington: GPO, 1952
U.S. Congress, Joint Committee on the Economic Report, *Monetary, Credit, and Fiscal Policies: Hearings before the Subcommittee on Monetary, Credit, and Fiscal Policies*, 81st Congress 1st Session, Washington: GPO, 1950
U.S. Council of Economic Advisers, *Economic Report of the President*, Washington: GPO, 1993 ［『米国経済白書 1993』(エコノミスト臨時増刊) 毎日新聞社, 1993 年］
U.S. Department of Commerce, *Historical Statistics of the United States: Colonial Times to 1970*, White Plains, N. Y.: Kraus International Publications, 1989
U.S. Economic Cooperation Administration, *A Report on Recovery Progress and United States Aid*, Washington: GPO, 1949
U.S. House, *Banking Act of 1935, Hearings before the Committee on Banking and Currency*, 75th Congress, 1st Session, Washington: GPO, 1935

U.S. House, *Changes in the Banking and Currency System of the United States, Report of the Committee on Banking and Currency*, No. 69, 63rd Congress, 1st Session, Washington: GPO, 1913

U.S. House, Committee on Banking and Currency, *Hearings on H. 7230 : Government Ownership of the Twelve Federal Reserve Banks*, 75th Congress, 1st Session, Washington: GPO, 1938

U.S. House, Committee on Banking and Currency, *Monetary Policy of Plenty Instead of Scarcity : Hearings before the Committee on Banking and Currency*, 75th Congress, 1st Session, July 8, 1937 to March 10, 1938, Washington: GPO, 1938

U.S. House, Loan to the United Kingdom, *Message from the President of the United States Transmitting for the Consideration of Congress, the Financial Agreement Entered into between the United States and the United Kingdom*, January 30, 1946, 79th Congress, 2nd Session, Washington: GPO, Document No. 429

U.S. House, *Report 742 to accompany H. R. 7617*, 74th Congress, 1st Session, Washington: GPO, 1935

U.S. Office of Government Report, *United States Government Manual*, Washington: GPO, 1940

U.S. Reserve Bank Organization Committee, *Report to the Reserve Bank Organization Committee by the Preliminary Committee on Organization*, Washington: GPO, [1914?]

U.S. Senate, Committee on Banking and Currency, *National Monetary and Banking Policy : Questionnaire relative to S. Res. 125*, 76th Congress, 3rd Session, Washington: GPO, 1940

U.S. Senate, Committee on Banking, Housing, and Urban Affairs, "Banking Legislative Milestones" ⟨http://www.senate.gov/~banking/⟩

Upham, Cyril B., and Edwin Lamke, *Closed and Distressed Banks : A Study in Public Administration*, Washington, D.C.: Brookings Institution, 1934

Weissman, Rudolph L., *Economic Balance and a Balanced Budget : Public Papers of Marriner S. Eccles*, New York: Da Capo Press, 1973

White, Eugene N., "Banking and Finance in the Twentieth Century," in Stanley L. Engerman and Robert E. Gallman eds., *The Cambridge Economic History of the United States*, Vol. III, Cambridge: Cambridge University Press, 2000

White, Eugene N., "The Political Economy of Banking Regulation, 1864-1933," *Journal of Economic History*, Vol. 42, No. 1, March 1982

White, Eugene N., *The Regulation and Reform of American Banking System, 1900-1929*, Princeton: Princeton University Press, 1983

Williams, John H., *Postwar Monetary Plans*, Oxford: Basil Blackwell, 1949

Woolley, John, and Gerhard Peters, The American Presidency Project. Santa Barbara, CA: University of California, Gerhard Peters. ⟨http://www.presidency.ucsb.edu/ws/?pid=14679⟩

Yergin, Daniel, and Joseph Stanislaw, *The Commanding Heights : the Battle between Government and the Marketplace That Is Remaking the Modern World*, New York: Simon & Schuster, 1998 [ダニエル・ヤーギン，ジョゼフ・スタニスロー『市場対国家——世界を作り変える歴史的攻防』上巻，山岡洋一訳，日本経済新聞社，1998年]

日本語文献

秋元英一「ハリー・デクスター・ホワイトと戦後国際通貨体制の構想」『千葉大学経済研究』第12巻第2号，1997年
秋元英一『世界大恐慌――1929年に何がおこったか』講談社，1999年
秋元英一「アーヴィング・フィッシャーとニューディール」成城大学『経済研究所年報』第13号，2000年
安部大佳『アメリカ貨幣経済論の研究』晃洋書房，1999年
池島正興『アメリカの国債管理政策――その理論と歴史』同文舘，1998年
磯谷玲「アメリカにおける州預金保険の性格」『証券経済研究』第36号，2002年
伊東政吉『アメリカの金融政策と制度改革』岩波書店，1985年
伊藤正直『日本の対外金融と金融政策 1914〜1936』名古屋大学出版会，1989年
伊藤正直「昭和初年の金融システム危機」安部悦生編『金融規制はなぜ始まったのか』日本経済評論社，2003年，第4章
猪木武徳「シカゴ学派の経済学」根岸隆編『経済学のパラダイム』有斐閣，1995年，第7章
石見徹『国際通貨・金融システムの歴史――1870〜1990』有斐閣，1995年
大塚秀之「レッドライニングと居住地の人種隔離」神戸市外国語大学外国語学研究所『研究年報』第31号，1994年
大森拓磨『サフォーク・システム――フリーバンキング制か，中央銀行制か』日本評論社，2004年
大矢繁夫『ドイツ・ユニバーサルバンキングの展開』北海道大学図書刊行会，2001年
奥田宏司『両大戦間期のポンドとドル――「通貨戦争」と「相互依存」の世界』法律文化社，1997年
奥田宏司「アメリカのIMF体制構築戦略の変容」川端正久編『1940年代の世界政治』ミネルヴァ書房，1988年，第4章
小野朝男「管理通貨制度下の国際通貨体制」小野朝男・西村閑也編『国際金融論入門』（第3版）有斐閣，1989年，第7章
小原敬士「マリナー・エクルズと連邦準備制度」『金融経済』第16号，1952年10月
加藤國彦「1931年ドイツ金融恐慌と金融制度改革――金融規制から金融統制へ」安部悦生編『金融規制はなぜ始まったのか』日本経済評論社，2003年，第2章
金井雄一『ポンドの苦闘――金本位制とは何だったのか』名古屋大学出版会，2004年
鹿野忠生「アメリカにおける世界的自由貿易体制の形成――GATT成立と『自由企業体制』との関連をめぐって」天理大学『アメリカス研究』第3号，1998年
神沢正典「為替安定資金と三国通貨協定――1930年代の為替相場安定機構」『経済論究』（九州大学大学院経済学会）第53号，1981年12月
河崎信樹・坂出健「マーシャルプランと戦後世界秩序の形成」京都大学経済学会『調査と研究』第22号，2001年10月
紀平英作『ニューディール政治秩序の形成過程の研究――二〇世紀アメリカ合衆国政治社会史研究序説』京都大学学術出版会，1993年
金融経済研究会編『国際決済銀行年次報告書』第3巻，日本経済評論社，1980年
楠井敏朗『アメリカ資本主義の発展構造 I』日本経済評論社，1997年
楠井敏朗『アメリカ資本主義とニューディール』日本経済評論社，2005年
黒川勝利『企業社会とアメリカ労働者――1900〜1920年』御茶の水書房，1988年
国際決済銀行『国際決済銀行第18回年次報告』東京銀行調査部訳，実業之日本社，1949年
小島健『欧州建設とベルギー』日本経済評論社，2007年

小林真之『株式恐慌とアメリカ証券市場』北海道大学図書刊行会，1998 年
小林真之『金融システムと信用恐慌——信用秩序の維持とセーフティ・ネット』日本経済評論社，2000 年
小山健一『アメリカ株式会社法形成史』商事法務研究会，1981 年
権上康男『フランス資本主義と中央銀行——フランス銀行近代化の歴史』東京大学出版会，1999 年
権上康男編『新自由主義と戦後資本主義——欧米における歴史的経験』日本経済評論社，2006 年
斎藤叫「ワシントン輸出入銀行の生成と展開（1934-41）——1930 年代に於けるアメリカ資本主義の対外関係に関する一考察」中央大学『商学論纂』第 19 巻第 3 号，1977 年 9 月
齊藤壽彦「国際金融」石井寛治編『日本銀行金融政策史』東京大学出版会，2001 年，第 3 章
佐々木仁「20 世紀初期におけるシカゴ地方のチェイン・グループ銀行」『名城商学』第 24 巻第 4 号，1975 年 3 月
三瓶弘喜「1930 年代アメリカ通商政策と為替管理問題——アメリカ～ブラジル互恵通商協定を中心に」東北史学会『歴史』第 86 号，1996 年 4 月
三瓶弘喜「スターリング・ブロックの構造と解体に関する覚え書」熊本大学『文学部論叢』第 78 号，2003 年 3 月
塩野谷九十九『アメリカ戦時経済と金融統制』同文舘，1943 年
地主敏樹『アメリカの金融政策——金融危機対応からニューエコノミーへ』東洋経済新報社，2006 年
柴田武男「地域再投資法改正の影響と現行の規制構造——アメリカにおける金融機関のアファーマティブ・オブリゲーション論を中心にして」『証券研究』第 108 号，1994 年 2 月
渋谷博史「アメリカの金融規制再編の歴史的分析」『証券経済』第 191 号，1995 年 3 月
島田巽『マーシャル・プラン——米国の対外援助政策』朝日新聞社，1949 年
新川健三郎「革新主義より『フーバー体制』へ——政府の企業規制と実業界」阿部斉ほか編『世紀転換期のアメリカ』東京大学出版会，1982 年
菅原歩「ヨーロッパ域内決済機構の発展過程」京都大学経済学会『調査と研究』第 22 号，2001 年 10 月
鈴木武雄「EPU の八年半——戦後西欧通貨史の一断面」中村常次郎・大塚久雄・鈴木鴻一郎編『世界経済分析 脇村義太郎教授還暦記念論文集 I』岩波書店，1962 年
須藤功「第二次世界大戦後アメリカの対欧州通貨金融政策——戦後構想から欧州決済同盟（EPU）の創設・展開へ」『土地制度史学』第 159 号，1998 年 4 月
須藤功「アメリカにおける銀行規制——銀行組織化研究のための予備的検討（1829-1929 年）」『名古屋工業大学紀要』第 46 巻，1994 年 3 月
須藤功『アメリカ巨大企業体制の成立と銀行——連邦準備制度の成立と展開』名古屋大学出版会，1997 年
須藤功「戦後アメリカの対外通貨金融政策と欧州決済同盟の創設」廣田功・森建資編『戦後再建期のヨーロッパ経済——復興から統合へ』日本経済評論社，1998 年，第 10 章
須藤功「南北戦争後のアメリカ経済——南部再建からニューディールまで」馬場哲・小野塚知二編『西洋経済史学』東京大学出版会，2001 年
須藤功「戦後通貨金融システムの形成——ニューディールからアコードへ」岡田泰男・須藤功編『アメリカ経済史の新潮流』慶應義塾大学出版会，2003 年，第 9 章
須藤功「大恐慌とアメリカの金融規制——規制型資本主義と銀行」安部悦生編『金融規制は

なぜ始まったのか』日本経済評論社，2003年，第1章
須藤功「アメリカにおける地域社会と銀行——ニューディールから現代へ」明治大学政治経済学部創設百周年記念叢書刊行委員会編『アメリカの光と闇 国際地域の社会科学I』御茶の水書房，2005年
高田太久吉「銀行と地域——米国「地域再投資法」をめぐる最近の動向」『中央大学企業研究所年報』第14巻I，1993年7月
高月昭年「銀行構造の変化と資金地元公平還元法の拡大」『証券経済研究』第20号，1999年7月
高山洋一『ドルと連邦準備制度』新評論，1982年
侘美光彦『世界大恐慌』御茶の水書房，1994年
田中敏弘『アメリカの経済思想——建国期から現代まで』名古屋大学出版会，2002年
戸田壮一「1933年銀行法改革と連邦預金保険制度」『武蔵大学論集』第32巻第5・6号，1985年3月
中島醸「R・ワグナーの国民国家統合構想の再解釈——福祉国家論の視点からのニューディール国家構想の一検討」東京歴史科学研究会『人民の歴史』第150号，2001年12月
中村隆英『日本経済——その成長と構造』東京大学出版会，1978年
西川純子「真正手形主義についての一考察(1)(2)」『証券経済研究』第12号，1998年3月，30号，2001年3月
仁田道夫「アメリカ的労使関係の確立」東京大学社会科学研究所編『20世紀システム2 経済成長I 基軸』東京大学出版会，1998年
野口旭・若田部昌澄「国際金本位制の足かせ」岩田規久男編『昭和恐慌の研究』東洋経済新報社，2004年，第1章
萩原伸次郎『アメリカ経済政策史——戦後「ケインズ連合」の攻防』有斐閣，1996年
平井規之『大恐慌とアメリカ財政政策の展開』岩波書店，1988年
平岡健太郎『国際決済機構』日本評論新社，1959年
廣田功・森建資編『戦後再建期のヨーロッパ経済——復興から統合へ』日本経済評論社，1998年
藤瀬浩司編『世界大不況と国際連盟』名古屋大学出版会，1994年
北條裕雄『現代アメリカ資本市場』同文舘，1992年
堀江薫雄『国際通貨基金の研究』岩波書店，1962年
本間雅美『世界銀行の成立とブレトン・ウッズ体制』同文舘，1991年
前田直哉「1931年金本位制停止と1930年代前半管理フロート制下の基軸通貨ポンドの経済的基盤」龍谷大学『経済学論集』第42巻第1号，2002年6月
牧野裕『冷戦の起源とアメリカの覇権』御茶の水書房，1993年
牧野裕「ブレトンウッズ体制」上川孝夫・矢後和彦編『国際金融史』有斐閣，2007年，第4章
毛利良一「30年代の変動相場制とアメリカ為替安定基金——『管理された変動相場制』の一経験」大阪市立大学『経営研究』第135号，1975年1月
八木紀一郎『近代日本の社会経済学』筑摩書房，1999年
矢後和彦「1930年代のフランスにおける金融制度改革」安部悦生編『金融規制はなぜ始まったのか』日本経済評論社，2003年，第3章
安武秀岳「ロコフォコ派の分裂と『独占問題』——ジャクソニアン急進派の『自由銀行プラン』の検討」九州大学文学部西洋史研究室内還暦記念事業会編『西洋史学論集』1968年

山本栄治『基軸通貨の交替とドル――「ドル本位制」研究序説』有斐閣，1988 年
山本栄治『国際通貨と国際資金循環』日本経済評論社，2002 年，第 8 章
油井大三郎『戦後世界秩序の形成――アメリカ資本主義と東地中海地域 1944-1947』東京大学出版会，1985 年
由里宗之『米国のコミュニティ銀行――銀行再編下で存続する小銀行』ミネルヴァ書房，2000 年
吉田正広「1930 年代に於けるイギリス労働党の『金融改革』構想とロンドン金融市場」伊藤正直・靎見誠良・浅井良夫編『金融危機と革新――歴史から現代へ』日本経済評論社，1999 年，第 7 章
米倉茂『英国為替政策――1930 年代の基軸通貨の試練』御茶の水書房，2000 年

あとがき

　前著『アメリカ巨大企業体制の成立と銀行——連邦準備制度の成立と展開』（名古屋大学出版会，1997年）を刊行してちょうど10年の歳月が経過した。遅々として進まない研究がようやくここまでたどり着くことができたのは，実に多くの方々のご指導と暖かい励ましのおかげであった。なかでも，学部・大学院の学生であったときから常に温かいご指導をいただき続けている藤瀬浩司先生，楠井敏朗先生，金井雄一先生にまず感謝したい。また，ここですべてのお名前をあげることはできないが，折々にお世話になった方々に心からの感謝を申し上げたいと思う。

　本書を取りまとめる過程では，多くの学会・研究会で成果を報告する機会と貴重なご意見をいただいた。ここでは，本書に直接かかわってお世話になった方に限って，お名前を掲げさせていただく。まず，廣田功先生を中心とする「戦後史研究会」への参加を許されたことは，研究対象時期を戦後に，また研究領域を国際金融関係史へと広げるまたとない機会であった。同様に，権上康男先生を中心とする「ネオリベラリズム研究会」は戦後への関心とともに，通貨金融政策思想の重要性について，関心を喚起してくれた。現在進行している秋元英一先生の主宰する「ニュー・エコノミー研究会」は，アメリカ学会創立40周年記念事業の一環である「アメリカ研究の越境」シリーズ第3巻『豊かさと環境』の分担執筆を含めて，現代的課題への関心をいっそう刺激してくれた。研究会の形式はとらないものの，安部悦生先生の企画された社会経済史学会共通論題（「大恐慌と金融制度の変革」）報告では，金融規制の国際比較から多くを学ぶことができた。

　アメリカ経済史学会における常に活発な議論から，また岡田泰男先生とともに企画した『アメリカ経済史の新潮流』からはやや幅広い最新の研究成果を吸収できたことも大きな喜びであった。この間，勤務先は名古屋市立大学人文社会学部から明治大学政治経済学部に移ったが，新天地に暖かく迎え入れてくだ

さった柳澤治先生と藏本忍先生に，また飯田和人学部長のもとでの自由で闊達な教育・研究環境を享受できたことに改めて感謝したい。金子光男先生を中心とする学部内の「19・20世紀史研究会」に参加することを許されたが，毎回の研究会では経済思想史・経済学史・経済史研究者の層の厚さを実感している。また，演習に参加してくれた学部生や大学院生たちは，常に新鮮な感覚とエネルギーを提供してくれた。

　第5章と第7章の書き下ろし部分を除いて，本書は以下の拙稿がもとになっている。いずれも大幅な加筆や修正がなされ，いくつかの章に分解されてしまったものもあるが，本書への利用をご理解いただいた各論文所収誌・出版社に感謝したい。

「戦後アメリカの対外通貨金融政策と欧州決済同盟の創設」廣田功・森建資編『戦後再建期のヨーロッパ経済——復興から統合へ』日本経済評論社，1998年，第10章。

「第二次世界大戦後アメリカの対欧州通貨金融政策——戦後構想から欧州決済同盟（EPU）の創設・展開へ」『土地制度史学』第159号，1998年4月。

「戦後通貨金融システムの形成——ニューディールからアコードへ」岡田泰男・須藤功編『アメリカ経済史の新潮流』慶應義塾大学出版会，2003年，第9章。

「大恐慌とアメリカの金融規制——規制型資本主義と銀行」安部悦生編『金融規制はなぜ始まったのか——大恐慌と金融制度の改革』日本経済評論社，2003年，第1章。

「アメリカにおける地域社会と銀行——ニューディールから現代へ」明治大学政治経済学部創設百周年記念叢書刊行委員会編『国際地域の社会科学Ⅰ　アメリカの光と闇』御茶の水書房，2005年。

「アメリカ新自由主義の系譜——ニューディール金融政策と初期シカゴ学派」権上康男編『新自由主義と戦後資本主義』日本経済評論社，2006年，第4章。

「金融グローバリゼーションの前と後——アメリカの銀行はどう変わったか？」秋元英一・小塩和人編『豊かさと環境』シリーズ・アメリカ研究の越境　第3巻，ミネルヴァ書房，2006年，第9章。

「1930年代」上川孝夫・矢後和彦編『国際金融史』有斐閣，2007年，第3章。

「アメリカにおける銀行監督・検査体制の再編問題——上院銀行通貨委員会アン

ケート調査（1940-41 年）の分析」『明治大学社会科学研究所紀要』第 44 巻第 2 号，2006 年 3 月。

　本書が歴史の書として相応の内容を持ちえているとするならば，それはアメリカの公文書館，大学や公的機関の文書館で収集した膨大な史料を利用することができたからでもある。この史料収集過程で，2 度にわたり科学研究費補助金の交付を受けることができた（2000-2002 年度，基盤研究 C，課題番号 12630086；2004-2006 年度，基盤研究 C，課題番号 16530236）。また，ジェームズ（John A. James, University of Virginia）教授，ロッコフ（Hugh Rockoff, Rutgers University）教授，シラー（Richard Sylla, New York University）教授，ボートン（James M. Boughton, IMF Historian）氏，そしてサンディランズ（Roger J. Sandilands, University of Strathclyde）教授の各氏からは史料収集の便宜のみならず，多くの貴重なコメントをいただいた。とりわけ，ジェームズ教授とロッコフ教授は 2002 年度および 2004 年度 "US-Japan Short-Term Travel Grants by Japan-U.S. Friendship Commission-Economic History Association" による米国研究調査のホスト役を引き受けてくださった。研究上の助言のみならず家族的な関係を許してくださるお 2 人には感謝の言葉もない。ジェームズ教授はアメリカ経済史学会の懇親会の席でロッコフ教授を紹介してくれたが，お 2 人は数少ない「料理の出来るアメリカ経済史家」とのことで，実際，ジェームズ教授のチェサピーク湾産ソフトシェル・クラブ料理は，「アイアン・シェフ」並みだと確信している。また，プリンストン大学でホワイト文書を調査した折には，ロッコフ教授宅に 1 週間近くもお世話になった。ちょうど巡り合わせたユダヤ教の新年「ロシュ・ハシャナー」をご家族とともに，手作りの伝統料理で祝えたことも忘れえぬ思い出となっている。

　研究助成による海外史料調査旅行ではいくつかの事件にも遭遇した。2001 年 9 月 11 日の朝はワシントンから郊外の国立公文書館 II へと向かうシャトルバスのなかにいた。出発して 5 分と経たないうちに，北上する道路は閉鎖されたとバスから降ろされ，連邦政府のビル群から脱出して家路を急ぐ人波をかき分け，状況を呑み込めぬままようやくペンタゴンの隣の駅クリスタル・シティにある宿泊先のホテルにたどり着いた。きな臭さが漂ってくるなかで，テレビ

に映し出される世界貿易センタービルの崩れ落ちる様を見ながらも，現実感から程遠い処にいたように記憶している。たまたま市内に滞在していた同僚とレストランで夕食をとりながら，明日はすべての連邦政府機関の窓口を開けてアメリカの威信を示すとのブッシュ大統領の声明を確かめてみようと話し合っていた。確かに，翌朝の国立公文書館IIは業務を再開していたが，その時にはまだ1週間後の帰国便がキャンセルされたことも，ましてや「テロとの戦い」がやがて始まろうとしていることなども，思いもよらぬことであった。

たいていは1人での史料調査旅行であるが，ユタ大学図書館とフランクリン・ローズヴェルト図書館での史料調査は西川純子先生とご一緒することができた。エクルズ連銀理事会議長の生家にも近いモルモン教本山の都市ソルトレーク・シティは，全米各地から運ばれた豊かな食材（地ビールにも）に恵まれていた。2月末に訪れたニューヨーク州ハイドパークのローズヴェルト図書館では零下20度にも達する寒波の中で，通貨・金融政策を担ったニューディーラーたちと向き合うことができたように思えた。

最後に，名古屋大学出版会の三木信吾氏には本書の企画段階から最終点検に至るまで，各段階で最も有益な助言をいただいた。三木氏の静かながらも厳しい激励の言葉がなかったら，本書の刊行はさらに遅れたであろう。しかも，原稿の完成を辛抱強く待っていただいた。また前著同様，小島健氏（立正大学教授）には本書全体に目を通していただき，貴重な助言をいただいた。私事になるが，近年の多忙を極めるなかで史料調査旅行や執筆活動に時間を割くことができたのは妻・香代子と子供たちの協力があったからである。感謝の気持ちを記しておきたい。

　［付記］本書の刊行に対しては，日本学術振興会より2007年度科学研究費補助金「研究成果公開促進費」の交付を受けた。記して感謝申し上げたい。

2008年1月

須　藤　　功

図表一覧

図 1-1	南北戦争前における州法銀行の発展（1774-1863 年）	47
図 1-2	銀行の新設数と倒産数の推移（1863-1896 年）	53
図 1-3	銀行数の推移（1877-1909 年）	54
図 1-4	銀行倒産数の推移（1865-1982 年）	59
図 1-5	連邦準備制度の組織と信用政策手段	64
図 1-6	連邦公開市場委員会の変遷（1913-1935 年）	66
図 2-1	ガーディナー・ミーンズの金融制度改革構想	89
図 2-2	連邦準備制度加盟銀行の超過準備（1929-1941 年）	101
図 2-3	連邦準備制度加盟銀行の資産（1928-1941 年）	105
図 4-1	主要銀行監督諸機関と管轄事項（1938 年）	157
図 4-2	トランスアメリカ社の組織（1936 年 12 月末現在）	180
図 4-3	トランスアメリカ社の営業地域（1936 年 12 月末現在）	181
図 6-1	国際通貨金融問題国家諮問会議（NAC）の構成	222
図 7-1	法定準備（率）・超過準備・公定歩合の推移（1925-1944 年）	269
図 7-2	連邦準備制度の公式・非公式組織（1945 年現在）	274
図 7-3	連邦準備銀行の保有証券（1925-1953 年）	275

表序-1	再建金本位制の崩壊	1
表序-2	主要国の為替切り下げ幅（1929 年金平価との比較）	8
表序-3	ヨーロッパ諸国のアメリカ投資（1934 年，1938 年）	17
表序-4	金の不胎化政策	19
表序-5	アメリカ為替安定基金の貸借対照表（1936-1939 年）	25
表 1-1	自由銀行制度の発展（1837-1860 年）	50
表 1-2	アメリカ金融制度改革年表（1863-1999 年）	52
表 1-3	連邦準備制度前における州政府の銀行規制	55
表 1-4	支店銀行数の推移（1900-1935 年）	61
表 1-5	ニューヨーク連邦準備銀行取締役会の構成（1936 年）	65
表 1-6	連邦準備制度理事会の構成（1936 年）	65
表 2-1	法定必要準備率の変更とその効果	103
表 2-2	商業銀行の構成（1935 年末現在）	108
表 2-3	連銀非加盟商業銀行の連邦預金保険加入状況（1935 年 12 月末現在）	108
表 3-1	合衆国の銀行構造（1938 年 6 月 30 日現在）	132

表 3-2	合衆国上院銀行通貨委員会「全国銀行通貨政策」アンケート調査（1940-1941年）	142
表 4-1	準備市銀行協会の回答書作成特別委員会（1941年）	163
表 4-2	銀行監督の目的	164-5
表 4-3	連邦準備制度非加盟の被保険銀行に関する銀行検査による資産評価（1933-1939年）	170
表 4-4	銀行設立準拠法の変更と州法銀行の連邦準備制度加盟・脱退（1921-1939年）	174
表 4-5	州政府の支店銀行政策（1924-1936年）	176
表 4-6	主要な（銀行）持株会社（1936年末）	178-9
表 6-1	ワシントン輸出入銀行の緊急復興援助計画	225
表 6-2	イギリスの通貨準備	226
表 6-3	OEEC諸国の為替調整（1949年9月）	228
表 6-4	アメリカの対OEEC諸国援助（1947-1955年）	229
表 6-5	ECAの域外調達（1948年4月3日-12月1日）	234
表 6-6	EPU加盟国へのクオータ配分	253
表 6-7	EPUにおける当初の金・クレジット決済比率	254
表 6-8	EPU理事会の構成（1950-1952年）	254
表 6-9	ヨーロッパ間未決済バランスの推移（1948-1958財政年度）	256
表 7-1	国債発行残高とその形態（1940-1953年）	272
表 7-2	連邦準備制度理事会議長・大統領関係のパターン（1934-1985年）	288
表終-1	アメリカ金融仲介機関の資産構成の変化（1900-1990年）	304
表終-2	連邦預金保険加入の上位商業銀行（2005年9月末）	306
表終-3	シティグループの海外事業（2002年度当期純利益）	307
表終-4	JPモルガン・チェース銀行の海外事業（2002年度）	308
表終-5	バンク・オブ・アメリカの海外事業（2002年度）	309
表終-6	マイノリティ銀行（2003-2006年）	312

人名索引

ア 行

アーレンドーファー（Carl W. Allendoerfer） 163
アイケングリーン（Barry J. Eichengreen） 21, 30-31, 35, 290
秋元英一 80, 121, 128, 148, 150, 259
アチソン（Dean Acheson） 240
アレ（Maurice Allais） 118
アンジョー（Hubert Ansiaux） 254, 262
アンバーグ（Harold V. Amberg） 163
石橋湛山 122
伊東政吉 291
伊藤正直 21, 29, 35-36, 38, 40, 187
猪俣津南雄 31
ヴァイスマン（Rudolph L. Weissman） 135, 268
ヴァイナー（Jacob Viner） 80, 92, 94, 122
ヴァン・ゼーラント（Paul van Zeeland） 24
ヴァンデンバーグ（Arthur H. Vandenberg） 61, 134-135
ヴァン・ビューレン（Martin Van Buren） 48
ウィリアムズ（John H. Williams） 217-218, 223, 253, 272, 293
ウィリス（Henry P. Willis） 91
ウィルソン（Charles Wilson） 278
ヴィンソン（Frederik M. Vinson） 221, 225, 260, 274, 293
ウーリー（Charles M. Wooley） 65
ウェイクフィールド（Lyman E. Wakefield） 163
ウォーバーグ（James P. Warburg） 12, 69-70, 81, 269
ウォーバーグ（Paul M. Warburg） 81
ウォーレス（Henry Wallace） ii, 85, 87, 89, 104, 221, 225, 260
ウォリック（Henry Wallich） 260
ヴォルカー（Paul A. Volcker） 288-289
ウォルド（Knut G. Wold） 254
エヴァンス（Rudolph M. Evans） 273
エクルズ（Marriner S. Eccles） ii-iii, 19, 32, 41, 65, 67-69, 80, 84-85, 92, 95-98, 102-104, 106, 112, 121, 125-126, 130-139, 143, 145-146, 149, 154, 166-167, 193, 196, 198-199, 203, 211, 214, 217-219, 221, 225, 228, 268, 270, 272-273, 275-277, 280, 282, 288-292, 295
エマーソン（Guy Emerson） 163
エリオ（Édouard Herriot） 11, 163
エリス＝リース（Hugh Ellis-Rees） 254
エルスワース（Fred W. Ellsworth） 163
エンジェル（James Angell） 106
オーヴァビー（Andrew N. Overby） 229, 231
オーウェン（Robert L. Owen） 111

カ 行

ガードナー（Walter Gardner） 205, 207, 213, 220, 260
ガーナー（John N. Garner） 61
ガストン（Herbert E. Gaston） 248
カズンズ（James Couzens） 69, 81
加藤國彦 28, 34, 36, 40, 189
金井雄一 27, 30, 34-35, 39-40
カリー（Lauchlin Currie） ii, 68-69, 80, 83, 85, 90-98, 103-107, 109-110, 112, 114, 116-117, 120-122, 125-126, 147, 166, 268
カルヴェ（Pierre Calvet） 254
カルリ（Guido Carli） 254
ガンター（John W. Gunter） 235
キージング（F.A.G. Keesing） 254
ギュット（Camille Gutt） 229
クーリッジ（T. Jefferson Coolidge） 6
楠井敏朗 75-76, 184
クナップ（J. Burke Knapp） 230
グラス（Carter Glass） 40, 43, 52, 68, 72, 79, 97, 135, 146, 272, 304
グラハム（Frank Graham） 106, 117-118
クラフト（Robert H. Craft） 281
クリフォード（A. Jerome Clifford） 270, 295
クリプス（Sir Stafford Cripps） 234, 244

クルツ（Wm. Fulton Kurtz） 163
クレイトン（Lawrence Clayton） 193
クレイトン（William L. Clayton） 221, 225, 230, 260-261
グレゴリー（Theodor Gregory） 15
グレンディング（C. Dillon Glendinning） 251
クロフォード（Arthur W. Crawford） 148, 269
ケインズ（John M. Keynes） i, 11, 16, 21, 30-31, 69, 84, 90-92, 94, 117-118, 122, 129, 148, 217, 255-257, 265
ケーシー（Kevin M. Casey） 33
ケーン（Thomas P. Kane） 77
ゴールズボロー（Thomas A. Goldsborough） 61, 89, 126
ゴールデンワイザー（Emanuel A. Goldenweiser） 96, 121, 192, 260
コクラン（H. M. Cochran） 196, 213
コックス（Garfield V. Cox） 119
コノリー（Frederick G. Conolly） 254
小林真之 78, 82
ゴレムペ（Carter H. Golembe） 60
権上康男 32, 34, 37, 40-41, 118

サ 行

サーストン（Elliott Thurston） 192
サイモン（John Simon） 10
サイモンズ（Henry C. Simons） 83, 119
サザード（Frank A. Southard, Jr.） 247, 249, 252
サンディランズ（Roger J. Sandilands） 90, 92, 97, 125-126
ジアニーニ（Amadeo P. Giannini） 176, 182, 275
ジアニーニ（Mario Giannini） 182
ジェントリー（Frank Gentry） 309
シムザック（Menc S. Szymczak） 65, 145, 193, 199, 212, 219, 233, 237, 242, 248, 253, 280-281
シュルツ（Henry Schultz） 119, 289
蔣介石 120
ジョーンズ（Byrd L. Jones） 90, 120
ジョーンズ（Jesse H. Jones） 61, 146
ジョンソン（N.O. Johnson） 127, 260
シラー（Richard Sylla） 45
スウィージー（Alan Sweezy） 90
スタイン（Herbert Stein） 90, 103
スタインドル（Frank G. Steindl） 31, 121
スティーヴンス（R.T. Stevens） 65
スティーガル（Henry B. Steagall） 40, 43, 52, 61, 68, 72, 79, 272, 304
スティグラー（George G. Stigler） 83, 117
ストリックランド（Robert Strickland） 163
スナイダー（John W. Snyder） 226, 230-231, 241-244, 248, 252, 263, 276-278, 280-281
スパーク（Paul-Henri Spaak） 234
スプロール（Allan Sproul） 218-219, 273, 276, 279-280, 282, 285, 287, 291, 293, 295
スペンサー（Charles E. Spencer, Jr.） 163
スミード（E.L. Smead） 192
ソープ（Willard L. Thorp） 228, 248
ソディ（Frederick Soddy） 119

タ 行

高橋是清 31
高山洋一 36-37, 76, 80, 91-93, 121, 184, 269, 291
ダグラス（Lewis W. Douglas） 240
ダグラス（Paul H. Douglas） 119, 276, 295
ダグラス（William O. Douglas） 149
ダビソン（G.W. Davison） 65
ダルトン（Rt. Hon. Hugh Dalton） 226
チーニー（Nelson W. Cheney） 133
ティーグル（WalterC. Teagle） 65
ディレクター（Aaron Director） 80, 83, 117, 119
デービス（Chester C. Davis） 106, 134, 200-201, 213
デラノ（Frederic A. Delano） 126
デラノ（Preston Delano） 182
トーマス（Woodlief Thomas） 259, 293
ドラモンド（Ian M. Drummond） 27, 37-39
トリフィン（Robert Triffin） 238, 240, 260
トルーマン（Harry S. Truman） 275, 277-278, 280-282
ドレイパー（Ernest G. Draper） 198, 201, 213

ナ 行

ナイト（Frank H. Knight） 83-85, 118-119, 122
ナドラー（Marcus Nadler） 151

人名索引 —— 341

ニムキス (Peter Nehemkis)　151
ノーク (L.W. Knoke)　260
ノーマン (Montagu Norman)　4
野口旭　30, 34, 40
ノックス (John J. Knox)　46

ハ 行

バージェス (Randolph Burgess)　259
ハート (Albert G. Hart)　119
バートレット (Edward Bartlet)　278-279, 293
バーナンキ (Ben S. Bernanke)　31
バーリー (Adolf A. Berle)　119
バーンズ (Arthur F. Burns)　288
バーンズ (James F. Byrnes)　221
ハイマン (Sidney Hyman)　97
ハヴリーク (Hubert F. Havlik)　254
パットマン (John W.W. Patman)　106, 111
パティンキン (Don Patinkin)　119, 122
ハトソン (Sigmund Hartogsohn)　254
パリー (Carl E. Parry)　192
ハリソン (George Harrison)　6, 20, 65, 104, 112, 134, 149, 203, 293
ハリマン (William A. Harriman)　231-232, 261
ハル (Cordell Hull)　28
ハンセン (Alvin H. Hansen)　18
ビッセル (Richard M. Bissell, Jr.)　246-247, 249, 252
平井規之　80, 124, 129, 149, 184, 290
フィリップス (Henry Phillips)　16, 91
フーバー (Herbert Hoover)　3, 10, 34, 79
フォード (Henry Ford)　81
フォーリー (Edward H. Foley)　277
フォスター (William C. Foster)　252-253, 263
深井英五　31
フッド (Gurney P. Hood)　171-172, 188
ブライアン (Malcolm Bryan)　281
ブライズデル (Thomas C. Blaisdell, Jr.)　248, 252
ブラウン (William A. Brown Jr.)　28, 83, 138
フリードマン (Milton Friedman)　83-84, 91, 94, 118, 121, 125, 130, 289
ブラック (Eugene Black)　95
ブルームフィールド (Arthur I. Bloomfield) 28, 38, 40
ブルム (Léon Blum)　16-17, 32
フロスト (Joseph H. Frost)　163
ブロデリック (Joseph A. Broderick)　65
ヘイゼルウッド (Crag B. Hazlewood)　163
ヘインズ (John W. Hanes)　134
ヘインズ (Robert M. Hanes)　173
ベヴィン (Ernest Bevin)　240, 244
ベックハート (Benjamin H. Beckhart)　35, 41, 66-67, 80-81, 148, 152, 295
ベネット (C.E. Bennett)　138
ベリー (C.R. Berry)　65
ベル (Daniel Bell)　126
ヘンダーソン (Leon Henderson)　124
ヘンフィル (Robert H. Hemphill)　125
ボードー (Michael D. Bordo)　28, 33, 58
ホートレー (Ralph G. Hawtrey)　16
ポールガー (Leo H. Paulger)　192
ボドフィッシュ (Morton Bodfish)　187
ホプキンズ (Harry Hopkins)　124
ホプキンズ (Richard Hopkins)　16
ホフマン (Paul G. Hoffman)　229, 233-234, 236, 240-241, 245, 247-249, 252-253, 261
ポラニー (Karl Polanyi)　30, 40, 74
ホワイト (Harry D. White)　ii, 15-16, 24, 33, 37, 80, 83, 85, 90, 92, 98-100, 102, 106, 110-112, 116, 120, 123, 137, 144, 146-148, 150, 191, 196, 203, 209, 212-213, 216-217, 225-256, 259, 262, 267, 275, 277

マ 行

マーチン (William M. Martin, Jr.)　241, 248, 250, 252, 260, 277-283, 286-289, 293-294
マイエル (R. Mayer)　234
マイヤー (Eugene Meyer)　6
マカロック (Hugh McCulloch)　77
牧野裕　258, 261
マクドナルド (Harry A. McDonald)　281, 294
マクドナルド (J. Ramsay MacDonald)　10-11
マケイブ (Thomas B. McCabe)　276-278, 280-281, 288, 291-293
マッカドゥー (William G. McAdoo)　182
マッキー (John K. McKee)　65, 149, 194, 197-198, 200, 212

マッコール（Hugh McColl） 308
マルジョラン（Robert Marjolin） 253
マンゴルト（Hans von Mangoldt） 254
ミーンズ（Gardiner C. Means） ii, 83, 85, 87-89, 104-105, 116, 119
ミラー（Adolph C. Miller） 6
ミルズ（Abbot L. Mills, Jr.） 281
ミルズ（E.M. Mills） 65
ミンツ（Lloyd W. Mints） 119
メルツァー（Allan H. Meltzer） 120
モーガン（Shephard Morgan） 259
モーゲンソー（Henry Morgenthau, Jr.） ii, 19, 24, 70, 80, 85, 94-95, 98, 102-103, 106, 110, 125-126, 134-135, 137-140, 143, 146, 167, 175, 182-183, 268, 273
モーリー（Raymond C. Moley） 11
モニック（Emmanuel Monick） 15, 37
モリソン（Ralph W. Morrison） 65
モリル（Chester Morrill） 192-193

ヤ 行

ヤーギン（Daniel Yergin） 70, 74, 81
八木紀一郎 122
安武秀岳 76
山本栄治 37-39, 258
ヤング（Owen D. Young） 65, 203
吉田正広 31, 35, 41
米倉茂 27, 35, 38-39

ラ 行

ラウズ（Robert Rouse） 293
ラブランド（Albert J. Loveland） 248
ランサム（Ronald Ransom） 65, 143, 193-194, 196, 198-200, 204-205, 212
リース゠ロス（Frederick Lieth-Ross） 24
リーフラー（Winfred Riefler） 151, 278-280, 293
笠信太郎 31
リュエフ（Jacques Rueff） 118
ルービン（Isador Lubin） 124
レイドラー（David Laidler） 93
レイノー（P. Reynaud） 234
ローズヴェルト（Franklin D. Roosevelt） 9, 11-14, 19, 31-32, 61-62, 84-85, 89-91, 95, 119, 123, 133, 167, 179
ロッシー（Paul Rossy） 254
ロビンズ（Lionel C. Robbins） 15, 117-118

ワ 行

ワイアット（Walter Wyat） 193
若田部昌澄 30, 34, 40
ワグナー（Robert F. Wagner） ii-iii, 32, 84-85, 112, 114, 116, 129-131, 138-141, 143-147, 150-156, 160-162, 167-168, 188, 191-194, 202, 204-205, 207-213, 217, 270, 282
ワトソン（Thomas J. Watson） 65

事項索引

ア 行

アカウント・マネージャ　286
赤線引き　73, 311
アメリカ銀行　177-180, 182, 184, 275, 298-299, 305, 308-309, 313-314
アメリカ銀行協会　ii, 79, 115, 138, 140-142, 144, 154, 162-163, 173-174, 188
アメリカ産業会議　273
安全基金制度　46, 48-50
域外調達　232-236
イタリア銀行　176-177, 313
イングランド銀行　4-5, 7, 25, 30-31, 35-37
ヴァン・ゼーラント報告　24
ウェルズ・ファーゴ銀行　306, 308, 316
ウォール・ストリート・ジャーナル　146
営業報告書　46, 49, 51, 53, 55, 80, 158, 167, 172
英仏金会議　34
S&L 危機　v, 300, 303
円ブロック　21, 27
欧州経済協力委員会（CEEC）　228
欧州経済協力機構（OEEC）　229
オペレーショナル・リスク　297
オペレーション・ツイスト　288

カ 行

ガーン＝セントジャメイン法　52
海外ミッション　218-219
外国人預金勘定　110-111
外国貿易金融問題大統領委員会（PCFFT）　222
合衆国貯蓄貸付連盟　162, 165, 174
合衆国預金銀行　88-89
株主補助会社　177, 189
貨幣数量説　91, 93, 135, 268
カルテル　61-62, 71-72, 179, 182, 298
為替安定基金　5, 14, 18-19, 21, 24-25, 28, 33, 71, 99-100, 111, 153, 184, 202-203, 210-211, 214, 219, 272
為替管理地域　208, 241, 247-248
為替平衡勘定（EEA）　6-7, 210

関係指向型貸付　310
管理固定通貨制　100
管理通貨制　i, iii-iv, 10, 14, 20-21, 27, 39, 71-72, 84, 93, 116, 131, 148, 153-154, 268-270
キー・カレンシー・アプローチ　215-216, 253, 258
稀少通貨条項　217
規制型資本主義　40, 43, 57, 70-71
北アメリカ銀行　44-45
行政管理機関　71
行政府再編法（案）　110, 146, 221, 260
共和党革新派　81
金委員会（国際連盟）　3, 6-7, 10-11, 35
緊急銀行法　9
銀行休日　9
銀行検査　29, 49, 53, 55, 63, 67, 77, 131-132, 134-135, 149, 158-159, 166-171, 173, 182, 219-220
銀行コード　62, 65, 182
銀行コミッショナー　48
銀行財政　45, 156
銀行戦争　46, 156
銀購入法　14, 37, 123
銀行評議会　79-80
銀行持株会社法　52, 146-147, 303-304
金準備法　14, 33, 71, 84, 100, 122, 129, 153, 184
銀証券　123, 196
金の足枷　5, 21, 30-31
金ブロック　6, 13, 15-16, 19, 21
金融革新　v, 72, 81, 298, 300
金融機関改革救済法　52, 311
金融サーヴィス協議会　128
金融持株会社　52, 304, 311
クラウディング・アウト　93
グラム＝リーチ＝ブライリー法　52, 81, 304, 311
グリーンバックス（合衆国紙幣）　11, 56, 134, 141, 145, 156, 196, 202, 271
グループ銀行　iii, 176, 181, 189, 193, 199
クレイトン法　165
クレジット・カード　302, 305

クレディート・アンシュタルト　1, 3, 5
経済協力局（ECA）　222, 226, 229
ケインジアン（ケインズ主義）　30-31, 68, 84, 90-93, 118, 129
ケミカル銀行　305, 307
健全通貨案　109
公益事業　60, 81, 162
公共性（公共の利益）　74, 82, 155-156, 158-160, 162, 165-166, 175, 178, 183, 195, 310
公共の福祉　69, 161, 171
構造的規制　29, 187
公定歩合　7, 32, 63-64, 269, 280
国債管理　203, 283-284, 290, 292
国際金本位制　3, 6, 10-11, 13, 27, 34, 40, 43, 205, 207
国際決済銀行（BIS）　2, 5, 18, 24, 37, 218, 226, 231, 254, 262-264
国債固定金利構造（ペッグ）　270, 276
国際通貨金融問題国家諮問会議（NAC）　iv, 33, 148, 204, 215-216, 220-222
国法銀行法　51-52, 87, 186, 298
互恵通商協定法　15, 28
固定為替相場制　26, 72, 206-208, 297, 299
コマーシャル・ペーパー（CP）　87, 101, 110, 301
コミュニティ銀行　v, 161, 174, 298-299, 304, 310, 313-314

サ　行

サーベンス＝オクスリー法　297
再建金本位制　1-2, 5, 20, 22, 30
最後の貸し手（LLR）　9, 29, 58, 183
財政革命　103, 129-130, 153, 268
財政金融諮問委員会　110
債務証書　265, 271-272, 275, 284
財務省証券（TB）　25, 102, 111, 196, 272, 275, 283, 287
財務省投資債券　272
サフォーク銀行制度　46, 50
三国通貨協定　2, 10, 15, 17-19, 21-24, 27, 33, 38, 71, 111
JPモルガン・チェース銀行　305, 307-309
シカゴ学派　ii, 83-85, 89-90, 92, 116-119, 122
シカゴ・プラン　84-85, 87-88, 91, 116
市場金利連動型投資信託（MMMF）　301
市場性国債　272, 278, 293
システミック・リスク　73, 310

執行委員会（FOMC）　66, 274, 283, 285-287, 293, 295
実地検査　167
シティバンク　305-307
支店銀行制度　iii, 29, 56, 58, 60-61, 74, 89, 91, 94, 106, 109-110, 117, 123, 126, 137, 144, 167, 175-179, 182, 189, 192-193, 199-200, 298-299, 305, 308
自動安定化装置　118
社会保障基金　102, 141, 278
ジャクソン民主主義　49
ジャンク・ボンド　301, 303
自由銀行制度　44, 46, 49-51, 71, 76, 156
自由公債　281-282
州際銀行業務効率化法（1994年州際法）　52, 72, 74, 81, 304
州際通商委員会（ICC）　52, 71, 132
準規制機関　79
準公共性　158
準備市銀行協会　115, 141-142, 154, 162-163, 174
準備率操作　269-270
商業貸付理論　91, 93
証券取引委員会（SEC）　28, 60, 71, 134, 137, 140, 151, 220, 223, 281
証拠金所要率　97, 123, 200, 274
譲渡性預金（CD）　301
消費者保護立法　311
商品準備通貨制度　117, 128
ジョンソン法　28
新自由主義（ネオリベラリズム）　83-84, 118, 122
真正手形主義　30, 40, 79, 87, 91, 93, 121
信託会社　53-55, 65, 77, 108, 163, 178, 180, 219, 281
心理的必要準備金　105
スーパー・リージョナル銀行　307
スターリング地域　28, 35, 223-224, 227, 235-236, 241, 243-244, 246-248, 250-253
スペンダーズ　iii, 80, 84, 106, 130-131, 268, 290
清算協定　22-23, 25-27, 39
整理信託公社（RTC）　303
セーフティ・ネット　28, 60, 82
セキュリタイゼーション　302
1935年銀行法　i, iii, 5, 32, 52, 61-63, 66-68, 70, 84-85, 93-94, 96-99, 103, 122, 131, 133,

事項索引　345

191-192, 268, 288
1933年銀行法（グラス＝スティーガル法）　30, 43, 52, 58, 60-62, 66, 70, 72, 77-80, 84, 89, 129, 179
1933年証券法　60
1934年証券取引法　44, 201
1946年雇用法　68, 80, 276
全銀行統合（構想）　ii, 32, 85, 114, 116, 136, 154, 167, 197
全国資源委員会　126
全国州法銀行監督官協会　161
全国通貨委員会（NMC）　78, 140, 154
全国復興法（NIRA）　16
全国労働関係法（ワグナー法）　150
セントラル・バンキング　29
相互貯蓄銀行　61, 108, 182, 301, 304

タ　行

第一合衆国銀行　45-46, 75
対外金融委員会　221
大統領経済諮問委員会（CEA）　148
第二合衆国銀行　46, 155-156
多角的アプローチ　215
多角的通貨相殺協定　227, 230-233, 237
ダナート銀行　3
タフト＝ハートレー法　129
単一銀行制度（単店舗主義）　29, 44, 54, 56-60, 70, 72, 92, 94, 109, 117, 160, 162, 178, 199, 289, 298-299, 313
単一銀行持株会社　304
地域再投資法（CRA）　52, 73-74, 81, 311, 316
チェース・マンハッタン銀行　307
チェーン銀行　176, 193, 199-200
中央準備市　76, 101, 103, 269-270
中期国債　272, 275, 279
中期信用銀行　88-89
貯蓄貸付組合（S&L）　61, 165, 174-175, 182, 300
貯蓄債券　272
通貨安定化借款　230
通貨監督局　51, 167, 172
通貨ブロック　2, 27
登録銀行持株会社協会　128
トーマス修正条項　5, 11
独立銀行　50, 62, 144, 162, 176
特許銀行　44-46, 48, 77, 312
トラベラーズ・グループ　305

トランスアメリカ社　177-178, 180-181
取締役会長会議（連邦準備銀行）　273
取立手数料　197
ドル恐慌　19
ドル・ブロック　209

ナ　行

ナショナル・シティ銀行　38, 180
ニクソン・ショック　72
二元銀行制度　iii, 29, 44, 51, 57-58, 67, 72, 92, 117, 139, 153, 155-156, 160, 166-168, 171, 183, 186, 191-192, 202, 211, 289, 298
二国間アプローチ　215
24時間金本位制　111
ニューディール総合　245
ニューディール連合　129
ニューヨーク・タイムズ　153
ネーションズバンク　308-309
ネオ・キャピタリズム　245, 257
ネットワーク外部性　73
農業金融局（FCA）　220
納税貯蓄債券　272
ノンバンク・ディーラー　284

ハ　行

発券財政　45, 155
バランサーズ　80, 290
バンカーズ・マガジン　137, 144
バンク・オブ・アメリカ　176, 308-309
反ケインズ革命　94
非市場性国債　272, 277-278, 282
非対称的規制アプローチ　60
100％準備案　ii, 32, 83-86, 88, 90-92, 95, 106-107, 109-118, 125-126, 139
ビルズ・オンリー（政策）　283, 286
フーバー・モラトリアム　3
武器貸与法（計画）　145, 147, 155, 205-206, 224, 270
複数銀行持株会社　176
不胎化政策　18-19, 28, 30-31, 92
復興金融公社（RFC）　13, 61, 65, 86, 142, 146, 154, 157, 169, 198, 202, 212, 293
ブラウン法案　138
フランス銀行　29, 32, 34
ブリュッセル協定　232
不良債権　169-170, 305
ブルッキングス研究所　140, 151

フレッシュマン・ブレーン・トラスト　80, 94
ブレトン・ウッズ協定法　221
ブローカーズ・ローン　60
米英金融協定　215-216, 223-224, 226, 227, 241-242, 244, 246, 256, 292
米英通貨同盟　246
米州銀行　209, 214
米仏経済金融協定　224-225, 256
ペグ論争　288
変動為替相場制　206, 297, 299
法定必要準備率　64, 103, 147, 195, 268, 278
補償ドル　128
補整的通貨政策　107
ホット・マネー　19
ポリス・パワー　57
ホワイト案　144, 209, 216-217
ポンド危機　226-227, 240

マ 行

マイノリティ銀行　311-314, 316
マクファーデン法　52, 58, 72-73, 175-177, 304
マサチューセッツ銀行　45-46
マネー・センター銀行　305, 308-309
マネタリズム（マネタリスト）　ii, 30, 83, 85, 90-92, 288
マルク・ブロック　21, 27
マンハッタン銀行　38, 81, 307
見返り資金　232-233, 236, 261
免許権　52-53
モラル・ハザード　73, 303
モリス・プラン銀行　108
モンペルラン協会　83-84, 116-118

ヤ 行

山猫銀行　49
ユーロ・ダラー市場　72
輸出入銀行（ワシントン）　15, 20, 25, 37, 39, 198, 220-222, 224-225, 233, 242-243, 248, 260-261
ユニバーサル・アプローチ　215

ユニバーサル・バンク　305
ヨーロッパ間決済および相殺協定　232, 236-237, 239-242
ヨーロッパ決済同盟（EPU）　iv, 33, 72, 129, 215, 227, 244-245, 257
ヨーロッパ通貨同盟　229-231
ヨーロッパ連邦　248
預金金融機関規制緩和・通貨管理法　52, 81
呼び水効果　97

ラ 行

ライヒスバンク　3, 28, 34
リーガル・リアリズム　70
リージョナリズム　215-216
利子付小切手振出勘定（NOW勘定）　301
リベラル・コーポラティズム　33
連邦公開市場委員会（FOMC）　63-64, 66, 70, 96, 145, 195, 201, 203, 220, 268, 273-274
連邦諮問委員会　64, 131, 145, 149, 191, 270, 274
連邦住宅貸付銀行理事会　166, 187
連邦住宅局（FHA）　95, 162
連邦住宅金融金庫（FHLBA）　220
連邦準備銀行総裁会議（連銀総裁会議）　66, 112, 114, 160, 270, 273-274
連邦準備区　64, 110, 144, 171, 281
連邦準備券　57, 86, 200-201
連邦準備代理人　200
連邦準備法　40, 52, 55, 57, 63, 66, 70, 78-79, 135, 198, 267, 281
連邦貯蓄保険公社　52, 187
連邦通貨庁　89, 95
連邦取引委員会（FTC）　60, 71
連邦預金保険公社　32, 52, 62, 67, 74, 81, 134, 138-139, 141-142, 144, 146, 154, 157, 172, 182, 184, 192, 198-199, 220, 311
連邦預金保険公社業務改善法　52
ローザンヌ会議（1932年）　10
ロコフォコ派　49, 76
ロンドン通貨経済会議　10, 12-14, 20, 22-23, 65

《著者略歴》

須藤　功
すとう　いさお

1955年　長野県に生まれる
1982年　横浜国立大学大学院経済学研究科修士課程修了
1985年　名古屋大学大学院経済学研究科博士課程単位取得退学，博士（経済学，名古屋大学）
名古屋大学助手，名古屋工業大学助教授，名古屋市立大学助教授等を経て
現　在　明治大学政治経済学部教授
著　書　『アメリカ巨大企業体制の成立と銀行——連邦準備制度の成立と展開』（名古屋大学出版会，1997年）
　　　　『アメリカ経済史の新潮流』（共編，慶應義塾大学出版会，2003年）

戦後アメリカ通貨金融政策の形成

2008年2月28日　初版第1刷発行

定価はカバーに
表示しています

著　者　須　藤　　　功
発行者　金　井　雄　一

発行所　財団法人 名古屋大学出版会
〒464-0814　名古屋市千種区不老町1 名古屋大学構内
電話(052)781-5027／FAX(052)781-0697

© Isao Suto, 2008　　　　　　　　　　　　　　Printed in Japan
印刷・製本 ㈱クイックス　　　　　　　　ISBN978-4-8158-0584-5
乱丁・落丁はお取替えいたします。

Ⓡ〈日本複写権センター委託出版物〉
本書の全部または一部を無断で複写複製（コピー）することは、著作権法上での例外を除き、禁じられています。本書からの複写を希望される場合は、日本複写権センター（03-3401-2382）にご連絡ください。

須藤　功著
アメリカ巨大企業体制の成立と銀行
―連邦準備制度の成立と展開―
A5・360頁
本体6,000円

D・A・ハウンシェル著　和田一夫他訳
アメリカン・システムから大量生産へ
―1800～1932―
A5・546頁
本体6,500円

田中敏弘著
アメリカの経済思想
―建国期から現代まで―
A5・272頁
本体3,500円

田中敏弘著
アメリカ新古典派経済学の成立
―J・B・クラーク研究―
A5・426頁
本体6,000円

高　哲男著
現代アメリカ経済思想の起源
―プラグマティズムと制度経済学―
A5・274頁
本体5,000円

金井雄一著
ポンドの苦闘
―金本位制とは何だったのか―
A5・232頁
本体4,800円

ケイン／ホプキンズ著　竹内／秋田訳
ジェントルマン資本主義の帝国Ⅰ
―創生と膨張　1688～1914―
A5・494頁
本体5,500円

ケイン／ホプキンズ著　木畑／旦訳
ジェントルマン資本主義の帝国Ⅱ
―危機と解体　1914～1990―
A5・338頁
本体4,500円